das neue buch
Herausgegeben von Jürgen Manthey

Literaturmagazin 12

Redaktion: Nicolas Born,
Jürgen Manthey, Delf Schmidt

das neue buch
rowohlt

Erstausgabe
Veröffentlicht im Rowohlt Taschenbuch Verlag GmbH,
Reinbek bei Hamburg, Mai 1980

Umschlagentwurf Christian Chruxin
Gesamtherstellung Clausen & Bosse, Leck
Printed in Germany
1500-ISBN 3 499 25135 3

Inhalt

Nicolas Born †

Nicolas Born, der seit 1976 ständiger Mitherausgeber des LITERATURMAGAZINS war, ist im Dezember des vergangenen Jahres gestorben. Er wäre am 31. Dezember 42 Jahre alt geworden. Wir haben an der schweren Krankheit (Lungenkrebs), von der er selbst seit Anfang März 1979 wußte, anteilgenommen mit der Beunruhigung von Freunden, die den Abstand immer größer, die Trennung immer unausweichlicher werden sahen. Der Kranke hat uns mit seinen gewissenhaften Beobachtungen und der Lust am Sprachlichen auch da noch weiter unterhalten wollen, er hat mit seiner unglaublichen Höflichkeit versucht, uns den Abschied leichter zu machen. Er war dabei, auch wenn ihm medizinisch und vor allem menschlich alle nur denkbare Hilfe zuteil wurde, einsam auf eine Weise, die uns noch lange zu schaffen machen wird.

Wir fühlen uns mit diesem LITERATURMAGAZIN ohne ihn sehr arm. Dem Thema Nietzsche hatte er noch mit Leidenschaft zugestimmt, vor seiner Erkrankung, auf einem Spaziergang durch den Wald bei Gorleben, in dessen Nähe Nicolas Born in den letzten Jahren lebte. Er hat die Zerstörung dieser Landschaft und des Lebensgefüges der Menschen in ihr nicht nur in einem metaphorischen Sinne mit der Zerstörung seines Körpers in Zusammenhang gebracht. Für ihn war Nietzsche ein Betroffener, ein Aufschreiender, er interessierte sich darüber hinaus dafür, wie dieser mit dem Abgrund Umgang gehabt hatte, den «jene Künstlerische Mittelwelt», von der Nietzsche schreibt, überwinden, dem Anblick entziehen sollte. Das war nicht *seine* Ästhetik, aber Nicolas Borns Stärke und sein bedeutendes Engagement bei diesem Periodikum war die rücksichtslose Neugier für das andere, für alles nicht von vornherein Naheliegende und sich von selbst Verstehende, war sein immer vehement geäußerter Überdruß am Dünkel des saturierten Bescheidwissens. Vor dem Hintergrund eines Furore machenden totalitären Wahrheitsbegriffs im Gewand des wissenschaftlichen Fortschritts setzte er auf den Widerstand der Literatur. Das war nicht nur ein unentbehrliches Korrektiv, es war überhaupt erst die Voraussetzung für die Arbeit an einem Zeitschriftenprojekt, das zusammen mit Schriftstellern und für Schriftsteller gegründet und konzipiert worden ist. Literaturfeindlichkeit hielt er für die Grundtorheit des vergangenen Jahrzehnts.

Wir hätten die Anregungen, die wir von Nicolas Born erhielten, weiter brauchen können, auch wüßten wir nicht, wie die Atmosphäre, in dem die gemeinsamen Gespräche stattfanden, sich noch einmal einstellen sollte, ohne ihn. Wir wiederholen uns die Sätze, die wir von ihm in Erinnerung haben. Die Trauer ist anhaltend, aber was ist das schon, was ist das schon für ihn, der noch gern gelebt hätte (und der doch keine Angst vor dem Tod hatte).

Editorial

Die vorliegende Ausgabe des LITERATURMAGAZINS erscheint als Sonderband, das heißt, sie ist Beiträgen zum Thema ‹Nietzsche› vorbehalten. Unser nächstes LITERATURMAGAZIN (Nr. 13), das zur Buchmesse erscheint, wird dagegen neue literarische Arbeiten in besonderem Umfang vorstellen. Einsendungen sind willkommen, wir werden auch in den darauffolgenden Ausgaben einen erweiterten Literaturteil vorsehen.
Die Themenschwerpunkte der nächsten Bände:
Wo entsteht das Neue? Innovation und Restauration im Zeichen einer vergangenen Zukunft (LITERATURMAGAZIN 13).

(Jürgen Manthey)
Nietzsche und die Wiederkehr der Ungleichheit
Eine Einleitung

«Was für eine Gesellschaft muß das sein, die einen solchen Verrückten, und zwar gefährlich Verrückten, als Lehrer anerkennt», schrieb Tolstoi in sein Tagebuch, nachdem er Nietzsches «Zarathustra» gelesen hatte.

Nietzsche hat sich über Tolstoi nicht geäußert. Man kann sicher sein, daß er ihn für nicht weniger verrückt gehalten hat. Christentum *plus* Sozialismus, das war für Nietzsche nichts weiter als die Verlängerung des alten Irrwegs um ein neues Ausbaustück.

Das Gerede von der Verrücktheit setzt immer ein, wenn sich jemand in Bild und Wort dem Institution gewordenen Konsensus des Sehens und Denkens entzieht. Bekanntlich sind auch die Modi der Gedanken- und Symbolbildung Institutionen, und wie weit sie als ‹zweite Natur› die erste ausschalten, zeigt sich, wenn sogar ein Schriftsteller wie Huysmans die neue Malweise Cézannes sich nicht anders als mit dessen ‹verrückter Netzhaut› erklären konnte.

Die Krankheit Nietzsches interessiert uns hier also nicht. Gewiß hat sie nachträglich zur Aura dieses Philosophen beigetragen, zumindest in der Zeit einer Hochkonjunktur des Slogans vom ‹Genie und Wahnsinn›, mit dem das Problem der künstlerischen und wissenschaftlichen Innovation biographisiert, mystifiziert, das heißt, über die Hintertreppe zugelassen wurde.

Gilt allerdings immer noch, was vor zwölf Jahren Jürgen Habermas in einem «Nachwort» unterstellte: «Nietzsche hat nichts Ansteckendes mehr»?[1]

Habermas dachte dabei an die Faszination, die Nietzsches Philosophie zwischen den zwei Weltkriegen vor allem für deutsche Philosophen und Schriftsteller gehabt hatte. Lediglich eine Untersuchung der Erkenntnistheorie lohne sich für uns, und Habermas suchte deren Ergebnisse in dem Hinweis vorwegzunehmen, daß Nietzsches «Leugnung des Unterschieds zwischen Illusion und Erkenntnis» eine «irrationale Wendung» bedeutete. Nietzsches Schlußfolgerung, *«denn alles Leben ruht auf Schein, Kunst, Täuschung, Optik, Notwendigkeit des Perspektivischen und des Irrtums»*[2], ergibt sich für Habermas nicht einmal aus dessen eigenen erkenntnistheoretischen Prämissen. Der totale Perspektivismus, den Nietzsche immer wieder gegen jeden absoluten Wahrheitsbegriff ins Feld führt, ist die historisch zu placierende «Verallgemeinerung ästhetischer Grunderfahrung». Tatsächlich *ist* der Mensch für Nietzsche nur, wenn er (verschieden) *interpretiert*.

Ein Jahrzehnt nach diesem nüchternen Fazit, ergänzt noch durch ein halbes Kapitel in Habermas' ‹*Erkenntnis und Interesse*›[3], beruft sich nicht nur manch neuer dionysischer Schwips auf Nietzsche. Eine weitere *Perspektive* auf die Erscheinung dieses Philosophen ist eröffnet, und es trennt ein anderweitig erprobtes Verfahren der Deutung (‹Nietzsche lesen›) den Kometen von seinem Schweif früherer Interpreten: «Jede intensive Lektüre ist eine Produktion neuer, differenter Intensitäten. Die Lektüre als ein Moment der allgemeinen Metamorphosen innerhalb der WIEDERKEHR.»[4]

Diesmal kommt der Anstoß aus Frankreich. In der allgemeinen Frontstellung gegen die *Repräsentation* als Organisationsmodell von Denkformen und Gesellschaftsnormen ist dort der «Nomade» Nietzsche gefragt, ein Nomade, der sich nicht notwendig bewegen muß, obwohl er auch das tat. Es gibt außerdem «Reisen an Intensität»[5].

«Intensität» – das ist das programmatische Stichwort aller Repräsentations-Gegner, deren leibhaftige theoretische Speerspitze, Gilles Deleuze, Intensität begreift als *Erlebniszustand*, entgegengesetzt den «Codes des Gesetzes, des Vertrags oder der Institution»[6]. Der Nomade Nietzsche – und das ist das Interesse an dieser Auflösung institutionalisierter Erkenntnisstrukturen und Moralinventionen – ist im Feld der ständig wechselnden Perspektiven des Menschen seine eigene Konsistenz, das heißt: *«... alle Namen der Geschichte, das bin ich.»*[7]

Die Geschichte des Subjekts erscheint nun als eine einzige abendländische Identitätsduselei, wenigstens als ideologischer Ballast aus einer endgültig abgeschlossenen Menschheits-Biographie. Alle allgemeinverbindlichen Einsichts- und Verhaltens-Suppositionen waren demnach nur der Versuch von Menschen gewesen, sich am eigenen Schopf aus dem Sumpf zu ziehen, das Chaos der Geschichte zu überstehen. Darüber hinaus sind sie ohne Wert: *«Es gibt vielerlei Augen. Auch die Sphinx hat Augen –: und folglich gibt es vielerlei ‹Wahrheiten›, und folglich gibt es keine Wahrheit.»* Und: *«‹Wahrheit› ist der Wille, Herr zu werden über das Vielerlei der Sensationen.»* Und: *«Die Mächtigen sind es, welche die Namen der Dinge zum Gesetz gemacht haben ...»* Drei Zitate aus Nietz-

sches *‹Der Wille zur Macht›*. Tatsächlich schüttelte Nietzsche sich, wenn er an Parmenides, den Begründer der ontologischen, wenn er an Sokrates-Platon, die Begründer des ethischen Konstruktionismus und ihren Einfluß auf die Geschichte Europas dachte.
Nietzsche ist denn auch der erste, der den ‹Schein›, bis dahin als Synonym für Täuschung und falsches Sein so etwas wie der Teufel schlechthin unter den Begriffen der Denkgeschichte, zu Ehren brachte, sich zu ihm bekannte:
«Man gestehe sich doch so viel ein: es bestünde gar kein Leben, wenn nicht auf dem Grund perspektivischer Schätzungen und Scheinbarkeiten; und wollte man mit der tugendhaften Begeisterung und Tölpelei mancher Philosophen, die ‹scheinbare Welt› ganz abschaffen, nun, gesetzt, ihr *könntet das, – so bliebe mindestens dabei von eurer ‹Wahrheit› nichts mehr übrig! Ja, was zwingt uns überhaupt zur Annahme, daß es einen wesenhaften Gegensatz von ‹wahr› und ‹falsch› gibt? Genügt es nicht, Stufen der Scheinbarkeit anzunehmen und gleichsam hellere und dunklere Schatten und Gesamttöne des Scheins, – verschiedene valeurs, um die Sprache der Maler zu reden? Warum dürfte die Welt, die uns etwas angeht – nicht eine Fiktion sein?»*[8]
Nietzsche ist da nicht nur der sich selbst ernüchternde Idealist. Er vollzieht zumindest für die deutsche Erkenntniskritik das, was der Engländer David Hume 100 Jahre früher für seine Zeit und für die gnoseologischen Bedürfnisse seiner Landsleute geleistet hatte. Nur daß er, wo Nietzsche von gedanklicher und bildlicher Fiktion spricht (und die Engländer dann doch wieder hochtrabend eine *«unphilosophische Rasse»* nennt), prosaisch von ‹Gewohnheit› redet: Der Wiederkehr der Wahrnehmungen hilft die Einbildungskraft zu einem einheitlichen Vorstellungsverlauf, wie die Ruderer (so Humes Bild), die dem Kahn mit einzelnen Schlägen zu einem gleichmäßigen Gleiten verhelfen. Einheit, Kontinuum sind subjektiver Schein.
Der Schein spielt in der Geschichte der menschlichen Kommunikation eine bedeutende Rolle. An ihm hat sich nicht nur immer wieder die Erkenntnis-, sondern auch die Gesellschaftskritik entzündet. Behalten wir einmal praktischerweise den Säkular-Abstand als Maßeinheit für den Zyklus der erkenntniskritischen Ernüchterung bei.
100 Jahre vor Hume bestimmt der Schein sämtliche Verkehrsweisen der höfisch ausgerichteten Gesellschaft. «Um 1665 erreichte

die Entfremdung vom Einfachen, Natürlichen und Praktischen ihren Höhepunkt», schreibt Huizinga in seinem Buch ‹*Homo Ludens*›. Es ist das Zeitalter Ludwigs XIV. Da die Vergesellschaftung aber noch keineswegs total ist, kann der Schein aus der Sicht der vom Hofe ausgeschlossenen Bürger und Plebejer noch zu einer feudalistischen Sonderform menschlicher Wahrnehmung und Interaktion deklariert werden.

100 Jahre später entdeckt Rousseau jenseits dieser Scheinhaftigkeit in den Umgangsformen des Adels die verschüttete ‹Natur des Menschen›, wobei er eine vermeintliche historische Realität aus dem Unbewußten seiner Gegenwart extrapolierte. Das Bürgertum, hieß es von nun an, ‹empfinde echt›, wohingegen es der höfisch gewordene Adel auf Verstellung absah. Das ‹Herz› wurde gegen den ‹Intellekt› ins Feld geführt (so auch übrigens von David Hume).

100 Jahre später polemisiert der frühe Nietzsche ebenfalls gegen den Intellekt: *«So könnte jemand eine Fabel erfinden und würde doch nicht genügend illustriert haben, wie zwecklos beliebig sich der menschliche Intellekt innerhalb der Natur ausnimmt.»* Und: *«Der Intellekt, als ein Mittel zur Erhaltung des Individuums, entfaltet seine Hauptkräfte in der Verstellung.»*[9]

Was war passiert? Nun, das Bürgertum war seit 100 Jahren zur Herrschaft zugelassen, und damit war es vorbei mit der Authentizität der als bürgerlich ausgegebenen ‹natürlichen› Bedürfnisse. In kürzester Zeit war diese echt empfindende Klasse mit allem Drum und Dran an Bewußtsein, Kommunikation und Institution in die Schein-Ewigkeit – in die Ewigkeit des Scheins – eingegangen.

Scheinhaftigkeit in den gesellschaftlichen Beziehungen war also gar kein klassenspezifisches Phänomen gewesen, eher vielleicht das Ergebnis einer aus der Gemeinschaft selbst stammenden Notwendigkeit zum Triebverzicht im Gefolge der allgemeinen, unaufhaltsamen Kulturation (wovon bekanntlich Freuds politische Theorie ausgeht).

Der Schein wurde zum sprichwörtlichen Bestandteil der Gesellschaftskritik als Kulturkritik im 19. Jahrhundert. «Schein ist das Wesen der Zeit», sagt denn auch Feuerbach in der Einleitung zu seinem ‹*Wesen des Christentums*›. Er glaubte aber noch einmal an die Wiederherstellung von Naturverhältnissen auch für den Menschen durch die volle Ingebrauchnahme der Organe der sinnlichen Wahrnehmung.

Auch Marx spricht ausdrücklich – und kritisch – vom Schein als

der Verkehrsweise in den Tauschbeziehungen. Doch sah er bekanntlich die Menschheit sich nicht in einer Inversion des Zivilisationszustandes, hin zum vermeintlichen Natursein, vom Schein befreien. Vielmehr ermöglichte sich für ihn, in der Aufhebung des Privateigentums, die Wiederherstellung der Einheit zwischen Mensch und Natur (sowie zwischen den einzelnen Menschen) im Medium der produktiven *menschlichen* Erfahrung, das heißt, der Arbeit, das heißt, der Geschichte. (Die berserkerhafte Kraft, und allerdings auch *Lust*, mit der er die Welt des Scheins *unermüdlich* beschrieb, hatte er mit Balzac gemein – der sich die Rückkehr zur Würde des Menschen aber nicht von der ökonomisch befreiten neuen Klasse versprach, sondern durch die Wiederzulassung der alten Mächte wünschte.)
Für Platon – und noch lange nach ihm – waren die Guten die Gebildeten gewesen. Sie sollten oben sein im hierarchischen Aufbau der Gesellschaft. Ihr erkenntnistheoretischer Vorsprung nach fünfzehn Jahren Ausbildung zum Philosophen wurde zur sittlichen Superiorität gestempelt. Der gefühlsmäßige Sozialismus der Aufklärung hatte das Schema jedoch allmählich umgekehrt. Gut waren nun die, die unten gehalten wurden. Ihr ihnen aufgezwungener sozialer Status erschien stillschweigend als vom Historischen losgelöste moralische Überlegenheit.

100 Jahre nach Nietzsche wissen wir, im Zeichen der Automation der Entfremdung (im Zeichen der Zeichen der Automation der Entfremdung), daß die ‹neue Klasse› ihre Integration nicht zum Zweck der Durchsetzung einer besseren Moral betreibt. Dennoch erwarten wir, als die Kindeskinder der Aufklärung, von den an sozialen Durchsetzungsmitteln Ärmsten mehr geistigen Widerstandswillen und moralische Behauptungskraft und sind «irgendwie» enttäuscht. Das führt zu jener «Intensität» in der Erkenntnisrevision, die an die Verve Nietzsches anschließt, mit der dieser vor dem historischen Hintergrund seiner Epoche die Moral als generell interessengelenkte *Konstruktion* (und eben kein Naturbedürfnis) durchschaute. Daß er fortan Erkenntnis nicht von Illusion unterscheiden mochte, verrät, wie sehr er sich dabei kritisch auf ein Milieu bezog, in dem Illusion und Erkenntnis im Interesse von Herrschaft eins geworden waren. *Seine* Enttäuschung, ja, sein Entsetzen sind in dem Furor aufgegangen, mit dem er seinen Nihilismus vortrug.

Habermas hat Nietzsche die «Reduktion der Erkenntnisinteressen» im Sinne einer beschränkt positivistischen Wissenschaftsposition vorgehalten. Er sieht ihn als Virtuosen «einer sich selbst verleugnenden Reflexion».[10]

Der polemische Impetus, der mit dem ringsum akkumulierten falschen Wissen sogleich auch die Fähigkeit, Erfahrung zu objektivieren, verwirft – man sollte der Genesis dieses Nihilismus' doch noch näherzukommen suchen, als dies die wissenschaftsgeschichtliche Einordnung vermag. Gerade, weil er in eine historische Schule gegangen war, übersah Nietzsche die ganze Länge des Leidensweges der Menschheit. Ordneten sich die Spuren auf diesem Weg nicht auch zu einer Schrift, mit der sich die Geschichte der Opfer aufschreiben und in ihr ein Moment der Konstanz des Irrtums, der ständigen Wiederkehr menschlicher Illusionierbarkeit festhalten ließ: *«Der Mensch selbst aber hat einen unbesiegbaren Hang, sich täuschen zu lassen, und ist wie bezaubert vor Glück, wenn der Rhapsode ihm epische Märchen wie wahr erzählt oder der Schauspieler im Schauspiel den König noch königlicher agiert, als ihn die Wirklichkeit zeigt.»*[11]

Nietzsche hat seine Erkenntnis nicht mit dem Interesse eines bestallten Theorie-Beauftragten (er hat vielmehr seine Professoren-Stelle in Basel aufgegeben) ‹dokumentiert›. Er hat unter diesen Erkenntnissen zu leiden gehabt (und hier haben wir wohl auch den eigentlichen Zugang zu seiner Krankheit).

Steckt nicht in der Fähigkeit Nietzsches zum Leiden, das sein Leben und Denken auffraß und seine Fähigkeit zur Reflexion bedrohte; ja, steckt nicht in dieser Bedrohung schon ein ausgesprochenes kritisches Potential, das den Innovationen der an der langen Leine denkenden «objektiven» Wissenschafts- und Sozialtheoretiker an Sprengkraft überlegen ist? Eine kritische Wissenschaftsgeneration, die sich trotz und nach 1968 noch einmal biographisch auf den Staatsbeamten eingelassen hat, sollte nicht unterschätzen, welche Anziehungskraft die Weigerung, sich *sozial* integrieren zu lassen in einen gedanklich und emotional verworfenen Rahmen der Lebens- und Erkenntnisbedingung, immerhin für jene hat, die von dieser Avantgarde-Rolle im Hinblick auf eine beispielhafte und allgemein wünschenswerte Existenzsicherung ausgeschlossen sind. Und das sind immer noch die meisten. Da kann es dann leicht passieren, daß das Ressentiment sich die Qualität einer Unruhe zulegt, die gerade an Nietzsche einen verwandten Gestus entdeckt, nämlich den, der «das ganze Ausmaß seines Bruches mit der Philosophie» aufnimmt. Dann erscheint sein Verdienst eben darin, «aus dem Denken eine Kriegsmaschinerie gemacht zu haben, aus dem Denken eine nomadische Macht gemacht zu haben»[12].

So hat übrigens Gottfried Benn schon 1950, zur Vorbereitung einer ersten Wiederkehr nach dem Zweiten Weltkrieg, den Philosophen Nietzsche geopfert, um dessen Ausdruckskunst – und diese gerade in ihrer beunruhigenden, faszinierenden Zweideutigkeit – unserem Zeitalter weiter als angemessen empfehlen zu können:

«Es ist ‹der vierte Mensch›, von dem man jetzt viel spricht, der Mensch ohne Inhalt, der die Grundlagen der Ausdruckswelt schuf ... Die Ausdruckswelt – diese Vermittlung zwischen dem Rationalismus und dem Nichts! ... Nietzsche, sehen wir heute, inaugurierte den ‹vierten Menschen› ... Es ist ein Irrtum, anzunehmen, der Mensch habe noch einen Inhalt oder müsse einen haben. Der Mensch hat Nahrungssorgen, Familiensorgen, Fortkommenssorgen, Ehrgeiz, Neurosen, aber das ist kein Inhalt im metaphysischen Sinne mehr. Das ist nicht mehr der Animismus der frühen Stufen, der in magischer Verbundenheit mit der Natur und ihren bildenden Kräften im Menschen selber noch Kräfte und Verwandlungen bewog. Dieser beschwörende Mensch ist nicht mehr da. Es ist überhaupt kein Mensch mehr da, nur noch seine Symptome.»[13]

Daran schließt nahtlos an, was sich zum Beispiel bei Jean-François Lyotard, einem jetzt auch bei uns übersetzten radikalen Philosophen aus Paris (des Jahrgangs 1924), so liest: «Der moderne Mensch glaubt an nichts mehr, nicht einmal an seine Verantwortung/Schuld. Die Repression äußert sich nicht in der Züchtigung, sondern in einer Mahnung an die Axiomatik: das Wertgesetz: gibst du mir, so gebe ich dir.» Also: «Hier zeigt sich, worin die Bedeutung Nietzsches für uns heute liegt. Die geregelte WIEDERKEHR ist nichts anderes als das Kapital. Die Affirmation ist und wird die Auflösung der einzigen Regel des Kapitals sein: des Wertgesetzes.»[14]

Nietzsche hatte den *«Sieg der wissenschaftlichen Methode über die Wissenschaft»* für ein Verhängnis der Geschichtsschreibung (im weitesten Sinne) gehalten. Und an eben dieser Stelle knüpft auch Lyotard an, wenn er erklärt: «Der Augenblick ist gekommen, um den Terror der Theorie zu unterbrechen ... Der Wunsch nach Wahrem, allerorten der Nährboden für den Terrorismus ...»

Und wie Nietzsche auf den *«intuitiven Menschen»* setzte, die Kunst für das dem Menschen Unentbehrliche hielt (*«Damit der Bogen nicht breche, ist die Kunst da.»*) und sogar den *«Staat auf Musik gründen»* wollte, so hält es nun Lyotard seinerseits für an der Zeit, in die Theorie «die gleiche Lockerungskraft einzuführen, die sich in den Werken der Malerei, der Musik, des sogenannten experimentellen Kinos und natürlich in der Wissenschaft abzeichnet». Unmittelbar auf Nietzsche zurück scheint gar die Datierung einer ‹neuen Sicht› zu gehen, die auch die Naturwissenschaft nunmehr höchstens als ästhetischen Schein wahrhaben will: «Man weiß beispielsweise, daß die Mathematik und die sogenannten Naturwissenschaften seit etwa einem Jahrhundert weitgehend übereingekommen sind, sich selbst als ingeniöse Kunstwerke zu begreifen.»[15]

Da Dezentrierung seit dem Pariser Mai 1968 auch eine politisch wachgehaltene Forderung ist, setzt in Frankreich eine radikale Philosophie, die sich als politische Philosophie versteht, noch einmal auf Nietzsches Multi-Perspektivismus: «Eine Welt, in der es keine ‹Repräsentation› gibt, ist eine Welt, in der es nur noch ‹Perspektiven› gibt.»[16]

Das heißt also Vielfalt ohne übergeordnete Einheit, das Einzelne, Besondere ohne den abstrakt und intentionell hergestellten Bezug zu einem Allgemeinen. Aber in diesem wiederaufgelebten Universalienstreit geht es um mehr als um die Frage, wie sich die Namen und Zeichen zum Benannten und Bezeichneten etwa konstituitiv verhalten: «Der entscheidende Wendepunkt liegt beim Übergang von den Zeichen, die etwas dissimulieren, zu den Zeichen, die dissimulieren, daß es nichts gibt», heißt es bei Jean Baudrillard, einem kritischen Soziologen von der Universität Paris-Nanterre.[17]

Für den neuen Nominalismus der Anti-Bedeutung erscheint die Simulacrum-Realität unserer semiologisierten Gegenwart in Nietzsches totalem Schein begrifflich vorweggenommen – das kommt zur Vorbildlichkeit seiner moralischen Amoralität im Augenblick hinzu.

Bilden wir ein Anagramm zu dem Wort ‹Nomade›, so erhalten wir den Begriff ‹Monade›. Lesen wir bei Leibniz nach, stoßen wir dort, in seiner ‹*Monadologie*› auf eine Stelle, die diese Schrift als Ur-Faust zu dem gegenwärtig laufenden Erkenntnisdrama begreifen läßt:

«Und wie eine und dieselbe Stadt, von verschiedenen Seiten betrachtet, jeweils ganz anders erscheint, wie sie gleichsam perspektivisch vervielfältigt ist, so kommt es entsprechend durch die unendliche Menge der einfachen Substanzen, daß es gleichsam ebenso viele verschiedene Universa gibt, die jedoch nur die Perspektiven eines einzigen Universums unter den verschiedenen Gesichtspunkten jeder Monade sind.»[18]

Wir mögen in der Geschichtskabine unserer Gegenwart einen Supermarkt mit der Wiederkehr der immergleichen Waren sehen oder das Verpackungswunder als die weihnachtliche Inkarnation der einen und einzigen Substanzlosigkeit feiern; und wir können die Kabine für geschlossen (*ein* Universum) oder für offen halten: als identitätsfähiges Subjekt haben wir zu verschwinden, und tatsächlich hat die Haftkraft unseres Ichs schon so weit nachgelassen, daß ein kontinuierlich eingenommener Standpunkt auch bei gutem Willen nicht mehr gelingt. Der Leibnizsche Rettungsversuch, die Welt noch einmal zur großen Tragetasche in der Hand Gottes und uns frei beweglich in ihr zu erklären, läßt uns heute lachen. Aber wie lacht die post-subjektive personale Verkörperung des eigenen Verschwindens?

Deleuze hebt an Nietzsche besonders die Beziehung seines «Aphorismus zum Humor und zur Ironie» hervor: «Es geschah Nietzsche oft, sich vor einer Sache zu finden, die er ekelhaft, unedel und zum Erbrechen fand. Und das ließ ihn lachen, und wenn möglich, lachte er noch etwas mehr.»[19]

Wie verhält sich dieser Humor zur berüchtigten romantischen Ironie, zu Bazon Brocks «Revolution des Ja»?

Deleuzes Nietzsche-Buch (aus dem Jahre 1962) meint am Schluß eine andere, teilhabende Bejahung, wenn es da, quasi als Fazit, heißt: «Darin, daß das Viele, das Werden, der Zufall Objekte reiner Bejahung sein mögen, ist der Sinn der Philosophie Nietzsches formuliert. In der Bejahung des Vielen steckt die spekulative, in der Freude am Unterschiedenen die praktische Bedeutung.»[20]

Das ist letztlich auch das geistige Resultat der bisher umfangreichsten Nietzsche-Biographie, deren dritter Band im Herbst 1979 erschienen ist. Der Autor, Curt Paul Janz, macht sich am Schluß, nach fast 2000 Seiten Dokumentation und Information zu Leben und Werk des Philosophen, Nietzsches Standpunkt zu eigen und wendet ihn nachträglich auf die gerade abgeschlossene Aufgabe an:

Die «Vielschichtigkeit» des Werks von Nietzsche biete zwar «viele Möglichkeiten des Zugangs und der Erklärung», könne aber kaum «in seiner Ganzheit von *einem* Betrachter gesehen, von *einem* Bearbeiter ausgemessen werden».[21] Eine weitere Einladung zum Multi-Perspektivismus der Interpreten im Blick auf den Multi-Perspektivismus des Interpretierten, und die Einführung der Relativitätstheorie in die Nietzsche-Hermeneutik.

Das Nietzsche-Verständnis, betrachtet im größeren Rahmen der *internationalen* Rezeption, scheint denn auch in diesem Sinne verblüffend widersprüchlich. Zwei Beispiele nur zum Abschluß. Wer noch das Nietzsche-Verdikt von Lukács in Erinnerung hat[22], mag sich wundern, daß zum Beispiel die meisten Nietzsche-Spezialisten in Italien Marxisten sind, zum Teil sogar Mitglieder der Kommunistischen Partei: Sie nehmen Nietzsche ausschließlich als Anti-Christen in Anspruch und verproviantieren mit dessen Invektiven zweckrational die antiklerikale Opposition des Landes.

England dagegen, ein Land, das *seinen* historischen Kompromiß schon 1688 geschlossen hat und seither konsequent befolgt, steuerte im vorigen Jahr wieder einmal einen seiner Beiträge zur überlegenen Wurschtigkeit gegenüber den kontinentalen Spitzfindigkeiten bei – wozu offenbar bereits der Anspruch gehört, den die sprachliche Unmißverständlichkeit eines Textes an einen kritischen Leser stellt. Nur so lassen sich eine ganze Reihe von vermeidbaren Schnitzern in dem Deutungskonzept von J. P. Stern, einem bekannten Professor für deutsche Literatur in London, erklären. Gleich in zwei Büchern trägt er seinen eigenen inneren Kompromiß mit dem Christentum bis in das Innere Nietzsches vor und bedauert, daß dieser nichts zur Anerkennung der freudevollen, «positiven» Natur des Glaubens geäußert, auch nichts über die «positive» Bedeutung der Fleischwerdung Christi gesagt habe.[23]

England also versus Italien, der eine gegen Nietzsche für, die anderen mit Nietzsche gegen Christus – wahrhaftig, Erben des Nietzscheschen Multi-Perspektivismus.

Stern schickt uns ferner zur Erläuterung des Unterschieds zwischen Marx und Nietzsche in seine Sonntagsschule, mißversteht Nietzsches Ästhetizismus und bestimmt Hitler wieder einmal zum Vollstrecker der «selbstgeschaffenen ‹Werte›» à la Nietzsche (dessen Schwester Hitler im Nietzsche-Archiv empfangen hat!) – was nun doch wieder auf Repräsentation mit dem/im Namen Nietz-

sches hinausläuft. (Das alles vielleicht nur, weil Nietzsche die Engländer nicht leiden konnte?)[24]
Auch besteht bekanntlich seit dem viktorianischen Zeitalter ein tiefer Graben zwischen englischer Sittsamkeit und französischer Libertinage. In einem neuen Sammelband zu Nietzsche, der vor anderthalb Jahren in England erschien und in dem Stern über «Nietzsche and the Idea of Metapher» schreibt, spricht dieser folglich noch immer von dem «dummen Vorurteil» französischer Strukturalisten, die Erotik und Sexualität nicht auseinanderhalten können.[25]
Man sieht: Allerorten ein neues Erkenntnisinteresse an Nietzsche.
Auch die Bundesrepublik steuerte erst kürzlich, außer dem Abschlußband der erwähnten Biographie von Janz, ein Projekt zur Nietzsche-Würdigung bei: zwei Bände ‹*Nietzsche und die deutsche Literatur*›. Der erste Band enthält Äußerungen deutscher Schriftsteller zu Nietzsche aus den Jahren 1873 bis 1963. Der zweite Band enthält neun Beiträge nach dem Schema «Nietzsche und ...» (George, Hofmannsthal, Sternheim etc. bis zu Benn).[26]

Wo aber sind die Beiträge der deutschsprachigen Autoren der Gegenwart?
Sie stehen in diesem Band, der vor dem Hintergrund der hier nur grob und dürftig belegten Anzeichen für eine Wiederkehr Nietzsches zustande gekommen ist.
Es ist ein Redaktionsgrundsatz dieses Periodikums, daß in ihm literarische Praxis und ästhetische Theorie in eine Beziehung gebracht sind, die die Trennung von Anschauung und Begriff wenigstens im fruchtbaren Nebeneinander tendenziell aufgehoben zeigen soll. Das kann jedoch niemals pedantisch befolgte ‹Ausgewogenheit› bedeuten.
Die Themenstellung «Nietzsche» würde ein Übergewicht an Theorie mit sich bringen, das wußten wir von vornherein. Daß kaum Schriftsteller die zurückliegende eigene apollinische Illusion noch einmal würden aufleben lassen wollen, ahnten wir ebenfalls. Dennoch waren wir erstaunt, wie wenig dieser Kunstprophet der (mittleren?) Moderne heute bei den literarischen Künstlern im eigenen Land gilt; aber auch, wie viele von ihrer Beziehung zu ihm nicht reden mochten. (Kommen hinzu jene, die den Versuch, zu ihm noch einmal eine Beziehung herzustellen, wieder abbrachen.)

Daraus entstand das Konzept zu diesem Band: die Diskussion denen anzutragen, die über Nietzsche nicht erst aus Anlaß der Einladung zur Mitarbeit an vorliegendem Buch nachzudenken begonnen haben. Das Wort ‹Experten› ist unangebracht, ebenso die Bezeichnung ‹Repräsentanten› (der bundesdeutschen Nietzsche-Forschung). Es sind *zumeist* jüngere Wissenschaftler, die, wieder einmal, die Vielfalt der Zugänge, die das Werk Nietzsches ermöglicht, unter Beweis stellen.

Sich ihm anders als wissenschaftlich/kritisch zu nähern, erscheint jedem, der sich auf das Werk des Philosophen intensiver einläßt, ausgeschlossen. Insofern ist die Ansteckungsgefahr tatsächlich vorüber.

Wenn ein nicht schlecht von sich reden machender Teil der politischen Philosophie Frankreichs ihren ‹Bruch› mit der rein marxistischen Überlieferung im Namen Nietzsches vollzogen hat, dann trägt diese Sammlung von Aufsätzen auch zu unserem Urteil über den Charakter und den Grad der Seriosität dieses ‹Paradigmenwechsels› bei.

Darüber hinaus ist sie ein selbständiger Versuch zur Aneignung einer *deutschen* Tradition, sich im Denken des Widersprüchlichen einem Handeln zu entziehen, das immer mehr im Eindeutigen aufzugehen bereit war und ist. Die Wiederkehr der immergleichen Symptome unserer psychischen und geistigen Verelendung läßt wohl die Frage zu, was denn vielleicht doch an Freund *und* Feind, links *und* rechts, so *gleich* sein könnte. Wir können es uns heute zweifellos leisten, in die bei Nietzsche bereitgehaltenen Antworten wie in bequeme, weil schon einmal getragene Anzüge zu schlüpfen, partiell, probeweise und vorübergehend. Kritische Selbstdarstellung mittels nachahmender Verstellung sozusagen. Nur dürfen wir nie vergessen, daß das ausgerechnet geschieht vor dem Hintergrund einer Wiederkehr der Ungleichheit, wie sie sich zur Zeit im politischen Bewußtsein unseres Landes vollzieht: Damit dieser Band nicht zu einer erneuten Wiedergeburt der Tragödie aus dem Ungeist des lancierten Mißverständnisses Beihilfe leistet.

Anmerkungen

1 Jürgen Habermas: Zu Nietzsches Erkenntnistheorie (ein Nachwort), 1968; abgedruckt in: ders.: Kultur und Kritik, Frankfurt/Main 1973. S. 239
2 Friedrich Nietzsche: Die Geburt der Tragödie. Abschn. 5
3 Jürgen Habermas: Erkenntnis und Interesse. Frankfurt/Main 1968/73. S. 323–364
4 Jean-François Lyotard: Intensitäten. Berlin 1979. S. 19
5 Gilles Deleuze: Nietzsche – ein Lesebuch. Berlin 1979. S. 121
6 Ebd., S. 115
7 Ebd., S. 116
8 Nietzsche: Jenseits von Gut und Böse, Abschn. 4
9 Nietzsche: Über Wahrheit und Lüge im außermoralischen Sinne
10 Jürgen Habermas: Erkenntnis und Interesse, a. a. O., S. 364
11 Nietzsche: Über Wahrheit und Lüge im außermoralischen Sinne
12 Deleuze: Nietzsche – ein Lesebuch, a. a. O., S. 121
13 Gottfried Benn Nietzsche nach 50 Jahren (1950); abgedruckt in: Bruno Hillebrand (Hg.): Nietzsche und die deutsche Literatur. Bd. 1. Texte zur Nietzsche-Rezeption 1873–1963. München 1978. S. 302, 304, 305
14 Lyotard: Intensitäten, a. a. O., S. 134, 20
15 Lyotard: Apathie in der Theorie, Berlin 1979, S. 73, 109
16 Lyotard: Intensitäten, a. a. O., S. 11
17 Jean Baudrillard: Agonie des Realen. Berlin 1978. S. 15
18 Leibniz: Monadologie. S. 57
19 Deleuze: Nietzsche – ein Lesebuch, a. a. O., S. 117
20 Deleuze: Nietzsche und die Philosophie. München 1976, S. 212
21 Curt Paul Janz: Friedrich Nietzsche, Biographie. 3 Bände. München 1978/79. 3. Bd., S. 274
22 Georg Lukács: Die Zerstörung der Vernunft. Berlin(Ost) 1954. S. 244–317
23 J. P. Stern: A Study of Nietzsche. Cambridge 1979. S. 33, 117; ferner: ders.: Nietzsche. Glasgow 1978
24 Nietzsche: Jenseits von Gut und Böse, a. a. O., Abschn. 257, Vgl. auch Janz, a. a. O. 1, 299
25 Malcolm Pasley (ed.): Nietzsche. Imagery and Thought. London 1978. S. 65
26 Bruno Hillebrand (Hg.): Nietzsche und die deutsche Literatur. Band 1: Texte zur Nietzsche-Rezeption 1873–1963; Band 2: Forschungsergebnisse. München (dtv) 1978

Hugo Dittberner
Tänzelnd und böse. Über Nietzsche

«... ich aber, in meinem Glück und Jenseits, ...»
(Nietzsche, Jenseits von Gut und Böse)

Nietzsche – das ist eine Erfahrung. Ich erinnere mich gut an jenen Spätnachmittag, als ich zum erstenmal Nietzsche las: *‹Über Wahrheit und Lüge im außermoralischen Sinne›*, eine kleine Schrift aus dem Jahre 1873. Ich schwankte zwischen Lachen und Staunen, zwischen Bewunderung und Vorbehalt. Und in dies Schwanken war auf eigentümliche Weise die sinnliche Wahrnehmung der Umgebung gemischt, der alten zerkratzten Tische in einem noch älteren Göttinger Hörsaal mit seinen ehemals weißen, nun verwitterten Wänden, mit seinem schwachen gelben Licht aus zu hoch hängenden Lampen und mit dem roten Gesicht von Professor Wein, als sei durch die Lektüre des Textes nicht nur die denkende, sondern auch die sinnliche Aufmerksamkeit gespannt und gesteigert. Wenn ich heute die mit vielfarbigen Unterstreichungen und Anmerkungen übersäten und zudem aus dem Buch gelösten Seiten wiederlese, bin ich erstaunt, daß sie damals auf mich einen derart überwältigenden Eindruck machten; daß ich dachte, aus diesem Meer von Denken, Anspielungen und Sprachkraft nur mit Mühe wieder auftauchen zu können.

Der zentrale Gedankengang dieses Textes wurde ähnlich auch von anderen gedacht, etwa von Nietzsches Zeitgenossen Charles Sanders Peirce, einem der Entdecker des Pragmatismus, und er liegt in der Konsequenz der Entwicklung der Wissenschaften als Einzelwissenschaften. Wahrheit nämlich, sagt Nietzsche, ist als Tatbestand nur eine dem sozialen Frieden dienende Konvention, ausgesprochen nur eine mehrfache Metapher: als Sprache überhaupt (eine Übersetzung von Sinnesreizen in Laute) und als Begriff (Gleichsetzung von nichtgleichen Einmaligkeiten) innerhalb der Sprache. Die Menschen haben diese Übereinkünfte nur vergessen und die Wahrheit als moralischen Wert etabliert, deren Verletzung, die Lüge, geahndet wird. Doch wer aus diesem moralischen, und das heißt: geschichtlichen Zusammenhang heraustritt, der erkennt, daß der Gegensatz der «Wahrheit» (wie sie nun korrekt

heißt), ihr Verfehlen, nicht die Lüge ist, sondern der Irrtum.
Über diesen gedanklichen Zusammenhang kann man lange nachdenken und diskutieren, man kann ihn widerlegen, ad absurdum führen oder in (gegenwärtig) hieb- und stichfester Wissenschaftssprache erneuern. Doch hat man damit allein Nietzsche nicht gefaßt. Denn Nietzsche denkt nicht nur, er «denkt und (!) malt», wie er es einmal formuliert hat. Seine Sprache ist nicht der Diener seiner Gedanken, sie ist, moderner gesagt, nicht funktional. Nietzsche hält ihren Reichtum, ihre Virtuosität in und neben dem gedanklichen Zusammenhang immer im Bewußtsein; er formuliert sprachaufwendig. «Könnten wir uns aber mit der Mücke verständigen, so würden wir vernehmen, daß auch sie mit diesem Pathos durch die Luft schwimmt und in sich das fliegende Zentrum dieser Welt fühlt.» So argumentiert er gegen das anthropozentrische Weltbild; und der poetische Überschuß des Bildes stimmt gegenüber der Argumentation wohlwollend. Der sprachliche Schwung trägt den gedanklichen Schwung über sich hinaus und nimmt ihm die definitorische Strenge, die eine sogenannte saubere Begriffssprache leisten würde.
Oder Nietzsche sagt: «Es ist merkwürdig, daß dies (das ‹Erkennen› des anthropozentrischen Weltbildes; H. D.) der Intellekt zustande bringt, er, der doch gerade nur als Hilfsmittel den unglücklichsten, delikatesten, vergänglichsten Wesen beigegeben ist, um sie eine Minute im Dasein festzuhalten, aus dem sie sonst, ohne jede Beigabe, so schnell wie Lessings Sohn zu flüchten allen Grund hätten.» Die (Selbst)Täuschung des Intellekts gerät in diesem Satz bald in den Hintergrund, die Aufmerksamkeit wird durch die gehäuften, superlativischen(!) Attribute und die Anspielung auf Lessings Sohn fortgelenkt. Wer weiß, daß Lessings Sohn nach der Geburt starb, und wer gar noch den erschütternden Trauerbrief Lessings aus diesem Anlaß in Erinnerung hat (oder als Student sich erarbeiten muß!), der ist gefühlsmäßig ganz anders gefordert als eben noch bei dem hochstimmenden Mücken-Satz. Nietzsche liebt solchen, ich nenne ihn einmal: «tönenden» Anspielungshorizont, in dem der Gebildete fortwährend Wechselbäder der Gefühle und Gedanken *erlebt*. Die reich instrumentierte, ja überinstrumentierte Sprache, die Superlative, Neologismen (die häufig Wortzusammensetzungen, Wort*ballungen* sind), die Hypotaxen, aus denen immer wieder in Parenthesen ausgebrochen wird, die graphischen Signale: diese Gedanken-, Binde- und Trennstriche,

die zum detailbeflissenen, wortgenauen, etymologieverliebten Lesen zwingen, die Anreden des Lesers, die fremdsprachlichen Zitate; kurz: Nietzsches charakteristischer Sprachstil zieht den Leser als antwortende Person in den Text, steigert dort sein Selbstgefühl, überfordert ihn auch. Nicht nur wer in Nietzsches ‹*Ecce Homo*› gelesen hat, wie der Philosoph sein Denken aus seiner physischen Existenz herleitet (mit ironisch-koketten Obertönen), oder wer die Selbstetikettierungen als «Verführer» kennt, so schelmisch sie ausgesprochen sind, erfährt bei einer Nietzsche-Lektüre, daß er umgarnt, betört, spielerisch herangezogen und weggestoßen, an- und aufgeregt, herausgefordert und beschwichtigt wird, daß er einer Gesamterfahrung ausgesetzt ist, die ihn überwältigen soll. Das solide Argumentieren, den sokratischen Zweifel, das nachdenkliche Kalkül, das vorsichtige Abwägen, Vorsicht überhaupt gibt es nur als Pose, nicht als durchgehaltenen Denkstil.

Ich will mit dieser kurzen Beschreibung auf etwas hinweisen, das sich bewußt zu *halten* (nicht nur einmal bewußt zu machen) dem Nietzsche-Leser nicht leichtfällt, aber doch nicht ganz nutzlos ist: auf Nietzsches rhetorisches Genie. Man hört ihn eher als daß man ihn liest (er selbst unterstützt diesen Eindruck durch Zwischenrufe wie «Hört ihr mich, meine Freunde»); er hat eine gewaltige Stimme – ja, ich möchte überpointiert sagen: seine Philosophie *ist* zu einem bedeutenden Teil Stimme, eine Stimme, die Freunde und Jünger wirbt, Gegnerschaften ausruft. Sie hat eine starke plastische Kraft; sie löst aus den Zusammenhängen alltäglicher Wirklichkeit. Ich sehe noch die einzelne trübe Glaslampe im Hörsaal, ich sehe mich später unter einer Eisenbahnbrücke nach Hause gehen, am Fenster meiner Bude stehen: losgelöst davon, aus dem selbstverständlichen Kontakt mit den Dingen und Menschen herausgesaugt ... Die Stimme Nietzsches verlockt zum Rausch, sie übertönt nüchterne Einwände. Und man scheut sich vor ihr, nur vernünftig, beckmesserisch und zögernd zu sein.

«Auf die Gefahr hin, unschuldige Ohren mißvergnügt zu machen, stelle ich hin ...» oder ähnlich heißt es oft; der Leser wird von solchen feinen Manipulationen, die ihn in die Rolle des Komplicen drängen, umstellt, *gestellt*. Nun kann er nur noch ja oder nein sagen, wenn er es ernst meint («bieder» nennt Nietzsche das gern); und wenn er es nicht ernst meint – dann ist er Nietzsches Mann, dann hat er sich von seinen Überzeugungen gelöst, von seinen Standpunkten entfernt. Die Wahrheit braucht zwei Beine, damit sie umhergehen kann, fordert Nietzsche an anderer Stelle, als er die schon generell in Frage gestellte Wahrheit noch einmal für ein Bonmot braucht. (Nietzsche registriert keine Erkenntniszuwächse, sondern fängt immer wieder von neuem an.) Die Unschuld, die Nietzsche für ein künftiges Stadium schätzt, zu verlieren, gegen die Widerstände der eigenen Vorurteile, Lebenslügen und Tabus aufgeklärt zu werden, jedem, auch dem verbotensten Gedanken aufmerksam nachzugehen, dem Wagnis eines solchen freien Philosophierens sich auszusetzen, ist der Appell in Nietzsches Stimme. Und diesem Appell verbunden ist das Pathos der Verheißung. Verheißen wird die *neue* Unschuld, das neue Ja, die Oberflächlichkeit aus Tiefe. Das heißt: das Jetzt der Nietzscheschen Schriften, Nietzsche weist darauf in seinen Vorreden hin, ist ein Durchgangsstadium, durch das der Leser noch hindurch muß, eine nötige Entfremdung, ein Provisorium, von dem man nicht alles erwarten darf, an das man keine (nüchternen) Forderungen stellen soll: man soll die Texte nicht abwägend bedenken, sondern (nach)-erfahren.

Es gibt vielleicht keinen deutschen Autor, der wie Nietzsche derart virtuos mit den Möglichkeiten, «ich» zu sagen oder «wir» oder «man» oder dazwischen zu wechseln, Gebrauch gemacht hat wie Nietzsche. Sie sind die Leine (der Identifikation), an der Nietzsche seine Leser führt – selbst auf die Gefahr hin, daß er allein sein Leser wäre, der seine früheren Schriften im Alter liest, um sich am Feuer seiner Jugend zu wärmen, wie er einmal bemerkt.

Nietzsches Stimme will herrschen. Er will in einem Satz mehr sagen, als der Leser auf Anhieb beantworten kann – oder möchte. Er verführt damit den Leser zu einer Verfahrensweise, die seiner eigenen entspricht: zur Interpretation. Hans Heinz Holz hat darauf hingewiesen, daß Nietzsche mit anderen Philosophen seines Jahrhunderts (wie Feuerbach und Marx) gemeinsam hat, nicht der Intentionalität der (überlieferten) Texte zu folgen, darauf zu antworten, sondern die Texte auf eigenes Fragen und Hinterfragen antworten (und öfter: sich bloßstellen) zu lassen. Es ist dies die Methode der Ideologiekritik (deren Erkenntnisse sich aber auch hervorragend in der Propaganda und in der Werbung nutzen lassen); Nietzsche nennt es seine «psychologische Methode» oder sein «historisches Philosophieren». Er ist auf nichts so stolz wie auf Entlarvungen – und Verkleidungen, denn er treibt das Spiel mit der Maske auch in der anderen Richtung. Er spielt, und er liebt es, das

Ungezogene dieses Kind- und Künsterlergestus' kokett zu betonen – als wolle er den seriösen Zorn aller Professoren dieser Welt herausfordern –, er spielt mit dem Verborgenen und Verbotenen, wie er dazu neigt, seinem Denken die Aura des Verbotenen und Verborgenen zu geben. Wer ihn liest, ist unversehens aufgeteilt in ein naives und ein kritisches Verstehen, sucht zu unterscheiden: was ist nun Rolle oder Pose, was ist Nietzsche, was meint Nietzsche tatsächlich? Wie komme ich da heraus, wie werde ich damit fertig? Aber er fühlt sich bei diesen untergründigen Fragen immer in unterhaltsamer Gesellschaft.

Erfahrungen mit Nietzsches «Denken und Malen» betreffen nicht nur die Form seines Denkens, obwohl auch dies: nämlich die *heroische* (d. h.: wie ein Schild erhobene) Form, sondern das Denken selbst. Die unzähligen Empfindungswörter, Anreden, Interjektionen, die vielen persönlichen Brückenschläge zum Leser können ebensowenig wie das Pathos von den gedanklichen Zusammenhängen abstrahiert werden, ohne daß diese Zusammenhänge verletzt würden, gar fade oder banal würden. Sie sind Nietzsches Denken nicht akzidentiell, sondern wesentlich; denn dieses Denken ist ein An-, Nach-, Über-, Zu- und Gegendenken, eines, das ständig in engem Kontakt mit Anstößen und Zusammenstößen, und seien sie auch nur vorgestellt, *leben* muß. Schnell rein in die Probleme, und schnell wieder raus, nennt Nietzsche sein Verfahren. Doch indem er andere angreift: nicht in die Bücher einzufallen wie plündernde Soldaten und zu nehmen, was sie wollen, kennzeichnet er die Gefährdung auch seines Verfahrens. Die vorsokratischen Philosophen will er in einem Gedanken (denn jeder Philosoph habe in Wahrheit nur einen Gedanken, den er variiert) oder in drei Anekdoten darstellen, die gewichtigen Themen der abendländischen Philosophie mit einem Satz aufspießen, Jean Paul auf einer halben Seite porträtieren. Das langsam Entwickelte, das sorgfältig Entfaltete, alles mühselig Dauernde und langfristig Spannende ist diesem Denken fremd und verschwindet nach artigen Anfängen schon bald aus den Schriften, die auf die Formen des Aperçus, des Aphorismus, des Kleinessays zustreben und sich in ihnen erfüllen. Ein Tänzer zu sein, ist Nietzsches verschiedentlich ausgesprochener Ehrgeiz. Ein Tänzer aber will nicht recht haben, sondern Grazie (oder doch wenigstens deren ländliche Schwester, wie Nietzsche so schön sagt: Anmut), er will nichts beweisen außer seiner Kunst (und in dieser Kunst sich selbst). Die Form eines

solchen Denkens ist nichts Ablösbares, auch kein Selbstzweck, sondern seine Erfüllung. Wie auch immer Nietzsche sein Philosophieren metaphorisch nennt: Musizieren, Tanzen, Malen – auf seine künstlerische Qualität und Identität legt er Wert.
Es liegt auf der Hand, daß solches Philosophieren (und ich betone den Prozeßcharakter) Plünderungen, Mythenbildungen und Legenden ausgesetzt ist. Es hat nicht nur Folgen, es provoziert sie. Ob die aus der wilhelminischen Gesellschaft um 1900 losgelösten Schriftsteller, die Artisten und Reise-Ichs, ob der boden- und volkstreue Professor, Thomas Mann-Freund und Dichter Ernst Bertram, ob der schwadronierende Hitler der Tischgespräche – sie alle und noch viele mehr fanden Formulierungen Nietzsches, in denen sie sich ausruhen wollten und konnten. Ist der Philosoph für die Folgen seines Denkens verantwortlich? Diese moralischste aller Fragen an einen Philosophen ist neben Marx sicherlich keinem so oft gestellt worden wie Nietzsche; und nie mit einem so drohenden Unterton. War er der Vordenker und Wegbereiter des Nationalsozialismus, wie Georg Lukács und Bertrand Russell urteilen? Waren die SS, der Lebensborn und die versuchte Unterjochung östlicher «Sklavenvölker» die Verwirklichung seiner Vorstellungen?
Wer diesen Fragen achselzuckend begegnet, unterschätzt den Anspruch von Philosophie und nimmt sie weniger wichtig als Nietzsche. Nietzsches Antwort auf die Frage der Verantwortung des Individuums ist heftig und unversöhnlich: der Mensch hat keine intelligible Freiheit, er ist bis in seine kleinsten Regungen determiniert. Dies gilt generell für das «Über-Tier» (wie Nietzsche gern den Menschen nennt), zumal für die Masse (die «Herde»). Nach Russells Meinung ist Nietzsche deshalb ein Primitivdarwinist, damit zugleich ein Züchtungsoptimist. Es bleibt allerdings die Frage nach den Genies, den Großen, für die laut Nietzsche die Geschichte stattfindet, die Frage nach den «freien Geistern». Doch tragen auch sie keine geschichtliche Verantwortung; eher ist die Geschichte ihnen verantwortlich – für ihre Selbstverwirklichung. Nietzsche ist für die Frage nach seiner Verantwortlichkeit der falsche Adressat, man kann ihn nicht als Kronzeugen gegen sich selbst, gegen Teile seines Werks gewinnen.
Nicht nur die Sanftmütigen und die Friedfertigen unter Nietzsches Lesern, auch die Erkenntnishungrigen und Kulturwahrer haben deshalb mit Nietzsches Werk als Werk Schwierigkeiten. Viele

möchten es entrümpeln, von allzu großen Monströsitäten oder von Zarathustra, und nur die zartfühlenden, einfühlsamen Passagen und die Geniestreiche des fröhlichen Wissenschaftlers, seine prognostischen Glanzstücke gelten lassen. Für sie ist Nietzsche der Liebhaber so sittigender Werke wie Goethes ‹*Gespräche mit Eckermann*› oder Stifters ‹*Nachsommer*›, der Durchschauer einer dumpfen und bornierten (deutschen) Gesellschaft, der Nihilist in der Mottenkammer abgetragener Werte. Nietzsche hat kein System, heißt es dann, es gibt einen frühen, einen kritischen und einen späten Nietzsche (manche führen noch Extra-Rubriken für den Zarathustra-Nietzsche und den Nachlaß-Nietzsche ein), man kann ihn nicht zusammendenken; sie lesen Nietzsches Bücher als Sammlung von Maximen und Reflexionen, denen man teilweise zustimmen kann, teilweise nicht.

So richtig und sympathisch dieser Ansatz angesichts früherer, monumentaler Nietzsche-Bilder ist, er mogelt sich an der Irritation, an der Herausforderung, an der eigenen Forderung durch Nietzsche vorbei.

Nietzsches Werk ist gewiß kein System im herkömmlichen Sinne, wie man von Kants oder Hegels oder Marxens System spricht. Es ist keines von diesen wuchtigen, streng gebauten Denkautomobilen. Es ist aber auch kein Nicht-System. Vielmehr kann man es, nach Benjamin, mit den Fragmenten der Frühromantiker und mit Hegels Begriff insofern vergleichen, als es auf ein System *zustrebt*, den Kern eines Systems jeweils enthält. Der Ehrgeiz, das eigene System, endlich den Schlüssel zu dem eigenen System zu finden, ist Nietzsches Schriften verschiedentlich abzulesen. Nicht nur, daß nach seinem Verständnis der wahre Philosoph, jedenfalls der große Philosoph (für den er sich immer mehr hielt), nur einen Gedanken denkt, den er variiert; auch die häufige Engführung seines Denkens auf die Verheißung zu, dies «incipit tragoedia» und «Ich bin euer Verhängnis» spiegeln seine Sehn-Sucht. Freilich, wenn man seine öfter wiederholten Prägungen wie die «ewige Widerkehr des Gleichen», die «Unschuld des Werdens», der «Wille zur Macht» vergleicht zum Beispiel mit der Formulierung seines Lehrers Schopenhauer «Die Welt als Wille und Vorstellung», dann entdeckt man in ihnen mehr Getöse als zwingenden Gedanken. Und doch kann man in ihnen nicht nur den Nachklang (der durchaus auch in Opposition zu seinem Tanzen gerät) seines Ehrgeizes, auf die europäischen Großen seines Jahrhunderts, auf die Heroen der Arbeit und des Ehrgeizes: Balzac und Wagner, angemessen zu antworten und ihrer übergreifenden Vision nicht ausgeliefert zu sein, heraushören. Sie haben, bei aller Eklektik, eine eigene Konsistenz; sie locken einen Erkenntnissog hervor; den Erkenntnissog, die (Leer)Formeln zu füllen. Aber womit – angesichts der Unzahl von kleinen und kleinsten Schreibeinheiten, deren Abfolge sich oft nur Wort-Assoziationen verdankt?

Jeder Nietzsche-Leser kennt (und liebt?) jene Passagen, bei deren Lektüre man innerlich ins Stolpern, Hüpfen oder Rutschen gerät: wenn nämlich Nietzsche bei seinem so treu durchgehaltenen ‹ceterum censeo› verweilt, mit dem er in radikaler Opposition zu dem in der europäischen Neuzeit, zumal seit der Französischen Revolution ausgebildeten Wertekanon steht. In diesen Passagen, den unveränderten Hauptmotiven seines Denkens, verurteilt Nietzsche die Demokratie, die Menschenrechte (für alle), den friedlichen Ausgleich zwischen Menschen und Völkern; und er proklamiert einen Staat und eine Gesellschaft, die zu ihrer kulturstiftenden Überschußproduktion Sklaven halten und Kriege führen: um so den Sinn der Geschichte zu erfüllen und die großen Individuen hervorzubringen, die sorglos schöpferisch sind und nach denen man dann in Zeitaltern rechnet. Es läßt sich nicht leugnen, daß die zentralen Motive von Nietzsches Denken aristokratisch und aggressiv sind. Er ist ein (selbst)erklärter Verfassungsfeind, nicht nur unserer Gesellschaft (in der man sich ständig durch dies Etikett: dieses Hinweisen auf die eigenen Ideale aufwerten will), sondern aller verfaßten Gesellschaften, die auf das größtmögliche Glück einer größtmöglichen Anzahl ihrer Mitglieder hinstreben. Für Nietzsche ist der Krieg der Vater aller (wertvollen) Dinge; und nach den Müttern fragt er selten (und abschätzig).

Wenn Nietzsche diese Positionen nur programmatisch vertreten hätte (was er auch und mitunter sehr stiernackig und plump tut), hätte er noch einen anderen Beruf ausüben müssen, um berühmt zu werden. Zwar dachte man in der herrschenden Kaste Deutschlands damals ähnlich und hatte seinen Treitschke, aber man empfand dort, soweit man überhaupt von Nietzsche Kenntnis erhielt, diesen Mann Nietzsche als zuwenig seriös. Doch Nietzsche hat diese Position nicht nur programmatisch vertreten. Der talentierte Frühprofessor hat den Deutschen seine Lektion im Bereich ihrer heiligsten Kulturprojektion erteilt: er erzählte die Geschichte der Griechen neu, indem er die Ursachen ihrer Größe (heraus)inter-

pretierte. Damit appellierte er an eine lange Vorbildtradition, der er jedoch durch die Hervorhebung des Dionysischen und der Kennzeichnung der athenischen Demokratie als Phase der Dekadenz (u. a.) irritierende, durchaus neue und produktive Perspektiven eröffnende, die historische Zunft verärgernde Akzente verlieh. Lange Zeit galt sein kulturpolitischer Aufklärungskampf der Reinkarnation der heroischen griechischen Ordnung in Deutschland. Und auch, als er es müde wurde, diese (ja national begrenzte) Bürde zu tragen, hat er bei seinen einsamen Gratwanderungen den griechischen Olymp stets im Auge behalten. Das «Sein wie die Griechen: oberflächlich – aus Tiefe», in dem seine Sehnsucht nach sinnlicher Intensität, nach Farbe, Klang und Duft aufgehoben ist, lese ich als seine fortgeschrittenste und anrührendste Erkenntnis. (Und unter Nietzsches vielen Ahnungen und Prognosen war diese nicht einmal: wie sehr wir heute um unsere sinnliche Existenz kämpfen müssen.)
Nietzsches griechisch buchstabierte Geschichtskonzeption hat, zumal in der Verbindung mit seinen Darwinismen, zu seiner Wirkung, jedenfalls in Deutschland, Erhebliches beigetragen; wenn ich auch seine direkte Wirkung auf den Nationalsozialismus, denn er war weder Nationalist und Rassist noch Sozialist, für wesentlich unbedeutender halte als jene auf das konservative politische Umfeld des Nationalsozialismus, auf jene Elite, die die Nationalsozialisten gewähren ließ oder benutzen wollte, für die diese «Bewegung» nur der Humus ihrer Größe sein sollte. (Und dann war es Hitler, der sich die deutsche Geschichte anpaßte.) Doch hat den größten Anteil an seiner Wirkung, je länger je mehr und sie eigentlich tragend, die ungemein große und in bildungsgesättigter Sprache dargebotene Erkenntnisfülle, noch genauer: diese ungeheure Konzentration auf das Erkennen, dem kein Fitzelchen menschlicher Existenz entkommt, ohne durchleuchtet und ins Bewußtsein gehoben zu werden. Noch die Erkenntnismüdigkeit, die Sehnsucht nach dem Instinkt gerät zum Anlaß eines Erkennens, das sich nicht nur eine Erkenntnisform, sondern zugleich eine *Existenzform* schafft. Ich kann mir nicht vorstellen, daß jemand ‹*Menschliches, Allzumenschliches*›, ‹*Morgenröte*› oder ‹*Fröhliche Wissenschaft*› liest, ohne irgendwann den Hut zu ziehen. Die Intensität des Erkennens, der Wille zum Erkennen sind so heftig und unvergleichlich, daß sich in ihm die Frage nach seinen Grenzen und seinem Maß stellt. Es ist ein Erkennen, das darauf angelegt ist,

Rahmen und Konventionen zu sprengen, zügellos zu sein und radikal («Wir Wagehalse des Geistes» tituliert sich Nietzsche gern), das wie die Inkarnation europäischen Fortschrittwillens zu sein scheint und dessen Pathos den Memoiren eines Freibeuters zustände.

Sind es denn nicht geistige Raubzüge, denen wir beiwohnen, wenn wir Nietzsche lesen? Mit anderen Worten und folgenschwerer formuliert: inwieweit bestehen zwischen den aristokratischen und aggressiven Haupt- und Leitmotiven seines Werks und der Fähigkeit zum Erkennen, der Lust am Erkennen Zusammenhänge? Ist es möglich, Nietzsches Erkenntnisse, was er über Religion, über Freundschaft, über die Juden und über die Deutschen, was er worüber auch immer gesagt hat, zu beerben, ohne zugleich diese Hauptmotive seines aggressiven Aristokratismus anzuerkennen oder unversehens zu verinnerlichen?

Diese Fragen haben in jeder historischen Situation eine andere gesellschaftliche Brisanz. Die Situation der Intellektuellen in der zweiten Hälfte der siebziger Jahre unseres Jahrhunderts weist gewisse Ähnlichkeiten auf mit jener der Jahrhundertwende. Wie damals herrscht in der Gesellschaft ein großer Uniformitätsdruck auf die Intellektuellen. Diejenigen, die diese Gesellschaft öffnen und verändern wollten, spüren jetzt die Gegenbewegung unter dem Slogan: wir können auch euch verändern! Mit aggressiven Bürokratien und Computersystemen werden (nicht nur kritische) Bürger ausgeforscht und in ihrem Verhalten antizipiert, am liebsten programmiert, so daß jedes Husten zur Rebellion gegen das «System» wird. In der Normung verliert der Bürger das Bewußtsein seiner Normalität, die auf der selbstverständlichen Inanspruchnahme der eigenen Rechte und auf der (zu übenden!) Fähigkeit, die Rechte anderer zu erkennen und zu respektieren, basiert. Es ist kein gutes Zeichen, wenn die Repräsentanten der Bürger, die über die Einhaltung der Rechte der Bürger wachen sollen, die Bürger zu ihren Pflichten mahnen. Da zudem weite Kreise der Gesellschaft saturiert sind oder sich saturiert wähnen und als Bündnispartner für Veränderungen vorläufig ausfallen, gibt es wieder viele losgelöste Intellektuelle und Reise-Ichs, Leute, die klein beigeben oder sich in ein totales Kontra retten.

Diese im übrigen supranationale, gesamteuropäische, ja in weiten Teilen der Welt vollzogene Entwicklung, in der so viele Utopien aus dem Verkehr gezogen und Utopisten heimatlos geworden sind, hat sicherlich die Nietzsche-Renaissance, die wir heute, nicht nur in der Philosophie und von Frankreich importiert, erleben, erleichtert und mitbedingt. Hinzu kommt, daß in der Schule der Kritischen Theorie, die von den Intellektuellen der sechziger und frühen siebziger Jahre durchlaufen werden mußte, viel Nietzsche gelehrt wurde. Ich erinnere mich noch gut an das allgemeine Erstaunen, als Max Horkheimer Anfang der siebziger Jahre mehrfach kundtat: Nietzsche sei doch der größte Philosoph (gewesen). Man hielt das damals für Alterskonservatismus Horkheimers. Und doch hat das Nietzschesche Philosophieren, mitunter uneingestanden und verdeckt, den Denkstil der Kritischen Philosophen entscheidend mitgeprägt. Es läßt sich auch (außer Nietzsche) kaum ein Philosoph vorstellen, der wie Theodor Adorno Nietzsches Zukunftshoffnung vom Genius als «musiktreibenden Sokrates» entspricht. Die elitäre Aura der Kritischen Theorie, ihre Selbstgenüßlichkeit, Sätze wie: «Kulturkritik findet sich der letzten Stufe der Dialektik von Kultur und Barbarei gegenüber: nach Auschwitz ein Gedicht zu schreiben, ist barbarisch, und das frißt auch die Erkenntnis an, die ausspricht, warum es unmöglich ward, heute Gedichte zu schreiben», solche Sätze, die sich selbst an die Stelle der Gedichte setzten, haben die intellektuellen Gewohnheiten und Ansprüche, das Lebensgefühl und die Existenzformen an den Universitäten, in den Redaktionen, überall wo man «in» war, mit viel «Nietzsche» getränkt.

Jetzt sind die (kritischen) Intellektuellen reif für Nietzsche. Er ist der letzte Weltschlüssel, nachdem die anderen nicht zu schließen scheinen: einige einzelne, die «freien Geister», gegen und über den Rest der Menschheit. Die Lust am Monumentalwerk ist wieder da, Wagner mit und ohne Kontra, die Großmannssucht, alles noch größer, länger, farbiger oder gleich in Serie zu machen, die sinnlichsten Schauspieler, die es je gab, der Kanzler spricht, alle paar Wochen die Novelle des Jahrhunderts und der Roman der Generation, die Lust, auf großem individuellen Fuß zu leben – auf die Gefahr hin, daß er über alle und mich hinwegschreitet. In dieser Situation ist leichter und gebräuchlicher, was sonst nur Germanisten und andere Berufsinterpreten verfochten: Nietzsches Diagnosen zu feiern und alles übrige als die eigene Eitelkeit kitzelndes oder auch foppendes Beiwerk abzutun. Man ist sich des Gegensatzes zwischen «interpretieren» und «verändern» in Marxens 11. These über Feuerbach nicht mehr sicher. Hat Nietzsche nicht die

Welt durch Interpretationen verändert? Hat er die Hinter- und Abgründe der menschlichen Natur nicht auf den Oberflächen sichtbar gemacht?
Doch Nietzsches Diagnosen sind stets Zensuren; nichts, dem er nicht eine Zensur beifügt, und zwar meist eine niederdrückende, demütigende, absprechende, immer jedoch rangzusprechende Zensur. Nietzsche folgt seinem Instinkt für den Rang; dem dienen die Diagnosen. Bei den Tieren ist die Rangordnung noch intakt, bei den Menschen ist sie verdeckt. Es sind die «Gutmütigen» und «Gutartigen», die «guten Tiere», die mit ihren Moralen und Konventionen die Rangordnung verschleiern und sogar gefährden (da die «Sklavenmoral» mit ihren Gleichheitspostulaten um sich greife). Gegen sie und ihre Wahrheiten kämpft Nietzsche. Seine Position (die jedoch in Bewegung ist) umspielt er mit «Immoralist», «amoralisch», «außermoralisch» und ähnlichen Prägungen. Er ist, zumal nach ‹*Zarathustra*›, auf die Moral und ihre erdrückende Konventionalität fixiert. Er will sie – nicht für alle, versteht sich – überwinden; und ich bin sicher, daß er seine Methode (die zugleich mehr war als Methode, nämlich Existenz) der Überwindung für den einen Gedanken hielt, der bei großen Philosophen alle anderen Gedanken faßt.
Nietzsche versucht, seinem «Jenseits von Gut und Böse» näherzukommen, indem er den negativen Teil dieser Formel stützt. Er begründet dieses bewußte Wagnis mit seiner Kategorie von der notwendigen Gefährlichkeit. Gefährlich denken und leben, ist seine Devise, vor dem Bösen nicht zurückschrecken, sondern es aushalten und annehmen. Denn ohne das Böse gibt es keine Entwicklung.
Das Böse ist für Nietzsche das einzelne, Individuelle, das Spontane und Plötzliche, das In-Gang-Setzende, den «Exzeß der Moral» Überwindende ... jedenfalls eine Haltung, eine Tat, eine Bewegung, denen sich der Fortschritt verdankt; jedoch der Fortschritt einer Entwicklung, die man sich nicht linear oder aufhäufend, sondern als kreisende Bewegung vorstellen muß, aus der die großen Individuen ausgewählt (Nietzsche sagt: selektiert) werden, (tänzelnd) hervortreten. Der Fortschritt *sind* die großen Individuen; und er verlangt das Böse.
Ohne dieses Nein des Bösen gegen das allgemein gültige, verhängte Gute, ohne das Pathos, angesichts kodifizierter Wahrheiten «zu irren», gäbe es kein Nietzschesches Philosophieren. Es ist sein

düsteres Markenzeichen. Das Böse als Triebkraft zum Außergewöhnlichen, das freilich auch früheren Diagnostikern nicht fremd war, aber niemals so radikal hervorgehoben und ausgehalten wurde, ist in diesem Jahrhundert, vor allem von der Psychologie und Psychoanalyse des öfteren in Anlehnung an solche Erkenntnis thematisiert worden. Gerhard Zacharias hat zum Beispiel 1972 unter dem Titel ‹*Das Böse*› Dokumente und Interpretationen herausgegeben, die zeigen, wie gegenwärtig dies Böse in unseren Überlieferungen, unseren Handlungen und Gefühlen ist. Das ‹*Historische Wörterbuch der Philosophie*› das über viele Spalten das «Gute» abhandelt, führt allerdings das «Böse» als Stichwort nicht – trotz Nietzsche.

Ist aber jemand, der das Prinzip des Bösen als notwendig erklärt und den bösen, entlarvenden Blick sich anerzieht, ein Bösewicht? (Bestimmt kein Wicht! würde Nietzsche sagen.) Es gibt Passagen sanfter Huldigungen, es gibt liebevolle Auspinselungen von Bildern (aber eben doch) großer Männer; auch sieht Nietzsche einmal den einzigen hergebrachten Wert, den er nicht umwerten will: die intellektuelle Redlichkeit, in der Tradition der Frömmigkeit (Nietzsche war bekanntlich Pastorensohn); er bedauert Furchtbarkeiten und Barbareien unter Menschen; und er bricht aus Mitleid, das er so oft verhöhnt hat, mit einem mißhandelten Droschkengaul schließlich zusammen. Doch es ist auch nicht zu leugnen, daß seine Diagnosen aus dem Prinzip des Bösen einen frohlockenden, verächtlichen, zynischen Unterton haben, so daß es unentschieden bleibt, ob die Diagnosen nicht zugleich Forderungen sind.

Jedenfalls *sagt* Nietzsche nicht: dies ist das Prinzip des individuierenden, den Fortschritt ermöglichenden Bösen – und dies bin ich als private und (minimale) gesellschaftliche Person; obwohl er so *gehandelt* haben mag. Er sagt: ich erkenne und verheiße; er bindet seine Erkenntnisse an seine ganze Person, die er (in Masken oder nicht nur in Masken?) zu Dionysos, zu Zarathustra, zu Jesus steigert. Er sieht sich als böser Heiland. Gegenüber den noblen, hochgestimmten Selbstbildnissen vom Menschen, dem Gutsein und der Wahrheit fordert er Bescheidenheit. Doch diese Bescheidenheit soll gewaltige Folgen haben – durch ihn.

Die Gedichte zeigen vielleicht noch deutlicher seine existentielle Einbettung in sein Philosophieren, gerade weil sie (bis auf wenige Ausnahmen), wenn man aus dem Gewitter der Prosa kommt, etwas Laues und Possierliches, etwas Überschaubares haben. Die dort angenommene Rolle des «Prinzen Vogelfrei» zeigt, schon in der Bezeichnung, wie keine andere die Elemente Nietzscheschen Philosophierens: das Aristokratische und das Leichte, das selbstbewußte Sich-heraus-Stellen aus den geltenden Normen ebenso wie den über-menschlichen Freiheitsanspruch, den Rausch der Höhe.

Das unlösliche Ineinander und Zusammen von Nietzsches Erkennen und Existenz garantiert jedoch, bei allen Gefährdungen, Verführungen und Borniertheiten, einen entscheidenden Gewinn; und ich glaube, daß hier der Grund für die Dankbarkeit vieler Nietzsche-Leser (Thomas Mann spricht von einer Mischung aus Ehrfurcht und Erbarmen) zu suchen ist. Es gibt in Nietzsches Werk keine toten Wissensmassen, kein langweiliges Einpauken, nicht die Gleichgültigkeit der Objektivität, nicht den erhobenen Zeigefinger. Nietzsche – das ist die Erfahrung der lebendigen Subjektivität, der fremden und der eigenen.

Bazon Brock
Lebensmusik gegen Trommelwirbel und Trompetensignal

«Ich bewundere dies Werk, ich möchte es selbst gemacht haben; in Ermangelung davon verstehe ich es». Nietzsche über Wagners Parzival (S II 930)*

I. Kunst als vereinfachtes Modell des Lebens – Nützliche Mißverständnisse des theoretischen Menschen.
Nietzsche war zunächst Philologe, als solcher darauf angewiesen, zu zitieren. Seine Vorbehalte gegenüber dem Umgang mit Zitaten ergaben sich gerade aus seinen besonderen philologischen Fähigkeiten. Er erkannte, daß die Sicherung eines historischen Texts nicht mit philologischen Mitteln möglich sei. Der Philolog' wird in dem Maße Kulturphilosoph werden müssen, als er sich bemüht, die Zitate als historische zu sichern.
Historisch vergleichende Betrachtung (sie versteht Nietzsche als Bildungsarbeit) verlangt die Fähigkeit, die jeweilige Sprachgegenwart und Geistesgegenwart des Philologen mit dem historischen Text zu konfrontieren. Durch diese Konfrontation muß aber notwendigerweise das Zitat «verfälscht» werden. Es erweitert sich um die historisch vergleichende Betrachtung, die notwendig ist, um es verstehen zu wollen. Was aber ist dann das Zitat noch wert? Es wandelt seinen Charakter zu dem eines Verweises auf einen historischen Sachverhalt, der als solcher nicht eindeutig erschließbar ist.
Durch sein Schopenhauer-Studium war Nietzsche die Schleiermachersche Auffassung des hermeneutischen Verstehens bekannt geworden. Mit Ausnahme seiner ersten großen Abhandlung («Die Geburt der Tragödie ...») übernimmt Nietzsche Schopenhauers Text-Typologien und radikalisiert sie immer weitergehender bis hin zur Form des Aphorismus, also zu vereinzelten Text-Segmenten, die untereinander nur noch durch den gemeinsamen Verweis auf den Text-Urheber Nietzsche zusammengehalten werden.

* Fr. Nietzsche «Werke in drei Bänden» Hrsg. von Karl Schlechta [3]1962, Hanser, München.

Folgerichtig gibt Nietzsche, vor allem in seinen späteren Schriften, soweit er sich auf fremde Gedanken und Sachverhalte bezieht, nur noch Verweise auf einzelne Autoren, ohne sich auf die konkrete sprachliche Gestalt von deren Aussagen und Texten einzulassen. Das muß den Nietzsche-Leser zunächst irritieren, da er nicht weiß, aus welchen konkreten Texten der jeweils von Nietzsche angegebenen Autoren sich der Verweis auf sie begründete. So erscheinen die Verweise, wann immer der Nietzsche-Leser sie auf konkrete Texte beziehen möchte, als unangemessen, ja, als Vergewaltigung, zumindest aber als radikal verkürzend.

Dieser Eindruck ist von Nietzsche bewußt erzeugt worden; sein Verfahren der Verwandlung von Zitaten in Verweise hat Methode, die den Namen «radikale Vereinfachung» trägt. Es liegt in der Natur dieses Vorgehens, daß Nietzsche, wann immer er sich auf andere Autoren einließ, im Grunde nur von sich selbst sprach. (In «Ecce homo» gibt er das ausdrücklich mit Bezug auf seine Beschäftigung mit Wagner und Schopenhauer zu verstehen.) Wenn er sich im folgenden mit Blick auf das Problem «Vereinfachung» zu Wagner äußert, dann meint er vor allem sich selbst und seine Vorgehensweise:

«Wagner bannt und schließt zusammen, was vereinzelt schwach und lässig war. Er hat – wenn ein medizinischer Ausdruck erlaubt ist – eine adstringierende Kraft ... Er ist dennoch der Gegensatz des Polyhistors, eines nur zusammentragenden und ordnenden Geistes: Denn er ist ein Zusammenbildner und Beseeler des Zusammengebrachten, ein Vereinfacher der Welt!» (S I 381)

Das philologische Zusammentragen und Ordnen scheint ihm also im wesentlichen nur eine Verdoppelung der Welt zu bedeuten; sie zu verstehen aber verlange ein Beseelen des Zusammengebrachten, ein Bilden solcher Zusammenhänge, die im Material der Welt bis dato nicht repräsentiert waren. Vereinfachung meint hier also Neuschöpfung; das Neuhervorgebrachte ist deshalb einfacher als die alte Schöpfung, weil vermutet werden muß, daß die Gesetzmäßigkeiten ihre Entstehung dem bekannt seien, der eine neue Welt erschaffen konnte.

Hier zeigt sich, daß Nietzsche schwerlich ein Künstler gewesen ist, denn sonst wäre ihm aufgefallen, daß die Tatsache, sein Werk selbst erschaffen zu haben, für den Künstler keineswegs bedeutet, daß er dieses Werk besser verstünde als jemand, der dem Werk nur von außen entgegentritt. Nietzsches Zeitgenosse Marx hat in dieser Hinsicht weiter gesehen, da er verstand, warum sich dem Schöpfer selbst sein Werk entfremden muß. Nicht nur die kapitalistischen Produktions- und Distributionsbedingungen entfremden dem Schöpfer das Werk durch Enteignung. Jede Vergegenständlichung des Geistigen im Werk erzwingt Entfremdung, da die Materialien der Vergegenständlichung als Bestand der Welt Eigengesetzmäßigkeiten unterworfen sind, über die kein Künstler nach Belieben verfügen kann.

Auch die eigene psycho-physische Produktions-Maschinerie des schöpferischen Menschen ist als natur-evolutionär entstandene seinem Zugriff weitgehend entzogen. Gerade die Psychologie der künstlerischen Kreativität scheint Nietzsche weitgehend verschlossen geblieben zu sein, ein Sachverhalt, der viele seiner Auseinandersetzungen mit Wagner in einem anderen Licht erscheinen läßt (siehe «Motto»). Wie anders hätte er zu der Auffassung kommen können, daß etwa ein von Wagner gestaltetes Drama gegenüber realen, außer-künstlerischen sozialen Ereignissen eine Vereinfachung darstellen könne?

«Die Kämpfe, welche die Kunst zeigt, sind Vereinfachungen der wirklichen Kämpfe des Lebens, ihre Probleme sind Abkürzungen der unendlich verwickelten Rechnung des menschlichen Handelns und Wollens. Aber gerade darin liegt die Größe und Unentbehrlichkeit der Kunst, daß sie den Schein einer einfacheren Welt, einer kürzeren Lösung der Lebens-Rätsel erregt. Niemand, der am Leben leidet, kann diesen Schein entbehren, wie niemand des Schlafs entbehren kann. Je schwieriger die Erkenntnis von den Gesetzen des Lebens wird, umso inbrünstiger begehren wir nach dem Scheine jener Vereinfachung, wenn auch nur für Augenblicke, umso größer wird die Spannung zwischen der allgemeinen Erkenntnis der Dinge und dem geistig-sittlichen Vermögen des Einzelnen. Damit der Bogen nicht breche, ist die Kunst da.» (S I 385)

Mit dem «Scheine jener Vereinfachung» ist nicht Anschein gemeint, sondern Erscheinung. Es mildert also kein sinnvolles Mißverstehen Nietzsches Behauptung, die Kunst ermögliche es, die uns leidend machende Spannung zwischen der allgemeinen Erkenntnis der Dinge und dem geistig-sittlichen Vermögen der Individuen auszuhalten. Wer anders als die jeweils Einzelnen wäre denn zu einer allgemeinen Erkenntnis der Dinge fähig? Also muß das von Nietzsche tatsächlich Gemeinte wohl so gesagt werden: Da wir zur allgemeinen Erkenntnis der Dinge auf Grund unseres

geringen geistig-sittlichen Vermögens unfähig sind, bedürfen wir der künstlerischen Schöpfungen in solchen Vereinfachungen, die unserem geringen geistig-sittlichen Vermögen gerade noch entsprechen.
Aber die Kämpfe der Kunst sind keineswegs Vereinfachungen der wirklichen Kämpfe des Lebens und ihrer Probleme, sind nicht Abkürzungen der unendlich verwickelten Rechnungen des menschlichen Handelns und Wollens, sondern sind ihnen analog und stellen uns die gleichen Probleme wie das Leben. Die Kunstwerke ermöglichen uns aber allein, mit den verwickelten Rechnungen des Lebens so konfrontiert zu werden, wie wir's im Lebensalltag nicht zulassen können. Ihn bewältigen wir eben nur, weil wir in ihm nicht gelten lassen können, daß das Leben eine völlig undurchdringliche, verwickelte Rechnung ist. Das Alltagsleben erzwingt jene Vereinfachungen, die uns über die tatsächlichen Bedingtheiten unseres Lebens hinwegtäuschen. Unsere geistig-sittlichen Kräfte müssen ja nach Nietzsche immerhin dazu ausreichen zu bemerken, daß das Leben unendlich verrichtete Rechnungen aufmacht. Mehr werden wir und die Künstler auch gegenüber den Kunstwerken nicht feststellen können. Die «Erkenntnis von den Gesetzen des Lebens» ist genauso schwierig wie die «Erkenntnis von den Gesetzen der Kunstwerke». Das «inbrünstige Begehren nach dem Scheine jener Vereinfachung» ist jedenfalls durch Kunstwerke nicht zu befriedigen.
Vereinfachungen als Zusammenbilden und Beseelen der heterogenen Bestandteile von Welt und Leben sind auch nicht mit jener Vereinfachung identisch, die zu Nietzsches Zeiten als entscheidende Methode naturwissenschaftlichen Arbeitens entwickelt wurde. Im naturwissenschaftlichen Experiment werden die «unendlich verwickelten Rechnungen» dadurch nachkalkulierbar, daß man die einzelnen Posten der Rechnungen bewußt auseinander reißt, um sich jedem einzelnen Posten isoliert widmen zu können. Dabei geht aber, wie gerade Nietzsche immer wieder reklamiert, dem Naturwissenschaftler die Fähigkeit verloren, sich dem Gegenstand seiner Arbeit als einem Ganzen zu nähern. Er addiert nurmehr Teilaspekte, die keine Summe ergeben.
Solchen Vorbehalt äußert Nietzsche später auch gegenüber Wagners Werken – sie seien nichts als Additionen kleinmeisterlich gestalteter Partikel. Hatte Nietzsche also seinen Anspruch, Kunstwerke seien Vereinfachungen der verwickelten Lebensrechnun-

gen, aufgegeben? Im Gegenteil, er hatte nunmehr nur noch sich selbst jene Vereinfachungsleistung vorbehalten, sich – dem philosophischen Begriffsbildner. Schon 1875 sagt er: «Das Dichterische in Wagner zeigt sich darin, daß er in sichtbaren und fühlbaren Vorgängen, nicht in Begriffen denkt, d. h., daß er mythisch denkt, so, wie immer das Volk gedacht hat. Dem Mythos liegt nicht ein Gedanke zugrunde, sondern er selber ist ein Denken. Er teilt eine Vorstellung von der Welt mit, aber in der Abfolge von Vorgängen, Handlungen und Leiden. Der ‹Ring der Nibelungen› ist ein ungeheures Gedankensystem ohne die begriffliche Form des Gedankens. Vielleicht könnte ein Philosoph etwas ganz Entsprechendes ihm zur Seite stellen, das ganz ohne Bild und Handlung wäre und bloß in Begriffen zu uns spräche: dann hätte man das Gleiche in zwei disparaten Sphären dargestellt – einmal für das Volk, und einmal für den Gegensatz des Volkes, den theoretischen Menschen ...» (S I 413)

Der Mythos des Volkes und der Künstler wurde aufgegeben zugunsten des Mythos, den der theoretische Mensch Nietzsche (als Summe alles Menschenmöglichen) in seinem «Zarathustra» dargestellt zu haben behauptete: «Ohne Bild und Handlung, bloß in Begriffen sprechen», das ist die simple reduktionistische Auffassung von Vereinfachung, die angeblich durch Begriffsbildung ermöglicht wird – eine schon zu Nietzsches Zeiten nicht mehr diskutable Auffassung von Begriffsbildung. Nur als Reduktionist kann der Philosoph sein «ungeheures Gedankensystem» über der «ungeheuren Fülle und Wüstheit eines scheinbaren Chaos» etablieren –. Den Herrn und Gebieter kann man eben doch nur reduktionistischen Systemen gegenüber spielen, die das «Chaos» der Welt zu einem bloß scheinbaren degradieren.

«Wagner rückte das gegenwärtige Leben und die Vergangenheit unter den Lichtstrahl einer Erkenntnis, der stark genug war, um auf ungewohnte Weite hin damit sehen zu können: Deshalb ist er ein Vereinfacher der Welt, denn immer besteht die Vereinfachung der Welt darin, daß der Blick des Erkennenden auf's neue wieder über die ungeheure Fülle und Wüstheit eines *scheinbaren* Chaos *Herr* geworden ist, und das in eins zusammendrängt, was früher als unverträglich auseinander lag. Wagner tat dies, indem er zwischen zwei Dingen, die fremd und kalt – wie in getrennten Sphären – zu leben schienen, ein *Verhältnis* fand: Zwischen Musik und Leben ...» (S I 386)

Das eben ist das Kennzeichen reduktionistischen Systemdenkens – in Eins zusammenzuzwingen, was unverträglich auseinander liegt. Liegt es tatsächlich auseinander, oder scheint es nur auseinander zu liegen? Im 1. Falle wäre jedes systematische Zusammenschließen unsinnig. Im 2. Falle wird dem Schein der Trennung nur der Schein des Zusammenhangs entgegengesetzt – oder, richtiger, parallel gesetzt werden können. Beide Erscheinungen der Sphären bleiben dann aber auch als Erscheinung gegeneinander isoliert, und nicht ineinander überführbar. Das Verhältnis, das zwischen ihnen gefunden werden kann, ist nur als das der Analogiebildung bestimmbar. Nietzsche konstruiert aber zwischen der Sphäre «absoluter Musik» und der Sphäre bloßer Lebenserscheinungen nicht eine Analogie, sondern eine Vermittlung, wie sie herkömmlicherweise als Verhältnis zwischen Wesen und Erscheinung bestimmt wird. Dazu später noch im dritten Kapitel.

Also: In einer Hinsicht ist die radikale Vereinfachung des Zitats zum Verweis möglicherweise nützlich, im Hinblick auf die Ökonomie der Kommunikation. Wenn alle Kommunikation darin besteht, sich auf sinnvolle Weise mißzuverstehen, dann vermag das zum Verweis vereinfachte Zitat (das Sich-Einlassen auf andere), die Zahl der möglichen nützlichen Mißverständnisse wohl zu erhöhen. Das Mißverständnis muß aber produktiv sein, was keineswegs dadurch gewährleistet wird, daß das Disparate und Fremde zu einem angeblich Einheitlichen und Vertrauten wird, sondern dann gegeben ist, wenn das bis zum Überdruß Vertraute, das in ritueller Gewöhnung völlig problemlos Gewordene, sich erneut als ein Problem darstellt. Die Bewegungsdynamik der Geistesgeschichte besteht nicht darin, bisher Verhülltes und Problematisches immer weitergehend zu entwickeln und nach Belieben kalkulierbar werden zu lassen; vielmehr entwickelt sich solche Dynamik daraus, fremde Probleme zu eigenen werden zu lassen und die Fähigkeit zu erwerben, das scheinbar um und um Geschaufelte und Durchgesiebte zur Fundgrube eines Materials werden zu lassen, das bis dato nicht goldwert gewesen war.

Nietzsche zeigt darin eindeutig positivistische Züge, daß er sich für einen Avantgardisten der immer weitergehenden Entschleierungs- und Enträtselungstätigkeit hält. Er glaubte, bereits die Entdeckungen gemacht zu haben, die erst der Mensch der Zukunft als die tatsächliche Vollendung jener Bewegung zu erkennen fähig sein würde, die sich von den Anfängen kulturschöpferischer Tätig-

keit bis zu ihm hin vorangetrieben habe.
Was wollen die heute an Nietzsche Interessierten von ihm? Sie wollen auf ihn verweisen können. Wann immer sie sich auf seine Aussagen als Zitate beziehen, entdecken sie sehr schnell, daß sie wenig Spielraum zu sinnvollen Mißverständnissen bieten. Es haben sich denn auch nicht von ungefähr in der Nietzsche-Rezeption vor allem unsinnige Mißverständnisse eingestellt. Man verweist auf Nietzsche, um sich nicht konkret auf ihn einlassen zu müssen. Man verweist auf ihn als jemanden, der ein Beispiel dafür geboten habe, daß man alles auch ganz anders sehen und verstehen könne, als alle anderen es sehen und verstehen.
Damit wird Nietzsche auch das genommen, was ihn zu einem großen Philosophen unter vielen anderen großen Philosophen macht: Nämlich das, was ihn mit ihnen gemein macht. Wir müssen endlich dazu kommen, Nietzsche in genau dem Sinne zu würdigen, in dem wir gehalten sind, die Arbeiten anderer bedeutender Philosophen zu würdigen. Erst, wenn man Nietzsche als einen ganz durchschnittlich guten Philosophen zu lesen lernt, wird sichtbar, was seine größte Leistung ist: Die Kontinuität philosophischer Fragestellung nicht nur aufrecht erhalten, sondern sogar entscheidend neu begründet zu haben. In der Durchsetzung solcher Kontinuität liegt die eigentliche menschliche Kraft, sich dem überall drohenden Dimensionsloswerden der Zeit zu widersetzen, und sich nicht vom Schlag der Zeit die Einheit des von Natur einerseits und den Menschen andererseits zusammengefügten Ganzen in Trümmer legen zu lassen.
«Damit ein Ereignis Größe habe, muß zweierlei zusammenkommen: Der große Sinn derer, die es vollbringen, und der große Sinn derer, die es erleben ... In Bayreuth ist auch der Zuschauer anschauenswert ... Es werden alle die, die das Bayreuther Fest begehen, als unzeitgemäße Menschen empfunden werden – sie haben anderswo ihre Heimat als in der Zeit ...» (S I 367)
Unzeitgemäß zu werden, und seine Heimat anderswo als in der Zeit zu finden, heißt Kontinuität im Denken und Handeln gegen die Zeit zu entwickeln. Das Neue und Andere stellt sich von allein ein: unter dem Druck der Zeit, durch unaufhebbare Entfremdung und durch jene Abweichungen, die allein schon unser schlechtes Gedächtnis erzwingt.
Seien wir auch als Leser Nietzsches ansehenswert, indem wir den Sinn dafür entwickeln, daß auch er nur versuchte, das Unmögliche

zu wollen. Das heißt, mehr als bloße Analogien bieten zu wollen. Daraus vermögen wir jenes von Nietzsche so hoch geschätzte griechische Pathos zu entwickeln, das sich bei denen einstellt, die einem Geschehen ausgeliefert sind, von sich aber behaupten, den Konsequenzen ihres eigenen Tuns zu folgen.
Der erst ist ein Anhänger der «Fröhlichen Wissenschaft», der nicht kleinmütig, sondern mit dem Pathos des Erkennenden zu sagen versteht: «Du glaubst zu schieben, und du wirst geschoben.»
Es ist das Pathos der Distanzierung aus zu großer Übereinstimmung. Nietzsche als Autor vermag zu solcher Distanz ihm gegenüber anzuleiten, gerade, wo es ihm gelingt, unsere Faszination nur noch zu steigern. Die Ambivalenz von Abstoßen und Anziehen, in der Art, wie ein Autor seine Zeichen setzt, ist das einzige verläßliche Zeichen dafür, daß uns dieser Autor etwas zu sagen hat.

II. Gesundsein heißt, sich seine Krankheit selbst zu wählen

Nietzsche sah sich am liebsten in der Rolle eines Psychologen, und zwar als Arzt der Kultur.
Dem Arzt wird alle Äußerung anderer Menschen zum Symptom für Abweichungen, die als Krankheit definiert werden. Der Arzt greift nur ein, wenn sich ihm ein Patient mit der Aufforderung stellt, die Abweichungen im psycho-physischen Funktionszusammenhang rückgängig zu machen, auf den Stand vor der Abweichung zurückzuführen. Gesundheit aber kann nicht anders definiert werden, denn als Nicht-Thematisierung der psycho-physischen Funktionszusammenhänge. Ein Mensch, der Leib und Seele thematisiert, veranlaßt durch Schmerz und Reduzierung seiner Lebensfähigkeit, ist damit bereits ein Kranker. Nur Kranke haben Organbewußtsein, nur Kranken erschließt sich Lebendigsein als psycho-physischer Funktionszusammenhang.
Nietzsches Vorbehalt gegenüber den Ärzten seiner Zeit («man muß für seinen Arzt geboren sein – sonst geht man an ihm zugrunde») entwickelt sich aus der Annahme, daß auch ein Arzt nur den psycho-physischen Funktionszusammenhang thematisieren kann, wenn er selber krank ist – oder es zumindest gewesen ist.
So wird Nietzsches ärztliches Pathos als Mensch, der tief gelitten hat, verständlich («Ecce homo»). Er begründet aus seiner eigenen Leidensgeschichte den Anspruch, besser als alle anderen Ärzte die

Krankheiten seiner Zeit erkennen zu können, da er tiefer als alle anderen gelitten habe. Krankheit gilt ihm als Zeichen der Auserwähltheit. (S II 1057)

Es ist bemerkenswert, daß das mondäne fin de siècle einen ähnlichen Begriff von der aufklärenden und sensibilisierenden Kraft der Krankheit hatte und sich nicht scheute, diesen Begriff mit dem Namen Decadence zu belegen – was auch bei gefälligster Interpretation nur als «Verfallsbewußtsein» verstanden werden kann. Nietzsche polemisiert unablässig gegen die Decadence. Wie das, wenn doch das Bewußtsein von Krankheit und Verfall erst Aufklärung und Sensibilisierung für die psycho-physischen Funktionszusammenhänge der Individuen wie des Organismus «Gesellschaft» ermöglichen?

Es gibt Patienten, die in Kenntnis ihrer Krankheit sich völlig aufgeben, die Krankheit über sich Herr werden lassen und damit das Bewußtsein ihrer Situation verlieren. Als solche sah Nietzsche die Dekadenten seiner Zeit, und in ihrer Bewußtlosigkeit sah er alles untergehen, was sie und ihr Tun zu Symptomen der grundsätzlichen und allgemeinen Befindlichkeit des Menschen in der Welt hätte werden lassen können. Von ihnen zu sprechen, heißt, sich auf weniger einzulassen als auf nichts. Dennoch gegen sie beständig anzurennen hatte für Nietzsche nur die Funktion, sich selber vor der Überwältigung durch die Krankheit, vor dem Verlust seiner Sprachfähigkeit, zu schützen: denn die wäre selbst für ihn der Untergang in die Bedeutungslosigkeit für andere gewesen.

Organisches Leben bestimmt sich als beständiger Aufbau stabiler Verhältnisse zwischen Fremd- und Selbstbezug. Fremd- und Selbstbezug sind als Sprachen verstehbar. Also sind Menschen darauf angewiesen, sich sprachlich zu äußern. Nietzsches ärztlicher Psychologenblick faßt, so scheint es, alle sprachliche Zeichengebung als Symptom. Der künstlerische Mensch als «Genie der Mitteilung» (Streifzüge 24) ist also ein Genie der Symptombildung. Damit wird der Patient sein eigener Arzt, der es aushält, sich selbst als krank erkennen zu müssen. Er bejaht seine Krankheit; will sie geradezu – wo er noch nicht in hinreichendem Maße sie symptomatisch fassen kann – weiter vorantreiben. Daraus versteht man ein durchgehendes Motiv von Nietzsches Psychologie: Der Heros der Zerstörung, der Alleszermalmer, der krankmachende Geist ist der tatsächliche Lebensbejaher, weil er in sich die Kraft spürt, sich auch den entsetzlichsten Krankheiten auszuliefern.

Nietzsches psychologische Torturen gleichen denen des Schamanismus. Schamane mit Anspruch auf soziale Führungsrolle als Arzt und Ratgeber wird man nicht durch die Wahl anderer, sondern durch Selbstwahl. Der Schamane setzt sich der selbstinduzierten Disfunktion seiner psycho-physischen Funktionszusammenhänge durch Einnahme von Giften aus, die alle anderen Nichtberufenen aufs entschiedenste meiden. Übersteht der Schamane diese selbstinduzierte Krankheit, so ist damit für ihn und die anderen seine Berufung bestätigt.

In einem wenigstens war Nietzsche ein schlechter Psycholog, denn er verstand nicht, warum ihm seine schamanistisch bestätigte Berufung in der Gesellschaft seiner Zeit keinen Führungsanspruch als Arzt und Ratgeber sicherte. Wie gerne wäre er's gewesen!

Peinlich berühren die ständigen Hinweise auf seine einmaligen Leistungen des Krankseins. Er selbst wollte diese Hinweise als zynische verstanden haben: Ein matter Zynismus für einen Mann, der von sich behauptet, der Welt ihr tiefstes Buch, den Zarathustra, geschenkt zu haben (1. Ecce homo). Es war nicht mehr als kindische Trotzköpfigkeit oder Zeichen dafür, daß auch Nietzsche immer wieder auf die Stufe des bloß dekadenten Patienten zurückfiel, daß es völlig außerhalb seiner Möglichkeiten lag, zu verstehen, warum kaum jemand seinen «tiefen» ärztlichen Ratgeber benutzen wollte. Er imaginierte sich einen zukünftigen Menschen, der, da er bloß vorgestellt war, auch leichthin zum Zarathustra-Leser gemodelt werden konnte, der, «wenn er ein Buch von mir in die Hand nimmt, dazu die Schuhe auszieht, wie ich selbst annehme». (S II 1099)

Das ist Metapher für die rituelle Annäherung ans Höchste und Fernste – den Kaiser oder den Gott. Folgerichtig sah sich Nietzsche schließlich als den Gekreuzigten, der ihm bis dahin immer noch an den Leistungen des Leidens weit überlegen gewesen war. Merkwürdig: Nietzsche erlaubt sich beständig, Christus und die ihm Nachfolgenden als dekadente Patienten lächerlich zu machen, obwohl doch der Kreuzestod gerade für den Christen als Beweis des Aushaltens und Überwindens auch tödlichen Leidens verstanden wird. Gerade der Psychologenblick legt für diese totale Verkehrung des christlichen Selbstverständnisses durch Nietzsche Motive nahe, die die besondere Fixierung Nietzsches auf das Christentum belegen. Ist es der Unterschied ums Ganze zwischen Christus und Nietzsche, wenn Nietzsche in der Begründung Christi für seine Leidensbereitschaft: «Nicht, wie ich will, sondern wie Du willst, Herr» eine entscheidende Zurücknahme des menschlichen Lebensanspruches sieht? Sich einem fremden – und sei es dem göttlichen – Willen zu unterwerfen, ist für Nietzsche gleichbedeutend mit dem Verzicht darauf, ein Mensch zu sein. Nietzsches Kreuzesworte lauten: «Nicht, weil Du willst, Herr, sondern weil ich es will – ich empfehle Dir mein Beispiel!»

So häufig auch Nietzsche die naturwissenschaftlichen Positivisten seiner Zeit gegen die Metaphysiker seines Berufsstandes ausspielte – und sich auch als Chemiker darstellte –, so wenig war er als Arzt bereit, naturwissenschaftlich erschlossene Krankheits- und Leidensursachen zu akzeptieren. Auch Arzt konnte er nur als Psychologe sein. Die Einsicht in die Trivialität des physisch Krankmachenden mußte er als persönliche Beleidigung empfinden, denn die Freiheit des menschlichen Willens läßt sich nur darin bestätigen, daß es freisteht, sich der Selbstzerstörung auszuliefern. Auch darin ist Nietzsche ganz Typus des Märtyrers des Glaubens, des Glaubens daran, daß kein Gott sei. Da Märtyrerverhalten gleichermaßen einmal aus der Kraft des Glaubens an den Gott und zum anderen Mal aus der Kraft des Glaubens daran, daß kein Gott sei, entstehen kann, wird Nietzsches Auffassung von aller sprachlichen Zeichengebung als Symptombildung bezweifelbar. Er selbst hat das gespürt und sich teilweise eingestanden.

Seine Theorie der absoluten Musik belegt das. Sie zwang ihn zur Auseinandersetzung mit Wagner, die sein gesamtes Leben und Arbeiten so stark bestimmt hat wie keine andere, wie nicht einmal die mit dem pfäffischen Christentum, der Bismarckschen Reichsideologie, dem Antisemitismus oder der Emanzipation der Frau. Sein entscheidender Einwand gegen Wagner, den er bereits 1871 formulierte – als er sich noch der Hoffnung hingeben konnte, Wagner würde in ihm seinen Christus sehen –, ist der, daß Wagner auch die Musik und nicht nur Wort, Mimus, Bild und Gestus zum bloßen Symptom für das menschliche Unvermögen reduzierte, ein Ganzes und Begründendes als außersprachliche Begebenheit noch zu denken.

Nietzsche postuliert die absolute Musik als solche außersprachliche Gegebenheit, damit zu verhindern sei, daß Natur und Kultur vollständig im willkürlichen Geflecht beliebiger Bedeutungen gefangen werden, Beute der Bildungsphilister (stolz ist er darauf, diesen Begriff dem öffentlichen Sprachgebrauch zur Verfügung ge-

stellt zu haben). Auch in diesem Anspruch bleibt Nietzsche fixiert auf die, von denen er sich zu unterscheiden behauptet: von den Metaphysikern. Die Philosophie des Seins schreibt er als Philosophie der Musik um. Sphärenklänge, die sich keinem menschlichen Geist verdanken! Was er in dieser Komplettierung der von ihm sogenannten Semiotik der Töne, Bilder, Worte und Gesten entwickelte, ist seine spezifische philosophische Leistung. Dem leidenden Nietzsche, dem alle sprachlichen Zeichen zum verweisenden Symptom wurden, entzog schließlich der Selbstbehauptungswille seines Organismus die Kompetenz, weiterhin sein eigener Arzt zu sein. Wir dürfen wohl inzwischen mit einigem Recht annehmen, daß die Entstehung einer schweren Psychose als Selbsterhaltungsmaßnahme des Organismus zu bewerten ist. Nietzsches Zusammenbruch ist, wenn nicht als ein definitiver Widerruf, so doch als Bestätigung unaushaltbarer Zweifel an der Begründbarkeit seiner Symptomlehre aufzufassen.
Was hat Nietzsche dazu veranlaßt, seine schon 1871 skizzierte Auffassung von den spezifischen Leistungen der Wort-, Bild- und Gestensprache und ihres gemeinsamen Bezugs auf das, was er «Absolute Musik» nennt, so stark zu vereinfachen, daß er schließlich nur noch allen Sprachgebrauch als Symptombildung verstehen konnte? Wahrscheinlich ist es seine Auffassung, daß die Leistung eines philosophischen Gedankens danach zu bemessen sei, wie groß seine Wirkung auf andere ist.
Nietzsche wollte sich seiner Leistung vergewissern, fand dafür aber keine Partner. Um sich selbst aber nicht der Unfähigkeit bezichtigen zu müssen, verfiel er darauf zu erklären, warum er keine Dialogpartner hatte finden können; deren Äußerungen oder bewußte Zurückhaltung wurden ihm zum Symptom prinzipiell unüberbrückbarer Differenzen zwischen sich und ihnen. Er konnte nurmehr – wie jeder Psychopath – sprachliche Äußerungen anderer zum Beweis dafür nehmen, daß man ihn nicht verstehen wolle und könne.
Und welche Mühen hatte er sich gegeben, von anderen, vor allem von Wagner, verstanden zu werden. Welche Rolle hatte er für sich dadurch erhofft, daß er glaubte, Wagner besser zu verstehen, als der sich selbst verstand? Aus diesem Bemühen wird wohl am besten verständlich, warum Nietzsche seine eigene Theorien nicht weiterentwickelte als sie bereits 1871 entwickelt waren, sondern sich darauf beschränkte, Wagner und anderen vorzuwerfen, sie hätten nicht die Kraft gehabt, ihm zu folgen.

III. Absolute Musik als Appetenz des Geistes.

Dem Kern von Nietzsches grundlegender Theorie konfrontiert man sich am besten in seiner kleinen Schrift «Über Musik und Wort»*. Sie ist ein Bruchstück einer Veröffentlichung, in welcher er Schlußfolgerungen aus der «Geburt der Tragödie» für eine neuerliche Arbeit über die Griechen fruchtbar zu machen hoffte.
Andere solcher Bruchstücke faßte er unter dem Titel «Fünf Vorreden zu fünf ungeschriebenen Büchern» zusammen. Das hier zugrunde gelegte Bruchstück über «Musik und Wort» aus dem Jahre 1871 könnte Vorrede zu einem Buch genannt werden, das nicht nur ungeschrieben blieb, sondern unschreibbar war, weil Nietzsche vor sich selbst glaubhaft zu machen verstand, daß er es bereits geschrieben habe.
Er geht von einer «Doppelheit im Wesen der Sprache» aus. Sprachliche Zeichen seien «Symbole für Vorstellungen, seien dies nun bewußte, oder der Mehrzahl nach unbewußte».
«Müssen wir uns schon in die starre Notwendigkeit fügen, niemals über die Vorstellungen hinauszukommen, so können wir doch ... zwei Hauptgattungen unterscheiden: Die einen offenbaren sich uns als Lust- und Unlustempfindungen und begleiten als nie fehlender Grundbass alle übrigen Vorstellungen ... Diese allgemeinste Erscheinungsform ..., für die wir den Namen ‹Wille› festhalten wollen, hat auch in der Sprache seine eigene symbolische Sphäre. ... Sie symbolieren sich im Tone des Sprechenden: Während sämtliche übrigen Vorstellungen durch die Gebärdensymbolik des Sprechenden bestimmt werden. Insofern jener Urgrund in allen Menschen derselbe ist, ist auch der Ton-Untergrund der allgemeine ... Aus ihm entwickelt sich die willkürliche und ihrem Fundament nicht völlig adäquate Gebärdensymbolik ... deren Vielheit wir gleichnisweise als einen strophischen Text von jener Urmelodie der Lust – und Unlustsprache ansehen dürfen.» – «Der Wille als ursprünglichste Erscheinungsform der Vorstellungen mit seiner Skala der Lust- und Unlustempfindungen kommt aber in der Entwicklung der Musik zu einem immer adäquateren symbolischen Ausdruck: als welchem historischen Prozess das fortwährende Streben der Lyrik nebenherläuft, die Musik in Bildern zu um-

* Fr. Nietzsche «Werke» Bd. 1; Nachlaß 1869–1873, Leipzig o. J. Kröner Verlag.

schreiben; dieses Doppelphänomen liegt in der Sprache uranfänglich vorgebildet» – «Welch' ein Unterfangen, ein Gedicht durch Musik illustrieren zu wollen, um damit der Musik zu einer Begriffs-Sprache zu verhelfen: Welche verkehrte Welt! ... Die Musik kann Bilder aus sich erzeugen, die dann immer nur Schemata, gleichsam Beispiele ihres allgemeinen Inhalts sein werden, wie aber sollte das Bild, die Vorstellung, aus sich heraus Musik erzeugen können! Geschweige denn, das dies der Begriff oder ... die poetische Idee zu tun imstande wäre ... So dringt kein Ton aus dieser Musik scheinbar verlorenen Welt ...» – «Es muß uns der Gedanke nur abenteuerlich falsch dünken, welcher dem Bild, dem Begriff, dem Schein irgendwie die Kraft beimäße, den Ton aus sich zu erzeugen.»

«Nicht das Gedicht, sondern das durch das Gedicht erzeugte Gefühl ist es, welches die Komposition aus sich gebiert» – «Hier möchte man mir etwa erwidern, daß ich ja selbst soeben vom ‹Willen› ausgesagt habe, er käme in der Musik zu einem immer adäquateren symbolischen Ausdruck. Meine Antwort – in einem ästhetischen Grundsatz zusammengefaßt: Der Wille ist Gegenstand der Musik, aber nicht Ursprung derselben ... das, was wir Gefühle nennen, ist hinsichtlich dieses Willens bereits schon mit bewußten und unbewußten Vorstellungen durchdrungen und gesättigt, und deshalb nicht mehr direkt Gegenstand der Musik; geschweige denn, daß es diese aus sich erzeugen könnte ...» – «... die Gefühle von Liebe, Furcht und Hoffnung: Die Musik kann mit ihnen auf direktem Wege gar nichts mehr anfangen, so erfüllt ist ein jedes dieser Gefühle schon mit Vorstellungen. Dagegen können diese Gefühle dazu dienen, die Musik zu symbolisieren: wie dies der Lyriker tut, der jenes begrifflich und bildlich unnahbare Bereich des Willens, den eigentlichen Inhalt und Gegenstand der Musik sich in die Gleichniswelt der Gefühle übersetzt.» – «Was dagegen den Ursprung der Musik betrifft, so habe ich schon erklärt, daß dieser nie und nimmer im Willen liegen kann, vielmehr im Schoße jener Kraft ruht, die unter der Form des Willens eine Visionswelt aus sich erzeugt: Der Ursprung der Musik liegt jenseits aller Individuation.» – «Der Wille selbst und die Gefühle – als die schon mit Vorstellungen durchdrungenen Willensmanifestationen – sind völlig unvermögend, Musik aus sich zu erzeugen: wie es andererseits der Musik völlig versagt ist, Gefühle darzustellen, Gefühle zum Gegenstand zu haben, während der Wille ihr einziger Gegenstand ist.»

«Wenn also ein Musiker ein lyrisches Lied komponiert, so wird er als Musiker weder durch die Bilder, noch durch die Gefühlssprache dieses Textes erregt: Sondern eine aus ganz anderen Sphären kommende Musikerregung wählt sich jenen Liedertext als einen gleichnisartigen Ausdruck ihrer selbst.» – «Bei den höchsten Offenbarungen der Musik empfinden wir sogar unwillkürlich die Roheit jener Bildlichkeit und jedes zur Analogie herbeigezogenen Affektes: Wie z. B. die letzten Beethoven'schen Quartette jede Anschaulichkeit, überhaupt das gesamte Reich der empirischen Realität völlig beschämen ... so ist auch beim letzten Satz der Neunten Symphonie Beethovens dem Welterlösungsjubel dieser Musik das Schiller'sche Gedicht ‹An die Freude› gänzlich inkongruent ... ja, wer möchte mir überhaupt streitig machen, daß dies Gefühl (der Inkongruenz) beim Anhören dieser Musik nur deshalb nicht zum schreienden Ausdruck kommt, weil wir, durch die Musik für Bild und Wort völlig depotenziert, bereits gar nichts von dem Gedicht Schillers hören?»

Nietzsche zitiert Wagner: «Die Gesangsstimmen sind in der Missa ganz im Sinne wie menschliche Instrumente behandelt: Der ihnen unterlegte Text wird ... nicht seiner begrifflichen Bedeutung nach aufgefaßt, sondern er dient lediglich als Material für den Stimmgesang.»

Daß im letzten Satz der Neunten «der Wortinhalt ungehört in dem allgemeinen Klangmeere untergeht ... ist ... die allgemein und ewig gültige Norm in der Vokalmusik aller Zeit ... Der dionysisch erregte Mensch hat ebenso wenig wie die orgiastische Volksmasse einen Zuhörer, dem er etwas mitzuteilen hätte ... er wird nur von seinesgleichen verstanden.» – «Was verständen wir von dem Text einer Messe Palestrinas, einer Kantate Bachs, eines Oratoriums Händels, wenn wir nicht etwa selbst mitsängen? Nur für den Mitsingenden gibt es eine Lyrik, gibt es Vokalmusik: Der Zuhörer steht ihr gegenüber als einer absoluten Musik.» – «Nun aber beginnt die Oper ... mit der Forderung des Zuhörers, das Wort zu verstehen ... Die Musik nun gar in den Dienst einer Reihe von Bildern und Begriffen zu stellen, sie als Mittel zum Zweck – zu ihrer Verstärkung und Verdeutlichung zu verwenden – diese sonderbare Anmaßung, die im Begriff der Oper gefunden wird, erinnert mich an den lächerlichen Menschen, der sich mit seinen eigenen Armen in die Luft zu erheben versucht.» – «Die Oper ist in diesem Sinne im besten Falle gute Musik und *nur* Musik: Während die dabei abgespielte Gaukelei gleichsam nur eine phantastische Verkleidung des Orchesters, vor allem seiner wichtigsten Instrumente, der Sänger, ist, von der der Einsichtige sich lachend abwendet.» – «Was aber wird die Oper als dramatische Musik zu bedeuten haben? Denken wir uns ein buntes, leidenschaftliches und den Zuschauer fortreißendes Drama, das als Aktion bereits seines Erfolges sicher ist: Was wird hier dramatische Musik noch hinzu tun können, wenn sie nichts davon nimmt ... Sie ist rein konventionelle Symbolik, in der die Konvention alle natürliche Kraft ausgesogen hat: als Musik, die sich zu Erinnerungszeichen abgeschwächt hat, und ihre Wirkung hat darin ihr Ziel, den Zuschauer an etwas zu mahnen, was ihm beim Anblick des Dramas zu dessen Verständnis nicht entgehen darf: wie ein Trompetensignal für das Pferd eine Aufforderung zum Trabe ist.» Neben der rein konventionellen Erinnerungsmusik erlaubt das Musikdrama «eine Aufregungsmusik als Stimulanzmittel für stumpfe und abgespannte Nerven. Diese beiden Elemente vermag ich allein in der sogenannten dramatischen Musik zu unterscheiden: Eine konventionelle Rhetorik – und Erinnerungsmusik, und eine vor allem physisch wirkende Aufregungsmusik: Und so schwankt sie zwischen Trommellärm und Signalhorn einher.»

Was hat Nietzsche aus diesem großartigen Entwurf gemacht? *Nichts.* Er beschränkt sich darauf, Wagners Musikproduktion als Aufregungs- und Erinnerungsmusik lächerlich zu machen. Um das zu erreichen, verkürzte er dessen Musiksprache zu einem beschränkten Bündel bloßer symptomatischer Äußerungen dafür, daß es Wagner unmöglich gewesen sei, absolute Musik zu schreiben. Dabei hätte er doch gerade in der hier zusammengezogenen zitierten Arbeit die Begründung dafür gehabt, daß absolute Musik nicht geschrieben werden kann, sondern aus der intellektuellen Anstrengung der Musizierenden (vom Zuhörer gar nicht zu reden) als ein Postulat hervorgeht. Musik zu machen bedeutet gerade, hinter alle Konventionalität des symbolischen Ausdrucks zurückzugehen, indem man sich dieser Konvention aussetzt, um sich beim Hören beständig zu zwingen, das vermeintlich Gehörte als bloße Konsequenz der Funktionen unserer Physiologie und Psychologie zu erkennen.

Die nicht in der Konvention aufgehenden «dunklen und unnahbaren Bestandteile der Vorstellungen» können eben in der Konvention nicht zur Erscheinung gebracht werden, sondern nur als jen-

seits der Konvention liegend postuliert werden.
Die Annäherung einer musikalischen Äußerung an die zu postulierende absolute Musik ist danach zu bemessen, wie weit es ihr gelingt, die Konventionalität der sprachlichen Symbolisierung zum Thema zu erheben.
Ein besonders leistungsfähiges Verfahren dazu stellt gerade die von Wagner extrem deutlich gemachte Eigentümlichkeit des menschlichen Sprachverhaltens dar, nämlich die Notwendigkeit, Begriffe und Anschauungen nicht isoliert voneinander bilden zu können. Die ständige Durchmischung wortsprachlicher, bildsprachlicher und körpersprachlicher Zeichengebung im Wagnerschen Musikdrama entspricht nicht einem Omnipotenzgebaren eines Künstlers, der zugleich Komponist, Dramatiker, Lyriker, bildender Künstler und Ballettmeister sein wollte; das Gesamt-Kunstwerk ist kein Über-Kunstwerk; es läßt sich vielmehr in der künstlerischen Sprache auf die Bedingungen der Alltagskommunikation ein, und zwar nicht in erster Linie für den Zuhörer, sondern für den Musizierenden. Der Rezipient wird, wie der Dialogpartner der Alltagskommunikation, zu einem unverzichtbaren Partner. Er wird selber produktiv als jemand, der den Sinn der Kommunikation dadurch realisiert, daß er antwortet – und dadurch den Dialog überhaupt erst ermöglicht.
So hatte auch Nietzsche sich in seinem Verhältnis zu Wagner gesehen, ohne indes die naheliegende Schlußfolgerung zu akzeptieren, daß auch das, was er Wagner antworten konnte, nur mit den Mitteln der konventionellen Erinnerungsmusik und der physisch wirkenden Aufregungsmusik gesagt werden konnte. Was Nietzsche in seinem verkürzt zitierten theoretischen Ansatz konzipiert, ist eine Antwort auf die Frage, warum Musik Wirkung erzielen kann, warum Sprache Medium des Gedankens sein kann, wenn doch Sprache und Gedanke, Zeichen und Bezeichnetes, Ausdruck und Ausgedrücktes niemals einander adäquat sein können; warum vielmehr gerade durch die unaufhebbare Differenz zwischen Denken und Sprechen in der Sprache mehr gesagt werden kann, als bei ihrer Konventionalität erwartbar sein dürfte.
Absolute Musik ist für ihn synonym für das Lebendigsein. Er entdeckte, was später erwiesen wurde, daß der Organismus aus sich heraus – ohne durch Außenreize stimuliert zu sein, eine zunächst allgemeine und unbestimmte Entäußerung leistet – eine unbestimmte Bewegung auf seine Außenwelt hin.

Diese unbestimmte Suchbewegung des Lebendigen, diese Appetenz, wird in spezifische Reaktion umgesetzt, sobald der Organismus in seiner Umwelt solche Konfigurationen antrifft, die er als Reize der Umwelt auf ihn selbst, angeborenen Bedingungen zur Folge, erfahren kann.
Nietzsche behauptet das nun nicht nur für die Basisfunktionen des Lebensorganismus, sondern auch für dessen höhere Funktionen. Auch die Kultur ist in ihren Bild- Wort- und Körper-sprachlichen Zeichenfigurationen als Auslöser für spezifische Entäußerungsformen des menschlichen Geistes aufzufassen. Alle konkreten und sprachlichen Äußerungen sind Auslöserreize für die Manifestation des Geistes oder des Denkens, indem sie ihn dazu anhalten, die Differenz zwischen Zeichen und Bezeichnetem, der Welt und unserer Vorstellung von ihr, zu unterscheiden. Das Resultat dieser Denkleistung oder Geistesbewegung kann nicht seinerseits wieder sprachlich vergegenständlicht werden, sie kann nur aus der radikalen Thematisierung der bloßen Konventionalität der Zeichengebung gefolgert werden. Weil dem so ist, gibt es eben kein Museum oder Lexikon der ein für allemal erbrachten Leistungen des menschlichen Geistes. Sie müssen immer erneut erbracht werden, woraus sich eben die Dynamik des geistigen Lebens erzwingt. Das eben kennzeichnet jene Revolution, die Nietzsche gerade als Aufgabe der Kunst bezeichnete. Nietzsche hat Wagner nicht als Revolutionär der Gesellschaft gesehen, als jemand, der politische Utopien etabliert. «Die gute Vernunft bewahre uns vor dem Glauben, daß die Menschheit irgendwann einmal endgültige ideale Ordnungen finden würde, und daß dann das Glück mit immer gleichem Strahle, gleich der Sonne der Tropenländer, auf die solchermaßen Geordneten niederbrennen müsse: Mit diesem Glauben hat Wagner nichts zu tun. Er ist kein Utopist. Wenn er des Glaubens an die Zukunft nicht entraten kann, so heißt dies gerade nur so viel, daß er an den jetzigen Menschen Eigenschaften wahrnimmt, welche nicht zum unveränderlichen Charakter und Knochenbau des menschlichen Wesens gehören, sondern wandelbar, ja vergänglich sind, und daß gerade dieser Eigenschaft wegen die Kunst unter ihnen ohne Heimat, und er selber der vorausgesandte Bote einer anderen Zeit sein müsse.» (S I 431)
Auch Nietzsche selber gibt für sich (S II 1065) zu verstehen, daß er nicht im Sinne eines platten Verständnisses der Funktion politischer Utopien (als Anleitungen zu gesellschaftlichem Handeln) ge-

lesen werden wolle: «Das Letzte, was ich versprechen würde, wäre, die Menschheit zu verbessern.» Die Revolution aller Verhältnisse «in Sitte und Staat, in Erziehung und Verkehr» würde eben erst dadurch gewährleistet, daß man sich endlich auf den unveränderlichen Charakter und Knochenbau des menschlichen Wesens einließe; dazu gehören eben die fundamentalen Bedingungen unseres Selbst- und Fremdbezuges, die erst in der allenthalben demonstrierbaren Differenz von Sprache und Denken, von Zeichen und Vorstellung sichtbar werden.

Dieser Demonstration hat die Anstrengung des Künstlers zu gelten. Sie ist wirkungsvoll und lebensförderlich, wenn es ihr gelingt, eine Gemeinschaft derer zu errichten, die gleichermaßen sich der unaufhebbaren Bedingtheiten des menschlichen Geistes und Lebens bewußt sind und unter ihnen leiden. Wie entsteht eine solche Gemeinschaft? «Wie entsteht sie wieder?

Wagner fand immer nur eine Antwort: Wenn eine Vielheit dieselbe Not litte, wie er sie leidet, das wäre das Volk, sagte er sich. Und wo die gleiche Not zum gleichen Drange und Begehren führen würde, müßte auch dieselbe Art der Befriedigung gesucht, das gleiche Glück in dieser Befriedigung gefunden werden ...

Von da aus darf er zurückschließen, wie verwandt seine Not mit der des Volkes sei, als es entstand, und wie das Volk dann wiedererstehen müsse, *wenn es viele Wagner geben werde*.»

Bis auf den heutigen Tag ist Künstlern keine andere Antwort eingefallen, und hießen sie auch Bert Brecht: Die Wirkung eines Kunstwerks zeigt sich darin, daß aus den wenigen Kennern viele werden, das heißt, daß aus den wenigen bisher unter den Bedingtheiten des menschlichen Geistes und Lebens Leidenden viele werden.

Karl Heinz Bohrer
Der Irrtum des Don Quixote oder Der Schein in der Kunst ist ihre Grenze

«... mit einem feineren Auge nach allem,
was überhaupt bisher philosophiert
worden ist, hinsehen.»
Vorrede zur *‹Fröhlichen Wissenschaft›*

Es gibt seit den zwanziger Jahren, der Hochzeit phänomenologischer Forschung, wenig neue Erkenntnisse darüber, was Kunst ist. Eher Variationen von Aspekten, die einander ähnlich sind. Unähnlichkeit, das heißt theoretische und praktische Aktualität, entsteht inzwischen nur dann, wenn der Urteilende motiviert ist in einer historischen Situation. Das Unähnliche, die neue Kunsterfahrung und Kunsttheorie – so ließe sich pointieren –, das ist die plötzlich auftretende Motivation. Sie steht daher im Verdacht des Selbstbetrugs. Die kulturrevolutionäre Theorie Herbert Marcuses etwa war 1968 fünfzehn Jahre alt. Sie schien lange Zeit bloß Schillers Ästhetik ähnlich. Sie wurde allem Früheren unähnlich, das heißt aktuell virulent, als die Studenten in ihrer Situation es so wollten. Die neue Lektüre von Kants *‹Kritik der Urteilskraft›*, so anregend und originell von Marcuse selbst schon vorgebracht, wurde wiederum erst Mitte der siebziger Jahre betrieben, ohne daß man den Namen Marcuses überhaupt erwähnte. Diese Kant-Exegese war der vorangegangenen unähnlich – aber nur wegen der unterschiedlichen Motivation. Hätte man Marcuse in das neuentdeckte Rezeptionsraster der Kantschen Wahrnehmungslehre einbezogen, dann wäre die Differenz der früheren und der späteren Aussage zur Marginalie geschmolzen. Sie wären sich ähnlich geworden. Das verhinderte nur eines: die jeweils verschiedene Motivation.

Werden wir ob dieses subjektiven Faktors zynisch? Nein. Wir sagen bloß: lassen wir uns nicht von der Philosophie das Schöne legitimieren. Starren wir vor allem nicht bei jeder besseren Diskussion auf die Verdikte Hegels über das Ende der Kunst, das heißt, unterwerfen wir diese nicht ständig welthistorischem Wissen bzw. dem Anspruch darauf oder gar dem Pochen auf Wahrheit. Wir werden uns von dem Begriff der Progression trennen müssen und den

Stillstand trotzdem nicht als die Wiederholung des Ewig-Gleichen empfinden. Das Unähnliche, die immer neue Motivation, läßt sich dann nämlich im Blick auf die Kunst selbst als der *plötzliche Schein* verstehen. Wir sagen dann nicht, was Kunst ist, sondern wie sie auf uns wirkt. Wir sehen ihren Schein als Funktion ihrer Grenze, ihres Grenzcharakters zum Leben, zur Wirklichkeit hin. Und dies ohne alles Ach und Wenn, das sich des Begriffs doch noch rückversichert. Vielmehr mit der Klarheit, die dem skandalösen Instinkt Platos recht gibt, der die Kunst eben wegen ihres Scheins verbieten wollte [1], wo Hegel sie als das «Scheinen der Idee» zu retten vorgab. Plato hat die Kunst ernster genommen als Hegel und seine gegenwärtigen Schüler. Wir werden im folgenden also nicht vom «Scheinen der Idee», sondern vom Scheinen selbst sprechen. Denn dies ist die Grenze von Kunst.

Der Hang, den künstlerischen Schein mit etwas, das außerhalb seiner selbst liegt, zu erklären, hängt sicherlich mit der ihm eigenen seltsamen Grenzüberschreitung zusammen. Nun verliert sich das grenzenlose Versprechen des Scheins aber gerade dann, wenn man es in den Entgrenzungen festhalten will, nämlich als psychologische, soziologische, philosophische oder politische Einsicht. Es war sicher kein Zufall, daß einige der imaginativsten westeuropäischen Kunstwerke im Allerbegrenzten, in Eingeschlossenheit, Verbannung oder Gefängnis entworfen wurden: Sophokles erfand den ‹*Oetipus auf Kolonos*› im belagerten Athen, Ovid schrieb seine ‹*Metamorphosen*› am Schwarzen Meer, der Marquis de Sade erfand sein sexuelles Wahnsystem in der Bastille, Cervantes fiel das Motiv vom wahnhaft-scharfsinnigen Ritter im Kerker von Sevilla ein, Hölderlins Spätwerk entstand im «Turm». Die Phantasie arbeitet in solch äußerlich reduzierten Fällen offenbar als Lebenshilfe, entgrenzt und setzt den Schein für die Wirklichkeit. Und eben dieser Schein ist es, der uns am Kunstwerk fesselt. Keineswegs, wie gebetsmühlengleich behauptet wird, die durchblickende Wirklichkeit oder gar eine ihrer ideologischen Fassungen. Denn was ist es, das den ‹*Don Quixote*› zu einem westeuropäischen Literaturmythos machte? Die Kritik Cervantes' an den modischen Ritterromanen des 16. Jahrhunderts und ihre schädlichen Folgen für ein realitätsgerechtes Verhalten? Die angebliche Selbstdenunziation des Phantastischen? Finden wir etwa Vergnügen an einer Ironisierung des Irrationalen, so daß der ästhetische Genuß sich deshalb einstellte, weil wir am Ende Zeuge werden, wie der verblendete Held doch noch vernünftig und seines «falschen Bewußtseins» inne wird, um es einmal aktuell zu formulieren? Nein, so ist es keineswegs. Ich habe keineswegs Genuß am *‹Don Quixote›*, weil ich etwa die Entlarvungs-Absicht des Autors die Illusionen der spanischen Oberschicht betreffend durchschaue, sondern weil ich mich – wie wir am Ende sehen werden – allmählich mit dieser Phantastik identifiziere. Die Gestalt des Don Quixote politisch und ideologiekritisch als negative Symbolfigur zu kritisieren, ist sehr wohl zulässig. Es besagte einiges über den Vollzug der europäischen Aufklärung. Es besagte hingegen nichts über die Ursache unserer ästhetischen Faszination. Denn wenn der Held gegen Windmühlen anrennt, dann eben nicht einfach deshalb, weil er durch falsche Lektüre verrückt geworden ist, sondern weil ihm etwas gegen die Wirklichkeit einfällt. Er handelt nach dem Prinzip, die Erscheinungen nicht tautologisch zu sehen, sondern Beziehungen, Bedeutungen zu setzen. Er sagt zu Sancho Pansa, dem Realisten: «Wahrheit kann man nicht sehen.» Sein Orden der «irrenden Ritter» hat letztlich die gleiche spirituelle Referenz wie des Ignatio von Loyola Gründungsentschluß, nachdem ihm Visionen gekommen waren. Don Quixote, der nicht aus Ironie von seinem Erfinder «scharfsinnig» genannt wird, verwechselt die Welt nur dann, wenn er es will und verhält sich innerhalb seines Systems von unablenkbarer Folgerichtigkeit. Es ist vielmehr Sancho Pansa, der Realist, der gegen seinen Willen getäuscht wird. Sancho, der Einfallslose, täuscht sich allerdings nicht über die nicht sichtbaren Dinge, er begreift manchmal die sichtbaren nicht. Don Quixote hingegen wird nicht getäuscht, er täuscht sich selbst. Keiner zwingt ihn, sondern er zwingt den anderen die Regeln seines Scheins auf. Und warum folgen wir ihm dabei so lange, ohne zu ermüden? Weil es kein bloßer Schein ist, der ihn verblendet. Die geschilderte Wirklichkeit ist nicht scheinbar etwas anderes, woraus sich der Irrtum des Don Quixote erklärte. Die Windmühlen sind ganz sichtbare Windmühlen, und keine schräge Beleuchtung gibt ihnen ein zweideutiges Aussehen. Der Schein ist die Windmühle, und Sancho Pansa ist es, der ganz diesem Schein folgt. Dieser Schein trügt also nicht, und Don Quixote verfällt keinem Schein. Er sieht nur immer und absichtsvoll etwas ganz anderes als das, was sichtbar ist. Hingegen nimmt Sancho Pansa die ihm vorgetäuschte Insel seiner Statthalterschaft für eine solche. Er verwechselt, Don Quixote setzt. Nehmen wir einmal an, wir wären nicht durch den Erzähler Zeuge der stattgefundenen grotesken Zweikämpfe und ganz auf die Berichte entweder Don Quixotes oder Sancho Pansas angewiesen. Wir nähmen die Schein-Berichte und die Real-Berichte dann als zwei sich jeweils widersprechende Erzählungen, und die Windmühlen wären Windmühlen, und die Riesen wären Riesen plus der zusätzlichen Versicherung beider Erzähler, der andere habe unrecht. Dann entspränge unser Vergnügen der komischen Sensation am grotesken Irrtum. Und daran ließe sich wiederum der Triumph der Wahrheit über den Schein anknüpfen. Aber unser Vergnügen ist von ganz anderer Art: Wir sind beim Fortschreiten der Erzählung gar nicht so ganz sicher, ob der Ritter von der traurigen Gestalt nicht tiefere Gründe hat, die sichtbare Wirklichkeit ständig mit einer eingebildeten zu vertauschen, sie für eine andere auszulegen. Thomas Mann hat den «phantastischen Witz», den schon Friedrich Schlegel im ‹*Don Quixote*› wirken sah, aufschlußreich kommentiert: «Phantasie haben» – so schrieb er – *«heißt nicht, sich etwas ausdenken, es heißt, sich aus den Dingen etwas machen.»* Und wir verfolgen gespannt dieses Machen als Wechselspiel zwischen Schein und Wirklichkeit und sind fasziniert davon, wie unähnlich Don Quixotes Vorstellungen den wirklichen Dingen werden. Michel Foucault sah in eben dieser Unähnlichkeit die Grenze zur vorangegangenen Epoche der Sicherheiten und Entsprechungen.[2] Wir sollten hinzufügen: Sie ist das Zeichen des Grenzphänomens Kunst selbst, das sich in der Paradoxie zwischen Schein und Wahrheit, Subjektivem und Wirklichkeit entfaltet. Allerdings entdecken wir diesen Sachverhalt als moderne Leser einer alten Geschichte. Ihr Held, Don Quixote, delektiert sich selbst ja keineswegs an diesem Schein. Er ist ganz im Gegenteil mit dem ihm eigenen Ernst auf Wahrheit aus. Er ist dies so sehr, daß er die Figuren seiner eigenen Lektüre, das waren – wie im Falle des Ignatius – alle Rittergeschichten, deren er habhaft werden konnte, für so wirklich nahm, daß er zwischen ihnen und seinem bescheidenen Alltag in der Mancha nicht mehr unterschied. Und er tut noch etwas: er will den erlebten Schein, die Abenteuer der arturischen und spanischen Ritterschaft, in eigener Person wiederholen, nein nicht wiederholen: seine Phantasie ins Leben verlängern. Don Quixote ist deshalb der erste Avantgardist, sein Verhalten ein Schlüsselereignis unserer Bewußtseinsgeschichte. Hier liegt der Grund, warum diese Figur nicht nur vom spirituellen Anarchismus des 19. Jahrhunderts zu ihrem Heiligen erklärt wurde, sondern ihn auch die fran-

zösischen Surrealisten als einen Bruder im Geiste verehrten: das «Unmögliche» versuchen – wie er selbst sagt: die Auflösung der Grenze zwischen Phantasie und Wirklichkeit, zwischen dem Schein der Kunst und der Wahrheit ihrer inhaltlichen Versprechen. Cervantes war ein so großer Schriftsteller, weil er diese Grenzüberschreitung ironisch zum Thema erhob und pathetisch ausführte. Die Surrealisten, ja die Avantgarde überhaupt gaben aber einer sentimentalen Schwäche nach, indem sie die Grenze überschritten und die Kunst ins Leben drängten, das Leben zur Kunst erklärten. In dem Augenblick, da sie den Schein des Machens nicht mehr ertrugen, begaben sie sich ihrer schärfsten Waffe. Das wiederholte sich als schöne Illusion im Jahre 68, in dem man den Satz wiederholte: «Die Phantasie an die Macht.» Es ist die Illusion aller theoretischen Versuche, den Faktor Subjektivität von jenseits seiner ihm phänomenologisch eigenen Grenze zu bestimmen, mit welchen immanenten Zugeständnissen auch immer.
Denn ich habe den Fall des Don Quixote nicht erläutert, um eine rührende Geschichte unserer heroischen Kulturtradition zu erinnern, sondern um die anfangs aufgestellte Perspektive zu erweitern, wonach wir mehr die Grenze der Kunst, nicht ihre Entgrenzung, mehr ihren Schein, nicht ihre Wahrheit im Auge haben müssen, soll sich die theoretische und die kreative Arbeit nicht ins Illusionäre und Vage verlieren, wofür es zur Zeit viele Symptome gibt. Die Gefahr ist, das Phänomen des ästhetischen Scheinens entweder in der reinen Transzendenz utopischer Phantasie zu behaupten oder ideologiekritisch auf ein entfremdetes Bewußtsein zu reduzieren, das heißt, ihm die Determinanten sozialer, ökonomischer oder psychoanalytisch-receptionsästhetischer Begrifflichkeit, Ursächlichkeit vorzuordnen. Wir haben es also mit einer objektiv-materialistischen und einer subjektiv-idealistischen Form der Entgrenzung zu tun. Wenn hier der Begriff des «Scheins» heuristisch betont ist, dann nicht im Sinne der Blochschen Lösung, wonach der bloße «Schein» des noch Unwirklichen gerettet wird als der «Widerschein dessen, was sein könnte», also im Anblick eines utopischen Horizonts. Das eben liefe wieder auf eines jener Entgrenzungsmanöver hinaus und hieße theoretische Schulden machen, die man wahrscheinlich nicht zurückzahlen kann, wie es alle die emphatisch-utopischen Versuche dieser Jahre gezeigt haben. Wir verstehen «Schein» hier ausdrücklich als das durch keinen Logos und keinen sozialen Verweis legitimierte Besondere des

ästhetischen Konstrukts, das Friedrich Nietzsche entdeckte.

Die subjektive Entgrenzung des Kunstbegriffs zum Leben hin ist bisher auf drei Ebenen gesichert worden: als Auflösung des Kunst- oder Werk-Begriffs, als Auflösung der Gattungen zwecks Herstellung eines neuen Gesamtkunstwerks und schließlich als Relativierung des positivistischen objektiven Wissenschaftsbegriffs. Nun sind diese verschiedenen Operationen, in dem der Phänomencharakter der Kunst verunklärt wird, nicht etwa in einem zweiten Versuch zu entdeckende Fehler, die man entweder einfach rückgängig machen müßte oder bloß in Zukunft unterließe, um dessen, was Kunst ist, besser habhaft zu werden. Im Gegenteil: einige Operationen lassen sich gar nicht mehr ungeschehen machen, sondern gehören zum historischen Inventar. Dazu gehört sicherlich die Erbschaft der klassischen Avantgarde, den abbildhaften Werkbegriff fallenzulassen. Dazu gehört ebenfalls die Mischung der Kunstformen bis hin zu einer ästhetischen Definition des Trivialen. Dazu gehört im wissenschaftstheoretischen Bereich, daß die «Logik der Forschung» Subjekt und Objekt nicht mehr scharf trennt, sondern von Wechselwirkungen beider und den dadurch entstehenden Unschärfen ausgeht. Die Rolle der Hermeneutik in den Kulturwissenschaften steht hierfür. Hierzu gehört auch, daß der Begriff Kausalität durch den der Wahrscheinlichkeit ersetzt wird. Zu kritisieren ist hingegen jenes rein subjektivistische Manöver, die Welt zur narzistischen Phantasie zu erklären, Cervantes' Ambivalenz aufzugeben und das Mißverständnis seines Helden Don Quixote, die Kunst ins Leben hinein zu verlängern. Erlauben wir uns das frivole Bild: solange wir die Windmühlen nicht angreifen, dürfen sie Riesen sein. Der Charakter der Kunst als Phänomen wird ebenfalls beim objektiven Entgrenzungsversuch unterschlagen: wenn spiegelbildliche oder ursächliche Entsprechungen der sozialen Welt belastend oder legitimierend davorgestellt werden. Die Hindernisse, den Schein der Kunst, das heißt, ihre reine Immanenz zu behaupten, sind also historisch und systematisch, trotz oder wegen Nietzsche und den englischen Ästheten beträchtlich.

Diese Hindernisse zeigen ihre schwachen Stellen, wo sie sich politisch-moralisch oder sentimentalisch-utopisch aufbauen und sind so alt wie der moderne Kunstbegriff selbst. Schiller und die Romantiker, vornehmlich Novalis, haben bekanntlich in der Nachfolge Kants über das Verhältnis von Sittlichkeit und Kunst nach-

drücklich reflektiert und eben wegen der Schwierigkeit des Problems wechselnde Schlüsse gezogen. Das Grenzproblem selbst hat Schiller in seinem Aufsatz ‹*Über den Grund des Vergnügens an tragischen Gegenständen*› sehr klar formuliert: «*Die wohlgemeinte Absicht, das Moralischgute überall als höchsten Zweck zu verfolgen, die in der Kunst schon so manches Mittelmäßige erzeugte und in Schutz nahm, hat auch in der Theorie einen ähnlichen Schaden angerichtet. Um den Künsten einen recht hohen Rang anzuweisen, um ihnen die Gunst des Staates, die Ehrfurcht aller Menschen zu erwerben, vertreibt man sie aus ihrem eigentümlichen Gebiet, um ihnen einen Beruf aufzudringen, der ihnen fremd und ganz unnatürlich ist. Man glaubt ihnen einen großen Dienst zu erweisen, indem man ihnen, anstatt des frivolen Zwecks, zu ergötzen, einen moralischen unterschiebt [...].*»
Schiller spricht hier in einer aktuellen ästhetischen Debatte halb zu sich selbst, halb an die Adresse von Theoretikern wie Diderot. Aber hat sich das Dilemma von damals eigentlich seither sehr verändert, wenn wir daran denken, daß Schiller selbst es war, der die «Ästhetische Erziehung» mit einem politischen Zweck verband? Es muß – an dieser Stelle angekommen – gesagt sein, daß die der Klassik und ihrer Spannung zwischen Ethik und Ästhetik folgende Periode spätromantischen Ästhetizismus' auslaufend in den Satz Nietzsches, das Dasein der Welt könne nur als ein ästhetisches Phänomen ewig gerechtfertigt werden – eben keine beruhigende Antwort auf das Problem der ästhetischen Grenze ist, obwohl Nietzsche ähnlich wie die englischen Ästhetiker Walter Pater und Oscar Wilde den Schein-Charakter der Kunst in dem von uns anvisierten Sinn erstmals fundamental begriffen und formuliert hat. Die in Deutschland stattgehabte und statthabende Flucht ins Reaktionäre und Apolitische – dazu gehört vor allem die museale oder akademische Reception des spätromantischen Ästhetizismus – hat es indes dazu kommen lassen, daß die französische Debatte über eine engagierte Kunst hier verspätet aufgenommen und sentimentalisiert wurde. Unser schlechtes Gewissen machte es der Intelligenz nach dem Zweiten Weltkrieg unmöglich, die gleiche Klarheit hinsichtlich der ästhetischen Grenze zu zeigen, wie sie in der repräsentativen Auseinandersetzung zwischen Sartre und Camus und später dem Nouveau Roman augenfällig war, obwohl hier schon die erste Lektion hätte gelernt werden können. Camus hatte trotz seines naiven Stoizismus, nennen wir ihn mit Sartre

Verzicht auf Dialektik, die Achillesferse der Sartreschen Position und die seiner deutschen Epigonen erkannt: ihre Sentimentalität, die Widersprüche nicht theoretisch auszuhalten oder praktisch anzugehen, sondern mittels Kunst überwinden zu wollen. Camus brachte es auf die Sentenz: *«Sartre oder die Sehnsucht nach dem universellen Idyll.»*[3] Ein Satz, der, wenn nicht so sehr auf Sartre, so doch auf unsere zeitgenössisch-westdeutsche Glückseligkeits- bzw. Armseligkeits-Literatur paßt. Camus wiederholte in jener Debatte mit anderen Worten, was Schiller schon erkannte: *«Die engagierten Menschen sind mir lieber als die engagierte Literatur. Mut im Leben und Talent im Werk, das ist gar nicht so übel. Und zudem engagiert sich der Schriftsteller, wenn er will. Sein Verdienst ist seine Initiative. Aber wenn daraus ein Gesetz, ein Beruf oder eine Schreckensherrschaft gemacht werden soll, wo bleibt das Verdienst.»*[4] Es kann nicht geleugnet werden, daß die Absage des einstigen Widerstandskämpfers Camus an das Engagement in der Kunst eine metaphysische Begründung erhält, die wir nicht oder nicht mehr teilen können: sein heroischer Nihilismus, sein Pathos des Absurden. Er hat die Revolution in bester Sorelscher Manier «erhabenes Denken»[5] genannt. Aber ein Satz und eine These wird nicht durch erlaubte oder unerlaubte Motive falsch oder richtig. Die Wahrheit eines Satzes ist wie die Evidenz einer Erscheinung in sich selbst zu prüfen. Und da stellt sich heraus, daß Camus' Angriff auf Sartre, die deutschen Hegelianer und das Engagement eine Absage an die Geschichte, eine Wiederherstellung der Natur und des Naturschönen war.

Dieser Gedanke ist für unsere Frage nach dem Schein, der Grenze der Kunst so fruchtbar, daß wir sie nur beantworten können, wenn wir auf den Begriff der Natur wider die Geschichte gesetzt ausführlicher zurückkommen. Nun hat sich das Engagement von Beginn an gegen die Ironie dadurch abgesichert, daß es sich einfach total setzte. Man sagte nicht mehr, ich will mit der Kunst dies Politische, jenes Moralische erreichen. Man sagte einfach: Kunst *ist* das Politische, *ist* das Leben selbst. Die radikale Volte des frühen Surrealismus und von Dada hatte die Grenze zwischen Kunst und Nicht-Kunst erstmalig und folgenschwer versetzt, denn plötzlich erschien der Alltag selbst phantastisch, das objet trouvé und die Montage zertrümmerten den alten Werkbegriff. Und was in den sechziger Jahren im Ritual, in kinetischer Kunst, im neosurrealen Witz geschah, war ein bis zur letzten Grenzüberschreitung, nämlich dem als Happening inszenierten Selbstmord und der als Schönheit ausgegebenen Revolution vorgetriebener Versuch, den Schein der Kunst auf existentielle Wahrheit und sozialen Effekt hin zu überprüfen. Was daran die intensivierte Wahrnehmung sozialer Vorgänge erhöhte, differenzierte, ist aus einem zukünftigen Kunstbegriff gar nicht mehr fortzudenken. Was daran aber auf ein falsches Utopie-Verständnis hinauslief und die westdeutsche intellektuelle Szene heute so dumpf macht, wäre zu revidieren. Denn was verstanden und verstehen die falschen Utopiker und Chiliasten unter Utopie? Sie nehmen das der Kunst immanente Versprechen, die ihr eigene Anticipation von Zukunft, kurzschlüssig zu wörtlich und behaupten steif, aber fest, entweder werde sich die Welt nach diesem Versprechen hier und jetzt ändern oder die ganze Kunst sei nichts wert. Anstatt zu erkennen, daß der Wahnsinn eines Rimbaud oder eines Artaud oder eines Nietzsche eben immer nur als Stil, als Ekstase, als semantisches oder theatralisches Ereignis ernst zu nehmen ist oder überhaupt nicht, verstand man das utopische Konzept in allen hierfür repräsentativen Erklärungen schlicht inhaltlich, hin und her pendelnd zwischen einem vagen Anspruch auf privates Glück bis hin zu den gesellschaftlichen Perfektibilitätsansprüchen.[6] Dabei hätte ein kühler Blick auf wirklich bedeutende literarische Zeugnisse utopischen Denkens, etwa den ‹*Robinson Crusoe*›, gezeigt, daß die ästhetische Utopie, soll das Wort überhaupt einen Sinn haben, weder im sentimentalen Glücksempfinden des Recipienten noch im inhaltlichen Versprechen des Werks liegen kann, sondern ganz allein in der formalen Anordnung des ästhetischen Materials. Im Falle des ‹*Robinson Crusoe*› wäre es der plötzliche Sekunden-Stil lebenssichernder Wahrnehmung wider alle Anticipation.[7] Es ist auch falscher Takt, wollte man übersehen, daß Blochs Metapher vom «Prinzip Hoffnung» mit jener kitschig grassierenden Utopie-Version viel zu tun hat. Die kehrseitige Entsprechung zu diesem Kitsch ist die Empörung, welche jeden Zweifel an einer Zukunft der Vernunft unter moralische und intellektuelle Zensur stellt, sind auch die autobiographischen Elendsberichte, die sich unter dem Deckmantel des «Authentischen» Ansehen verschaffen. Entgegen dem verschwommenen Gerede von Utopie, diesem aktuellsten Beispiel für Entgrenzung von Kunst, sollte man eher einmal hypothetisch den Gegensatz zwischen Kunst und Utopie betonen. Kunst hat nämlich immer jeweils zum richtigen Augenblick zu verhindern gewußt, daß sich die Widersprüche überhaupt in einer Utopie versöhnen und daß anstatt des zeitverwobenen Irrtums ein versteinerter Wahrheitsanspruch aufkommt, der Utopie zur Ideologie macht.[8]

Man kann die Grenzüberschreitung, sei sie nun politisch-moralisch, surrealistisch-zerstörerisch oder utopisch-sentimental, natürlich unter dem affirmativen Generalnenner der «Nicht mehr schönen Künste»[9] verstehen und akzeptieren. Die theoretische Debatte, die hierüber geführt wurde, zeigte ein für unsere Grenzentscheidung hilfreiches Ergebnis: Jene, die solche Grenzüberschreitung sozusagen als ein Faktum moderner Kunstentwicklung hinzunehmen bereit sind, tun das nur, nachdem sie sich stilgeschichtlich und philosophisch absicherten, indem sie nämlich die Anti-Ästhetik schon in der romantischen Kunst vorweggenommen und in der Philosophie Hegels beglaubigt sehen, sei es als Kunst des Häßlichen, sei es als Intellektualisierung von Bild und Wort. Geistesgeschichtlich solchermaßen beruhigt, kann sie dann nichts mehr an den «Nicht mehr schönen Künsten» aus der Ruhe bringen. Diejenigen, die eine Grenzüberschreitung hingegen problematisieren, tun dies, indem sie eine solche nicht bloß graduell, sondern qualitativ neu begreifen. Zu Recht. Denn in der Tat können alle gelehrten Hinweise auf eine Ästhetik des Häßlichen, des Obszönen und des Schrecklichen, wie sie sich schon im 18. Jahrhundert anbahnten, nicht an dem Argument rütteln, daß es sich hier niemals um außer-ästhetischen Phänomenen geltende Theorien handelte, sondern um solche, die den überkommenen Schönheitsbegriff bloß abwandelten, ihn intensivierten und fundamentalisierten, wie ein Blick auf die Entdeckung des Erhabenen, Häßlichen und Malerischen bei Burke, Lessing und Diderot zeigen würde. Und selbst wenn das Böse in der Darstellung des 19. Jahrhunderts plötzlich zulässig wird, dann ist das eben kein «Grenzphänomen» in unserem Sinne, sondern das Schöne als das Erhabene in Gestalt Satans. Kierkegaard wird den in die Erscheinung tretenden Teufel das «Plötzliche» nennen und damit schon eher die Struktur moderner Kunstphänomene kategorial vorwegnehmen. Selbst wo sich das Lächerliche im Gräßlichen zeigt, etwa in den Kriegsbildern Goyas, liegt keine Grenzüberschreitung vor, sondern eine Mischung der einst strikt geteilten Gattungen Tragödie und Komödie, wofür es gerade in der spanischen Kunsttradition neben der englischen sehr frühe Beispiele gibt. Odo Marquardt hat die schiere Tatsache der «Nicht mehr schönen Künste» im Rückgriff auf ein Diktum Hegels sozusagen zu lizensieren versucht.[10] Die Kunst verliere – so Hegel – ihre absolute Stellung, gewinne aber gleichzeitig unbegrenzte Freiheiten. Freiheit ihrer Stoffwahl und ihrer Themenwahl gehe Hand in Hand mit ihrem Bedeutungsschwund. Marquardt sieht die moderne Kunst als die erfüllte Hegelsche Prophezeiung. Das heißt aber: diese hoch autorisierte Theorie der Entgrenzung impliziert eine Harmlosigkeit der Kunst, die wir nicht akzeptieren müssen, bestehen wir auf der ästhetischen Grenze. Die in philosophischen Kreisen, namentlich hegelianischen, beliebte These übersieht eines gänzlich: 1. Niemals war das artistische Selbstverständnis der Kunst emphatischer und fundamentaler als im Jahrhundert nach Hegel. 2. Niemals hat Kunst die Philosophie als Bedeutungs- und Symbol-Vermittler so angegriffen und beschädigt wie in der Avantgarde. Der von Marquardt behauptete Schwund an Relevanz verhält sich gerade umgekehrt als er meint: die Philosophie verlor und die Kunst gewann. Schon deswegen ist es irreführend zu unterstellen, Grenzverletzungen des Ästhetischen hätten eine historische oder philosophische Lizenz nötig. Hat eine Entgrenzung stattgefunden, dann ist diese eo ipso jenseits normativer Sicherheit. Solche Legalisierung folgt im Grunde der Methode falscher Entgrenzung. Sie nimmt das je Erscheinende in der Kunst nicht eigentlich wahr, sondern führt es auf etwas anderes zurück oder zu etwas anderem hin. Und unrichtig ist auch die Hegel folgende Schlußfolgerung, zwischen Kunst und Nicht-Kunst bestünde keine Differenz mehr. Sofern dies von Vertretern der klassischen Avantgarde selbst behauptet wurde, war es eines ihrer erkenntnistheoretischen Witze und Manöver, die – tierisch oder philosophisch oder moralisch ernstgenommen – fast alles von ihrem ästhetischen Gehalt verlieren. Im Hegelschen Sinne ernstgenommen läuft dieser Satz natürlich auf eine Denunziation der Kunst als etwas Nachgeordnetes hinaus. Die Grenze zu betonen, bedeutet also gerade das Gegenteil des angedeuteten philosophischen Einverständnisses. Die Schließung der Grenze macht den ästhetischen Schein erst sichtbar, der wiederum der Skandal des Schönen ist. Man kann das mit einem Satz des Antipoden Hegels in der Ästhetik erläutern. Nietzsche sieht mit einer Reverenz gegenüber Schopenhauer im ästhetischen Schein das *«ungeheure Grausen …, welches den Menschen ergreift, wenn er plötzlich an den Erkenntnisformen der Erscheinung irre wird, indem der Satz vom Grunde, in irgendeiner seiner Gestaltungen, eine Ausnahme zu erleiden scheint»*[11]. Nietzsche hat später diesen seinen ursprünglich rein phänomenologischen Ansatz «unter dem Hammerschlag der historischen Erkenntnis»[12] modifiziert. In *‹Menschliches, Allzumenschliches›*, dem «Buch für freie Geister», das seinen Bruch mit Richard Wagner einleitete, dem er noch die *‹Geburt der Tragödie›* innerlich gewidmet hatte, spricht er sogar von einem Altwerden und einer Intellektualisierung der Künste. Er verwendet damit ein Argument, das sich unmittelbar mit Hegels Ästhetik berührt. Nietzsche schreibt: «Ehemals war der Geist nicht durch strenges Denken in Anspruch genommen, da lag sein Ernst im Ausspinnen von Symbolen und Formen. Das hat sich verändert; jener Ernst des Symbolischen ist zum Kennzeichen der niederen Kultur geworden. Wie unsere Künste selber immer intellektualer, unsere Sinne geistiger werden, und wie man zum Beispiel jetzt ganz anders darüber urteilt, was sinnlich wohltönend ist, als vor 100 Jahren: so werden auch die Formen unseres Lebens immer *geistiger*, für das Auge älterer Zeiten vielleicht *häßlicher*, aber nur weil es nicht zu sehen vermag, wie das Reich der inneren, geistigen Schönheit sich fortwährend vertieft und erweitert und inwiefern uns allen der geistreiche Blick jetzt mehr gelten darf als der schönste Gliederbau und das erhabenste Kunstwerk.»[13]

Im Unterschied zu Hegels Schlußfolgerung entdeckt Nietzsche in der «Häßlichkeit» der Modernen ihren legitimen Ausdruck, der ihren ästhetischen Rang, ihre geistige Bedeutung nicht mindert. Indem er den «geistreichen Blick» dem «schönsten Gliederbau» gegenüberstellt, dabei Schillers Begriffe des Sentimentalen und Naiven sozusagen fortführend, hat er die spezifische Verinnerlichung einer zukünftigen Kunst, ja die Kriterien der ästhetischen Avantgarde schon angegeben. Das «Denken» hat zwar, wie bei Hegel, die «Symbole und Formen» überholt, diese aber sind nicht mehr wie in Hegels idealistischer Theorie identisch mit der Kunst überhaupt, sondern Kennzeichen einer «niederen Kultur». Folglich bedeutet das historische Altern der Künste auch keinen Bedeutungsverlust des Ästhetischen an sich. Dieses hat, sich vertiefend und erweiternd, ganz neue Formen angenommen. Der Satz von der Ausnahme gilt noch.

Gehen wir also nicht von importierten Ideen aus, sondern von der phänomenologischen Erfahrung angesichts künstlerischer Produktion. Sie sagt uns: die Wirkung ästhetischer Wahrnehmung vollzieht sich als Lust, nicht als Wert-Erkenntnis. Die Begriffe Wirkung – Wahrnehmung – Lust verweisen uns nun keineswegs auf ein rein intuitistisches Erklärungsmuster. Es war vielmehr Kant, der strikt anwies, uns an die Wirkung des ästhetischen Phänomens zu halten, weil es vom Schönen selbst keinen gegenstandskonstitutiven Begriff geben könne. Wir verdanken Rüdiger Bubner den unserer Problematik weiterhelfenden Gedanken, daß Kants Begriff der reflektierenden Urteilskraft (im Unterschied zur bestimmenden Urteilskraft) eng verbunden ist mit einer Theorie des Naturschönen, die dem Kunstschönen vorgeordnet war.[14] Kant, so führte Bubner aus, sah die Leistung der reflektierenden Urteilskraft gerade darin, daß sie zunächst nur etwas gewahr wurde, ein Besonderes, das sich der Subsumption entzog. Die Identifizierung der ästhetischen Erfahrung mit einem Verstandesbegriff findet nicht statt, eine intellektuelle Auffassung des Gegebenen wird nicht möglich. Diese Interpretation wird leicht bestätigt, sieht man, wie ästhetische Werturteile durch Anticipation und nicht durch ein analytisches Verfahren zustande kommen.[15] Das ist die Umkehrung der Hegelschen Position. Aus ihr wird deutlich, warum die Hegelsche Lösung vor dem paradoxen Schein-Charakter der Kunst scheitern mußte. Der tiefere Grund für dieses Scheitern liegt im teleologischen Geschichtsverständnis Hegels, das nicht bloß die Kunsterfahrung im Prozeß des Geistes zu sich selbst für sekundär erklärte, sondern das Naturschöne ganz aus der Ästhetik ausschließt. Denn die ästhetische Illusion, auf die wir hier die ganze Zeit schon aus sind, hat ja etwas mit jenem Elementaren zu tun, das wir das Naturschöne nennen können, das uns schon anläßlich der Ausfälle Camus' gegen die engagierte Kunst und ein dialektisches Geschichtsverständnis auffiel. Sagen wir verkürzt: seit Hegels Verdikt, Nietzsches Huldigung und schließlich Adornos Zweideutigkeit gegenüber dem Naturschönen ist jede erneute Annäherung an dieses Naturschöne unter krassen Ideologieverdacht gestellt worden.[16]

Nun ergibt sich ein Verbot des Naturschönen nicht eo ipso aus jedem «authentischen» Verständnis der Modernen. Adornos berühmter Satz über die Unmöglichkeit eines Gedichts nach Auschwitz, Brechts Gedanken an ein Poem über Bäume in dieser Zeit – sie verraten die besondere Situation der deutschen Ästhetik angesichts des nationalsozialistischen Schreckens. Diese besondere Situation ist aber nicht übertragbar und nicht dogmatisierbar. Camus hatte bei seiner Attacke auf Sartre auch das dogmatische Verbot des Naturbegriffs im Auge: *«Das ganze Bemühen des deutschen Denkens»* – so schrieb er – *«zielte darauf ab, den Begriff der menschlichen Natur durch den der menschlichen Situation zu ersetzen und somit Gott durch die Geschichte und das antike Gleichgewicht durch die moderne Tragödie. Der moderne Existentialismus treibt dieses Bemühen noch weiter vor und führt in den Begriff der Situation dieselbe Ungewißheit ein wie in den Begriff der Natur. Es bleibt nichts übrig als eine Bewegung. Aber wie die Griechen glaube ich an die Natur.»*[17] Sartre hat noch in der Polemik Camus' Naturbegriff ernstgenommen. Nicht nur deshalb, weil er erkannte, daß Camus die große französische Tradition fortsetzte, die seit Descartes geschichtsfeindlich war. Vielmehr bewunderte er heimlich, daß Camus die *«gleichgültige, leere Natur»* im Sinne Nietzsches annahm und den, wie er sich ausdrückte, *«Schwindel von Seele und Idee»*[18] ablehnte. Dieser «Schwindel der Seele», dieser sublime Ideen-Kitsch droht dann, wenn die politisch berechtigte Skepsis vor dem Naturschönen in seminaristische Hysterie umschlägt. Man will sich dann der Natur selbst nicht stellen, ob sie nun schön oder häßlich ist. Man verkennt dann vor allem, daß die ästhetische Grenze etwas mit dieser Natur zu tun hat, etwa mit dem Schweigen in den Bildern Albers', diesem Angeschaut-Werden von Naturhaftem, das ästhetisch bindet und zugleich erschreckt.[19]

Nun hat sich ein Ausweg gefunden, mit dem leidigen Begriff des Naturschönen, mit der Natur selbst fertig zu werden, ohne sich vor der aufklärerischen Verpflichtung schämen zu müssen: der Rekurs auf Sigmund Freuds Theorie vom Lustcharakter der Dichtung. Diese Theorie ist aber nur dann hilfreich, wenn man sie nicht benutzt, um abermals auf eine Entgrenzungs-Strategie – die allerneueste nämlich – zu verfallen und zu behaupten, neurotische und dichterische Phantasie seien gleich oder doch analog. Diese Gleichsetzung hat Freud entgegen einer sich anbietenden These niemals vollzogen. Er hat vielmehr ausdrücklich zwischen kreativer und regressiver Phantasiebildung unterschieden und immer wieder hervorgehoben, daß die psychoanalytischen Beziehungen zwischen dem Tagtraum eines Patienten und der Phantasie eines künstlerischen Bildes mitnichten das ästhetische Phänomen erklären können. Die Ineinssetzung ist vielmehr eine jener aktuellen Methoden, die Grenze zwischen Kunst und Nicht-Kunst zu verwischen, auf der wir hier bestehen. Man wird auch den Verdacht nicht los, daß die jähe Konjunktur der Kreativitätsforschung heimlich mit jener Tendenz zusammenhängt, formalästhetische Kriterien zu scheuen und in die sogenannte ‹Authentizität› autobiographischen Materials auszuweichen. Erst wenn diese Abwehr gegenüber Grenzaufweichungen deutlich ist, kann man Freuds Kunst-Analyse benutzen, gerade weil sie das Problem der ästhetischen Grenze ohne falschen Zauber ins helle gerückt hat und unserem Interesse an einer natürlichen Begründung der ästhetischen Faszination weiterhilft. Zunächst: Die Beziehung zwischen Kunst und Neurose sieht Freud darin, daß es sich in beiden Fällen um sogenannte Ersatzhandlungen handelt. Beide, Künstler und Neurotiker, phantasieren, weil sie unbefriedigt sind und die einstige Libido-Verdrängung bearbeiten müssen. Die Phantasie der Dichtung und die des neurotischen Tagtraums sind Fortsetzung, das heißt Ersatz des einstigen kindlichen Spielens: «Ein *starkes aktuelles* Erlebnis *weckt im Dichter die Erinnerung an ein früheres, meist der Kindheit angehöriges Erlebnis auf, von welchem nun der Wunsch ausgeht, der sich in der Dichtung seine Erfüllung schafft.*»[20] Ein zur Zeit auftauchendes Mißverständnis dieses Satzes ist etwa zu glauben, man habe literarisch etwas gewonnen, wenn man die eigene Kindheit wiedererzähle. Entgegen solchen häufig betulich, sentimental oder engagiert ausfallenden Versuchen, die in Westdeutschland zu einem neuen Genre heranwachsen, hat Freud eher die Indifferenz des Künstlers betont, etwa die Mitleidlosigkeit Leonardo da Vincis beim Betrachten angstverzerrter Todeskandidaten[21], die schon an das ästhetische Programm des englischen Theoretikers Ruskins, des Anregers von Proust, erinnern, sich beim Anblick eines Sterbenden nicht vom künstlerisch Relevanten ablenken zu lassen. Freud erklärt diese Grausamkeit des ästhetischen Blicks mit einem tiefenpsychologischen Hinweis, der das Problem der ästhetischen Grenze vor jeder Mißdeutung bewahren sollte: Um den Unterschied zwischen neurotischer Ersatzhandlung und kreativer Sublimierung zu verdeutlichen, unterscheidet er verschiedene Stufen der Verdrängung. Jene Verdrängung, welche die grausame Indifferenz Leonardos erklärt, vollzieht sich dergestalt, daß die verdrängte Sexuallust sich von Beginn an in «Wißbegierde sublimiert»[22]. Es entsteht nicht der ungelöste, ins Grenzenlose schweifende «Grübelzwang» wie im Fall des intellektuell fähigen, aber nicht kreativ begabten Tagträumers.[23] Der

Charakter der Neurose bleibt aus. Der Trieb kann sich frei im Dienste des intellektuellen Interesses betätigen.[24] Freud liefert hier eine exakte Begründung für das Agieren diesseits und jenseits der ästhetischen Grenze und die derzeitigen Versuche, das ästhetische Problem mit einer Art psychoanalytischen Materialistik zu lösen, haben keinerlei Grund, sich dabei auf Freud zu berufen. Im Hinblick auf die Redseligkeit neuer westdeutscher Prosatexte läßt sich hinzufügen: Wo der neurotische «Grübelzwang» auftritt, den Freud für die nicht gelungene Stufe der Verdrängung angibt, dort entstehen infantile Lebensbeichten, wo – um mit den Worten Freuds zu sprechen, *«dies Grübeln nie ein Ende findet und daß das gesuchte intellektuelle Gefühl der Lösung immer weiter in die Ferne rückt»*[25]. Wenn Freud die psychische Motivation zum kreativen Handeln selten verwechselte mit dem kreativen Akt selbst, dann liegt dies gewiß auch an seiner traditionell vermittelten Hochachtung vor dem Genie, eine Einstellung, die er mit Marx teilte, dessen ästhetische Vorstellungen ja immer von der deutschen Klassik geprägt blieben. Wo Freud tatsächlich einmal eine individuelle ästhetische Ableitung mit psychoanalytischen Mitteln versucht, scheitert er. So am Beispiel der E. T. A. Hoffmann-Erzählung *‹Der Sandmann›*, deren unheimlichen Effekt er auf unsere heimliche Kastrationsangst zurückführt.[26] So am Beispiel Hamlets, dessen Drama der Zuschauer nur genießen könne, wenn er es als Neurotiker verstehe, wenn er nämlich die bei ihm selbst verdrängte Regung im Falle Hamlets anerkenne, so daß sie ihm Lust statt bloße Abneigung bereite.[27] Trotz solch gelegentlichen analytischen Fehlinterpretationen ästhetischer Ursächlichkeit hat Freud dennoch mit phänomenologischem Scharfsinn das ästhetische Vergnügen letztlich im Erscheinungscharakter der Kunst erkannt. Unser Vergnügen an Dichtung, so in *‹Der Dichter und das Phantasieren›*, hänge mit unserem narzißtischen Interesse für den Helden zusammen. Wir genießen die Unverwundbarkeit des Helden angesichts vielfältiger Gefahren. Dies gilt zwar auch für die Unverletzlichkeit seiner Majestät des Ichs im Wachtraum. Im Unterschied zu ihm aber mildert der Dichter den «Charakter des egoistischen Tagtraums» und besticht durch «rein formalen, d. h. ästhetischen Lustgewinn»[28]. Freud nennt diesen ästhetischen Lustgewinn eine «Verlockungsprämie oder eine Vorlust»[29]. Wenn aber der Künstler seine Charaktere so abmildert, um unser narzißtisches Bedürfnis auf eine ästhetisch zulässige Weise zu bestechen, dann «lügt» er sozusagen, dann erzeugt er jenen Schein, der Erwartungen erfüllt und Angstgefühle vermeidet. Abermals ergibt sich – nur auf diesem Argumentationsstrang –, daß Kunst und Nicht-Kunst für Freud nicht konvertibel sind. Über die eigentliche «Ars poetica» schweigt er.[30] Daß er sich wahrscheinlich von den Einsichten Schillers hat anregen lassen, darauf verweist schon sein «Spiel»-Begriff. Die Kunst wird bei ihm nicht in eine dürftige Rolle gedrängt[31], weil er an der ästhetischen Grenze festhält. Von Freuds Theorie ist sicherlich das Konzept der literarischen Ersatzhandlung als Wunscherfüllung ableitbar, wie innerhalb des amerikanischen New Criticism[32] oder in Habermas' Begriff der «Entlastungsstrategie» geschehen. Es ist aber nicht zulässig, Freud für eine Entgrenzung des ästhetischen Phänomens selbst in Anspruch zu nehmen. Eher ist die Umkehrung richtig: Insofern die psychoanalytische Interpretation sich – wie Serge Leclaire sehr überzeugend gezeigt hat – auf der Ebene symbolischer Repräsentation abspielt, gewinnt sie strukturell die Dignität literarischer Anempfindung. Und sollte die Struktur der neurotischen Phantasie selbst einmal wirklich poetisch sein – wie Leclaire am Beispiel seines «Einhorn»-Traums demonstriert[33] –, dann wird die Poesie der aufeinanderfolgenden Bildsymbole nur dann nennbar, wenn man ihren psychoanalytisch manifesten Sinn *nicht* entschlüsselt, das heißt die von der Theorie des Unbewußten gelieferten Erkenntnismittel unbenutzt läßt und an ihrer Stelle symbolische Korrespondenzen von großer Mehrdeutigkeit anführt.[34] Diese Mehrdeutigkeit ist nicht mehr mit psychoanalytischen Mitteln zu erfassen, sondern solchen, wie sie die bei uns zu Unrecht vergessene neuaristotelische amerikanische Schule entwickelt hat.

Mehrdeutigkeit des Phänomens korrespondiert auf der Subjektseite mit dem Begriff «Wahrnehmung». Hätten wir noch vor Jahr und Tag dieses Wort als letzte Rettung unbefangen vorgeschlagen, um an der ästhetischen Grenze festzuhalten, so tun wir dies nun mit schon gemischteren Gefühlen. Dient doch dieses Wort auf einmal gerade den Strategen der Entgrenzung, die es so lange aufblasen, bis es ähnlich platzt wie der Fetisch Utopie. Der modische sozusagen umgangssprachliche Rückgriff auf die sogenannte Wahrnehmung anstatt wie noch vor kurzem auf die sogenannte soziale Relevanz ist nur eine der derzeitigen Unsicherheiten, welche die historischen Bedingungen der neuen Wahrnehmungslust gar nicht bedenkt. Wie können wir also dies Wort von seiner Fett ansetzen-

den, nichtssagenden, inflationären Sinnfülle befreien? Zurückschneiden auf seinen operativen Funktionswert? Es verstünde sich von selbst, daß man auf einer strikten phänomenologischen Wertigkeit bestehen müßte, völlig gleichgültig, welche Theorie des «Sehens» man nun im Auge hat. Es geht nicht um Wiederherstellung von Argumenten, wie sie zwischen Wölfflin und Panofsky formuliert wurden oder zwischen Hofmannsthal, Mach und Husserl. Es geht höchsten darum, warum jene allererste phänomenologische Entdeckung des sinnlichen Gegenstandes auch nach den unterschiedlichsten Demontage-Versuchen der systematische Ort sein könnte, wo Kunst und Nicht-Kunst genau an der Grenze festgemacht werden. Dabei ließe sich auf eine Theorie des «reinen Sehens» so sehr verzichten, wie diese eben nicht nur Sehen, sondern eine Flucht zu den neuen Schachtelhalmen impliziert, was sie gerade zu vermeiden vorgibt. Der schiere Idealismus des alt-phänomenologischen Ansatzes wäre zu ersetzen durch Gegenwarts-Reflexion, ohne daß hierdurch die strenge phänomenologische Essenz litte. Das hat schon Sartre mit seinem frühen Essay über die Einbildungskraft gezeigt und abermals Foucault mit seiner Phänomenologie der Modernen. Wir sollten uns ohnehin vergegenwärtigen, daß alles, was von der sogenannten Neuen Sinnlichkeit der sechziger Jahre gewollt wurde, von Andy Warhol, Arnheim, Umberto Eco, Laing bis hin zur Besucherschule Bazon Brocks, die ja eine Schule nicht nur der sozialen Wahrnehmung war, darauf abzielte, dialektische Reflexion mit phänomenologischem Elementarismus zu verbinden. Man kann aber der ästhetizistischen Gefahr jenes Wahrnehmungsbegriffs nicht dadurch abhelfen, daß man ihn einfach zum Organ jedwelchen beliebigen Objekts erklärt. Deshalb ist Mißtrauen angezeigt gegenüber der nunmehr zur «Utopie» erhobenen «Wahrnehmung», die als Bewußtseinserweiterung, Sensibilisierung gegenüber den Erscheinungen in Anspruch genommen wird und dabei allzuleicht sich als jene Methode entpuppt, Unbedeutendes, Unartikuliertes zu legitimieren.
Der überzeugendste Vorschlag kommt nicht von ungefähr wiederum aus einer psychoanalytischen Überlegung. So hat man das psychoanalytische Reaktionsmodell: «Alles sagen, was einem einfällt. Alles aufnehmen, was man hört» als Muster einer «Utopie der Wahrnehmung» vorgeschlagen.[35] Schon Leclaire hob Freuds Anweisung einer besonderen Technik des Zuhörens bei psychoanalytischer Behandlung hervor.[36] Die Bedeutung, die Freuds Technik

einer «gleichschwebenden Aufmerksamkeit» für eine solche «Utopie der Wahrnehmung» haben könnte, liegt auf der Hand. Hier wie dort leistet das unreglementierte Aufnehmen von verschiedenen Worteindrücken, daß vorgefaßte Ideen möglichst keinen zensierenden Zutritt erlangen und auf diese Weise Unbewußtes bzw. Nichtgewußtes festgehalten wird. Man erkennt allerdings unter aktualisierter Terminologie auch das schon bekannte Verfahren der surrealistischen Technik, in freier Assoziation Sätze zu bilden. Freud selbst hat seine surrealistischen Schüler nie begriffen und erst im hohen Alter, als er den Stil des jungen Salvador Dalí kennenlernte, seine Aversion widerrufen. Der Unterschied zwischen der surrealistischen und dem neoutopischen Effekt belegt aber auch den Nachteil der Grenzüberschreitung bei den Utopikern: Steckt in der surrealistischen freien Assoziation immer noch das artistische Pathos, wenn nicht des Werks, so doch des «Machens», so läuft die «Utopie der Wahrnehmung» auf das Gegenteil hinaus: die formalästhetischen Bedingungen aufzuheben. Selbst wenn man zum Vergleich den Stil Rimbauds und seine Aufgabe der Ich-Kontrolle heranzieht, dann trifft man als unterscheidendes Kriterium bei ihm doch immer auf ein poetisches Feld der Bedeutungen bzw. negierten Bedeutungen. Die Prosa der neuen Wahrnehmung läuft jedoch Gefahr, buchstäblich bedeutungslos zu werden, weil sie die ästhetische Grenze nicht beachtet. So verführerisch es ist, dem «entfremdeten Blick» des alles wahrnehmenden Autors zu folgen[37], bedenklich bleibt dabei das heimliche seelsorgerische Interesse, die Tendenz, literarische Praxis von ihrer seelischen Befreiungsfunktion her zu verstehen. Wie leicht man hier zum sentimentalen Mißverständnis kommt, hat uns Freuds Hinweis auf den neurotischen «Grübelzwang» gezeigt, ein Wort, das einem schlagartig die Welle ästhetisch entgrenzten Schreibens in Westdeutschland aufschlüsselt. Die etwas verspätet herumgereichte Metapher vom «Sehen» ist so begrifflos, wie der ideologiekritische Angriff auf den Wahrnehmungsbegriff selbst ästhetisch stumpf bleibt.

Wahrnehmung ist als eine ästhetische die mehrdeutige Apperceptionsform schlechthin. Wäre ihr Problem nur die Verschleierung und Enthüllung sozialer Sachverhalte, etwa im Bewußtsein der Helden, da bliebe von einer literarischen Darstellung nichts weiter übrig als die Explikation vorab gegebener politischer Theorien, sie würde zur Staffage, eben zum Hegelschen «Scheinen der Idee». Aber Phantasiewahrheit ist nicht einfach Vorläuferin der analytischen Wahrheit oder schärfer formuliert: *«Das literarische Vergnügen hingegen rührt von einer Verkennung seiner eigenen Quelle her.*[38] Ist die vieldeutige Wahrnehmung die Reflexionsform des spätbürgerlichen Helden selbst, dann beginnt sich die Perspektive des Autors oft mit der seiner Fiktion zu decken.[39] Nur deshalb wird es strittig, ob unser ästhetisches Interesse legitimerweise von einer Identifikation mit dieser Wahrnehmungsform, also Komplicenschaft mit einem offenbar falschen Bewußtsein, herrührt oder von der Entdeckung der sozialen Ursachen.

Wir brauchen, um hier eine Entscheidung zu treffen, nicht auf die modernen Beispiele entfremdeter Wahrnehmung zurückzugreifen. Wir können uns an das zu Eingang erörterte Beispiel einer falschen Wahrnehmung, an den *‹Don Quixote›* zurückerinnern. Würde dieser Roman heute noch so gelesen, wie er zweifelsohne zu Anfang gelesen wurde, nämlich als eine bloße Satire auf das illusionäre Bewußtsein des spanischen Alt-Adels und auf eine irreale Konzeption von Dichtung selbst, dann hätte er seine Wirkung längst eingebüßt. Es ist auch zweifelhaft, ob diese Wirkung vornehmlich in der sozialkritischen Komik der Figur des Sancho Pansa liegt, sozusagen als einem Vehikel der Auflehnung gegen die Autoritäten, im Witz als sozialem Vorgang. Je mehr wir uns von derlei Informationsleistungen des Kunstwerks entfernen, je sicherer können wir sein, uns innerhalb der ästhetischen Grenzen zu befinden. Flaubert hat die führenden wissenschaftlichen Theorien des 19. Jahrhunderts, Vererbung und Milieu, mißachtet. Ein Glück für uns: denn so nahm er nur die Dinge wahr, wie er es nannte. Auf die Wahrnehmungsproblematik des *‹Don Quixote›* angewendet, heißt dies: Je länger die Romanhandlung fortschreitet, je stärker ist der Autor mit seiner Figur sympathetisch im Bunde. Er verfällt zwar nicht der gleichen Sinnestäuschung, er reitet nicht mit gegen die Windmühlen, sondern er hält sich mit Sancho Pansa von ihnen fern. Aber er ist nicht Sancho Pansa, er ist eher Don Quixote. Er ist es deshalb, weil irgend etwas ihn daran hindert, die Partei des kritischen Witzes wirklich zu übernehmen. Es ist, als ob die Reflexionsform verwirrter Wahrnehmung das kritische Bewußtsein der sozialen Gehalte unterminiert. Ebensowenig wie die kulturanthropologische Deutung oder die psychoanalytische Rekonstruktion das sogenannte Rätsel im Lächeln von Leonardos Gestalten erklärt, erklärt sich das absurde Verhalten des Don Quixote aus unserem sozialgeschichtlichen Wissen. So aber wird seine groteske

Sinnestäuschung – auf der sozialpsychologischen Ebene gewiß die Metapher eines falschen Bewußtseins – plötzlich zu einem Akt der ästhetischen Wahrnehmung. Einer Wahrnehmung nicht des Scheins, aber dennoch trügerisch, wie wir am Anfang sahen. Auf jeden Fall eine lebenserhaltende Wahrnehmung, die man deshalb – diesmal ohne Phraseologie – eine utopische nennen könnte. J. B. Pontalis zitiert einen Satz Flauberts, dem Erfinder einer anderen Figur, die Lesen und Leben verwechselte: *«Das Leben ist nur mit einer Marotte erträglich. Sobald man seine Träume aufgibt, stirbt man vor Traurigkeit. Man muß sich krampfhaft daran festhalten und hoffen, daß sie einen mißreißen»*.[40] Don Quixote ist – wie der Dichter ausdrücklich mitteilt – aus Traurigkeit gestorben. Es macht die ästhetische Tiefe dieses Romans, zum Bewußtsein der ästhetischen Grenze aus, daß Don Quixote in dem Augenblick traurig wurde, als er seine Marotte einsah, seine Träume aufgab, sich nicht mehr an ihnen festhalten konnte, um sich von ihnen mißreißen zu lassen. Der Tod des Don Quixote ist auch der Tod der ästhetischen Wahrnehmung, der Beginn ihrer Entgrenzung. Angesichts dieser Figur, und was sie heimlich für die aufgehende Moderne bedeutet, erkennt man den ästhetischen Schein als die bisher noch immer ungelöste Aporie. An dieser Figur wird Nietzsches Satz vom *«Schein des Scheines»* und unserer *«Urbegierde»*[41] danach verständlicher. Diese geheimnisvolle Grenze der Wahrnehmung zu wahren aber heißt: vielleicht müssen wir doch gegen die Windmühlen reiten, nicht nur Sancho Pansas gemütliches Lächeln im Nacken, sondern die sokratische Ironie und, was am schrecklichsten ist: das hegelianische Wissen.

Sokrates und Hegel hat Nietzsche als die beiden großen Antipoden der ästhetischen Wahrnehmung benannt. Er, der das neue «Sehen» entdeckte, hat gerade aus dem Widerspruch zu ihren Systemen das Problem des Scheins in der modernen Kunst als erster Ästhetiker begriffen und formuliert: *«... man wird uns schwerlich wieder auf den Pfaden jener ägyptischen Jünglinge finden, welche nachts Tempel unsicher machen, Bildsäulen umarmen und durchaus alles, was mit guten Gründen verdeckt gehalten wird, entschleiern, aufdecken, in helles Licht stellen wollen. Nein, dieser schlechte Geschmack, dieser Wille zur Wahrheit, zur ‹Wahrheit um jeden Preis›, dieser Jünglingswahnsinn in der Liebe zur Wahrheit – ist uns verleidet: dazu sind wir zu erfahren, zu ernst, zu lustig, zu gebrannt, zu tief ... Wir glauben nicht mehr daran, daß Wahrheit noch Wahrheit bleibt, wenn man ihr den Schleier abzieht ...»* Jeder Gegenvorschlag zur ideologiekritischen Reduktion des Ästhetischen kann von diesen Sätzen aus anfangen.[42]

Anmerkungen:

1 Vgl. zu folgendem: Rüdiger Bubner, Über einige Bedingungen gegenwärtiger Ästhetik, in: Neue Hefte für Philosophie, Bd. 5, hg. v. R. Bubner, Konrad Cramer, Rainer Wiehl, Göttingen 1973, S. 68
2 Michel Foucault, Die Ordnung der Dinge. Eine Archäologie der Humanwissenschaften. Aus dem Französischen v. Ulrich Köppen, Frankfurt a. M. 1971, S. 78ff
3 Albert Camus, Tagebuch 1942–1951. Deutsch v. Guido G. Meister, Reinbek 1967, S. 191
4 Ebd., S. 158
5 Ebd., S. 12, Anm. 1
6 Vgl. hierzu den Band: Die Phantasie an die Macht. Literatur als Utopie. Literaturmagazin 3, hg. v. Nicolas Born, Reinbek 1975. Außerdem: Gert Ueding (Hg.), Literatur ist Utopie, Frankfurt a. M. 1978
7 K. H. Bohrer, Der Lauf des Freitag. Die lädierte Utopie und die Dichter, München 1973, S. 87ff
8 Vgl. Karl Hielscher, Über den Gegensatz von Kunst und Utopie, in: W. Martin Lüdke (Hg.), Nach dem Protest. Literatur im Umbruch, Frankfurt a. M. 1979, S. 222–240
9 So der Titel des Themas der Arbeitsgruppe «Poetik und Hermeneutik» im Jahre 1968. Unter dem gleichen Titel im 3. Band der Reihe «Poetik und Hermeneutik», hg. v. H. R. Jauß, München 1968 veröffentlicht
10 Odo Marquardt, Zur Bedeutung der Theorie des Unbewußten für eine Theorie der nicht mehr schönen Künste, in: Poetik und Hermeneutik III, a. a. O., S. 380f
11 Friedrich Nietzsche, Die Geburt der Tragödie aus dem Geiste der Musik, in: Friedrich Nietzsche, Werke in drei Bänden, hg. v. Karl Schlechta, München 1966, Bd. 1, S. 24
12 Ders., Menschliches, Allzumenschliches I, in: ders., a. a. O., S. 478
13 Ebd., S. 449
14 Rüdiger Bubner, a. a. O., S. 64
15 K. H. Bohrer, Die ‹Anticipation› beim literarischen Werturteil. Über die analytische Illusion, in: Akzente. Zeitschrift für Literatur, hg. v. H. Bender und Michael Krüger, 25. Jahrg., Heft 2, April 1978, S. 104ff
16 Vgl. Peter Gorsen, Das Bild Pygmalions. Kunstsoziologische Essays, Reinbek 1969, S. 41
17 Albert Camus, a. a. O., S. 154
18 Jean-Paul Sartre, Antwort an Albert Camus, in: J.-P. Sartre, Porträts und Perspektiven, Reinbek 1968, S. 91

19 Vgl. Gottfried Boehm, Die Dialektik der ästhetischen Grenze. Überlegungen zur gegenwärtigen Ästhetik im Anschluß an Josef Albers, in: Neue Hefte für Philosophie, Bd. 5, a. a. O., S. 136
20 Sigmund Freud, Der Dichter und das Phantasieren, in: Sigmund Freud, Studienausgabe, Bd. X, Bildende Kunst und Literatur, Frankfurt a. M., S. 177
21 Ders., Eine Kindheitserinnerung des Leonardo da Vinci, in: Sigmund Freud, Studienausgabe, a. a. O., S. 96
22 Ebd., S. 106
23 Ebd.
24 Ebd., S. 107
25 Ebd., S. 106
26 Ders., Das Unheimliche, in: ders., Psychologische Schriften. Studienausgabe, Bd. IV, a. a. O., S. 253f
27 Ders., Psychopathische Personen auf der Bühne, in: ders., Studienausgabe, Bd. X, a. a. O., S. 166
28 Ders., Der Dichter und das Phantasieren, in: ders., a. a. O., S. 179
29 Ebd.
30 Ebd.
31 Diese These vertritt Odo Marquardt bei der Diskussion: Zur Bedeutung der Theorie des Unbewußten für eine Theorie der nicht mehr schönen Kunst, in: Die nicht mehr schönen Künste. Poetik und Hermeneutik III, a. a. O., S. 391
32 Simon O. Lesser, Die Funktionen der Form, in: Strelka/Hinderer (Hg.), Moderne amerikanische Literaturtheorien, Frankfurt a. M. 1970, S. 272
33 Serge Leclaire, Der psychoanalytische Prozeß. Versuch über das Unbewußte und den Aufbau einer buchstäblichen Ordnung, Frankfurt a. M. 1975, S. 84ff
34 Zum Begriff der Mehrdeutigkeit bzw. der ästhetischen Ambivalenz oder Überterminierung s. Ernst Kris, Die ästhetische Illusion. Phänomene der Kunst in der Sicht der Psychoanalyse, ed. suhrkamp 867, Frankfurt a. M. 1977, S. 23. Ebenso: W. K. Wimsatt u. H. C. Beardsley, Der affektive Trugschluß, in: Strelka/Hinderer, Moderne amerikanische Literaturtheorien, a. a. O., S. 212ff
35 So Michael Rutschky, Freud, in: Literaturmagazin 10. Vorbilder, Reinbek 1979, S. 160f
36 Leclaire, a. a. O., S. 20
37 Vgl. Rutschky, a. a. O., S. 161
38 So Jeffrey Mehlmann, Zwischen Psychoanalyse und «Psychocritique», in: Mechthild Curtius (Hg.), Seminar: Theorien der künstlerischen Produktivität, Frankfurt a. M. 1976, S. 120
39 S. hierzu Gert Mattenklott, Der ‹subjektive Faktor› in Musils ‹Törleß›, in: Mechthild Curtius (Hg.), Seminar: Theorien der künstleri-

schen Produktivität, a. a. O., S. 373. Außerdem: Umberto Eco, Das offene Kunstwerk, 2. Aufl., Frankfurt a. M. 1973, S. 272

40 J.-P. Pontalis, Flauberts Krankheit, in: Alexander Mitscherlich (Hg.), Psychopathographien. Schriftsteller und Psychoanalyse, Frankfurt a. M. 1972, S. 259

41 Friedrich Nietzsche, Vorrede zur «Fröhlichen Wissenschaft», in: ders., Werke in drei Bänden, Bd. 2, a. a. O., S. 14

42 Käte Hamburgers neues Buch «Wahrheit und ästhetische Wahrheit» (Stuttgart 1979) zielt in diese Richtung. Ich konnte es erst nach Niederschrift meines Manuskriptes lesen.

Claudio Lange
Aisopos und die Erlösung – Emblem contra Roman des Zaratustra

Problem der Lektüre

Nietzsche sagte: «Wer den Leser kennt, der tut nichts mehr für den Leser. Noch ein Jahrhundert Leser – und der Geist selber wird stinken» (F. Nietzsche: Werke in zwei Bänden. Hanser, 1976, ASZ, S. 569). Wie ist obige Behauptung zu lesen, wie soll man sie verstehen? Das ist das Problem der Lektüre Nietzsches.
Im Abschnitt *vom Lesen und Schreiben* sagt Nietzsche: «und du wirst erfahren, daß Blut Geist ist» und: «Wer in Blut und Sprüchen schreibt, der will nicht gelesen, sondern auswendig gelernt werden» (ibd.).
Diesen Fluch, den Nietzsche seinen Lesern sprach, muß der Leser auf sich nehmen, liest er Nietzsche. Benutzt ein Leser einen andren Schlüssel zu Nietzsche, dann ist er verpflichtet, seine Art, die Texte zu lesen, anzugeben. Dazu wird er von Nietzsches Definition, was Text, was Spruch, was Geist ist, gezwungen. Das Problem der Lektüre seiner Texte ist ein Problem, das Nietzsche im Zarathustra bewußt an den Leser stellt. Damit stellt er schon eine historische Zäsur innerhalb der europäischen Schreib- und Lesetradition dar.

Wilamowitz

Nietzsche schrieb seine ‹*Geburt der Tragödie*› als außerordentlicher Professor der klassischen Philologie an der Universität Basel, an der er von 1869 bis 1879 tätig war, zwischen 1871 und 1872. Kurz nachdem das Buch erschienen war, antwortete der Hellenist Ulrich von Wilamowitz-Moellendorff mit einer vernichtenden philologischen Kritik: «Zukunftsphilologie! Eine Erwiderung auf Friedrich Nietzsche, Berlin 1872», wo er im ersten Teil Nietzsche schlichtweg das Recht aberkennt, sich als Wissenschaftler mißzuverstehen. «Eins aber fordere ich: halte hr. N. wort, ergreife er den thyros, ziehe er von Indien nach Griechenland, aber steige er herab vom katheder, auf welchem er wissenschaft lehren soll;

sammle er tiger und panther zu seinen knieen, aber nicht Deutschlands philologische Jugend ...» (S. 32)
Die Richtigkeit der Nachweise von Wilamowitz-Moellendorff ist nicht anzuzweifeln. Auch kann man sehen, daß Nietzsche sieben Jahre später die Konsequenz zog und den akademischen Dienst quittierte. Gegenüber einer prä-philologischen (vor-wissenschaftlichen) Inspiration aber des Nietzsche setzt Wilamowitz strengste, dem Buchstaben verhaftete philologische Methode, die, zwangsläufig, dem Selbstbewußtsein der alten Griechen mehr als dem des 19. Jahrhunderts Genüge tut. Einen gemeinsamen Nenner, etwa einer Inspiration, die als Überschuß der Altphilologie des endenden 19. Jahrhunderts möglich und vielleicht auch notwendig wäre, wird der junge Wilamowitz-Moellendorff noch nicht zulassen. Und eben damit signalisiert er einen Konflikt, den man als autoritäres *und* sachbezogenes Verhalten kennzeichnen möchte, den zu überwinden ohne Zweifel Nietzsches Anliegen war.

Lukács

Zum Problem der Universität und ihres Verhältnisses zu den real existierenden Chancen von Vernunft und Bedürfnisbefriedigung kann von Nietzsche her Entscheidendes gesagt werden. Es ist eben die Geschichte des auf Herrschaft und Instrumentalisierung abzielenden Geistes, daß er sowohl innerhalb der Akademie wie außerhalb von ihr eine ihm eigentümliche, spezifische Blindheit entwikkelt und dies um so mehr, als der «freie» Wissenschaftler ebenso wie der «institutionalisierte» kein Verständnis füreinander aufzubringen vermögen. Diese Schwierigkeit steht im Schaffen Nietzsches an zentraler Stelle. Darum ist es kein Zufall, daß der andre, hier paradigmatisch angeführte Leser, der Nietzsche verdammte, nämlich G. Lukács (Von Nietzsche zu Hitler; Frankfurt a. M., Fischer, 1966; aus: Die Zerstörung der Vernunft), dies Nietzsche zugesteht: «Die gedankliche Einfügung dekadenter deutscher Tendenzen in die allgemein europäische Bewegung ist ohne Frage ein Fortschritt in der Entfaltung der reaktionären Ideologie Deutschlands: Ein Hinausgehen über jenen Provinzialismus, den Nietzsche kritisierte.» (S. 10) Und doch reagiert Lukács ebenso «wissenschaftlich» wie Wilamowitz und tut eine Behauptung Nietzsches ohne weiteres ab: «Über die Unhaltbarkeit dieser ‹geistreichen› Konstruktion braucht man kein Wort zu verlieren» (idem).

Der Schlüssel

Lukács liest Nietzsche auf gleiche Art, mit den gleichen Phantasmen, wie ihn Nazis und Faschisten gelesen haben. Einen Nietzscheschen Satz wie «Alles ist erlaubt» liest er mit umgekehrten Vorzeichen: Lukács lehnt diese Behauptung aufs schärfste ab; für den Zu-kurz-Gekommenen ist er Alibi und Aufforderung in eins. Wilamowitz muß Nietzsche Inkompetenz, Lukács muß ihm Ideologisierung vorwerfen. Beide haben recht, wo Nietzsche als Altphilologe oder als Gesellschaftswissenschaftler gelesen wird. Den Texten Nietzsches ist so nicht beizukommen, da dieses «Spezialistentum» ihm gerade verhaßt war. Umgekehrt: kapriziere ich mich auf eine Auffassung von Normalität, Kompetenz und Vernunft, die behauptet, normal, kompetent und vernünftig sei, Probleme aufzuwerfen unabhängig davon, ob sie lösbar sind oder nicht, erkennt man, daß Nietzsche von einer Inkonsistenz ist, die keine «Wissenschaftlichkeit» sich erlauben kann; er wagt Mißverständnisse an Traditionen heranzutragen, die die stärksten Kritiker dieser Tradition als traditionsverpflichtet erscheinen läßt. Denn zwischen den Worten und den Zeilen Nietzsches und/oder auch in seinen scheiternden Versuchen, Worte und Sätze zu finden, artikuliert sich etwas, was solch kritische Rezeption Nietzsches sich nicht eingestehen kann: Nietzsches Vernunft scheitert, und sein Scheitern ist die historische Form ihrer Verwirklichung. Zarathustra sagt es oft genug: Er scheitert als das Neue und Adäquate, deklariert zugleich alles Alte als inadäquat, als zerstörerisch.
Man hat aber keine Möglicheit, sich auf «Inkompetenz» oder «geistreiche Konstruktion» zu berufen, wenn Nietzsche nun mit seinen eigenen Phantasien nicht zu Rande kommt bzw. nicht zu Rande kommen will: das ist ein neuer Einstieg, und von daher muß Nietzsche neu gelesen werden.
Der zweite Teil des ‹*Zarathustra*› endet folgendermaßen: «Da sprach es wieder ohne Stimme zu mir: ‹Du mußt noch Kind werden und ohne Scham.
Der Stolz der Jugend ist noch auf dir, spät bist du jung geworden:

aber wer zum Kinde werden will, muß auch noch seine Jugend überwinden.› –
Und ich besann mich lange und zitterte. Endlich aber sagte ich, was ich zuerst sagte: ‹Ich will nicht.›
Da geschah ein Lachen um mich. Wehe, wie dies Lachen mir die Eingeweide zerriß und das Herz aufschlitzte!
Und es sprach zum letzten Male zu mir: ‹O Zarathustra, deine Früchte sind reif, aber du bist nicht reif für deine Früchte! So mußt du wieder in die Einsamkeit: denn du sollst noch mürbe werden.›»
Der dritte Teil beginnt mit Zarathustras Rückkehr in die Berge. Auf dem Wege dahin, auf dem Wege zur Überwindung der eigenen Jugend, erzählt Zarathustra den Schiffersleuten:
«... euch allein erzähle ich das Rätsel, das ich *sah*».(651) Warum erzählt er den Seeleuten das Rätsel? Weil er es nicht lösen kann. Doch auch die Seeleute werden es nicht lösen; sie werden es nicht einmal versuchen zu lösen.
Was soll uns also solch eine Geschichte? Sie verdirbt erst mal die Vorstellung des göttlichen Autors, der seines Rätsels Lösung kennt. Sie verdirbt die Vorstellung eines weisen Zarathustra: Zarathustra ist seinen Gesichten nicht gewachsen. Sie verdirbt aber auch die Vorstellung eines Lesers (die Schiffersleute), des göttlichen Lesers, der fähig wäre, das im *‹Zarathustra›* Gehörte zu entziffern. Damit wird ein Lektüreproblem erzeugt, das Baudelaire als die Komplicenschaft zwischen Leser und Autor gekennzeichnet hat. Weder der Autor Nietzsche, noch seine Figur Zarathustra, noch der Chor, i. e. die Seeleute, noch der auf sich selbst gestellte Leser erfahren die Lösung eines Rätsels, das damit aufhört, ein Rätsel für Zarathustra zu sein und ein Rätsel wird für alle Beteiligten, die, sofern sie es nicht zu lösen vermögen, Komplicen werden: der nicht überwundenen Jugend. Der Abstand zwischen einer Behauptung wie «die nicht überwundene Jugend ist das zentrale Problem unsrer Geschichte» und der Konstruktion dieses Problems im Zarathustra wiederholt den Abstand zwischen Nietzsche als Textverfasser und Nietzsche als Wissenschaftler.
Das Rätsel, das Zarathustra erzählt, ist folgendes:
«Zwischen wilden Klippen stand ich mit einem Male, allein, öde, im ödesten Mondscheine.
Aber da lag ein Mensch! Und da! Der Hund, springend, gesträubt, winselnd – jetzt sah er mich kommen – da heulte er wieder, da

schrie er – hörte ich je einen Hund so Hilfe schrein?
Und, wahrlich, was ich sah, desgleichen sah ich nie. Einen jungen Hirten sah ich, sich windend, würgend, zuckend, verzerrten Antlitzes, dem eine schwarze schwere Schlange aus dem Munde hing.
Sah ich je so viel Ekel und bleiches Grauen auf *einem* Antlitze? Er hatte wohl geschlafen? Da kroch ihm die Schlange in den Schlund – da biß sie sich fest.
Meine Hand riß die Schlange und riß – umsonst! sie riß die Schlange nicht aus dem Schlunde. Da schrie es aus mir: ‹Beiß zu! Beiß zu!
Den Kopf ab! Beiß zu!› – so schrie es aus mir, mein Grauen, mein Haß, mein Ekel, mein Erbarmen, all mein Gutes und Schlimmes schrie mit *einem* Schrei aus mir ...
So ratet mir doch das Rätsel, das ich damals schaute, so deutet mir doch das Gesicht des Einsamsten! ...
Wer ist der Hirt, dem also die Schlange in den Schlund kroch?
Wer ist der Mensch, dem also alles Schwerste, Schwärzeste in den Schlund kriechen wird?
– der Hirt aber biß, wie mein Schrei ihm riet; er biß mit gutem Bisse! Weit weg spie er den Kopf der Schlange –: und sprang empor. –
Nicht mehr Hirt, nicht mehr Mensch – ein Verwandelter, ein Umleuchteter, welcher *lachte*! Niemals noch auf Erden lachte je ein Mensch, wie *er* lachte!
O meine Brüder, ich hörte ein Lachen, das keines Menschen Lachen war, – und nun frißt ein Durst an mir, eine Sehnsucht, die nimmer stille wird.
Meine Sehnsucht nach diesem Lachen frißt an mir: o wie ertrage ich's noch zu leben! und wie ertrüge ich's, jetzt zu sterben! –» (693/94)
Das ist doch eine ungeheuerliche Geschichte. Eine Schlange kriecht einem jungen Hirten während seines Schlafes in den Rachen und beißt sich fest. Der Hirte befreit sich vor ihr, indem er ihr den Kopf abbeißt. Ja, ist sie denn rückwärts in ihn hineingekrochen? Wie hätte sie sich dann festbeißen können? Wie könnte der junge Hirte ihr einen Kopf abbeißen, der sich in seinem Mund festgebissen hätte? Oder hatte die Schlange etwa zwei Köpfe? Dann hätte der Hirte ihr bloß einen Kopf, den aber tatsächlich abbeißen können, den zweiten aber, der ihm im Rachen oder in den

Eingeweiden fest sich biß, den hätte er damit nicht freibekommen. Er steht doch dann auf, ein Verwandelter und lacht. Weder das eine noch das andre ist möglich. Wie sollen wir diese Geschichte dann aber verstehen? Wie sollen wir Nietzsche lesen? Die Frage ist berechtigt, und in dieser Geschichte wird die Berechtigung klar, diese Frage wirklich zu stellen, da die Inkonsistenz Nietzsches nichts spezifisch Altphilologisches, Soziologisches oder Politisches ist, sondern Nietzsches innerste Erotik ausmacht.

Nicht zu übersehen ist, daß das Rätsel keine Lösung erfährt; wie auch das *Unmögliche* der Befreiung des jungen Hirten von der Schlange, Inbegriff der Pubertät in der Konstruktion des Zarathustra; dann daß eine «Sehnsucht» zu «fressen» beginnt an Zarathustra, eine «Sehnsucht nach diesem Lachen» überwundener Jugend, als ob der junge Hirte ein Gleichnis des Zarathustra selbst gewesen wäre, die Schlange aber *wirklich* zwei Köpfe gehabt hätte; der eine, der dem Hirten aus dem Mund, der andre, der dem Zarathustra wie Sehnsucht nach Befreiung die Eingeweide frißt.

Ergebnishaft können wir sagen: das Rätsel, so unstimmig und unsinnig es erscheint, spricht eine Wahrheit. Es dürfte Nietzsche bekannt gewesen sein, daß die Unlogik der *Träume* nichts an ihrem Wahrheitsgehalt verbricht; ein *Rätsel* jedoch ist als solches nur dann wahr, wenn es der Logik des Wachseins gehorcht. Nietzsche erzählt also eine widersinnige Geschichte als Rätsel, die, als Traum erzählt, einfach wahr gewesen wäre. Verwechselt Nietzsche Traum und Rätsel? Gegen Schluß desselben dritten Teils dann sagt Zarathustra zu seinen Tieren:

« – O ihr Schalks-Narren und Drehorgeln! antwortete Zarathustra und lächelte wieder, wie gut wißt ihr, was sich in sieben Tagen erfüllen mußte: – und wie jenes Untier *mir* in den Schlund kroch und *mich* würgte! Aber *ich* biß ihm den Kopf ab und spie ihn weg von mir. (Hervorh. C. L.)

Und ihr – ihr machtet schon ein Leier-Lied daraus?» (698)

Also war der junge Hirte doch Zarathustra, im Traum: die Schlange sowohl in den Eingeweiden oder dem Rachen des Hirten festgebissen wie nicht festgebissen; die Schlange sowohl drinnen geblieben mit ihrem Biß wie durch den Biß getötet.

«Und ihr – ihr machtet schon ein Leier-Lied daraus? Nun aber liege ich da, müde noch von diesem *Beißen und Wegspeien* (Hervorh. C. L.), krank noch von der eigenen Erlösung.»

An die Stelle aber, wo entweder die Weisheit des Weisen Zarathu-

stra bzw. die Weisheit seines Autors Nietzsche oder die der Leser bzw. die der Schiffsleute, die das Rätsel des Hirten zu erraten hätten, die er doch so ansprach:
«euch, den Rätseltrunkenen, den Zwielichtfrohen, deren Seele mit Flöten zu jedem Irr-Schlunde gelockt wird:
– denn nicht wollt ihr mit feiger Hand einem Faden nachtasten; und, wo ihr *erraten* könnt, da haßt ihr es, zu *erschließen* –
euch allein erzähle ich das Rätsel, das ich *sah*, – das Gesicht des Einsamsten.» (651) –
wo Zarathustra seine Liebe zum «Volk» (der Leser) zugleich eingesteht und verrät, da zu schwach, sein Rätsel zu lösen; an die Stelle treten bei Nietzsche als die eingentlich Begreifenden: die Tiere.

Der abgründlichste Gedanke

Nachdem Zarathustra die Schiffsleute vergessen hat, denen er seinen Traum als Rätsel verpackt erzählte, sinnt er folgendermaßen nach:
«Also rief mir alles in Zeichen zu: ‹es ist Zeit!› Aber ich – hörte nicht: bis endlich mein Abgrund sich rührte und *mein Gedanke mich biß*. (Hervorh. C. L.)
Ach, abgründlicher Gedanke, der du *mein* Gedanke bist! Wann finde ich die Stärke, dich graben zu hören und nicht mehr zu zittern? Bis zur Kehle hinauf klopft mir das Herz, wenn ich dich graben höre! Dein Schweigen noch will mich würgen, du abgründlich Schweigender!
Noch wagte ich niemals, dich *herauf* zu rufen: genug schon, daß ich dich mit mir – trug! Noch war ich nicht stark genug zum letzten Löwen-Übermute und -Mutwillen.
Genug des Furchtbaren war mir immer schon deine Schwere: aber einst soll ich noch die Stärke finden und die Löwenstimme, die, die dich heraufruft!» (656)
Kein Zweifel, die Schlange ist die Rätselgestalt des «abgründlichsten Gedankens» des Zarathustra, und der lautet:
«Denn deine Tiere wissen es wohl, o Zarathustra, wer du bist und werden mußt: siehe, *du bist der Lehrer der ewigen Wiederkunft* –, das ist nun *dein* Schicksal!» (699)

Gott und Teufel

Es gibt zwei Versionen im Zarathustra über den Teufel; die eine behauptet, den Teufel gäbe es nicht:
«‹Bei meiner Ehre Freund›, antwortete Zarathustra, ‹das gibt es alles nicht wovon du sprichst: es gibt keine Teufel und keine Hölle.›» (554)
Die andere Version erscheint z. B. an folgender Stelle:
«Und als ich meinen Teufel sah, da fand ich ihn ernst, gründlich, tief, feierlich; es war der Geist der Schwere – durch ihn fallen alle Dinge.
Nicht durch Zorn, sondern durch Lachen tötet man. Auf, laßt uns den Geist der Schwere töten!» (570)
Es gibt zwei Versionen über den Tod Gottes: Der häßlichste Mensch hatte Gott getötet, sagt eine:
«‹Ich erkenne dich wohl›, sprach er mit einer erzenen Stimme:
‹*du bist der Mörder Gottes*! Laß mich gehen.
Du ertrugst den nicht, der *dich* sah – der dich immer und durch und durch sah, du häßlichster Mensch! Du nahmst Rache (Hervorh. C. L.) an diesem Zeugen!›» (729)
Andererseits:
«Gott ist tot, an seinem Mitleiden mit den Menschen ist er gestorben.» (604)
Wenn der häßlichste Mensch Gott tötete, der Teufel aber darum nicht aufhört zu existieren, dann wäre es Aufgabe des schönsten Menschen, den Teufel umzubringen: also «den Geist der Schwere». Diesen erkennen wir durch die Adjektiva «schwer» und «schwarz» in der Schlange des Rätsels vom jungen Hirten wieder wie auch in jenem Spruch: der Geist der Schwere sei durch Lachen zu töten. Da ist wohl doch der Teufel mit einem Biß und nicht mit einem Lachen gestorben! Der abgründlichste Gedanke, die schwarze, schwere Schlange und die Lehre der ewigen Wiederkunft des Gleichen sind eins mit dem Teufel. Eine Lesart des Zarathustra wäre also die: vom Verleugnen des Teufels über die Anerkennung seiner Existenz und seiner Kraft (seiner Schwere) bis zum Tod des Teufels, der sich in der Lehre der ewigen Wiederkehr des Gleichen verklärt.

Das Emblem

Nun stoßen wir auf einen Widerspruch. Daß nämlich der Geist der Schwere, also der Teufel, nicht am Lachen selbst gestorben ist, sondern, die Ursünde wiederholend, am Biß, an jenem «unwahrscheinlichen» Biß, der den Kopf vom Leib einer Schlange trennte, die dem Beißenden selbst doch in den Rachen gekrochen war. Zum andren stoßen wir auf eine Merkwürdigkeit. Daß es nämlich Zarathustra, der gewissermaßen als Emblem die Schlange über sich hat, nicht hat gelingen können, die Schlange aus dem Rachen des jungen Hirten durch Lachen zu befreien. Was hinderte denn den Zarathustra beim Anblick des jungen Hirten, selbst so anzufangen zu lachen, daß der Schlangenteufel sich wie von selbst zum Adler fände?

«da blickte er in die Höhe – denn er hörte über sich den scharfen Ruf eines Vogels. Und siehe! Ein Adler zog in weiten Kreisen durch die Luft, und an ihm hing eine Schlange, nicht einer Beute gleich, sondern einer Freundin: denn sie hielt sich um seinen Hals geringelt.

‹Es sind meine Tiere!› sagte Zarathustra und freute sich von Herzen.

Das stolzeste Tier unter der Sonne und das klügste Tier unter der Sonne – sie sind ausgezogen auf Kundschaft.

Erkunden wollen sie, ob Zarathustra noch lebe. Wahrlich lebe ich noch?

‹Gefährlicher fand ich's unter Menschen als unter Tieren, gefährliche Wege geht Zarathustra. Mögen mich meine Tiere führen!›» (558)

Unter Trompetenstößen der Vollendung Zarathustras vollzieht sich der Verrat Zarathustras an der Schlange, und bis zum Schluß will sich der scheiternde Zarathustra selbst unerkannt bleiben: Dieser Widerspruch zwischen dem Emblem (message, Utopie) des Zarathustra und dem Text des Romans ist die Grundlage unsrer Verständigung mit Nietzsches *‹Zarathustra›*.

Tag und Nacht

Zarathustra sprach noch im dritten Teil:

«– ein Stern, bereit und reif in seinem Mittage, glühend durchbohrt, selig vor vernichtenden Sonnen-Pfeilen: –

– eine Sonne selber und ein unerbitterlicher Sonnen-Wille, zum Vernichten bereit im Siegen!
O Wille, Wende aller Not, du *meine* Notwendigkeit! Spare mich auf zu *einem* großen Siege! –
Also sprach Zarathustra.» (695)
Im letzten Teil aber singt er, sein Scheitern kennend:
«– von trunkenem Mitternachts-Sterbeglück, welches singt: die Welt ist tief, *und tiefer als der Tag gedacht!*» (773)
Aus dem Propheten der Stunde des Mittags und der Mittagssonne ist ein Zarathustra geworden, der, kurz vor dem Ende des letzten Teils, will:
«Die Reinsten sollen der Erde Herr sein, die Unerkanntesten, Stärksten, die Mitternachts-Seelen, die heller und tiefer sind als jeder Tag.» (773)

Ecce homo

Nietzsche hat es nicht begriffen. Er hat Zarathrustas Verrat an der Schlange dargestellt, auf seine Weise «gebeichtet» oder zugegeben, er hat ihn nicht abwenden, bereuen, begreifen können. Er hat sich nicht von seinem Zarathustra distanziert, er hat ihm nicht abgeschworen, er hat den Roman nicht als Leidensgeschichte der Schlange, sondern als den des Zarathustra bis zu seinem Lebensende aufgefaßt, ein Selbstmißverständnis, das die Philister bis heute beglückt. 1883 erschien ‹*Also sprach Zarathustra, Ein Buch für Alle und Keinen*› I und II, 1884 erschien der Teil III, 1885 als Privatdruck der vierte und letzte Teil. 1889, kurz vor Nietzsches Nervenzusammenbruch in Turin, erscheint der ‹*Ecce homo, Wie man wird, was man ist*›. Ein Buch also, dessen Untertitel einen «Wissenden» Nietzsche suggeriert. Im Vorwort zum ‹*Ecce homo*› (Hanser II, 402) sagt Nietzsche:
«– Innerhalb meiner Schriften steht für sich mein Zarathustra. Ich habe mit ihm der Menschheit das größte Geschenk gemacht, das ihr bisher gemacht worden ist. Dies Buch, mit einer Stimme über Jahrtausende hinweg, ist nicht nur das höchste Buch, das es gibt, das eigentliche Höhenluft-Buch – die ganze Tatsache Mensch liegt in ungeheurer Ferne *unter* ihm –, es ist auch das *tiefste*, das aus dem innersten Reichtum der Wahrheit heraus geborene, ein unerschöpflicher Brunnen, in den kein Eimer hinabsteigt, ohne mit

Gold und Güte gefüllt heraufzukommen.» (402)
Dieser Werbestil überführt Nietzsche. Er fährt fort:
«Hier redet kein ‹Prophet›; keiner jener schauerlichen Zwitter von Krankheit und Willen zur Macht, die man Religionsstifter nennt ... ‹Die stillsten Worte sind es, welche den Sturm bringen, Gedanken, die mit Taubenfüßen kommen, lenken die Welt – .›» (402)
Es ist wohl nicht zufällig, sieht man sich dieses Vorwort, diese Rechtfertigung des *‹Zarathustra›* durch den späten Nietzsche an, daß gerade dieser Passus zitiert wird. Ist doch «die stillste Stunde» «der Name meiner furchtbaren Herrin» (645), eine von Zarathustras Göttinnen, die beim Krach, den er schlägt, kaum einmal zu Wort kommen dürfen; der Schlange ist sie verwandt. Möglich wäre auch gewesen, daß Nietzsche hier jenes
«‹Von Ohngefähr› – das ist der älteste Adel der Welt, den gab ich allen Dingen zurück, ich erlöste sie von der Knechtschaft unter dem Zwecke» (658)
zitiert hätte, auch eine Nebengottheit. Alibifunktion hat auch der Tanz. Sagt doch Zarathustra zugleich:
«Gleichnisse sind alle Namen von Gut und Böse» (595)
und dann, als ob Zarathustra des Wortes nicht mächtig wäre:
«Nur im Tanze weiß ich den höchsten Dingen Gleichnis zu reden –» (621).
Wer vermöchte sich noch zu entsinnen, wann Zarathustra einmal getanzt hätte? Und gerade diese gewissermaßen apokryphen Götter im Pantheon des Zarathustra sind doch die liebenswertesten! Sie müssen beim späten Nietzsche als Alibi und Beweis herhalten für das Gelingen des ‹*Zarathustra*›-Romans:
«Hier redet kein Fanatiker, hier wird nicht ‹gepredigt›, hier wird nicht *Glauben* verlangt: aus einer unendlichen Lichtfülle und Glückstiefe fällt Tropfen für Tropfen, Wort für Wort – eine zärtliche Langsamkeit ist das Tempo dieser Reden ... Aber was sagt er doch selbst, als er zum ersten Male wieder in seine Einsamkeit zurückkehrt? Genau das Gegenteil von dem, was irgendein ‹Weiser›, ‹Heiliger›, ‹Welt-Erlöser› und andrer *decadent* in einem solchen Falle sagen würde ... Er redet nicht nur anders, er *ist* auch anders ...
Ihr hattet euch noch nicht gesucht: da fandet ihr mich. So tun alle Gläubigen; darum ist es so wenig mit allem Glauben.
Nun heiße ich euch, mich verlieren und euch finden; und erst, *wenn ihr mich verleugnet habt*, will ich euch wiederkehren ... Friedrich Nietzsche» (433)

Auch hier nutzt der späte Nietzsche eine Inkonsistenz seines ‹*Zarathustra*›-Romans als Alibi, das pars pro toto den ‹*Zarathustra*› und sei es auch zum Preis des Mißverständnisses, als chef d'œuvre eines «Werdens» präsentiert und verdonnert die Einsicht, daß Zarathustra zum Verräter mindestens eines seiner Tiere wurde, zu unverständiger Kritik.

Aufbau der Teile

Denn der erste Rückzug von Zarathustra wieder ins Gebirge, also der Übergang von Buch I zu Buch II, vollzieht sich als Mißverständnis: Buch I endet so, als ob Zarathustra zum Sterben bereit sei, als ob Buch I erst mal ein geschlossener Kreis wäre. Teil II nun, liest man das Ende und den neuen Anfang zusammen, beginnt mit der ins Gesicht springenden Lüge, als ob Zarathustra sich ins Gebirge zurückgezogen hätte wie einer, der gesät hat und der nur warten und sich freuen darf, daß der Same aufgeht. Worte wie die oben von Nietzsche zitierten, spricht Zarathustra nur aus dem Selbstmißverständnis heraus, daß er glaubt, als «Romanfigur» nach dem I. Teil sterben zu müssen. Abgesehen davon sind natürlich seine Worte nichts Unübliches im Munde von Weisen.
Auch der Übergang vom zweiten zum dritten Teil des ‹*Zarathustra*› ist, wie wir oben zeigen konnten, unter dem Motto der «stillsten Stunde» ein Versprechen, das im darauffolgenden Teil nicht eingelöst wird: nämlich das der Überwindung der Jugend, die in der komplizierten Gestalt jenes als Rätsel sich maskierenden Traums zwar auftritt, ohne jedoch auf «Jugend» schlechthin – oder auch auf Zarathustras Jugend – zu rekurrieren.
Der Übergang vom dritten zum vierten Teil nun durchbricht die Regel, die bisher für Zarathustras Geschichte galt. Am Ende des dritten Teils steht der «genesene» Zarathustra, der das Wort der ewigen Wiederkunft des Immergleichen von seinen Tieren vernimmt, und der Anfang des vierten Teils – wie der ganze vierte Teil – spielt sich weiterhin im Gebirge ab. Zarathustra geht nicht mehr in die «bunte Kuh», geht nicht mehr zu den Menschen. Es sind jetzt die ersten «höheren Menschen», die sich in die Nähe seiner Höhle, die sich ins Gebirge, in Zarathustras Reich begeben.

Wir müssen also davon ausgehen, daß weder Nietzsche noch Zarathustra den Verrat des Zarathustra an der Schlange sich eingestanden haben, und damit beginnt jene Geschichte von Nietzsches Werk, die bis heute gilt: eines Mannes, der den Tod Gottes ausspricht, der den Mörder Gottes zu den «höheren Menschen» zählt, der aber unfähig bleibt, den Mord an der Schlange, den Verrat an seinem Schlangentier zu decouvrieren.
Es gibt nur eine Stelle im ganzen ‹*Zarathustra*›, wo die Schlange als ein Zarathustra verbundenes Tier erscheint. Und gerade an dieser Stelle handelt es sich nicht eigentlich um eine Schlange, sondern um eine Natter, eine Natter, die oberflächliche Leser dazu verführt hat, Nietzsche zumindest eine ambivalente Haltung – da ihm niemand eine ‹echte›, positive Beziehung zu seinem Schlangentier nachweisen kann – zu attestieren. Dagegen gibt es genug Beweise dafür, wie Nietzsche/Zarathustra die Schlange empfindet. Sagt er etwa, daß jemand
«... niedriger als Schlange und Schwein». (676)
Oder das Tal, wo der häßlichste Mensch Zarathustra begegnet:
«Hier starrten schwarze und rote Klippen empor: kein Gras, kein Baum, keine Vogelstimme. Es war nämlich ein Tal, welches alle Tiere mieden, *auch die Raubtiere* (Hervorh. C. L.); nur daß eine Art häßlicher, dicker, grüner Schlangen, wenn sie alt wurden, hierher kamen, um zu sterben. Darum nannten dies Tal die Hirten: Schlangen-Tod.» (729)
Daß sich im Tal Schlangen-Tod Zarathustra und der Mörder Gottes begegnen und daß hier auch die Raubtiere sich nicht hinwagten, ist entscheidend. Hier vollzieht sich nämlich vor unsren Augen die grundsätzliche Nichtharmonie zwischen den beiden harmonisch umschlungenen Tieren des Zarathustra: dem Raubvogel/Adler und der um seinen Hals freundlich gewundenen Schlange. Die Versöhnung von Adler und Schlange, das emblematische Programm des ‹*Zarathustra*› ist dort, wo der Gottesmörder und der Teufelsmörder zusammentreffen, gescheitert: dort findet sich kein Adler ein, dort können seine Tiere nicht gemeinsam verweilen:
«Darum nannten es die Hirten: Schlangen-Tod.» (729)

Der Löwe, die Tauben, das Kinder-Land und der Adler.

Wir erinnern uns an die Stelle, wo Zarathustra mit seinen abgründlichsten Gedanken hadert. (656) Da war es doch, wo er von «Löwen-Übermut und -Mutwillen», von «Löwen-Stimme» sprach, die er nötig hätte, um seinen abgründlichsten Gedanken heraufzurufen. Wo ist aber der Löwe gewesen im Rätsel des jungen Hirten? Spielt er überhaupt eine Rolle? Und wo bleibt der Adler, der Freund und Geliebte und Gespiele der Schlange? Nichts deutet im ‹*Zarathustra*› darauf hin, daß der Adler in der Geschichte des jungen Hirten etwas zu suchen hat. Dafür aber soll der Löwen-Übermut usw. wichtig sein. Der Adler hat also seine Gespielin versetzt, und nun ist an seine Stelle der Löwe getreten. Und was macht, was ist der Löwe in der Geschichte? Der letzte Abschnitt des letzten Teils des ‹*Zarathustra*› zeigt, daß die Löwenqualitäten von Zarathustra nicht so en passent herbeizitiert worden sind, um dann wieder vergessen zu werden; im Gegenteil, am Schluß ist der Löwe plötzlich und leibhaftig ein Tier des Zarathustra geworden:
«.. siehe, da geschah ihm etwas noch Seltsameres: er griff nämlich dabei unvermerkt in ein dichtes warmes Haar-Gezottel hinein; zugleich aber erscholl vor ihm ein Gebrüll – ein sanftes langes Löwen-Brüllen.
‹*Das Zeichen kommt*›, sprach Zarathustra, und sein Herz verwandelte sich. Und in Wahrheit, als es helle vor ihm wurde, da lag ihm ein gelbes mächtiges Getier zu Füßen und schmiegte das Haupt an seine Knie und wollte nicht von ihm lassen vor Liebe, und tat einem Hunde gleich, welcher seinen alten Herrn wiederfindet. Die Tauben aber waren mit ihrer Liebe nicht minder eifrig als der Löwe; und jedes Mal, wenn eine Taube über die Nase des Löwen huschte, schüttelte der Löwe das Haupt und wunderte sich und lachte dazu.
Zu dem allem sprach Zarathustra nur ein Wort: ‹meine Kinder sind nahe, meine Kinder› –, dann wurde er ganz stumm.» (777)
Am Ende also findet eine neue Konjunktion statt.
«... da aber geschah es, daß er sich plötzlich wie von unzähligen Vögeln umschwärmt und umflattert hörte – das Geschwirr so vieler Flügel aber und das Gedräng um sein Haupt war so groß, daß er die Augen schloß.» (776)
Ihn überraschen also die zahlreichen Tauben und der Löwe, und beide sind ein Zeichen, eine «Wende».

«Wohlan der Löwe kam, meine Kinder sind nahe, Zarathustra ward reif, meine Stunde kam: –
‹Dies ist *mein* Morgen, *mein* Tag hebt an: *herauf nun, herauf, du großer Mittag!*›» (778)
Kaum ist der Löwe da – die Tauben auch –, wird Zarathustra wieder der alte Optimist, der Verehrer der Mittagshitze. Löwe und Tauben – an sich wohl ein Leckerbissen für Löwen – harmonisieren am Ende wie am Anfang die Schlange und der Adler. Eine alte Harmonie in einem neuen Generationsgewande, wo der Löwe den Adler, die Tauben die Schlange ersetzen?
Wir hatten gesehen, daß im innersten des *‹Zarathustra›*-Romans die Einheit von Schlange und Adler zerbrochen ist; in jenem Tal Schlangen-Tod, wo keine Raubtiere hineingingen, die Schlange selbst ermordet, Mord als Akt der Befreiung proklamiert. Dabei zerbrach aber das Bündnis des Zarathustra mit seinem Schlangentier, und der Adler glänzte durch Abwesenheit. Von einem Löwen-Übermut usw. war im Zusammenhang mit dem abgründlichsten Gedanken die Rede gewesen, und nun erscheint der Löwe – und die Tauben – als die letzte, abschließende, große Wende im *‹Zarathustra›*-Roman. Und wieder spielt der Löwe, wie vormals der Adler, sozusagen die erste Geige, die Tauben werden respektlos unerwähnt gelassen. (778) Fragen wir uns erst mal: wer sind die Tauben?
Unsre erste Begegnung mit ihnen war jene von Nietzsche zitierte Stelle im Vorwort des *‹Ecce homo›* aus dem *‹Zarathustra›*: dort ist es «die stillste Stunde», die furchtbare Herrin, die zu Zarathustra spricht: «Da sprach es wieder wie ein Flüstern zu mir: ‹Die stillsten Worte sind es, welche den Sturm bringen. Gedanken, die mit Taubenfüßen kommen, lenken die Welt.›» (647)
Und sie ist es, «die stillste Stunde», die Zarathustra auffordert, seine Jugend zu überwinden, wenn er «zum Kinde werden will.» (647) Will Zarathustra zum Kinde werden?
In den drei Verwandlungen ward der Geist zum Kamel (also der Schweres trägt), das Kamel zum Löwen (der das Schwere hervorholt), der Löwe zum Kinde. (650) Oder auch:
«So liebe ich allein noch meiner *Kinder Land*, das unentdeckte, im fernsten Meere: nach ihm heiße ich meine Segel suchen und suchen.» (627)
Zweifelsohne stehen die Tauben, wie die stillste Stunde für die Annäherung des Zarathustra an sein letzten Ziel: Kinderland, das nur

durch die Überwindung der Jugend – was das Schwerste überhaupt ist, sozusagen das höchste spezifische Gewicht darstellt – erreicht werden kann.

«Die größten Ereignisse – das sind nicht unsre lautesten, sondern unsre stillsten Stunden.» (635)

In diesem Satz kündigt sich an, was ein paar Seiten später zu einem ganzen Kapitel ausgearbeitet wird, nämlich «*die* stillste Stunde». Ihre Tiergestalt ist für uns, da man sowohl von ihr in der Einzahl wie in der Mehrzahl gesprochen hat, die Taube. Das Ende des ‹*Zarathustra*›-Romans ist so, bis heute unbemerkt, in der gleichnishaften Sprache Friedrich Nietzsches, mit Gewißheit als das «größte Ereignis» anzusehen. Dafür bürgen die Tauben. Nur, hat Zarathustra denn seine Jugend überwunden, daß ihm Kinder-Land so nahe kommen darf? Und wie verträgt sich dies damit, daß die Tauben fast nur nebenbei bei Nietzsche genannt sind, für Nietzsche, im Gegenteil, der Löwe «das Ereignis» darstellt?

Der Löwe ist der Biß, der die Schlange tötet; er ist der, der dem friedfertigen Adler die schmutzige Arbeit abnahm: eine Adlergestalt und -metamorphose.

War die Ambivalenz der Schlange zum Widerspruch geronnen, hie die «gute» Schlange mit dem Adler, dort und wirklich die alte, böse Schlange, so kennt der Adler erst mal überhaupt keine Ambivalenz: Der Adler ist und bleibt gut, wo immer von ihm bei Nietzsche die Rede ist. Im Löwen nun möchten wir das geheime Alter-Ego des Adlers sehen, der alle Selbsttäuschung, allen leeren Optimismus, alle Ohnmacht des Zarathustra, all sein Lügen, sein Opportunisieren, sein Verprellen und Hochstapeln versinnbildlicht. Nietzsche stößt nicht vor bis zu einer Schicht, wo die Schlange und der Adler sich wirklich zu finden und zu versöhnen vermöchten. Darum gerät ihm Zarathustras Schlangentier zu einer schamlosen Lüge, der Adler falsch, der Löwe hündisch und die Tauben verächtlich. Das emblematische Postulat der Harmonie widerlegt sich Stück für Stück im Roman-Text.

Zarathustra

Daß der Zarathustra nach 100 Jahren wie ein Roman gelesen werden kann, und wenn er so gelesen wird, sich von seiner aufrichtigsten Seite uns zeigt, kann schon verwundern. Eine Lektüre, wie ich sie eben vorgetragen habe, die Figuren im ‹*Zarathustra*›-Roman zu verstehen, ließ die zentrale Figur, den Zarathustra selbst, erst mal im Schatten stehen. Jetzt wird es möglich sein, ihn, als die Hauptfigur des Romans, zu verstehen.

Die Schwierigkeiten und Mißverständnisse des Zarathustra liegen in seinem Namen.

«Die nationale Religion Irans geht zurück auf die Stiftung des Priesterpropheten Zarathustra; die latinisierte Form des iranischen Namens Zarath-ushtra ist Zarathustra, die gräzisierte Zoroaster ... Ein wesentlicher Kontroverspunkt ist die Art der religiösen Verkündigung und der Inhalt der Botschaft Zarathustras.» (F. Heiler. Die Religionen der Menschheit. Reclam, 1962, 419–421)

Er lebte wohl im Osten des Irans, wann genau, ist nicht zu bestimmen, zu einer Zeit aber, wo gewiß noch alte Muttergottheiten im Iran verehrt wurden, als Prophet des Ahura (= Herr) Mazda (= weise).

«Die große Inschrift des Darius am hochragenden ‹Götterberg› Bagastana (Behistun) wird gekrönt von dem Symbol des Gottes mit der geflügelten Sonnenscheibe ... den Zarathustra bildlos verehrte als Schöpfer Himmels und der Erde und als Gesetzgeber des gesamten Kosmos ... Ahura Mazda ist nicht der Gott eines polytheistischen Pantheons, seine Person wird von keinem Mythos umrankt und keine weibliche Göttin gilt als seine Gemahlin ... Dem guten Gotte Ahura Mazda (heute Ormazd) steht die Verkörperung des bösen Prinzips gegenüber, der Widersacher Angra Meinyu (Ahriman), der böse Geist. (Licht und Finsternis) ... Im Mittelpunkt der Welt, die er als Schlachtfeld der beiden ewigen Mächte des Guten und Bösen erkannte, stand für Zarathustra der Mensch.» (Ibd, 426–432)

Heute leben etwa 10000 Menschen, die der Religion des Ahura Mazda anhängen, in Persien, etwa 100000 in Indien, in der Nähe von Bombay. Der Aufsatz von Günter Lanczkowski in Heilers Sammelband über die Religion der Iranier endet nicht, ohne vorher folgende Behauptung aufzustellen:

«Inhaltlich hatte die Philosophie Nietzsches nichts mit der alt-iranischen Verkündigung Zarathustras zu tun, und sie erhob diesen Anspruch auch nicht.» (Ibd, 438)

Das ist nun die Frage, der wir nachgehen wollen. Ist Nietzsches Zarathustra und der iranische Prophet nichts als eine Namensgleichheit, ein literarischer Trick, oder ist Nietzsches ‹*Zarathustra*› der Versuch, die Lehren des alten Propheten neu zu denken, ein religiöser Traktat, ein philosophisches Manifest? Was ist Nietzsches ‹*Zarathustra*›?

«‹Wahrheit reden und gut mit Bogen und Pfeil verkehren› – so dünkte es jenem Volke zugleich lieb und schwer, aus dem mein Name kommt – der Name, welcher mir zugleich lieb und schwer ist.» (583)

Dies die einzige Stelle im ‹*Zarathustra*›, wo offensichtlich und deutlich Nietzsches Zarathustra auf seinen Namensahnen anpielt. Nietzsche hat sich aber im ‹*Ecce Homo*› über einen andren Aspekt dieser unheiligen Dreifaltigkeit – Zarathustra der Iraner, Zarathustra, die Romanfigur und Nietzsche selber – geäußert, nämlich über *seine* Beziehung zum alten Propheten:

«Man hat mich nicht gefragt, man hätte mich fragen sollen, was gerade in meinem Munde, im Munde des ersten Immoralisten der Name Zarathustra bedeutet: denn was die ungeheure Einzigkeit jenes Persers in der Geschichte ausmacht, ist gerade dazu das Gegenteil. Zarathustra hat zuerst im Kampf des Guten und des Bösen das eigentliche Rad im Getriebe der Dinge gesehen – die Übersetzung der Moral ins Metaphysische, als Kraft, Ursache, Zweck an sich, ist *sein* Werk. Aber diese Frage wäre im Grunde bereits die Antwort. Zarathustra *schuf* diesen verhängnisvollsten Irrtum, die Moral: folglich muß er auch der erste sein, der ihn erkennt.» (476)

In diesen Sätzen verwandelt sich der alte Iraner in ein Moment des Weltgeistes, geheimster Hegelianismus spielt Nietzsche hier einen Streich, mißverstandener Hegel zumal. Kommt bei Hegel in Hegel der Geist zu sich selbst, so ist bei Nietzsche der Geist schon immer nur sein eigener verlorener Sohn, der zur rechten Zeit sich mit sich selbst vereint. Die Geschichte ist nicht mehr, wie bei Hegel, die Leinwand, auf der der Weltgeist seine Niederlagen und Phönixtriumphe feiert, sondern die Geschichte ist immer schon ein Gedankenspiel: folglich muß er (Zarathustra) auch der erste sein, der es erkennt.

«Die Selbstüberwindung der Moral aus Wahrhaftigkeit, die Selbstüberwindung des Moralisten in seinen Gegensatz – *in mich* – das bedeutet in meinem Munde der Name Zarathustra.» (476)

Die Identität der beiden Zarathustren ist, ebenso wie die von Adler und Schlange, ein Desideratum. In beiden Fällen läßt sich nachweisen, daß diese Identität Fiktion ist und dort, wo die Identität der beiden strapaziert wird, ihre Kraft und Möglichkeit einbüßen muß und zergeht. Wir können Nietzsches *‹Zarathustra›* nicht wie einen philosophischen Traktat lesen und plädieren dafür, ihn wie einen Roman zu lesen.

Der abgründlichste Gedanke dieses Romans ist eine philosophische Lehre, sein Rätsel ein als Traum verkleidetes Verbrechen, seine Personen sind Tiere.

«‹O Zarathustra›, sagten darauf die Tiere, ‹solchen die denken wie wir, tanzen alle Dinge selber: das kommt und reicht sich die Hand und lacht und flieht – und kommt zurück.

Alles geht, alles kommt zurück; ewig rollt das Rad des Seins. Alles stirbt, alles blüht wieder auf, ewig läuft das Jahr des Seins. Alles bricht, alles wird neu gefügt; ewig baut sich das gleiche Haus des Seins. Alles scheidet, alles grüßt sich wieder; ewig bleibt sich treu der Ring des Seins.

In jedem Nu beginnt das Sein; um jedes Hier rollt sich die Kugel Dort. Die Mitte ist überall. Krumm ist der Pfad der Ewigkeit.›»

Zwischen Raubvögeln

‹Zwischen Raubvögeln› ist der Titel eines Gedichts von Nietzsche, das den Aussagen Nietzsches im *‹Ecce homo›* widerspricht. Es thematisiert das, wofür ich im *‹Zarathustra›* kann Belege fand: das Scheitern des Zarathustra, das Verbrechen an der Schlange.

Was bandest du dich
mit dem Strick deiner Weisheit?
Was lockst du dich
ins Paradies der alten Schlange?
Was schlichst du dich ein
in *dich* – in *dich*? ...

Ein Kranker nun,
der an Schlangengift krank ist;
ein Gefangener nun,
der das härteste Los zog:
im eignen Schachte arbeitend (...)

– sie werden dich schon ‹lösen›,
sie hungern schon nach deiner ‹Lösung›,
sie flattern schon um dich, ihr Rätsel,
um dich, Gehenkter! ...
O Zarathustra!...
Selbstkenner! ...
Selbstkenker! ...» (558–559)

Literatur über Adler und Schlange

Ich nehme hier einen Aufsatz von David S. Thatcher, University of Victoria: Eagle and Serpent in *Zarathustra*, der in Nietzsche Studien, Internationales Jahrbuch für die Nietzsche Forschung, Hg. Mazzimo Montinari, Wolfgang Müller-Lauter, Heinz Wenzel, Bd. 6, 1977, bei de Gruyter, S. 240–260, erschienen ist.
Wir hatten herausgefunden, daß nicht nur Adler und Schlange *die* Tiere Zarathustras sind, ebenso ist es die Taube und der Löwe. Und müßte ich nach einer Tiergestalt des «Ohngefähr» forschen, vielleicht würde ich noch die Kuh nennen. Wir haben gesehen, wie der Adler sich in den Löwen verkleiden muß, da er der Schlange – im Biß des jungen Hirten – den Kopf abzubeißen hat, mit seinem scheinheiligen Löwenübermut.
«Despite it's many valuable insights Marietti's analysis does not satisfactorily explain the special status accordet to the eagle and the serpent, the precise significance of their friendship or the compelling imaginative power with wich they are portrayed.» (240)
Das ist das Programm: 1. – Weshalb gerade sind die Schlange und der Adler die Tiere Zarathustras? 2. – Was bedeutet ihre Freundschaft? Und 3. – «How do they assist us to locate and define Zarathustra himself – his character, his mission and his message?» (241)
Nun, sagt Thatcher, ist die beste Art, auf diese Fragen zu antworten, die, herauszufinden, was Nietzsche über die «traditional ideas» (241) über Adler und Schlange wußte, «and by examining how he adopted, modified, inverted or rejected such ideas.» (241)
«In the mythology and art of many ancient peoples the eagle and the serpent often appear in conjunction and are invariably represented as implacably hostile to one another.» (241)

Also eine traditionelle Feindschaft zwischen Schlange und Adler läßt sich nachweisen.

«In *Zarathustra* there is a radical, but hitherto unexplained departure from this tradition.» (242)

Nietzsche hebt diese traditionelle Feindschaft auf im Bild der versöhnten Feinde, seiner Tiere. Er findet in ihnen seine «Schutzgeister» (243) wie die Evangelisten. So Thatcher, der darüber hinaus annimmt, daß der Adler Ormuzd, das Gute, die Schlange Ahriman oder das Böse repräsentieren soll, die miteinander versöhnt sind (243) der Vorstellung, die apologetische Äußerung Nietzsches im ‹*Ecce homo*› darüber, was Zarathustra in seinem Munde bedeutet, sei auch das Programm des echten ‹*Zarathustra*›-Romans. Wäre der Kern Zarathustras sein Kampf um die Bewältigung des abgründlichsten Gedankens (des Bösen), hätten wohl von Anfang an Zarathustras Tiere nicht Schlange und Adler, sondern Schlange und Löwe sein müssen. So müssen wir Thatcher bestreiten, daß er mit seiner Deutung der programmatischen Erklärungen Nietzsches (Adler und Schlange) die wirkliche Geschichte des Zarathustra trifft: Er spaltet – wie bei Nietzscheanem üblich – das Emblem vom Roman.

«Nietzsche's view of the eagle adheres strictly to the traditional one. Many ancient peoples, the Babylonians and Egyptians for example, regarded the eagle as a symbol of divine majesty and kingship, and the Romans used it as a symbol of imperial and military power.» (244)

Hier wird also behauptet, Nietzsche stimme mit der Tradition völlig überein: der Adler sei schlichtweg ein positives. Thatcher entgeht die Entzweiung in Löwe und Adler im Roman; mehr noch, es ist Thatcher, der positivistisch eine historische Tradition der Adler-Mythologie wegwischt, da dieser keineswegs immer schon zur unangefochtenen Positivität geronnen ist (siehe der böse Adler).

In bezug auf die Schlange wissen wir genug über ihre negativen Besetzungen im Roman und über ihre positiven im Emblem nur so viel, als daß sie «das klügste Tier unter der Sonne», das andre Tier des Zarathustra ist. Ist sie als Romanfigur die böse Schlange, so ist doch von ihr positiv die Rede, nämlich immer dort, wo sie als Begriff, Symbol oder Bild erscheint und nicht als unmittelbar leibhaftiges Tier.

Eine Stelle wie:

«Seine Jünger aber reichten ihm zum Abschiede einen Stab, an dessen goldenen Griffe sich eine Schlange um die Sonne ringelte. ... eine goldene Sonne, und um sie die Schlange der Erkenntnis.» (594–595)

plus die Tatsache, daß die Schlange im Emblem des Zarathustra sich findet, halten bei Thatcher dazu her, ein «positives» Verständnis der Schlange bei Nietzsche zu konstruieren und geht damit programmhaft am Kern des Zarathustra-Problems vorbei.

So treibt diese Interpretation langsam auf den Punkt zu, wo das Emblem das Eigentliche sein wird, der ‹*Zarathustra*›-Roman dagegen in seiner Ausführung nur menschliches Beiwerk, zur großen Symbolik des Emblems.

«The eagle is solar and masculine (coincidentally in German ‹der Adler› and ‹der Stolz›), the serpent lunar and feminine (coincidentally in German ‹die Schlange› and ‹die Klugheit›). In many respect the eagle shares the attributes of Apollo, the serpent of Dionysus. From the psychoanalytic point of view the eagle represents the rational, conscious mind (ego) and the serpent the forces of the unconscious (id or libido).» (253)

Thatchers Aufsatz steckt voll solcher Dummheiten. Begreift Nietzsche im ‹*Ecce homo*› seinen Zarathustra als dionysisch, so wäre doch zumindest zu fragen, was der Adler, der Löwe, die ja schließlich die Hauptrolle spielen, an Dionysischem an sich haben. Ist doch die Möglichkeit des Lesers gegenüber der des Autors überhaupt nur die, die Selbstmißverständnisse des Autors über sein Werk produktiv aufzunehmen, dann ist damit gesagt, daß großenteils die Nietzsche-Rezipienten Nietzsche nie gelesen haben; in diesem Mitmachen mit den Selbstmißverständnissen des Autors steckt eine Leidenschaft, die wir als eine mindere, d. i. philosophische Form der Wollust ansehen müssen. Beispielhaft dafür ist Heidegger:

«Wir ahnen schon in diesem geheimnisvollen Umhalsen, wie unausgesprochen im Kreisen des Adlers und im Ringeln der Schlange Kreis und Ring sich umringen. So erglänzt der Ring, der annulus aeternitatis heißt: Siegelring und Jahr der Ewigkeit. Im Anblick der beiden Tiere zeigt sich, wohin sie selbst, kreisend und sich ringelnd gehören. Denn sie machen nie erst Kreis und Ring, sondern fügen sich darein, um so ihr Wesen zu haben.» («Wer ist Nietzsches Zarathustra», M. Heidegger, in: Vorträge und Aufsätze, Pfullingen 1954, S. 104; zit. in: D. S. Thatcher, loc. cit., 255)

Verweilen wir noch bei Thatcher/Heidegger, da letzterer für meine These der «verratenen Schlange» einen Anhaltspunkt liefert, nämlich eins aus der *‹Fröhlichen Wissenschaft›*, aph. 314:
«Ich will meinen Löwen und meinen Adler um mich haben, damit ich allezeit Winke und Vorbedeutungen habe, zu wissen, wie groß oder wie gering meine Stärke ist ...» (Zit. aus Heidegger, ibd. bei Thatcher, 225)
Um den Grundriß der Kritik an Thatcher abzuschließen, muß gesagt werden, daß Thatcher, seiner bibliographischen Methode treu, am Schluß seines Aufsatzes anmerkt:
«There are, naturally, a number of precedents for Nietzsche's *conjunctio* of eagle and serpent. Buddhism supplies us with ‹an edifying story in which a holy hermit in a truly Buddhistic spirit brings about a reconciliation between a Naga and a Suparna. The recluse was no other than the future Buddha.› (Aus: J. P. Vogel: Indian Serpent-Lore, Dehli, 1926) There is the seraph, or winged serpent, of the tribes of Israel and the plumed serpent (like Quetzalcoatl) af pre-Columbian America.» (Thatcher, 258)
Was Thatcher hier macht und übersieht ist ungeheuerlich. Er reiht den Quetzalcoatl, die Quetzal-Schlange, in eine Reihe mit den Emblemtieren des Zarathustra. Quetzal ist ein kleiner, bunter Vogel, kein Adler. Die Uräus-Schlange etwa, auf die Thatcher auch zu sprechen kommt, ist eine Kobra, die sich, wer sie schon mal in Abbildungen gesehen hat, auf den ersten Blick von allen andren Schlangen unterscheiden läßt. Sie erscheint gemeinsam mit der Sonnenscheibe im ägyptischen Sinnbild. Die Flügel aber der ägyptischen Sonne sind die des Geiers, einer ägyptischen Muttergöttin. Beide Göttinnen sind feminin und verbieten jedes spintisierende Einerlei. Die spezifische Konjunktion von Adler und Schlange im Emblem Zarathustras geht bei solch einem Einerlei unter.

Fabel und Geschichte: vom Biß der Natter

Als erstes fällt in der Geschichte vom Biß der Natter auf, daß das, was eigentlich eine Fabel ist, hier Geschichte heißt. Hier nur soviel, daß sie uns an die Verwechslung erinnert von «Rätsel» und «Traum» in der Erzählung vom jungen Hirten. Dort wie hier, so wird sich zeigen, ist die Aufhellung dieser Vertauschung für das

Verständnis des Zarathustra notwendig. Daß es sich aber um eine Fabel und nicht um eine Geschichte handelt, zeigt deutlich nicht nur das, daß hier eine Natter mit Zarathustra *spricht*, sondern die Frage, die Zarathustras Jünger ihm stellen, nachdem er seine Geschichte vom Biß der Natter ihnen erzählt hat. Sie fragen: «‹Und was, o Zarathustra, ist die *Moral* (Hervorh. C. L.) deiner Geschichte?› Zarathustra antwortet darauf also:

‹Den Vernichter der Moral heißen mich die Guten und Gerechten:
meine Geschichte ist unmoralisch.›» (589)

Heißt doch das, dies sei eine Fabel, die ja bekanntlich als Schluß den moralischen Spruch in ihrer Tradition aufweist.

Wir wollen hier erst mal konstatieren, daß Nietzsche, an einer andren Stelle, eine zweifellos ‹echte› Fabel den Zarathustra erfinden läßt, mit Moral und allem:

«‹Warum so hart!› – sprach zum Diamanten einst die Küchenkohle; ‹sind wir denn nicht Nah-Verwandte?› –
Warum so weich? O meine Brüder, also frage ich euch: seid ihr denn nicht meine Brüder? ...
Diese neue Tafel, o meine Brüder, stelle ich über euch: *werdet hart!* –» (695)

Zarathustra ist also fähig und willens, eine Fabel – mit Moral – zu erzählen. Warum nennt er nun den Biß der Natter nicht eine unmoralische (amoralische?) Fabel statt Geschichte? Dies sei die Frage, die wir hier erst mal beantworten wollen. Wir sind aufgefordert, diese Fabel, die Nietzsche als unmoralische Geschichte bezeichnet, als Rätsel zu lesen.

«Eines Tages war Zarathustra unter einem Feigenbaume eingeschlafen, da es heiß war, und hatte seine Arme über das Gesicht gelegt. Da kam eine Natter und biß ihn in den Hals, so daß Zarathustra vor Schmerz aufschrie. Als er den Arm vom Gesicht genommen hatte, sah er die Schlange an: da erkannte sie die Augen Zarathustras, wand sich ungeschickt und wollte davon. ‹Nicht doch›, sprach Zarathustra, ‹noch nahmst du meinen Dank nicht an! Du wecktest mich zur Zeit, mein Weg ist noch lang.› ‹Dein Weg ist noch kurz›, sagte die Natter traurig; ‹Mein Gift tötet›. Zarathustra lächelte. ‹Wann starb wohl ein Drache am Gift einer Schlange?› – sagte er. ‹Aber nimm dein Gift zurück! Du bist nicht reich genug, es mir zu schenken.› Da fiel ihm die Natter von neuem um den Hals und leckte ihm seine Wunde.» (589)

Zarathustra schläft, als die Natter ihn beißt. Ebenso erging es (vermutlich) dem jungen Hirten. Keine Frage: Zarathustra ist der junge Hirte. Zweitens: Zarathustra spricht die Natter auch mit Schlange an, und diese «fiel ihm von neuem um den Hals und leckte ihm seine Wunde», so wie die Schlange des Emblems am Hals des Adlers:

«denn sie hielt sich um seinen Hals geringelt». (558)

Ist also die Natter die Schlange des Emblems und Zarathustra der Adler, der sich mit ihr versöhnt hat? In dieser Fabel läßt sich zum einzigen Mal die Frage stellen. Angesichts der Einsicht in ihre Ohnmacht, sieht sich in dieser Fabel die Natter gezwungen, um es sich mit Zarathustra nicht noch mehr zu verderben, ihm den Hals zu lecken. Das Emblembild am Anfang des Zarathustra verkehrt sich hier zum Bild der Klugheit des Schwächeren, zum Bild der Nachsicht des Stärkeren.

Nun ist es nicht abwegig, in dieser Geschichte den Zarathustra als Adler zu verdächtigen. Zahlreiche Stellen im Zarathustra lassen einen denken, daß Zarathustra ein Adler ist.

«Und all mein Wandern und Bergsteigen: eine Not war's nur und ein Behelf des Unbeholfenen – fliegen allein will mein ganzer Wille.» (657)

«Und zumal, daß ich dem Geist der Schwere feind bin, das ist Vogelart.» (678)

Als Adler ist Zarathustra der Feind des Geistes der Schwere, der, wie wir wissen, niemand anderes als die Schlange selbst ist. So ist Zarathustra in der Gestalt des Adlers mit der Schlange ebenso unversöhnlich wie der Adler im ‹traditionellen› Mythos.

Aber gerade in der Geschichte des Bisses der Natter, wo Zarathustra eindeutig als Adler erscheint, erscheint er ebenso eindeutig als Schlange. Denn als was bezeichnet sich Zarathustra in dieser Fabel? Als Drache. Und was ist ein Drache?

Überall wo in den alten Geschichten vom Drachen die Rede ist, so im Alten Testament oder in indischer Folklore, ist eindeutig die *Schlange* gemeint, deren feuriger Biß zum feuerspeienden Drachen wurde. Das ist das Grundprinzip des Drachens.

So ist die Geschichte, die uns Zarathustra im Biß der Natter erzählt, der Beleg dafür, daß Zarathustra sich sowohl als Adler wie als Schlange, wenn auch als geflügelte Schlange, als Drache, verstehen will. Seine Tiere sind er.

Wir gehen vom Emblem aus, der versöhnten Tiere des Zarathustra. Die einzige bekannte Geschichte, die den Streit zwischen Schlange und Adler schlichtenden, die Todfeinde versöhnenden Aspekt der Utopie Nietzsches aufnimmt, ist die Geschichte von ‹*Naga and Suparna and the future Buddha*›, nacherzählt von J. Ph. Vogel in «Indian Serpent-Lore or the Nagas in Hindu Legend an Art, 1926, S. 142. Buddha ist ein echter Schlangenliebling und -meister. Der Suparna (Garuda) verfolgt die Schlange:
«‹I wish to eat that Naga›, said Suparna. But the Anchorite (der junge Buddha, C. L.) took both the Naga and the Suparna to his hermitage where he rehearsed the blessings of looning kindness until they were both at one. Thenceforward they abode together happily in peace an harmony.»
Dieses Märchen spricht in unserem Kontext für sich und für Buddha Bände. Zarathustras Adler (Löwe) ist ein Schlangen-Beißer, ein Schlangenächter, also ein echter Garuda.
Aber Buddha ist nicht nur Herr über den Instinkt der Jagd/Rache der Garuda, sondern auch Herr der Schlange. Steht doch im Buddhismus die Schlange, als die sich häutende, als Sinnbild der Wiedergeburt (Karma), der entrinnen zu können, Buddhas Meisterschaft ist. Buddha hat also Anspruch darauf, daß von ihm erzählt wird, er hätte Suparna und Naga versöhnt.
Zu sagen ist, daß Nietzsche die Schlange auch als Sinnbild der Ewigkeit (Karma) ansah:
«Die Sonne der Erkenntnis steht wiedereinmal im Mittag: und geringelt liegt die *Schlange* (Hervorh. C. L.) der Ewigkeit in ihrem Lichte.» (Noten zum Zarathustra)
Im Bilde der Versöhnung von Nagas und Garudas sind der Adler und die Schlange, das Zarathustra Emblem, wiederzuerkennen.
«Die Seelen sind so sterblich wie die Leiber.
Aber der Knoten von Ursachen kehrt wieder, in den ich verschlungen bin – der wird mich wieder schaffen! Ich selber gehöre zu den Ursachen der ewigen Wiederkunft.» (700)
Was ist hier aus dem Versprechen der «Drei Verwandlungen» geworden? Das Kamel in den Löwen in das Kind? Nachdem der Zarathustra/Hirte der Schlange den Kopf abbiß, ist die Vorstellung einer Erlösung verwehrt. Gleichzeitig wird die Schlange der ewigen Wiederkehr (Karma) abstrakt inthronisiert, weil und obwohl

sie in der ‹wirklichen› Handlung des Romans (vom Adler) verraten wurde. Der Mord an der Schlange ist zugleich ihre Inthronisierung zum ewigen Gesetz der Wiederkehr.
Ist denn nicht der ‹*Zarathustra*›-Roman ein Entwicklungs-Roman? Wie ist der Fortschritt des Zarathustra in Einklang zu bringen mit der Lehre, daß alles immer wieder so ist, wie es ist?
Karma, Schlange und ewige Wiederkehr widerspricht sich nur scheinbar, für Zarathustra, mit Werden, mit den Verwandlungen. Der Adler bleibt ihr gegenüber nicht nur als Verräter, sondern auch als Verratener gezeichnet. Das Verhältnis von Nietzsches Zarathustra zu Buddha ist das eines sich selbst in die Verdammnis stürzenden Schülers zum Meister von Schlange und Adler. Und so spricht der «Diener der Schlange», Zarathustra: «Ich komme wieder, mit dieser Sonne, mit dieser Erde, mit diesem Adler, mit dieser Schlange – *nicht* zu einem neuen Leben oder besseren Leben oder ähnlichen Leben:
– ich komme ewig wieder zu diesem gleichen und selbigen Leben, im Größten und auch im Kleinsten, daß ich wieder aller Dinge ewige Wiederkunft lehre.» (700)
Daran können offenbar die zukünftigen Übermenschen auch nichts ändern. Eine Lehre, die der des Maskarin Gosala, eines Zeitgenossen Buddhas ähnelt, der keinen Anspruch auf die Versöhnung – auch nicht emblematisch – erhebt. (Vgl. H. Zimmer: Philosophie und Religion Indiens, Suhrkamp, S. 240.)

Zarathustra: ein Dichter der Erlösung

«Doch was sagte dir einst Zarathustra? Daß die Dichter zu viel lügen? – Aber auch Zarathustra ist ein Dichter.» (632)
Wer könnte auch heute schon bei einer Nietzsche- oder ‹*Zarathustra*›-Lektüre verhindern, sich in Zarathustras Netz zu verstrikken? Für alle Verstrickten ist die Nietzsche-Lektüre Prüfung und Spiel zugleich. Der ‹*Zarathustra*›-Roman hat die Gestalt des Labyrinths, und damit ist er archaisch wie modern.
«Als Dichter, Rätselrater und Erlöser des Zufalls lehrte ich sie an der Zukunft schaffen, und alles, das *war* –, schaffend zu erlösen.» (682)
Wir sahen wie Nietzsche – auf dem Hintergrund seines Tieremblems – das Scheitern solcher «zarathustrischen» Erlösung in der

Lehre der ewigen Wiederkunft des Gleichen aussprach: nichts können wir schaffen. Alles Schaffen ist nur ein (notwendiger?) Schein. Doch wie hört es sich an, wo der *Dichter* diesem Schein verfällt?

«Das Vergangene am Menschen zu erlösen und alles ‹Es war› umzuschaffen, bis der Wille spricht: ‹Aber so wollte ich es! So werde ich's wollen –›

– dies hieß ich ihnen Erlösung – ...» (682)

Das ist Wille zur Macht: faustdicker dichterischer Schein. Wo vom Willen gesprochen wird, spricht der Dichter von einem Willen, dessen Herzstück der Wille zur Erlösung ist.

Die Rachegeister und die Erlösung

«Da kommt sie willig: willkommen Tarantel! Schwarz sitzt auf deinem Rücken dein Dreieck und Wahrzeichen; und ich weiß auch, was in deiner Seele sitzt.

Rache sitzt in deiner Seele: wohin du beißt, da wächst schwarzer Schorf; mit Rache macht dein Gift die Seele drehend! Also rede ich zu euch im Gleichnis, die ihr die Seelen drehend macht, ihr Prediger der *Gleichheit*! Taranteln seid ihr mir und versteckte Rachsüchtige! ...

Denn *daß der Mensch erlöst werde von der Rache*: das ist mir die Brücke zur höchsten Hoffnung und ein Regenbogen nach langen Unwettern.

Aber anders wollen es freilich die Taranteln.» (611)

Erlösung doch wohl in einem andren Sinne als dem der Erlösung vom Geist der Schwere der drei Verwandlungen, hin zum Kinder-Land? Was benennt Zarathustra hier mit Erlösung *aus* einer bestimmten *Form* der Gerechtigkeit?

«Wir bluten alle an geheimen Opfertischen, wir brennen und braten alle zu Ehren alter Götzenbilder.» (683)

Diese Götzenbilder: sind es die der Gleichheit?

«Ihr Prediger der Gleichheit, der Tyrannen-Wahnsinn der Ohnmacht schreit also aus euch nach ‹Gleichheit› ...» (611)

Und:

«‹Ihr höheren Menschen› – so blinzelt der Pöbel – ‹es gibt keine höheren Menschen, wir sind alle gleich, Mensch ist Mensch, vor Gott – sind wir alle gleich!›» (746)

Vor Gott! Nun aber ist dieser Gott tot. Sein Gleichheitsgesetz lebt aber weiter, in den Taranteln, die die Rache als das Gesetz der Gleichheit, die Gleichheit als das Prinzip der Rache proklamieren.

«Der die Pöbel-Schwindhunde haßt und alles mißratene düstere Gezücht: gelobt sei dieser Geist aller freien Geister, der lachende Sturm, welcher allen Schwarzsichtigen, Schwarzsüchtigen Staub in die Augen bläst!

Ihr höheren Menschen, euer Schlimmstes ist: ihr lerntet alle nicht tanzen, wie man tanzen muß – über euch hinweg tanzen! ...

Wie vieles ist noch möglich! So *lernt* doch über euch hinweg lachen!» (753)

Pöbel, Taranteln, Gleichheit und Rache auf der einen Seite; höhere Menschen, Blutende, Lernende (zu tanzen und zu lachen) andrerseits. Das Lachen kennen wir schon. Es erscheint hier als eine Vorstufe, als ein «erster Schritt» zum Tanz. Doch im Abschnitt über die Taranteln wird weder gelacht noch getanzt. Die Taranteln paralysieren jedes Tanzen, jedes Lachen bleibt dem Z. im Hals stecken:

«Weh! Da biß mich selber die Tarantel, meine alte Feindin! Göttlich sicher und schön biß sie mich in den Finger!

‹Strafe muß sein und Gerechtigkeit› – so denkt sie: ‹nicht umsonst soll er hier der Feindschaft zu Ehren Lieder singen!›

Ja, sie hat sich gerächt! Und wehe! nun wird sie mit der Rache auch noch meine Seele drehend machen!

Daß ich mich aber *nicht* drehe, meine Freunde, bindet mich fest hier an diese Säule! Lieber noch Säulen-Heiliger will ich sein, als Wirbel der Rachsucht!

Wahrlich, kein Dreh- und Wirbelwind ist Zarathustra; und wenn er ein Tänzer ist, nimmermehr doch ein Tarantel-Tänzer! –

Also sprach Zarathustra.» (613)

Sieht man es einmal so an, so tritt neben dem mörderisch/scheinemanzipierten Verhältnis des Z. zur Schlange eine geradezu phantastische Unterlegenheit gegenüber den Taranteln auf. Sind sie auch als Priester(innen) des toten Gottes der Gleichheit zu verstehen, so lebt doch in ihrer unangefochtenen Macht der Gott des Gesetzes von Gleichheit und Rache fort. Keine Nachricht vom Tod der Taranteln erhellt das Wirken des Z.

«O meine Seele, ich erlöste dich von allen Winkeln, ich kehrte Staub, Spinnen und Zwielicht von dir ab.» (701)

Sollte uns das entgangen sein? Sind die Taranteln irgendwann besiegt worden? Ist Gott auch «für uns» endlich tot? Und wie erklärt sich die Ohnmacht des Z. gegenüber den Taranteln, wenn sie mit ihrem Gesetz der Rache nachher so sang- und klanglos von der Bildfläche des Romans verschwinden können.

«‹...vor Gott – sind wir alle gleich?›
Vor Gott! – Nun aber starb dieser Gott. Vor dem Pöbel aber wollen wir nicht gleich sein. Ihr höheren Menschen, geht weg vom Markt! ... Vor Gott! – Nun aber starb dieser Gott! Ihr höheren Menschen, dieser Gott war eure größte Gefahr.» (746)

Am Ende braucht nur Gott gestorben zu sein und – Zarathustra geht in sein Gebirge als in sein Exil, wo keine Tarantel ihn mehr sticht. Man erinnere sich, daß der dritte Teil des Z. die Rückkehr ins Gebirge beschreibt und der vierte Teil, nun umgekehrt, beschreibt, wie jene, die Z. suchen, ihn in seinem Gebirge finden. Z. selbst hat sich ins Exil gewandt, hat den Taranteln das Feld überlassen, hat seine Seele, keineswegs die Welt von ihnen befreit.

Rache und Erlösung

Wen wird es nun überraschen zu erfahren, daß Z., ein Verklärer des Exils, das Problem der Rache noch einmal unter dem Stichwort der *Erlösung* abhandelt?

«Die Vergangnen zu erlösen und alles ‹Es war› umzuschaffen in ein ‹So wollte ich es!› – das hieße mir erst Erlösung!» (641)

Den «unmöglichen Biß» etwa, der kurz darauf folgt, kann Z. zwar wollen, aber er wird ihn später nicht mehr «so gewollt haben» können. Ist doch der unmögliche Biß der Riß, der Emblem und Roman auseinanderbrechen läßt. Von «Nicht-Wollen» ist aber im Kontext des Rätsels des jungen Hirten schon die Rede, wo Z. nämlich am Schwanz (am Kopf?) der Schlange *zieht*; so starb die Schlange auch am «Mitleid» des Z. mit dem jungen Hirten, wie Gott am Mitleid mit den Menschen starb. Der Roman des Z. erzählt die Geschichte der Opferung der Schlange, und dreht man das um, da der junge Hirte auch Z. ist, so ist Z. auch der häßlichste Mensch, der nämlich, der die Schlange (Gott) ermordet.

Doch Widerstand, den Biß – den Gottesmord – auszuführen, zeigt sich auch – auf eine fiktiv/ironische Art und Weise – in der Tatsache, daß der Biß, da ja die Schlange sich selbst im Schlund (Rachen) des jungen Hirten festbiß, unmöglich ist, quasi nur ein literarischer Kunstgriff, der den Biß vorstellt und zugleich ungeschehen läßt: Erlösung als Fiktion des Dichters.

Der Bucklichte (1)

«Wille – so heißt der Befreier und Freudebringer: also lehrte ich euch, meine Freunde! Aber nun lernt dies hinzu: der Wille selber ist noch ein Gefangener.
Wollen befreit: aber wie heißt das, was auch den Befreier noch in Ketten schlägt?
‹Es war›: also heißt des Willens Zähneknirschen und einsamste Trübsal. Ohnmächtig gegen das, was getan ist – ist er allem Vergangenen ein böser Zuschauer ...
Dies, ja dies allein ist *Rache* selber: des Willens Widerwille gegen die Zeit und ihr ‹Es war›.» (641/642)
«Dies, dies ist das Ewige an der Strafe ‹Dasein›, daß das Dasein auch ewig wieder Tat und Schuld sein muß!
Es sei denn, daß der Wille endlich sich selber erlöste und Wollen zu Nicht-Wollen würde –: doch ihr kennt, meine Brüder, dies Fabellied des Wahnsinns!
Weg führte ich euch von diesen Fabelliedern, als ich euch lehrte: ‹der Wille ist ein Schaffender›.» (642)
Der Leser irrt nicht, wenn er glaubt, in die Irre geführt worden zu sein. Das Problem, was Z. hier wälzt, ist folgendes: Der Wille ist an sich der Feind der Zeit. Rache *ist* diese Feindschaft. Der Wille wird andrerseits definiert als Lösung dieses Konfliktes, ein Wille, der ja sagen kann zu allem «Es war». Dies nur ist emphatisch Wille, der sich getraut ja zu sagen zu seinem Gegensatz. Wille ist als Medium der Erlösung vorgestellt, wo er sagt: So wie es war, so habe ich es gewollt. So muß der Wille erst mal sich läutern, sich entwickeln, sich freimachen von seiner Gestalt als Geist der Rache, als Garuda/Suparna, als herrschsüchtiger/imperialistischer Adler.
Und da merkt N., daß er keine Begriffe kennt, in denen der Adler/Wille beschränkt, negativ, borniert, rachehaft ist. Der Wille aber, in seiner unmittelbaren Borniertheit, in seinem Zähneknirschen, ist es. Und da blitzt plötzlich wieder als möglicher Ausweg das «Nicht-Wollen» des Buddhismus, dem Z. «blinzelnd» begegnet, indem er es das «Fabellied des Wahnsinns» nennt. Das Emblem des ‹*Zarathustra*›-Romans ein Fabellied des Wahnsinns? Liegt

nicht vielmehr der Wahnsinn in jener bis zur Demagogie stilisierten Adlergestalt, die ihrer eigenen Borniertheit im ‹*Zarathustra*›-Roman nicht innewird? Der negative Überschuß und der positive Überschuß einmal für die Schlange, zum andren für den Adler, *rächt* sich nun an Z. und trifft seine empfindlichste Stelle: die Kraft seiner Reflexion. Z. kommt an dieser Stelle mit dem Problem der Rache nicht zu Rande, er kann das Problem nicht durchdenken.
«Alles ‹Es war› ist ein Bruchstück, ein Rätsel, ein grauser Zufall – bis der schaffende Wille dazu sagt: ‹aber so wollte ich es!› – Bis der schaffende Wille dazu sagt: ‹Aber so will ich es! So werde ich's wollen!›
Aber sprach er schon so? Und wann geschieht dies? Ist der Wille schon abgeschirrt von seiner eigenen Torheit?
Wurde der Wille sich selber schon Erlöser und Freudebringer?
Verlernte er den Geist der Rache und alles Zähneknirschen?
Und wer lehrte ihn Versöhnung mit der Zeit, und Höheres, als alle Versöhnung ist?
Höheres als alle Versöhnung muß der Wille wollen, welcher der Wille zur Macht ist –: doch wie geschieht ihm das? Wer lehrte ihn auch noch das zurückwollen?›
– Aber an dieser Stelle seiner Rede geschah es, daß Zarathustra plötzlich innehielt ...
(sagte begütigt) ‹Es ist schwer, mit Menschen zu leben, weil Schweigen so schwer ist. Sonderlich für einen Geschwätzigen.› – Also sprach Zarathustra. Der Bucklichte aber hatte dem Gespräche zugehört und sein Gesicht dabei bedeckt; als er aber Zarathustra lachen hörte, blickte er neugierig auf und sagte langsam: ‹Aber warum redet Zarathustra anders zu uns, als zu seinen Jüngern?›
Zarathustra antwortete: ‹Was ist das zum Verwundern! Mit Bucklichten darf man schon bucklicht reden!›
‹Gut›, sagte der Bucklichte; ‹und mit Schülern darf man schon aus der Schule schwätzen.
Aber warum redet Zarathustra anders zu seinen Schülern – als zu sich selber?› –» (642/643)

Der Bucklichte (2)

Dieser Bucklichte, der eben so den Z. belehrte und das letzte Wort behielt im Abschnitt über die Erlösung, der auch der Abschnitt

über den Geist der Rache ist: wer ist das? Wer darf nach ‹*Also sprach Zarathustra*› noch weiterreden und unwidersprochen Z. auf seine Kondition als Unwissender und Lügner aufmerksam machen? Der Bucklichte ist Aisop.
«Der Erkennende wandelt unter Menschen als unter Tieren» (602) sagt Z., und
«Mein Mundwerk – ist des Volks.» (677)
Muß der Bucklichte des Z. der berühmte Bucklichte des Altertums sein? Aisop soll ein Sklave gewesen sein. Ist Z. ein Sklave? Wenn jemand wie Z. bucklicht redet dort, wo es um Erlösung geht, dann redet er wie ein Sklave. Wir wissen inzwischen, wie wenig der Roman das Emblem der Einheit der Tiere einholt. Und die Stimme, die sich gegen den Verrat des Romans am Emblem erhebt: wer sollte uns verbieten, sie als die Stimme des Aisopos wiederzuerkennen? Und die Stimme, die sich gegen die Unvorstellbarkeit der Erlösung von einem verhängnishaften Willen erhebt: wer sollte uns verbieten, sie als die Stimme des bucklichten, griechischen Sklaven wiederzuerkennen?
Zarathustra versteht am Ende nicht, wie der Wille zur Macht der Wille zur Erlösung ist; Z. stammelt; ein Buckliger widerspricht ihm, behält in Fragen der Erlösung das letzte Wort. In ihm verkörpert sich das von N. oft hilflos beschworene Volk, ein Volk, das nicht dem Pöbel sich angliche. Als Aisopos wird dies Volk vorstellbar und leuchtet am Ende dem Feuerwerk des Geistes von Z., der den Gedanken der Erlösung nicht mehr zu denken vermag, den Weg – den Umweg, wenn man so will – zur Freiheit und Erlösung.

Stichworte zur Rache

1. Jesus, Nietzsche, Aisopos

«Zu der Stunde frohlockte Jesus im heiligen Geist und sprach: Ich preise dich Vater und Herr des Himmels und der Erde, daß du solches den Weisen und Klugen verborgen hast und hast es den Unmündigen offenbart.» (Lukas, 10,21)
Z. kennt nur ein Gesetz, daß die Menschen beherrscht: das Gesetz des Gleichheitsgottes, die Rache. Dies ist, so scheint es N. zu suggerieren, das einzige Gesetz, das Gesetz der Geschichte überhaupt.
N. ist mit dem «Hebräer» sein Leben lang nicht zu Rande gekommen. Christus ist ein Problem, was N. bis zum Ende seines Le-

bens zu lösen versucht. Ist doch der Nazarener einerseits selbst widersprüchlich, andrerseits doch als der berühmteste Gegner der Rache bekannt. Gleiches mit Gleichem zu vergelten, heißt das Gesetz des Moses.

«Auge um Auge, Zahn um Zahn, Hand um Hand, Fuß um Fuß.» (Mos. 2, 21, 24)

Und Christus sagt in der Bergpredigt:

«Ihr sollt nicht wähnen, daß ich gekommen bin, das Gesetz oder die Propheten aufzulösen; ich bin nicht gekommen aufzulösen, sondern zu erfüllen ...

Wer nun eines von diesen kleinsten Geboten auflöst und lehrt die Leute so, der wird der Kleinste heißen im Himmelreich; wer es aber tut und lehrt, der wird groß heißen im Himmelreich». (Matth. 5, 17–19)

Ebenso wie Z. der schönste und zugleich der häßlichste Mensch war, so müssen wir Jesus zugleich als den größten und den kleinsten Menschen erkennen. *Er* wird der kleinste heißen im Himmelreich und nicht nur wegen seines «schwarzen» Spruchs des Verlassenseins am Kreuz, sondern auch weil er gegen das mosaische Rachegesetz protestiert.

«Ihr habt gehört, daß da gesagt ist: ‹Auge um Auge, Zahn um Zahn.› Ich aber sage euch, daß ihr nicht widerstreben sollt dem Übel; sondern, wenn dir jemand einen Streich gibt auf deine rechte Backe, dann biete die andre auch dar.»

Z. reklamiert usurpatorisch etwas, was Widerspruch – in seiner doppelten Bedeutung – schon beim Nazarener war. Und am Ende geht es ihm dann «unter Raubvögeln» wie der Krähe aus der Fabel des Aasop:

«Zeus wollte einen König der Vögel einsetzen und bestimmte daher einen Zeitpunkt, zu dem diese erscheinen sollten. Da lief die Krähe, die sich ihrer Häßlichkeit wohlbewußt war, herum, sammelte die Federn auf, die den anderen Vögeln ausgefallen waren, und heftete sie sich selber an. Als nun jener Tag herankam, trat sie buntgeschmückt vor Zeus. Der war gesonnen, sie wegen ihres guten Aussehens zum König zu machen; doch die anderen Vögel wurden unwillig darüber, bildeten einen Kreis um die Krähe, und ein jeder nahm die ihm gehörige Feder an sich. So geschah es, daß diese, ihrer Herrlichkeit entblößt, aufs neue zur Krähe wurde.» (Die Fabeln des Äsop, in: Antike Fabeln. Aufbau Verlag, Berlin und Weimar 1978, Fabel 103: Die Krähe und die Vögel.)

2. Sokrates

Angesichts der Unmöglichkeit für Z., die Erlösung aus dem Willen zur Macht zu denken, fällt ihm der Bucklige ein. Z. weiß seine Träume nicht zu deuten, und angesichts seiner Träume war es sein «liebster» Schüler, der ihm half. Angesichts des Willens ohne Erlösung ist es der Bucklige. Es ist nicht schwer, die Identität dieser Figur mit Hilfe eines platonischen Textes aufzufinden: Sokrates angesichts des Todes.

«Darauf nahm Kebes das Wort und sagte: Beim Zeus, Sokrates, gut daß du mich daran erinnerst. In betreff deiner Gedichte nämlich, der in Verse umgesetzten Fabeln des Äsop und des Hamnos auf Apollon, haben mich schon mehrere und neulich erst Euenos gefragt, wie es eigentlich zugehe, daß du, seitdem du dich hier (im Gefängnis, C. L.) befindest, Verse machst, während du es zuvor nie getan hast ... So sage ihm denn, antwortete er, die Wahrheit, mein Kebes: ich habe es getan, nicht etwa um gegen ihn und seine Gedichte in die Schranken zu treten – denn das, wüßte ich wohl, wäre nicht leicht –, sondern um zu sehen, was wohl gewisse Träume bedeuten, und um einer heiligen Pflicht zu genügen, falls sie etwa diese musische Tätigkeit von mir verlangen. Es hatte nämlich etwa folgende Bewandtnis damit. Oft suchte mich in meinem früheren Leben ein und derselbe Traum heim, der mir bald in dieser, bald in jener Gestalt erschien und immer dieselbe Mahnung an mich richtete: Sokrates, betreibe und übe die Musenkunst! Und früher dachte ich immer, er erinnerte und treibe mich nur zu dem an, womit ich mich schon beschäftigte, wie man die Laufenden anzufeuern pflegt, so ermuntere auch mich der Traum zu dem, was ich bereits triebe, nämlich zum Musendienste; war doch die Philosophie in meinen Augen der höchste Musendienst, und diese trieb ich ja gerade. Jetzt aber, nachdem das Urteil gefällt ist und nur das Fest des Gottes meine Hinrichtung hinausgeschoben hat, hielt ich es doch für meine Pflicht, falls der Traum die Ausübung dieser Musenkunst in dem gewöhnlichen Sinne wieder und wieder von mir verlange, ihm nicht ungehorsam zu sein, sondern zu dichten; denn es sei sicherer, nicht eher von hinnen zu gehen, als bis ich durch Ausübung der Dichtkunst und durch Gehorsam gegen den Traum dem heiligen Gebot genützt hätte. So habe ich denn zuerst *den* Gott besungen, dem das gegenwärtige Opfer galt; nächstdem aber bedachte ich, daß ein Dichter, wenn anders er ein wirklicher Dichter sein will, Erfundenes, nicht Wirkliches darstellen muß und daß ich selbst nicht erfinderisch bin in Fabeln, und deshalb habe ich nach dem Hymnus auf den Gott von den Fabeln Äsops die, die mir gerade zur Hand waren und die ich kannte, in Verse gebracht.» (Platon: Phaidon, 59 c)

3. Früher als Gott

Der mosaische Gott ist der Gott des Talion, der Rache und der Vergeltung. Stellt man sich einmal die Frage, wie alt dieses Gesetz ist, so trifft man erst mal auf folgenden Sachverhalt: es scheint, daß das Gesetz des Talion bis zu den Anfängen der menschlichen Kultur überhaupt reicht, allerdings in einer andren als der von N. intendierten Weise. Das Prinzip der Vergeltung scheint das (Natur) Rechtsprinzip *zwischen* verschiedenen Stämmen, Clans, Gruppen gewesen zu sein. Am Rande der «Gesellschaftsformationen» wird Gleiches mit Gleichem, Verbrechen mit Verbrechen geahndet. Es findet sich also – ebenso wie Marx dies für den Tausch erkannte – gewissermaßen als ein Prinzip des «internationalen» Rechts, nicht aber, wie es N. im mosaischen Recht – und für das Prinzip der Menschheitsgeschichte überhaupt – ansieht als *innerhalb* einer bestimmten Gesellschaftsformation geltendes Recht. Ist Rache, wie Adorno es sah, «Urphänomen von Tausch», oder sind nicht vielmehr Rache und Tausch zwei Seiten der gleichen Sache?

Die Rache, so scheint es, steht ursprünglich an der Grenze zwischen den verschiedenen menschlichen Gemeinschaften ebenso wie der Tausch. Ob sie, Rache und Tausch, die *früheste* Beziehung *zwischen* Gemeinwesen darstellen, ist hier nicht zu erörtern. Wichtig ist jedoch, daß die Vermengung von Rache/Tausch als Prinzip des internationalen Verkehrs mit dem des ‹zivilen› Rechts konfus und irreführend ist, da sie eben den historischen Prozeß, der dazu führte, daß das Prinzip des Außenverkehrs über dem des inneren Verkehrs der Menschen eines Gemeinwesens siegte, verschleiert und verdeckt; d. i. desjenigen historischen Prozesses, der dem Tauschprinzip zu seinem Sieg, der den Tauschwert über den Gebrauchswert triumphieren ließ. Das Recht nämlich, was entgegen dem Rache/Tauschprinzip die Gemeinwesen im Inneren beherrschte, zu erinnern, ist vermutlich *ein* Moment des Widerstandes gegen die Allmacht des Tausches als dem neuen Gott der Gleichheit. Historisch nachweisbar vollzieht sich dieser Prozeß bei den Sumero-Babyloniern. Wir sagten, daß wohl alle Völker die Rache als «internationales Recht» anerkannten, so vermutlich auch die semitischen Völker. Ob ihre Selbstorganisation aber um das Jahr 3000 v. Chr. schon auf dem Prinzip des Auge um Auge beruhte, soll hier offenbleiben. Entscheidend ist für uns, daß mit der Einwanderung semitischer Völkerschaften nach Babylonien rechtsgeschichtlich ein Prozeß einsetzt, der in den Gesetzestafeln des Hammurabi seinen Niederschlag fand. In ihnen wurde – für Sumer–Babylonien zum erstenmal – das Gesetz des Talion als *innergesellschaftliche* Rechtsgrundlage fixiert.[1]

«Zwar halten es die meisten Gelehrten heute für falsch, die Geschichte des 3. Jahrtausends als einen Rassenkampf zwischen Sumeren und Semiten zu interpretieren; es scheint aber festzustehen, daß durch die semitische Infiltration Auffassungen eingeschleust wurden, die im Widerspruch zu der Grundkonzeption der sumerischen Gesellschaft standen ...» (H. W. F. Saggs: Mesopotamien, Kindler, 1966, 243)

Wie immer die Verquickung von der Entwicklung der rechtlichen und ökonomischen Verhältnisse Sumer-Babyloniens einerseits mit der Immigration von Semiten andrerseits vorzustellen ist, wichtig ist, daß das Rechtsprinzip der Rache/Tausch, wie es die Mosaischen Gesetze und der Kodex von Hammurabi verkünden und wie es Z. in den Taranteln anprangert, historisch relativ neu ist, einen Entwicklungsstand also kennzeichnet, der aus einem andren hervorgegangen ist, in dem ein andres Prinzip Geltung hatte: die Entschädigung, die auch Besitz- und Standesunterschiede in der Rechtsprechung gelten ließ.

«Als älteste bekannte Gesetzessammlung galt lange die des Hammurabi; von ihr ist uns der größte Teil bekannt, und zwar durch die Inschrift auf einer etwa 2,25 Meter hohen Dioritstele, die bei französischen Ausgrabungen in Susa, der antiken Hauptstadt von Elam, zu Beginn des Jahres 1902 gefunden wurde. Einige verblüffende Parallelen zwischen diesen Gesetzen und den im Alten Testament von der Überlieferung des Moses zugeschriebenen fielen sofort ins Auge, und man erörterte mehrere Jahrzehnte lang die Frage, wieviel die biblischen Gesetze, die selbst nach traditioneller Auffassung einige Jahrhunderte später entstanden waren, wohl denen des Hammurabi verdankten (der wiederum Ausdruck der Rechtsauffassung der früh eingewanderten Semiten war? C. L.) ... Wir kennen heute wesentliche Teile von mindestens drei Gesetzessammlungen, die der des Hammurabi um ein Jahrhundert oder mehr vorausgingen; außerdem fand man solche späteren Datums

aus dem hethitischen und assyrischen Raum. Ferner liegen uns noch kleinere Bruchstücke aus verschiedenen Gebieten vor. All diese Sammlungen (vor der Anwendung des Begriffs ‹Kodex› schrecken die Rechtsgelehrten in diesem Zusammenhang zurück, denn außer in den Gesetzen des Hammurabi ist tatsächlich kaum etwas von einer konkreten Kodifizierung zu spüren) zeigen sowohl gemeinsame Rechtsmaterie als auch jeweils für sie eigentümliche Besonderheiten, und es hat sich herausgestellt, daß es in der Antike im Nahen Osten einen umfangreichen Kodex gemeinsamen allgemein anerkannten Rechtsguts gab ... Das sich ständig anhäufende Beweismaterial spricht mehr und mehr dafür, daß schriftlich niedergelegte Gesetzessammlungen schon um die Wende des 3. Jahrtausends durchaus nichts Ungewöhnliches waren ... Die früheste uns zur Zeit bekannte Gesetzessammlung – archäologische Entdeckungen können diese Priorität jederzeit in Frage stellen – ist die von Ur-Nammu, dem Begründer und ersten König der III. Dynastie von Ur; mit ihrer Veröffentlichung wurde erst 1952 begonnen ... Unglücklicherweise ist der Text sehr stark beschädigt, aber fünf Gesetze lassen sich mit einiger Sicherheit wiederherstellen. ... Das Wichtigste an diesen Gesetzen ist die Tatsache, daß – wie sie zeigen – bereits im alten Sumer das Talionsrecht, das Prinzip des ‹Auge um Auge› aufgehoben worden war (falls es überhaupt je bestand) ... Das in den Gesetzen von Hammurabi, von den Assyrern und den Hebräern zum Ausdruck kommende mehr barbarische Prinzip spiegelt die unveränderte Praxis der weniger zivilisierten Semiten wider.» (Saggs, 296/301)
So alt ist also das Problem des Antisemitismus; die Entwicklung des Tauschprinzips zum allgemeinen Gesetz wird den Semiten bescheinigt. Dies Kernproblem erst mal aufzuzeigen – im Kontext der Rache – scheint mir ein erster Schritt zu seiner Überwindung zu sein. Der Verweis aber auf ein früheres, innergesellschaftlich gültiges Recht als das der Rache verfällt bei N.s der Amnese.

4. Der böse Adler

Wir wissen, daß, trotzdem der Adler im ‹*Zarathustra*›-Roman scheinbar der reinste Unschuldsengel ist, er es ist, der in seiner Alter-Ego-Gestalt des Löwen (Biß) die Schlange verrät.
Der alt-babylonische Etana-Mythos ist nicht nur allgemein in diesem Zusammenhang von Wichtigkeit, sondern unmittelbar und

spezifisch wichtig, da er *einen* der möglichen Schlüssel zur Deutung des Emblems des Zarathustra enthält.

«Gegen die Stunde des Mittags ... da sahen sie plötzlich durch die Luft einen Mann auf sich zukommen, und eine Stimme sagte deutlich: ‹Es ist Zeit! Es ist höchste Zeit!› ... da erkannten sie mit größter Bestürzung, daß es Zarathustra sei». (634)

Diesmal ist es kein Drache, der Fliegende wird vom Volk als der Z. *erkannt*. Z., darauf befragt, ob er es gewesen sei, antwortet: «Aber es wird mein Schatten gewesen sein.» (636, Von großen Ereignissen)

Der Etana-Mythos erzählt die Geschichte des Prinzen Etana, der keine Kinder haben konnte und Gott anfleht, ihm welche zu schenken. Er muß einen verwundeten Adler im Gebirge finden, der, ist er einmal geheilt, ihm helfen wird. Etana findet ihn, fliegt auf seinem Rücken sitzend zum Himmel.

Kann man nun diesen Mythos des sumerischen Ikarus – seine Ikonographie ist der auf dem Adler reitende Mann – heranziehen zur Deutung des Schattens des Z., was wir hier nicht weiter verfolgen werden, so werden wir ihn heranziehen zur Deutung der Tiere des Z. Die Vorgeschichte des verwundeten Adlers wird im Mythos erzählt.

«Vor dem Helden Samas (dem babylonischen Sonnengott) leisteten sie (Schlange und Adler) einen Eid: Wer immer das Gebot des Samas übertritt, möge Samas ihn strafen! ... ‹Aufgrund ihres *Bündnisses* gingen Adler und Schlange gemeinsam auf die Jagd und teilten kameradschaftlich ihre Beute.›» (Saggs, 619)

Das Bild der (von Samas, dem Sonnengott) versöhnten Schlange und Adler ist der Ausgangspunkt der Adlergeschichte im Etana-Mythos. Ihr Emblem – wann immer es entstand – könnte im Bild der Tiere Z.s wiedererkannt werden.

Den Vertrag aber brach der Adler:

«Herab stieß er und fraß die Jungen der Schlange.» (Saggs, 619)

Worauf die Schlange, mit Samas Einverständnis, dem Adler eine Falle mit einem toten Wildstier stellte, ihn überfiel und ihm die Flügel brach. Der böse, gestrafte Verbrecher – der Adler – ist dann das Tier, das Etana – wie der Storch – zu Kindern verhelfen soll. Von einer Wiederversöhnung ist im Mythos nicht die Rede. Soviel ist anzumerken, daß in jener Zeit, da das Gesetz der Rache sich noch nicht als inner-gesellschaftliches Prinzip durchsetzte, der Inhalt des Rechtsstreits wie der Schuldige offen zutage liegen. Der

Inhalt des Rechtsstreits ist ein Verbrechen, das als Bruch eines göttlichen Gesetzes benannt wird; der Verbrecher ist der Adler, d. i. der spätere Königs- und Sonnenvogel selber, die Schlange ist das Opfer.

5. Rache, Recht, Matriarchat

Nun meldet sich die Vermutung, daß, wo immer der Adler als unschuldiges, göttliches Tier zum Emblem wurde, dies Tier aus seinem Schuldzusammenhang herausgenommen und die Schlange, das eigentliche Opfer des Verbrechens, gefährlich in die Nähe des Sinnbildes gerückt wird, das Rache verkörpert; vielleicht ist sogar die «Doppelköpfigkeit» der schwarzen, schweren Schlange im Rätsel des jungen Hirten eine Gestalt der Rache.

Daß Z. selbst *in einem spezifischen Sinne* der «Rache» verpflichtet bleibt, suggeriert er auch dort, wo er sagt:

«Ich bin ein Wanderer und ein *Bergsteiger*» (648),

wo «Orest», die Figur des vaterrächenden Sohnes, und das mag dem Professor für Philologie N. nicht entgangen sein, «der Bergsteiger» bedeutet.

«In einem spezifischen Sinne»: da es für die Gestalt des Orest ja offensichtlich nicht um «Rache» im mosaischen Sinne geht, sondern um den Rechtsanspruch auf den Thron des Agamemnon; eigentlich ist in der sophokleischen Elektra nur sie, eben Elektra, dem Verdacht, dem Prinzip der Rache zu huldigen, auszusetzen, da Klytemnestra – wie R. von Ranke-Graves zeigte – ein Rechtsprinzip, das Matriarchat, gegen das des Agamemnon (der patriarchalisch seine Tochter Iphigenie geopfert hatte) verteidigte.[2]

6. Der Mistkäfer

Auf Deutung wartet noch, wie eigentlich alles von Aisop, die merkwürdige Fabel ‹*Der Adler und der Mistkäfer*›. Sie ist, wie die ‹*Orestiade*›, nur in einem bedingten Sinne eine Fabel über die Rache, da auch hier ein Bruch an geheiligtem Recht nach Wiederherstellung («des Willens Zähne knirschen») ruft – Matriarchat, das von «fremden» Patriarchat/Eroberer vergewaltigt wird – und nicht in jenem «unbedingten» Sinne, wie die Tafeln des Hammurabi/Moses (Taranteln) es verstehen.

Darüber hinaus liegt die Kompliziertheit dieser Fabel darin, daß neben dem Hasen und dem Adler (Zeusvogel) auch der ägyptische Skarabäus als Rachetier vorkommt, das als solches nur in dieser

Fabel überliefert ist. «Der Adler war hinter einem Hasen her. Als dieser jeder Hoffnung auf Hilfe beraubt schien, erblickte er – wahrhaftes Geschenk des Zufalls! – einen Mistkäfer. Den rief er an, und der Mistkäfer sprach ihm auch Mut zu. Als er des Adlers, der inzwischen nahe herangekommen war, ansichtig wurde, bat er ihn, doch seinen Schützling nicht fortzunehmen. Der Adler indes übersah den winzigen Käfer und verspeiste vor seinen Augen den Hasen. Diese Schandtat wollte der Mistkäfer nicht ungesühnt lassen. Er beobachtete daher die Nester des Adlers, und wenn dieser Eier gelegt hatte, kroch er hinauf, rollte die Eier (der Pillendreher wurde er genannt, C. L.) aus dem Nest und zerbrach sie. Das ging so weit, daß der Adler, überall vertrieben, zu Zeus seine Zuflucht nahm und ihn bat, ihm doch einen sicheren Ort für seine Brut zu verschaffen. Der Gott gestattete dem Adler, in seine, Zeus eigenen Schoß die Eier zu legen. Der Mistkäfer, der das gesehen hatte, bildete eine Kugel aus Mist, flog damit hinauf und legte sie in Zeus' Schoß ab. Zeus wollte den Unrat abschütteln; doch als er sich erhob, ließ er unversehens auch die Eier fallen. Von daher sagt man: Zu der Zeit, da die Mistkäfer aufkommen, wollen die Adler nicht nisten.» (Antike Fabeln, ibd., Fabel 3)
Hören wir eine zeitgenössische Deutung eines der hervorragendsten Kenner der Fabeln, dann werden wir ermessen können, wie weit wir von einer echten Deutung dieser (und andrer) Fabeln heute noch sind:
«Man sieht leicht aus welcher Sphäre das kommt und gegen wen die Spitze sich richtet. Freventlich hatte der Mächtige heiliges Recht, das Recht des Schutzflehenden verletzt; unfehlbar wußte ihn die Rache (nicht mosaisch, C. L.) zu finden – und sie wird ihn immer zu finden wissen, selbst wenn er sich im Schoß der Götter birgt, selbst wenn der Rächer nur ein kleiner, verachteter Mistkäfer ist.» (K. Meuli, Herkunft und Wesen der Fabel, Schweiz. Archiv f. Volkskunde, Bd. 50, S. 73)
Das, was Meuli den «kleinen verachteten Mistkäfer» nennt, ist nun aber, bei den Ägyptern, eine ur-alte Gottheit, dessen Andenken sich im Dunkel der ägyptisch-frühdynastischen Zeit verliert. Den Namen dieser Gottheit kennen wir nicht, «und sie läßt sich in den Quellen des alten Reiches nirgends mehr greifen; wahrscheinlich ist sie bei der Umschichtung des Pantheons, die mit der ‹Vermenschlichung der Mächte› im Ausgang der Frühzeit zusammengeht, definitiv aus der Sphäre offizieller Geltung und Verehrung

herausgefallen. Doch zeigen die Amulette, daß der Glaube an die heilkräftige Wirkung dieser Käferart nicht nur in den unteren sozialen Schichten weiterlebt ... In der Gestalt des Chepri stoßen wir zum ersten Mal auf die Verbindung von Skarabäus und Sonnengott ... Hier bereitet sich schon die Vorstellung vor, daß der Skarabäus die Gestalt ist, in welcher der Sonnengott im unterirdischen ‹westlichen› Totenreich weilt, und zugleich die Gestalt, in welcher er jeden Morgen wieder aus jener Sphäre hervorgeht.» (Skarabäen und andere Siegelamulette aus Basler Sammlungen, hg. v. E. Hornung und E. Staehelin, Mainz, 1976, S. 13)
Chepri heißt: Der, der aus sich selbst sich schuf.
«Used as an amulet for the dead, it must indicate a magical force which can cause the dead to ‹come into existence› (hpr) in the next life». (W. A. Ward, Studies of Scarab Seals, Vol. 1, Biddles Ltd., 1978, S. 44.)
Meulis – und das betrifft die Wissenschaft überhaupt – unglaubliche Naivität bei der Deutung einer Fabel läßt eben den Respekt vor der Sache vermissen, der die Fabel als allgemein-menschliches Entwicklungsgesetz der Vernunft sowohl in der Fabel des königlichen Ratgebers, der seinen Kopf dabei riskiert, in Indien oder auch Ägypten – als in der ausgezeichneten Gestalt des Fabeln erzählenden Sklaven Aisopos anerkennen würde. Zutreffend ist, daß der Skarabäus als hieroglyphisches Schriftzeichen «Sein» oder auch «Werden» bedeutet.
Bei der Berühmtheit, die der Skarabäus durch das Neue Reich hindurch erhielt, kann dieser Sachverhalt zwar der bürgerlichen/antibürgerlichen Philosophie entgangen sein, nicht aber dem Volksweisen Aisopos. Er wurde von den Griechen als der Meister der Volksweisheit und -Fabeln durch eine Statue in Athen vom athenischen Volk geehrt; keine Philosophie ist ihm bis heute gewachsen. Aristoteles reihte ihn bzw. die Fabel ein in die Rhetorik: Die Sklavengesellschaft Athens hatte schon den Aisopos erledigt, der unerledigt über Rom und das Mittelalter bis zu uns gekommen ist. Der Mistkäfer – Sinnbild eben auch einer mit ihrem Kot versöhnten Menschheit – war den mittleren Ägyptern ein Sinnbild der neuaufgehenden Sonne. Wir erinnern uns an die Schlußsätze des Z., die in ihrer wunden Ohnmacht auf diese Gottheit verweisen:
«Also sprach Zarathustra und verließ seine Höhle, glühend und stark, wie eine Morgensonne, die aus dunklen Bergen kommt.» (778)

Mit der Verdrängung des buckligen Fabulierers der menschlichen Emanzipation im ‹fabelhaften› Zeitalter der griechischen Antike, aus dem Triumvirat Homer – Hesiod – Aisop, verliert die Vernunft für Jahrtausende ein Stück ihrer eigenen Geschichte und ihrer Selbstbesinnung; das gilt bis zu Ernst Bloch. Nicht nur Nietzsche wird durch das Licht der Fabel erhellt; Kafkas Metamorphose etwa *ist* eine zeitgenössische Fabel. Und Nietzsche ist möglicherweise der einzige Philosoph der Moderne, der Aisopos als Philosoph der Erlösung erkannte: Aisopos redivirus.

Anmerkungen

1 Das allgemeine Tauschmittel, das Geld – im ‹*Zarathustra*› unerwähnt –, existierte schon im abstrakten Prinzip des Allgemeinen Äquivalenten, noch nicht als Münze. «Dieser Brief ist zugleich ein sehr deutliches Beispiel für die Praxis, Silber als Standardwert einzusetzen, ohne daß überhaupt mit Silber gehandelt wird. Diese Praxis war im antiken Nahen Osten weit verbreiteter, und ein ägyptisches Dokument aus der Zeit kurz nach 1300 v. Chr. ist dafür ein weiteres gutes Beispiel. Nach diesem Dokument (einer Prozeßurkunde) war ein Kaufmann von Haus zu Haus gegangen und hatte eine Sklavin zum Verkauf angeboten, die dann schließlich von der Frau eines Beamten erworben wurde. Der Preis war mit einem Silberwert festgesetzt, in Wirklichkeit wurde er jedoch in Form von Textilien, Kleidungsstücken und Bronzegefäßen entrichtet, wobei alle Gegenstände einzeln bewertet wurden.» (ibd., 444)

2 Und es ist erst seit N. nicht mehr unmöglich, einen Keim der Gestalt des Don Quixote – vermittelt durch den Geist der Rache – in der Geschichte des von den Erinnyen mit Wahnsinn geschlagenen Orests zu entdecken, um dann umgekehrt, den Quixote vom Geist der Rache aus neu zu lesen:
Orest und Pylades versteckten sich in einer Höhle, mit der Absicht, sich dem Tempel bei Anbruch der Dunkelheit zu nähern. Aber schon vorher wurden sie von einigen leichtgläubigen Hirten überrascht, die zu Boden fielen und sie anbeteten, weil sie die beiden für die Dioskuren oder ein anderes Paar Unsterblicher hielten. In diesem Augenblick wurde Orestes wieder vom Wahnsinn befallen. Er blökte wie ein Kalb und jaulte wie ein Hund, hielt eine Herde Kälber für die Erinnyen und stürzte aus der Höhle mit dem Schwert in der Hand, um sie zu erschlagen. Die zuerst entgeisterten Hirten überwältigten die beiden Freunde. Auf Befehl des Thoas wurden sie zum Tempel gebracht, um dort geopfert zu werden. (Ranke-Graves, ibd., 116 e)

Ludwig Harig
Übersprungene Symmetrien
Die Geschichte zweier Nietzsche-Porträts

«Jede Philosophie ‹verbirgt› auch eine Philosophie; jede Meinung ist auch ein Versteck, jedes Wort auch eine Maske.»
(Friedrich Nietzsche: *‹Jenseits von Gut und Böse›*

Die Geschichte, die ich erzähle, ist eine Geschichte, die sich wirklich zugetragen hat. Genauer gesagt sind es zwei Geschichten, und wenn man es ganz genau nimmt, sind es einige Doppelgeschichten, das heißt, Geschichten mit ihrer Kehrseite, richtige Nietzsche-Geschichten, Doppelgänger-Geschichten, mit einem Wanderer und seinem Schatten, mit einem Menschen und seiner Maske, Geschichten, in denen die Betrachtungen unzeitgemäß sind und in denen die Wissenschaft fröhlich ist, was ja sonst nicht so häufig vorkommt.

Meine Geschichte ist keine erfundene Geschichte, und obwohl sie fast eine philosophische Geschichte ist, taugt sie kein bißchen für einen philosophischen Diskurs, schon gar nicht für eine soziologische Untersuchung, für einen politischen Traktat oder für eine Marketingstudie, auch wenn es darin um gesellschaftliche, um politische und um wirtschaftliche Dinge geht.

Nein, meine Geschichte will nichts erklären, sie will etwas erzählen. Sie will etwas erzählen, was ich auf andere Weise nicht erzählen und deshalb auch nicht vorführen könnte, wie diese kehrseitigen Doppelgänger-Geschichten ablaufen. Meine Geschichte erzählt, wie gesagt, von der Zweiseitigkeit, sie ist, wie Nietzsche es ausdrücken würde, «ein Spiel der Symmetrien aller Art und ein Überspringen und Verspotten dieser Symmetrien», sie erzählt, wie es aus der Zweiseitigkeit in die Dreifaltigkeit übergeht, wie jede Falte dieser Dreifaltigkeit mit jeder anderen Falte wieder gefaltet ist, aber sie erzählt diese symmetrischen Faltungen nicht als zweck- und ziellose Spielereien, o nein, meine Geschichte geht auf eine gewisse «Wünschbarkeit» aus, sie sollte so etwas wie eine «Stimulanz zum Leben» sein, woran jedermann erkennt, daß es sich um eine wahrhaftige Nietzsche-Geschichte handeln muß.

Der Leser dieser Geschichte braucht also nicht zu deduzieren und braucht nicht zu induzieren, er braucht nicht vor Kausalitäten und nicht vor Syllogismen zu erschrecken, jedoch er muß mit seinem Kopf etwas anstellen können, was viel abenteuerlicher und viel, viel halsbrecherischer ist als Kausalitäten zu begreifen und Syllogismen zu bilden, er muß nämlich einen Kopf besitzen, in dem die Gedanken zu Purzelbäumen fähig sind, vielleicht so etwas wie einen Hirnstab zum Überspringen der Symmetrien, eine geschmierte Stimmritze zu ihrer Verspottung. Aber damit bin ich selbst schon mitten in meine eigene Geschichte verwickelt, unversehens beginnt sie an einer Stelle, an der sie den schlechtesten aller denkbaren Ansätze hat, nämlich dort, wo sie eigentlich schon zu Ende sein sollte.

Meine Geschichte handelt von zwei Bildern, zwei körperhaften, handgreiflichen, unanfechtbaren Bildern aus Farbe und Leinwand, aus Graphit und Papier, es besteht kein Anlaß, auf der einen Seite an ihrer Stofflichkeit und auf der anderen an ihrer Geistigkeit als Bilder zu zweifeln. Obwohl keine Rede davon sein kann, daß diese beiden leibhaftigen Bilder fälschlicherweise als Allegorien oder Personifizierungen angesehen werden möchten, daß sie mit Symbolen oder sonstigen Gleichnissen verwechselt werden könnten, so scheue ich mich doch, überhaupt erst mit dieser Bildergeschichte anzufangen, denn Friedrich Nietzsche, den diese beiden Bilder zum Gegenstand haben, hat nichts von Bildern gehalten.

In seinem Buch *‹Jenseits von Gut und Böse›* spricht er davon, daß alles, was tief sei, die Maske liebe, ja, daß das Allertiefste sogar einen Haß auf Bild und Gleichnis habe, und er fragt: «Sollte nicht erst der ‹Gegensatz› die rechte Verkleidung sein?» Nietzsche spricht vom sublimsten Bild, vom berückendsten Gleichnis im Kopf; was hätte er erst von einer leibhaftigen Abbildung gehalten? Und noch im *‹Nachlaß der Achtzigerjahre›* kommt er von den Bildern im Kopfe auf die Wörter zu sprechen, «angewendet auf die Bilder». Ja, was sollte er wohl von einer schieren Abbildung halten?

Nun, wenn man weiß, daß unzählige Künstler, wie Handzeichner und Ölmaler, wie Holzschneider und Bildhauer versucht haben, diesen bilderfeindlichen Nietzsche in Bleistift und Öl, in Holz und Bronze abzubilden, dann stellt sich notgedrungen die Frage nach dem kuriosen Doppelspiel von eitlem Abgebildeten und geschmähtem Abbild. Wenn Nietzsche das Bild auch nicht sonder-

lich hoch angesehen hat, so hat er sich selbst doch gern abbilden lassen. Mag sein, daß er zur fotografischen Kunst anders stand als zur Ölmalerei, jedenfalls zeigt er sich vor der fotografischen Linse in waghalsigerer Pose als vor der menschlichen.
Wie jeder weiß, hat ihn der Fotograf Jules Bonnet aus Luzern zusammen mit seinem Freunde Paul Rée und der schönen Lou von Salomé im Jahre 1882 auf einer Ablichtung festgehalten, deren Arrangement er selbst in raffinierter Manier vorgenommen hatte. Vor düsterer Alpenszenerie stehen Nietzsche und Paul Rée vor eine Karre gespannt, Paul Rée, der sich sein Leben lang vor der Wiedergabe seines Gesichts gescheut hat, lächelt in seiner braven, bartlosen Art in die Kamera, Nietzsche dagegen, mit der Hand an der Deichsel, schaut grimmig in eine imaginäre Ferne, während Lou von Salomé auf der Karre die fliedergeschmückte Peitsche schwingt, die goldne Geißel der Fricka aus der ‹*Walküre*›, den Thyrsos der rasenden Mänade, der man ihre Raserei noch nicht einmal ansieht. Womöglich ruft sie: «Dionysos!», und Nietzsche schaut deshalb so grimmig drein. Ja, was soll man davon halten?
Die beiden Bilder, von denen diese nun folgende Geschichte erzählt, sind keine raffiniert gestellte Fotografien, sondern ganz naiv verfertigte Porträts zweier Nietzscheverehrer. Das eine ist ein Ölgemälde des Paradiesmalers Samuele Giovanoli aus dem Fextal, das andere ist eine Handzeichnung meines Freundes Eugen aus Neuweiler.
Für jeden der beiden Porträtisten gab es naturgemäß einen Anlaß, sich dieses Sujets eines dionysischen Eremiten anzunehmen, denn niemand, so darf bei der Kenntnis des Gegenstandes vermutet werden, stürzt sich blindlings in ein solches Unternehmen. Nietzsche, dieser maskierte Dionysos, läßt einen malbeflissenen Menschen nicht umsonst zu Pinsel und Bleistift greifen, da muß es schon schwerwiegende, wenn nicht unabweisliche Gründe geben, das muß vorausgeschickt werden. Als nämlich Samuele Giovanoli und mein Freund Eugen sich zu diesem Wagnis gedrängt fühlten, Friedrich Nietzsche zu konterfeien, da setzten sie eines jener kehrseitigen Doppelspiele in Gang, das sich erst heute zu seinen vollen Abläufen entfaltet hat. Während Eugens Bild eine mehr oder weniger diskrete Ursache zum Anlaß, dabei aber eine um so furiosere Wirkung zur Folge hatte, zeugt die Auswirkung Giovanolis im Verhältnis zur Veranlassung eher von einer zurückhaltenden Zärt-

lichkeit. Nietzsche hatte Eugen von innen heraus, Giovanoli dagegen von außen her angestoßen.
Es ist bekannt, daß Friedrich Nietzsche vom Sommer 1881 an acht Jahre lang Sils-Maria im schweizerischen Oberengadin aufgesucht hat, um dort, «wo Italien und Finnland zum Bunde zusammengekommen sind», wie er selbst sagt, die «Doppelgängerei der Natur», «die schönste Doppelgängerei», «in diesen schalkhaft glücklichen Spielen des Windzuges von früh bis abend» Jahr für Jahr zu erleben. Er nennt das Oberengadin eine metaphysische Landschaft und, in «gewagter Latinität», Sils-Maria die «Perla Perlissima». In seinen Briefen an Peter Gast und Franz Overbeck spricht er von heiteren und luftigen Farben, von Leichtigkeit und Epikur und von den Sprüngen eines Possenreißers, und damit meint er sich selbst. Noch am 3. September 1888, als er morgens, nach der Niederschrift des Vorworts zur *‹Umwertung aller Werte›*, ins Freie trat, «fand ich den schönsten Tag vor mir, den das Oberengadin mir je gezeigt hat – durchsichtig, glühend in den Farben, alle Gegensätze, alle Mitten zwischen Eis und Süden in sich schließend».
Er sagt rückerinnernd, die Jahre seiner niedrigsten Vitalität seien die gewesen, wo er aufhörte, die seiner höchsten Vitalität dagegen die, wo er anfing, Pessimist zu sein.
Da gibt es also Finnland und Italien, das Eis und den Süden, die Frühe und den Abend, alle diese kehrseitigen Doppelgängereien, und da gibt es die Spiele, die Sprünge, den Schalk und den Possenspieler, Gesundheit und Krankheit im reziproken Wechsel zu Optimismus und Pessimismus, ein ganzes Feld von Gegensätzen tut sich auf, Polaritäten und Antinomien, und man wundert sich, warum er nicht anfing, diese Zweiseitigkeiten in der Dreifaltigkeit der Dialektik aufzuheben.
Aber nichts von alledem, Nietzsche geht in seiner niedrigen Stube auf und ab, im späten Sommer klappert er schon vor Kälte, er geht hin und her zwischen Bett und Stuhl, zwischen Tisch und Sofa, zwischen Waschkommode und Toiletteneimer, es gibt nichts außerdem, nur noch die Wasserkaraffe und den Handtuchständer, einen marmornen Kerzenhalter und eine Öllampe aus Messing. Die Waschschüssel ist von der Firma Marie U. & Co. aus Sarreguemines und die Seifenschale von John Maddock & Sons Ltd. aus Brooklyn. Aber hüten wir uns zu sagen, hier sei die Bescheidenheit der Umgebung und dort der Reichtum der Ideen, und eine ge-

heime Dialektik walte zwischen den Widersprüchen. Nietzsche zieht seine Stiefel an, nimmt Hut und Stock und tritt vor die Tür.

Es ist ein Augusttag im Jahre 1881. Nietzsche schreitet fröhlich aus, er hüpft, er tanzt, weil er ja nur im Hüpfen denken, im Tanzen dichten kann, er tanzt schon den Tanz, er hüpft schon die Sätze Zarathustras, er redet im Gehen, er spricht das «jasagende Pathos», nun wird er zu singen, nun wird er zu musizieren anfangen. In seinem Ohr tönt schon das Spielwerk des immer Gleichen, die Spieluhr der unendlichen Wiederholung, das sanfte Orchestrion einer immerwährenden Melodie.

In *‹Ecce homo›* kann man lesen: «Ich ging an jenem Tage am See von Silvaplana durch die Wälder; bei einem mächtigen pyramidal aufgetürmten Block unweit Surlei machte ich halt. Da kam mir dieser Gedanke.» «Es ist der «Ewige-Wiederkunfts-Gedanke», der Gedanke von der Sanduhr des Daseins, die immer wieder umgedreht wird.

Hiervon spricht das Gedicht «Sils-Maria» aus den *‹Liedern des Prinzen Vogelfrei›*, es spricht der Possenreißer, der Hanswurst, der Narr, der Dichter:

«Hier saß ich, wartend, wartend, – doch auf nichts,
jenseits von Gut und Böse, bald des Lichts
genießend, bald des Schattens, ganz nur Spiel,
ganz See, ganz Mittag, ganz Zeit ohne Ziel.
Da, plötzlich, Freundin! wurde eins zu zwei-
– und Zarathustra ging an mir vorbei ...»

Dieses Ereignis, diese Situation, ja diesen paradiesischen Augenblick hat Samuele Giovanoli gemalt, samt Licht und Schatten, diesen Pan am Mittag, dieses spielerische Warten, diese Ziel- und Zwecklosigkeit, ja sogar dieses Jenseits von Gut und Böse. Giovanoli zeigt den dionysischen Wanderer, im Grase sitzend, so als habe er von der närrischen Verwandlungsfähigkeit des bärtigen Satyrs, als habe er von der spielenden Leichtigkeit der Griechen gewußt, die das Blaue braun und das Grüne gelb sahen; und da ja tatsächlich das Braune und das Gelbe in Haut und in Harz und im Honig dasselbe sind, ist das ganze Bild gelb und braun geraten, und das Wasser des Sees von Silvaplana ist gerade dabei, seine blaue Farbe zu verlieren, um auch gelb und braun zu werden wie das Gras der Wiese und wie die Nadeln der Lärche, an deren Stamm sich Nietzsche zum Sitzen niedergelassen hat. «Blau und

Grün entmenschlichen die Natur», sagt er, und es sieht auf dem Bilde Giovanolis so aus, als sitze er da, um sie wieder zu denaturieren.

Der Block, von von dem er schrieb, hat sich in viele Blöcke gespalten; er nannte ihn «pyramidal», was ja nicht einfach nur pyramidenförmig bedeutet, sondern darüber hinaus auch noch soviel wie «gewaltig», wie «riesenhaft», wie «überwältigend» heißen soll. Rund um ihn her liegen lauter pyramidale Steine, und Nietzsche sitzt, mit dem Rücken an den Stamm der Lärche gelehnt, mitten in der Wiese. Er sitzt mitten in den Engadiner Alpenblumen, Büschel von Grasnelken und Anemonen blühen zwischen Leim- und Fingerkraut, alle rot und leuchtend, und Nietzsche sitzt auf seinem Hosenboden, hemdsärmelig, aber hochgeknöpft, und schaut auf die pyramidalen Steine. In seiner Rechten hält er sein Stöckchen und den Sonnenhut. Hand und Stock und Hut sind dem Maler zu klein geraten, dafür aber ragt das gewaltige Haupt aus dem geschlossenen Hemdkragen heraus.

Nietzsche sitzt tatsächlich in der Mitte, «der düster und magisch umglänzte einsame Wanderer, der durch die blaue Eiswelt der Berghöhen irrt, bisweilen zu Tal steigend», wie Egon Friedell, «alle Mitten zwischen Eis und Süden in sich schließend», wie er selbst sagt; nur sind die Blumen und ist die Eiswelt gerade dabei, gelb und braun zu werden, damit die schweizerische Alpenwelt griechisch und dionysisch wird.

Auf Samuele Giovanolis Ölgemälde sind die Gegensätze des Gedichts naturgetreu festgehalten: oben das Licht und unten der See, das Feuer über dem Gebirge, das Wasser in der Talsenke, und Nietzsche in der Mitte dazwischen in den Anemonen sitzend. Nietzsche schaut in das Feuer, von dem der Grieche Heraklit gesagt hat, es sei der Ursprung aller Dinge, und er schaut auf das Wasser, von dem der Grieche Thales gesagt hat, es sei der Ursprung aller Dinge. Was für Heraklit das Feuer war, das war für Thales das Wasser, und was für Thales das Wasser war, das war für Demokrit die Erde. Solange nun im Menschen das Feuer brennt, ist es gut, wehe, wenn er zuviel Anteil am Wasser hat und er zu schwimmen beginnt, und wehe erst, wenn er zuviel Anteil an der Erde hat und zu modern beginnt!

Nietzsche, im gelben und braunen Gras einer Engadiner Wiese sitzend, fuchtelt mit seinem Stöckchen in der Luft, schwenkt sein Sonnenhütchen und springt auf die Beine. Er hüpft über die pyramidalen Steine, er tanzt zwischen den Tannen und ruft: «Wenn man Heraklit die Frage vorrücken wollte: warum ist das Feuer nicht immer Feuer, warum ist es jetzt Wasser, jetzt Erde? so würde er eben, nur antworten: ‹Es ist ein Spiel, nehmt's nicht zu pathetisch und vor allem nicht moralisch!›»

Dann schaut er über das Wasser des Sees in das Abendlicht der Sonne und sagt: «Die Welt ist das ‹Spiel› des Zeus oder, physikalischer ausgedrückt, des Feuers mit sich selbst, das Eine ist nur in diesem Sinne zugleich das Viele.» Und er sagt: «Heraklit hat ja keinen Grund, nachweisen zu ‹müssen› (wie ihn Leibniz hatte), daß diese Welt sogar die allerbeste sei, es genügt ihm, daß sie das schöne unschuldige Spiel des Äon ist.»

Die Lärche am Silsersee schüttet ein paar Nadeln auf Nietzsches Rock, die feurigen Anemonen duften, die pyramidalen Steine strahlen vor Wärme, auch sie sind ja eines dieser schönen unschuldigen Spiele des Äon. O immerwährendes Äon, denkt Nietzsche, ob es nun die unveränderliche ewige Dauer ist, oder ob es die 26000 Jahre sind, die die Nachtgleichen brauchen, damit sie einmal um den Tierkreis wandern, gleichviel, das Äon spielt. Es spielt und lehrt; lehrend spielt es, und spielend lehrt es.

Es ist zuerst die Lehre vom Gesetz im Werden und vom Spiel in der Notwendigkeit, und ist dann die Lehre vom Spiel in der Notwendigkeit und vom Werden im Gesetz, es ist ferner die Lehre vom Werden im Gesetz und von der Notwendigkeit im Spiel, und ist außerdem die Lehre von der Notwendigkeit im Spiel und vom Gesetz im Werden, es ist schließlich die Lehre vom Gesetz im Werden und von der Notwendigkeit im Spiel, und ist endlich die Lehre von der Notwendigkeit im Spiel und vom Werden im Gesetz.

An Nietzsches pyramidalen Steinen vorbei zieht ein ganzes Volk von Theorienbildnern. Was ließe sich nicht alles aus diesen Gegensätzen gewinnen? Ein erster operiert mit Polaritäten und setzt das Gesetz gegen das Spiel, dann das Spiel gegen die Notwendigkeit, dann das Werden zuerst gegen das Spiel und dann gegen das Gesetz, die Notwendigkeit gegen das Werden, kehrt schließlich die Polaritäten um, zeigt, wie das eine nur in seiner Bezogenheit auf das andere bestehen kann und täuscht auf diese Weise ein östliches Denken vor. Ein zweiter operiert mit Antinomien, er setzt die Sätze gegeneinander, zeigt den notwendigen Widerspruch vor, bekennt sich zum europäischen Spekulieren, ja, noch ist die Dialek-

tik westlich und transzendental! Aber auch die materialistischen Dialektiker sind nicht müßig gewesen, sie haben sich vorgenommen, die Antinomien zu beseitigen und die Polaritäten aufzuheben und sie in ihrer dialektischen Dreifaltigkeit zusammenzufalten.
Nietzsche, in der Mitte zwischen Finnland und Italien, zwischen Feuer und Wasser, zwischen allem und nichts, sitzt wieder unter den Zweigen der Lärche in der duftenden Engadiner Spätsommerwiese und läßt seine Gedanken spielen. Ja, er spiegelt nicht vor, er spielt. Finnland und Italien, Feuer und Wasser, alles und nichts: wenn es dieses alles und auch die Lehre von diesem allem ist, dann ist es zuerst aber auch die Lehre vom Werden im Gesetz und vom Spiel in der Notwendigkeit, und ist dann die Lehre vom Spiel in der Notwendigkeit und vom Gesetz im Werden, und ist außerdem die Lehre vom Gesetz im Spiel und vom Werden in der Notwendigkeit, es ist ferner die Lehre vom Werden in der Notwendigkeit und vom Spiel im Gesetz, es ist schließlich die Lehre vom Spiel im Gesetz und von der Notwendigkeit im Werden, und ist endlich die Lehre von der Notwendigkeit im Werden und vom Gesetz im Spiel.
Ist nun Samuele Giovanolis Ölgemälde eine Naturwiedergabe, oder ist es eine Schöpfung? «Alles nur Bilder des Bildners?» fragt Nietzsche, und er meint Gott und Prometheus, den Kaukasus und den hepatischen Adler. Er sagt: «Immer nur Bilder und Bildchen ‹aus einem Leben›», und er meint sich selbst und die Griechen, die ja als geborene Maler nicht nach der Natur gearbeitet haben. Nietzsche begnügt sich mit einer Frage, und er entfernt sich aus dem gemalten Gedicht. Er erhebt sich aus der Blumenwiese, zieht sein Jackett wieder an, setzt das Sonnenhütchen auf den Kopf und tritt aus dem Bild. Er schwingt seinen Spazierstock, steigt über die pyramidalen Steine und läßt die Landschaft ohne sein Konterfei zurück.

Nun ist es ein Menschenalter später, genau 67 Jahre, aber Nietzsches Wiederkehr-Gedanke ist noch nicht vergessen, und die Geschichte geht im Hochgebirge, wo sie begonnen hat, weiter. Jetzt sind es nicht mehr die Alpen, jetzt sind es die Pyrenäen, jetzt ist es nicht mehr das Engadin, jetzt ist es die Cerdaña. So wie Nietzsche vor einem Menschenalter über die Alpenwiesen des Engadin spazierte, so spaziert nun mein Freund Eugen über die Matten der Pyrenäen.

Er ist gerade zwanzig Jahre alt, seine rotblonde Haarwelle weht glühend im Sommerwind. Steil über dem Wald steht der Mont Canigou. Eugen hat Deutschland verlassen, er hat sich fortgemacht. Er will weggehen, er will auswandern, vielleicht bis nach Südamerika, vielleicht nur bis nach Andorra, Andorra ist neutral, und noch hat Max Frisch es nicht mit selbstgefälligen Bürgern bevölkert.
Die Cerdaña wölbt ihre Hügel und Hänge mit Oliven- und Birnbäumen über die Täler des Tech und des Ter; Eugen ist dem saarländischen Nachkriegs-Klerofaschismus entronnen, sein Reisepaß trägt keine christlichen Konfessionsvermerke mehr. Er steigt bergauf und bergab, wie es ihm gefällt, er wechselt die Pfade, er schweift in die Ferne, ein sanfter Heide, er goldhaariger Faun. Auch hier in der Cerdaña sind die Steine pyramidal, auch hier ist Zarathustra vorbeigegangen, eben hat er dem alten Heiligen, der in seinem Walde noch nichts davon gehört hat, gesagt, daß Gott gestorben ist. Das hat Eugen schwarz auf weiß, und es ist, mit behördlichem Stempel versehen, in seinen Papieren vermerkt.
Dieser Tag ist ein Augusttag wie im Jahre 1881, auch Eugen schreitet fröhlich aus, auch er hüpft und tanzt, weil ja auch er nur im Hüpfen denken und im Tanzen dichten kann, auch er hüpft die Sätze Zarathustras, die ihm aus dem Kopf und aus dem Herzen springen. Er ruft: «Jetzt bin ich leicht, jetzt fliege ich, jetzt sehe ich mich unter mir!» Eugen hüpft von einem pyramidalen Stein auf den anderen, er schwingt sein schwarzes Lackköfferchen, er greift in die Birnbäume und raschelt im Heidekraut. Irgendwo zwischen Prats-de-Mollo und Camprodón, bei den sieben Häusern von Setcasas, bei den warmen Quellen von La Preste, streift er im zarathustrischen Brause-Wind.
In seiner Brieftasche trägt er ein selbstverfertigtes Nietzsche-Porträt. Das Bild ist mit Bleistift gezeichnet, es zeigt Nietzsches Kopf. Es ist, wie Samuele Giovanolis Ölgemälde, ein kurioses Bild, denn so wie bei Giovanoli Nietzsches Hand und Hut, so ist auch bei Eugens Bleistiftzeichnung einiges zu klein, einiges andere zu groß ausgefallen. Vor allem die Haarwelle ist Eugen zu klein, dagegen ist ihm das Kinn zu groß geraten, überhaupt hat er an den Haaren gespart, vor allem an den Hinterkopfhaaren, aber auch an den Augenbrauen. Dagegen ist Nietzsches Stirn fliehender und sind seine Augen noch glühender als in Wirklichkeit. Wenn man ganz genau hinsieht, kann man erkennen, daß es Eugens eigener Hinterkopf

und daß es seine eigene Nase ist, die da so überdeutlich gezeichnet sind.
Trägt nun Eugen Nietzsches Maske, oder trägt Nietzsche Eugens Maske? Wer verbirgt wen? Ja, wer ist in wem verborgen? Nietzsche spricht, und Eugen hört zu. Aber auch Eugen spricht, und er hat mit den Jahren immer mehr und immer ausführlicher das Sprechen geübt. Nietzsche sagt: «Ein solcher Verborgener, der aus Instinkt das Reden zum Schweigen und Verschweigen braucht und unerschöpflich ist in der Ausflucht vor Mitteilung, ‹will› es und fördert es, daß eine Maske von ihm an seiner Statt in den Herzen und Köpfen seiner Freunde herumwandelt.» Ja, wer trägt nun wessen Maske?
Eugen hat sein Nietzsche-Porträt auf die Rückseite eines Theaterzettels gezeichnet, genauer gesagt auf die untere Hälfte des Zettels, auf der nicht mehr der Name des Autors und der Titel des Stückes, dafür aber die Personen und ihre Darsteller aufgeführt sind, unter ihnen Martha Cochlovius, eine Kusine meines Vaters, eine damals stadtbekannte Sängerin, als Inez, Vertraute der Gräfin Leonore von Sargasto. Es ist nicht schwer zu erraten, Leonore, Gräfin von Sargasto, Palastdame, Sopran; Inez, deren Vertraute, Sopran; Manrico, Tenor: das ist ‹*Der Troubadour*›, ja, Eugen hat seinen Nietzsche auf den Theaterzettel einer ‹*Troubadour*›-Aufführung gezeichnet.
«Tanzen wir gleich Troubadouren
zwischen Heiligen und Huren?»
singt Nietzsche, und er tanzt, wie er selbst sagt, in seinem Tanzlied «mit Verlaub! über die Moral hinweg». So schwenkt auch Eugen seinen Lackkoffer über die pyramidalen Steine, kümmert sich nicht um spanische Empfindlichkeit und nicht um andorranische Selbstgefälligkeit und singt die ganze Strophe:
«Raffen wir von jeder Blume
eine Blüte uns zum Ruhme
und zwei Blätter noch zum Kranz!
Tanzen wir gleich Troubadouren
zwischen Heiligen und Huren,
zwischen Gott und Welt den Tanz!»
Wieder diese blanken Gegensätze, und wieder dieser Tanz und dieses Spiel mit ihnen! Noch zwei Blätter, eines von hie und eines von da, eines vom Lorbeer- und eines vom Birnbaum, und es rundet sich das Widerstrebende. Aber warum sieht der Mensch über-

all Gegensätze, anstatt daß er sich mit Gradverschiedenheiten, mit Übergängen, mit sanften Wechseln begnügt? Ist es nicht vielmehr die Kehrseite der Dinge, die ihn verblüfft, und es gibt womöglich gar keine Gegensätze, nur die Logik erfindet sie, damit sie spielen kann? Hie das Lorbeerblatt, und dort das Blatt vom Birnbaum, hie die Ruhmsucht der Griechen, und dort das heitere Spiel der Hellenen. Wie spielte Nietzsche mit diesen Griechen, und wie spielte er diesen Griechen mit!

Die Hellenen waren Sophisten, gesunde und heitere Spieler; die Griechen waren Dialektiker, dekadente und griesgrämige Denker. Die Hellenen, als Sophisten, agierten; die Griechen, als Dialektiker, reagierten. Die Hellenen tauschten aus, die Polis, die Götter, die ganze Kultur. Die Griechen hielten fest, die Polis, die Götter, die ganze Kultur. Der Dialektiker will recht behalten, er geht aufs Ganze. Der Sophist will spielen, ihm ist es schnuppe. Der Dialektiker will etwas beweisen, wozu eigentlich? Um Recht zu haben und Wahrheit vorzutäuschen. Der Sophist will etwas zeigen, wozu? Um vorzuführen, daß es weder Recht noch Wahrheit gibt.

Auf der einen Seite steht die Dialektik, und auf der anderen Seite steht der gute Geschmack. Nietzsche spielt, er schaut auf die eine Seite, und dort sieht er den Pöbel sich tummeln. Er schaut auf die andere Seite, dort präsentiert sich ihm die honette Gesellschaft. Die honette Gesellschaft mit ihren guten Manieren trägt ihre Gründe nicht offen auf der Hand; der Pöbel aber mit seiner Dialektik zeigt schamlos seine fünf Finger. Was ist das für ein schmähliches Spiel!

Im Nu ist der tugendhafte Held zum Dialektiker geworden, schaukelt sich mit den antithetischen Prozessen in luftige Höhen empor und ist gut aufgehoben. Sollten die Dialektiker etwa spielerische Prozesse beschrieben haben, als seien es zwangsläufige? Oh, dieser durchtriebene Nietzsche mit seiner spielerischen Lust am Tanz, am Spiel und am Betrügen! Und diese Deutschen mit ihrer Lustlosigkeit, diese grämlichen Effektiven, was geht in ihnen vor, daß sie aus jedem schönen Widersinn gleich eine Dialektik machen und so tun, als müsse, sobald sich die Kehrseite der Dinge zeigt, die heilige Dialektik her! Die Dreiheit in der Einheit, ja, die Dreiheit, die zur Einheit führt, die Dreiheit, die in die Einheit mündet, heilige Mystifikation der Dialektik, wie sie aus ihrer Zweiseitigkeit die Dreifaltigkeit transzendental entbindet!

Das Lackköfferchen sichtbar in der Hand, das Nietzschebild verborgen in der Brieftasche, so hüpft, so tanzt, so fliegt Eugen über die Steine der Cerdaña. Aber wie er nun mitten im Hüpfen, im Tanzen und im Fliegen ist, knallt ein Schuß. Eugen bleibt stehen und schaut sich um. Hinter den Birnbäumen tauchen ein paar uniformierte Männer auf. Sie tragen ihre Gewehre im Anschlag und gehen auf Eugen zu.

Ein Uniformierter ohne Gewehr, aber mit einer Pistole im Gürtel, hebt seine Hand, und, die offene Handfläche gegen Eugen gerichtet, bewegt er diese einige Male ruckartig in seine Richtung. Eugen sieht die Geste des Offiziers, dreht sich um und läuft. Da krachen wieder Schüsse. Eugen steht auf der Stelle still, dreht sich wieder um und sieht die gleiche Geste der Hand, die ihn zum Weglaufen auffordert. Eugen läuft, Schüsse hallen, der Offizier winkt wie besessen.

Ist eine Geste des Herbeiwinkens nun eine Geste des Herbeiwinkens oder ist es eine Geste des Fortwinkens, und ist eine Geste des Fortwinkens nun eine Geste des Fortwinkens, oder ist es eine Geste des Herbeiwinkens? Ist etwa die spanische Geste des Herbeiwinkens identisch mit der deutschen Geste des Fortwinkens und die deutsche Geste des Herbeiwinkens identisch mit der spanischen Geste des Fortwinkens? O weh, wie schmählich ist doch dieses Spiel mit der Wahrheit!

Eugen bleibt stehen. Im Nu ist er von Soldaten umringt. Es sind Offiziere, Unteroffiziere und Rekruten der regulären spanischen Armee. Eugen hat sich über die Grenze verirrt, und es findet eine Leibesvisitation statt. Es ist reguläres Militär, keine Guardia civil, die da so peinlich arbeitet und alles, was nicht wie ein Spanier aussieht, bis ins innerste Kleidungsstück durchforscht. Nein, Eugen sieht nicht wie ein Spanier aus. Die Männer in den Stahlhelmen öffnen das schwarze Köfferchen und fördern auch die Brieftasche zutage. Da fällt ihnen das Nietzschebildnis in die Hände.

Sokrates und Reineke Fuchs waren Dialektiker, sie haben die Mittel der Notwehr und der Überredung beherrscht, aber Eugen ist nicht Sokrates und ist nicht Reineke Fuchs, er ist Nietzscheverehrer und bewandert im Spiel mit den Wörtern, aber er hat nicht einmal die Lehre angenommen, daß ein Nietzschebildnis in Grenznähe zu Mißverständnissen und sogar zu diplomatischen Verwicklungen führen kann. Was für eine Lehre soll er ziehen?

Möglich ist ebenso die Lehre vom Gesetz im Spiel und von der Notwendigkeit im Werden wie auch die Lehre von der Notwendigkeit im

Werden und vom Spiel im Gesetz. Möglich ist sowohl die Lehre vom Spiel im Gesetz und vom Werden in der Notwendigkeit als auch die Lehre vom Werden in der Notwendigkeit und vom Gesetz im Spiel. Und möglich ist nicht nur die Lehre vom Gesetz in der Notwendigkeit und vom Werden im Spiel, sondern auch die Lehre vom Werden im Spiel und von der Notwendigkeit im Gesetz.

Aber die Waffen der Soldaten lassen womöglich gar kein Spiel zu, obwohl auf diese Weise das Spiel ins Gesetz käme, wo es ja bisher nicht vorkam, und ein bißchen Spiel im Gesetz dem Gesetz schon lange guttäte. Eugen hat Nietzsche konterfeit, er hätte auch Pius XII. oder den Caudillo konterfeien und mit sich tragen können, und diese Bildnisse hätten den Offizier der spanischen Armee nicht besser von Eugens Spanienverehrung überzeugen können wie dieses Nietzschebild. Aber wer Eugen kennt, der weiß, daß ihm weder der Papst noch der Caudillo von der Hand gegangen wären. Don José und die schöne Carmen, ja, Nietzsche selbst hielt schon die Oper ‹*Carmen*› für Grund genug, eine Reise nach Spanien zu unternehmen.

Eugen hatte nur einen Fuß auf spanische Erde gesetzt, und Nietzsche war sein Alibi. Aber im Beisein spanischer Waffen kommt kein deutsches Gedankenspiel auf; und eine verläßliche Lehre, die man etwa schwarz auf weiß besitzen und nach Hause tragen könnte, gibt es auch nicht, weder eine Lehre von der Notwendigkeit im Gesetz und vom Spiel im Werden, noch vom Spiel im Werden und von der Notwendigkeit im Gesetz, nicht die Lehre vom Gesetz in der Notwendigkeit und vom Spiel im Werden, und nicht die Lehre vom Spiel im Werden und vom Gesetz in der Notwendigkeit, sowenig die Lehre von der Notwendigkeit im Gesetz und vom Spiel im Werden wie die Lehre vom Werden im Spiel und vom Gesetz in der Notwendigkeit.

Der Offizier stand da, aufrecht in seiner iberischen Grandezza, und betrachtete Eugens Nietzschebild. Er schaute lange, und dann schüttelte er den Kopf. War nun dieses spanische Kopfschütteln ein Zeichen der Zustimmung, wie es vielleicht spanischer Gepflogenheit entspricht, oder war es ein Zeichen des Zweifels, wie es ein deutsches Kopfschütteln gewesen wäre? Der Offizier musterte das Bildnis von Eugens Hand, und es wäre alles anarchische Spiel und jede subversive Maskerade nichts als eine überflüssige Caprice des Gehirns gewesen, wenn es nicht plötzlich zu einer überraschenden Wende gekommen wäre, die um ein Haar tödlich verlief.

Das hatte folgende Bewandtnis: Bei aller Unterschiedlichkeit sowohl in der künstlerischen Auffassung als auch in der individuellen Darstellung haben Giovanolis und Eugens Nietzsche eines gemeinsam: Nietzsche sieht bei ihnen beiden nicht aus wie Nietzsche, sondern wie Stalin. Ja, bei aller Gutwilligkeit, dieses Ölgemälde des Engadiner Paradiesmalers und die Bleistiftzeichnung meines Neuweiler Freundes sind so ausgefallen, daß anstatt Friedrich Nietzsche der grimmige Stalin herausgekommen ist und sie somit beide eine unbeabsichtigte Personifizierung geschaffen haben, das «Bild des Bildners», von dem Nietzsche spricht, eine fatale Gleichsetzung.

Aber wie kommt Nietzsche zur Maske Stalins, dieses exotischen Georgiers? Das alles ist nicht bedeutungsvoll und bleibt ein harmloses Spiel im Falle des paradiesischen Giovanoli, wo gut und gerne ein fröhlicher Stalin an Stelle eines Nietzsche im Engadiner Sommergras sitzen darf, aber es wird zum tödlichen Spiel, wo Stalin es zu einer spanischen Grenzüberschreitung bringt, wenn auch körperlos und nur in der Gestalt eines bemalten Theaterzettels. Eugen verschwand daraufhin für neun Monate in spanischen Gefängnissen, er saß bei Einbrechern und bei Mördern, und als er schließlich in Irun über die Grenze abgeschoben und den französischen Behörden in die Hand gespielt wurde, da trug er seinen Nietzsche in der Maske Stalins immer noch in seiner Brieftasche. Oder war es Stalin in der Maske Nietzsches?

Hier endet meine Geschichte, ohne Erklärung, ohne Lösung, ohne einen sinnvollen Schluß. Worin liegt die «Wünschbarkeit», und worin liegt die «Stimulanz zum Leben»? Ja, wie lebt eigentlich der Mensch, und was ist ihm zu wünschen? Heckt er nicht dialektische Rechthaberei aus und treibt mathematischen Hokuspokus und verschleißt sich so in der «Notdurft der Logik»? Wer wagt das «strenge und nüchterne Spiel des Begriffs», das die Hellenen so trunken machte, wer gönnt sich die Tage, an denen das Spiel «der Verallgemeinerung, Widerlegung, Engführung getrieben» wird, den großen Zauber «der wechselnden Form», in dem es Ursachen ohne Wirkungen und Wirkungen ohne Ursachen gibt: die Kausalität als Verabredung, Hume und Nietzsche, wie er die Götzen aushorcht, indem er mit dem Hammer Fragen stellt?

Dann verwandelt sich plötzlich der Hammer in eine Stimmgabel, und die Götzen tönen. Die Töne, die aus den Götzen hervorgehen, sind Zukunftsmelodien, die alle Welt dem lieben Gott, diesem Kindskopf, aber doch nicht einem Götzen zugetraut hätte. Oh, wenn dieser durchtriebene Nietzsche mit seinem Hammer an einen Götzen rührt! «Ich habe eine erschreckliche Angst davor, daß man mich eines Tages heilig spricht», sagt er erbleichend. «Ich will kein Heiliger sein, lieber noch ein Hanswurst. Vielleicht bin ich ein Hanswurst.» Ja, das ist er wohl, «nur Narr, nur Dichter!»

Die beiden Nietzschebildnisse hängen vor mir an der Wand, in kleinen Rahmen, unter Glas und für jeden sichtbar. Giovanolis Nietzsche schaut von links nach rechts, aber Eugens Nietzsche schaut von rechts nach links.

Heinrich Kutzner
(S)Tä(h)lernes Schreiben

Müßte nicht das Sprechen *zu* den Menschen beginnen? Sobald man *über* jemanden spricht, beginnt die Nadel in den Leib des Verurteilten zu schreiben. So wie jedes Nachdenken über die Welt sein Darübersein der Welt einschrieb.
Wie aber müßte dieses Sprechen ‹aussehen›?
«Ein Hauptmann hat heute morgen die Anzeige erstattet, daß dieser Mann, der ihm als Diener zugeteilt ist und vor seiner Türe schläft, den Dienst verschlafen hat. Er hat nämlich die Pflicht, bei jedem Stundenschlag aufzustehen und vor der Tür des Hauptmanns zu salutieren. Gewiß keine schwere Pflicht und eine notwendige, denn er soll sowohl zur Bewachung als auch zur Bedienung frisch bleiben.»[1]
Der Verurteilte bewacht, um dem kulturellen System zu dienen, sich selbst. Wenn es dieses «sich»-Subjekt noch gibt; die vollständigste Unterwerfung ist die unter das System der zerhackten Zeit. Die kosmische Maschine des Sonnensystems, das dem Leben seinen Rhythmus mitteilt, ist in Stundenschläge zerhackt. Nie, auch im Schlaf nicht, gehört dieser Mann sich selbst. «Frisch» bleibt er, und seine Glieder gehorchen ihm auf den Stundenschlag: sie gehorchen im System der Strafkolonie. Die dienenden Glieder, das Subjekt, Ich, die in sich geschlossene Einrichtung der Strafkolonie [2]: immer muß diese Dreiheit zusammenkommen, um die lichtvolle Gegenwärtigkeit herzustellen, aus der Rimbaud auszubrechen versuchte: «Ich ist ein anderer.»
Die Effektivität dieses Systems liegt in der Möglichkeit zur bewachenden Präsenz. So *könnte* der Hauptmann einmal nachsehen, und er sieht nach. «Er öffnete Schlag zwei Uhr die Tür und fand ihn schlafen.» Er schlägt ihm mit der Reitpeitsche ins Gesicht. «Statt nun aufzustehen und um Verzeihung zu bitten, faßte der Mann seinen Herrn bei den Beinen, schüttelte ihn und rief: ‹Wirf die Peitsche weg, oder ich fresse dich.› – Das ist der Sachverhalt.»[3]
Es ist die Gestik einer widerständigen Erde, die hinabziehend und wachrüttelnd zugleich nach den Beinen derer greift, wo sie der Erde am nächsten-fernsten sind und am lebendigsten, die herrscherlich auf sie treten – auftreten, unterworfen dem hierarchischen Bedeutungszusammenhang der «Welt». Statt nun um Verzeihung zu

bitten, spricht mit dieser Gestik und diesem kindlich drohenden Ruf die Erde: bist du nicht mein, bist du nicht auch Erde, müßte ich dich noch daran erinnern, dir drohen, dir die Zähne zeigen, wenn du die Peitsche wegwürfest?

Die Bühne, das harte, längliche Instrument des grausamen Einschreibens des eigenen Willens in einen weichen Körper, ein stets bedrohtes Aufrechtstehen, Errichten, Erektion – alle Versatzstükke, die Nietzsches und nicht nur Nietzsches Sprechen steuern, sind schon versammelt. Für die Herrscher gilt, daß man schleunigst diese Erde stumm machen muß, sie austrocknen (ständig wird in Berlin irgendwo «Grundwasser abgesenkt»), sie fixieren, um schreibend seine Macht in ihr zu bestätigen, um sie dann zu zerstückeln und zu brennen zum Tontäfelchen. Redende Knochen, *Wahrheit* – auch «Sachverhalt»: «Die Welt ist, was der Fall ist.» (Wittgenstein)

Wirf die Peitsche weg, oder ich fresse dich: der Fehler des Soldaten, sein Vergehen ist die Außerachtlassung des Systems, das der Hauptmann repräsentiert. Der Mann trennt den Offizier ab vom System, faßt ihn an und droht, ihn zu essen wie einen Pfefferkuchen. Mit dieser kindlichen Geste begibt er sich auf die präsystematische Ebene, und er wird auch zum Kind. Kind auf dem vertikal und horizontal zitternden «Bett», in ihm wird blutig die Strafe eingeschrieben. Kindbett, Ort der Geburt des Sinns der eingestichelten Schrift.

«Und nun beginnt das Spiel. Ein Nichteingeweihter merkt äußerlich keinen Unterschied in den Strafen. Die Egge scheint gleichförmig zu arbeiten. Zitternd sticht sie ihre Spitzen in den Körper ein, der überdies vom Bett aus zittert. Um es nun jedem zu ermöglichen, die Ausführung des Urteils zu überprüfen, wurde die Egge aus Glas gemacht ... Wir haben eben keine Mühe gescheut. Und nun kann jeder durch das Glas sehen, wie sich die Inschrift im Körper vollzieht. Wollen Sie nicht näher kommen und sich die Nadeln ansehen?»[4]

Näher tretend ziehen wir die von der Nadel auf der lichtdurchfluteten Egge gezogene Linie ein halbes Jahrhundert zurück zum Nietzsche der *‹Geburt der Tragödie›*: Ist es nicht «jene zarte Linie, die das Traumbild nicht überschreiten darf, um nicht pathologisch zu wirken, widrigenfalls uns der Schein als plumpe Wirklichkeit betrügen würde ... jene maßvolle Begrenzung der Freiheit von den wilderen Regungen, jene weisheitsvolle Ruhe des Bildnergottes?»[5] Der Nietzsche der ‹*Geburt der Tragödie*› weiß es nicht, oder weiß es noch nicht so wie er es mit dem ‹*Willen zur Macht*› «wissen» wird, daß diese feine Linie, hinter der der «staatenbildende Apollo, auch der Genius des principii individuationis» sein Auge aufschlägt, von den Nadeln der Egge gezogen wird, die auf der Strafkolonie dieses Urteil einschreibt: «Ehre deinen Vorgesetzten.»

«‹Er kennt sein eigenes Urteil nicht›?» «‹Nein›, sagte der Offizier ... ‹Es wäre nutzlos, es ihm zu verkünden. Er erfährt es ja auf seinem Leib.›»[6]

Die hier einzig angemessene genetisch-anthropologisch orientierte Lektüre entziffert das Einschreiben eines Systems von Differenzen als «Zierschrift» auf den Leib des (nackten) Menschenkindes, ein Einschreiben von Kulturmustern, das auch für Nietzsche einige Jahre nach der ‹*Geburt der Tragödie*› zum Thema wird. Die ‹*Genealogie der Moral*› handelt vom blutigen Einschreiben durch die Tatzen eines Rudels blonder Raubtiere und die Härte von Cäsaren in den zuckenden Leib der Unterlegenen, vom Fest der grausamen Strafen, die das Tier schaffen, das versprechen kann, den Untergebenen, der stets präsent ist und den Stundenschlag nicht verschläft. Es ist die Zierschrift, «keine Schönschrift für Schulkinder»[7], die den Körper erzeugt mit seinen Organen. «Auf diese Watte wird der Verurteilte bäuchlings gelegt, natürlich nackt.»[8] Und diese selbstverständliche organlose Natur erhält ihre Organe im Zusammenhang der Fesselung – «hier sind für die Füße, hier für den Hals Riemen, um ihn festzuschnallen. Hier am Kopfende des Bettes ...»[9] Die «Zierate», die die «wirkliche Schrift» erweitern, sind deren Organe, die die Organe des Körpers beschreiben-schaffen – «der übrige Körper ist für Verzierungen bestimmt»[10]. Ununterbrochen wird die Ökonomie des «Natürlichen» als «natürlich Nacktem» der totalen Ökonomie des Zierats untergeordnet. Der «Gürtel» der «wirklichen Schrift» ist weniger wichtig als der Ornat der Zierschrift, der reich und tödlich den Körper bedeckt und entdeckt, der ihn *sich* gibt und zugleich raubt, privatisiert; hier wäre an die Protestrufe Artauds gegen den Diebstahl seines Körpers durch die Einführung in die Kultur zu erinnern. Der Wilde sagt zum Missionar: bevor ihr kamt, wußten wir nicht, daß wir einen Körper hatten.

Ein genauerer Blick hätte das spezifische Einschreiben der verschiedenen Kulturen, in dem, was sie sich gegenseitig in ihrer Verschiedenheit antun-bedeuten, zu unterscheiden. Und in dem, was sie ihren Mitgliedern antun: der Schreiber ist allgegenwärtig, und sein Ort ist, wo die Schrift ist, wo auch Schriften hergestellt werden. So hat bei Kafka eine Grundbewegung, der sich aber in seinen Werken zwei andere Bewegungen entgegenstellen (der Versuch, *hin*zugelangen und das Ankommen, z. B. im Naturtheater), die Gestalt des erzeugenden Eindringens in den Körper: das Unterwerfen und Quälen des Angeklagten (Prozeß), das Eindringen des Apfels in Samsas Rücken, dem der Tod und die Ausstoßung folgen, das letzte Zustechen der Egge und die Umdrehung des Dolches im Herzen von K. – Parodie der schreibenden Spitzen, die am Ende der Erzählung ‹*In der Strafkolonie*› eine von ihnen im Kopf des Offiziers vorführt.

Stets ist das Sonnenauge Apolls von der feinen Linie gespalten, die Traum und Wachen, nichtbeteiligte Schau und gefahrvolle Realität trennt, die eingrenzt und beschreibt. «Dies ist der apollinische Traumeszustand, in dem die Welt des Tages sich verschleiert und eine neue Welt deutlicher, verständlicher, ergreifender als jene und doch schattengleicher, in fortwährendem Wechsel sich unserem Auge neu gebiert.»[11] Stets verdeckt der Traum die Durcharbeitung zerbrochener Triebstrukturen durch die spielerische Kombinatorik schattenhafter, wechselnder Bilder, Bilder, die nicht haften, Bildergesellschaft ohne Haftung, «Neckereien des Zufalls.»[12]

Durch die gläserne sonnendurchflutete Egge schreibt sich der Sinn jeden Einschreibens *aus*, er wird sichtbar. Der schließlich lesbare Sinn: ‹Ehre und gehorche!› verdoppelt das Einschreiben der Kultur zur Ekstase der Zuschauenden: die Damen des Kommandanten, die Kinder, denen die Erfahrung des Urteils auf ihrem Leib erspart scheint. So wie jeder von diesem Gott des Scheins bestimmte Blick die Bewegung der Ökonomie des Ersparens fortsetzt, der Entnahme einer Probe aus der gefährlichen ganzen Wirklichkeit, die als solche ein nichtökonomisches Chaos ist, ein «Tiger». Nietzsche selbst fügt das Verstehen dieser Welt und die Einübung in sie (wie für die Kinder, die dem Schreiber zuschauen) durch den apollinischen Blick zusammen, wenn er vom Philosophen Schopenhauer und vom Künstler Wagner spricht: «Wie nun der Philosoph zur Wirklichkeit des Daseins, so verhält sich der künstlerisch erregbare Mensch zur Wirklichkeit des Traumes, er sieht genau und gern zu: Denn aus diesen Bildern deutet er sich das Leben, an diesen Vorgängen übt er sich für das Leben.»[13]

Der junge Nietzsche, dem es um das Ertragen durch ästhetische Verhüllung der tobenden Willenswelt ging, nicht um Sublimierung und Abstoßung von einer Welt, in die Wagner, der spätere Dichter und Komponist des Parzifal, sich einst als Barrikadenkämpfer in Dresden auch politisch verstrickt hatte, der junge Nietzsche also stellt dem apollinischen Blick den antiökonomischen Blick der Verschmelzung mit «jenem Urkünstler der Welt» «im Actus der künstlerischen Zeugung» gegenüber, «dem unheimlichen Bild des Märchens gleich, das die Augen dreht und sich selber anschauen kann.»[14] In diese Konstruktion, in der das gellende Lachen des gefangenen Waldgottes lauert, spielt das Durchleben einer unterschwelligen Rivalität mit dem älteren Wagner um Cosima hinein; im ‹*Empedokles*›-Entwurf hatte Nietzsche diese Rivalität mit dem älteren Wagner «im Actus der künstlerischen Zeugung» bis hin zur Hölderlins Schicksal nachempfundenen «Verschmelzung» im Wahnsinnssprung in den Ätna ausagiert.[15]
Die roten Augenhöhlen, die das Märchenbild mit der Umdrehung seiner Augen eröffnet, enthüllen diese Welt kollektiver Tänze und Gesänge als kastrierte Natur, deren Charakter durch die dionysische Theatralisierung parodisch angespielt und überspielt wird, und es ist diese inszenierte Parodie der Kastration, die den Blick eines zeitgenössischen Philosophen, J. Derrida, unter diesem Aspekt auf das gesamte Werk Nietzsches gelenkt hat.[16] Doch wollen wir hier auf die tiefere Verbundenheit beider Tode hinweisen: den Tod der Tragödie am Ende jener Oppositionsreihe apollinischer und dionysischer Momente in den Elementen der Tragödie, die wir hier nicht nachzeichnen, und den Tod des Schreibers.
Unter den stichelnden Dornen öffnet sich der Leib des Verurteilten, um den Sinn zu gebären. In der sechsten Stunde (die die Stunden der Finsternis am Tage der Kreuzigung des Heilandes beschwört), teilt sich die apollinische Erfahrung auch dem Verurteilten mit: «Verstand geht auch dem Blödesten auf. Um die Augen beginnt es ... Es geschieht ja nichts weiter, der Mann fängt bloß an, die Schrift zu entziffern ... unser Mann entziffert sie mit seinen Wunden.»[17] Der Verurteilte durchläuft nacheinander die drei kulturellen Aggregatzustände, in denen *wir* stets oszillieren:
er ist weiblicher Körper unter dem Zugriff des patriarchalen Geschlechterverhältnisses, nackte Oberfläche, die fixiert, vergewaltigt und ineins zum Gebären des patriarchalen Gehorsamsgebotes (dem auf je seine Weise der weibliche wie der männliche Körper

unterworfen ist) gezwungen wird – unter den Stichen des gläsernen Phallus. Dessen kürzerer Begleiter – ist es die Parodie des Phallus, ist es die parodische Ehe mit einer weiblichen Öffnung? – spült mit einer ursprünglich «beizenden Flüssigkeit», Urin, die dem Verurteilten Seufzer auspreßt, das austretende Blut ab und hilft die Schrift zu fixieren. Kreislauf der Exkremente, in den der Verurteilte mehr und mehr eingeht. – Er ist zweitens «Mensch», «der Mann», dessen Wissen oder dessen Fähigkeit zu wissen das Gebot der Kultur in sich aufnimmt, und er ist schließlich Exkrement, das der Schreiber ausstößt und in die Grube wirft. Als Halbtote, Geschlagene machen wir Aufzeichnungen im Totenhaus.

Vergegenwärtigen wir uns die parodischen Momente dieses Schreibens: Parodie wirklicher Zeugung und Geburt, Parodie der Weiblichkeit, bevor wir darauf hinweisen, daß der Schreiber nicht nur ein apollinisches Gerät bleibt.

Erinnern wir uns an die direkte Proportionalität der Schwere des Vergehens zur Härte der Strafe, der Zahl der Schläge und Tiefe der Striemen zur Höhe des Standes dessen, gegen den der Strafwürdige sich verging. Diese Proportion wird, wie der direkte Austausch, mehr und ersetzt durch den Austausch nach Maßgabe eines allgemeinen Äquivalents. Das Verbrechen wird nicht schnell und direkt geahndet, sondern notiert und klassifiziert, und die Strafe am Ende nach dem allgemeinen Äquivalent überhaupt, Geld, oder ebenso abstrakt nach Zeitmengen bemessen. Aber genau dies ist die Ausbreitung der Zierschrift, deren tödliche Präsenz kein Körperorgan ausläßt, in der die Schwere der (von der Struktur der Strafkolonie sowohl provozierten wie festgelegten) Verbrechen «labyrinthartig»[18] artifiziell wieder eingeholt wird, sich wieder einholt – «sich gebiert». In Carl Schmitts Staatsmaschine, die soviel gewissen Formulierungen in Nietzsches Tragödien-Schrift verdankt, verschmilzt das Ästhetische der leiblichen freien Aktivität, das vielleicht als einziges gesehen werden kann, was «das Abendland» (wenigstens als Möglichkeit) der Welt hinzufügte, schenkte, mit der exakten Brutalität der elektronisch gesteuerten, unbeteiligt zuschlagenden Polizei. Rot ist die Schrift, die den Körper beschreibt, erzeugt, die ihn für die Kultur vor- und zuhanden macht und die ihn entmächtigt, um nicht zu sagen: kastriert. Rot blicken uns die Augenhöhlen im Augenblick der Drehung nach innen an, die vom künstlerischen Akt künden, in dem das Subjekt auch Objekt ist. So daß wir diesen unheimlichen «Blick» dem Medusenhaupt und den dorischen Säulen hinzufügen können, mit denen Nietzsche dem dionysisch entfesselten Urgrund Grenzen setzen, mit denen er – fasziniert und abgestoßen zugleich – die «abscheuliche Mischung aus Wollust und Grausamkeit» bannen wollte.[19]

Die damit angedeutete Konnotation von Lust mit Kastration spricht von der langen Geschichte der verdrängten, geopferten Weiblichkeit, die sowohl das patriarchale Geschlechterverhältnis etabliert wie die Projektion der männlichen Ängste auf die Frau als Ort der Wiederkehr des Verdrängten, als Hexe also, als Kastratin. In diesem Geschlechterverhältnis ist die Frau immerwährende Parodie, insofern sie, um vor sich selbst Realität zu gewinnen, männliches Wesen sein muß (denn dieses allein ist real und beseelt, wie die Kirchenväter meinten) *als* nichtmännliches Wesen. Psychoanalytisch ausgedrückt heißt das: sie muß den Penis haben und nicht haben, sie muß ihn verhüllt haben und verhüllt nicht haben. Derrida hat in dem erwähnten Aufsatz über die «Stile Nietzsches», die Verweisungen von «sich geben», «Schleier» (hinter dem das Geschlecht durchscheint, Stil) und «Kastration» aufgezeigt: «... die Kastration ist ein Vorgehen gegen die Frau und ebenso jeden Geschlechts gegen sich selbst und gegen das andere.»[20]

Und wo beginnt bei Nietzsche das Theater? Wenn die Frauen aus der Ebene ins Gebirge hinaufsteigen, zu den erektilen Felsen, um als Mänaden umherzuschweifen und in einem einsamen Gebirgstal, an das jedes griechische Theater in seiner Anlage erinnert, von der Höhe aus in der Mitte des Tals Dionysos', den stehenden und verlöschenden Phallus selbst, visionär zu schauen. Frauen, die sich als das Gefolge des tragischen Gottes *ausgeben*. Ihre Aktion ist zugleich ihr Untergang, das Eingehen nämlich in das Feld der Klischees, das der Mann um die «wilde», lämmerzerreißende und verschlingende Frau errichtet, ihre mänadische Existenz ist der parodische Schatten des Mannes.

«Valley, das Tal, ein häufiges weibliches Traumsymbol», bemerkt Freud. Der Schreiber steht im «tiefen, sandigen, von kahlen Abhängen ringsum abgeschlossenen kleinen Tal»[21], dort also, wo die Schenkel des V zusammenkommen. Hat er diese Stelle okkupiert, sind die Stahldornen der Egge Fortsetzung der Zähne in der Vulva dentata, Wiederkehr der verdrängten Weiblichkeit–Widerkehr? Der Schreiber ist eine stilvolle Theatermaschine, die den Sinn «tragisch», um den Preis eines Unterganges, erscheinen läßt. Die Kontinuität der Kultur wird durch den leuchtenden Tod eines Sträflings gewährleistet, der den Damen und den Kindern in der Strafkolonie zur apollinischen Ekstase verhilft, wie dem Sterbenden selbst. Doch wenn den Frauen die privilegierte Seite der unbeteiligt-leidlosen Schau zuzukommen *scheint*, dem Verurteilten die leidvoll-beteiligte Schau im schmerzlich-tödlichen Einswerden mit der Kultur, so ist der Umkehrung dieses Verhältnisses Rechnung zu tragen, die sich jederzeit in uns ereignet. Die Gestik des «Männlichen» bzw. des «Weiblichen» wird aufgenommen von der kulturellen Maschine und ihrem «Es schreibt (sich)».[22]

Es schreibt *sich*. Es schreibt sich *aus*, in der Parodie liegt sein Untergang beschlossen. Die Maschine des Tragödientheaters, auf dem Ödipus und Orest unterzugehen scheinen, stirbt «durch Selbstmord»[23], weil sie dem psychologistischen Reflexionstheater des Euripides Platz machen muß. Diesem Selbstmord scheinen wir in der Selbstzerlegung der Maschine in der Strafkolonie wiederzubegegnen, wenn die Maschine das verselbständigte Einschreiben parodiert und zugleich befreit. Sie läßt das «Es schreibt sich» gegen sich selbst arbeiten, als Aus-Schreiben, Schreiben, das sich gewinnt und verliert. Dieses auslöschende und konstante Gegenschreiben ereignet sich im Inneren der Maschine, wenn die einzelnen Räder methodisch sich *gegeneinander*stemmen und in der Konsequenz ihrer Achsenanordnung aus ihrer Verankerung gedrückt werden und oben sichtbar werden, um zu Boden zu kollern. Dieses parodistisch-dionysische Ineinander von Selbstzerstörung und Wiedergewinnen im entfunktionalisierten Schreiben trägt den großen Aphorismus vom Willen zur Macht, den Nietzsche wieder einmal mit den Worten beschließt: «Und auch ihr seid dieser Wille zur Macht und nichts außerdem!»[24]

Die Maschine enthüllt sich und dekonstruiert sich, sie wiederholt ihre Konstruktion im Untergang. *Sich* beschreiben, *sich* vergessen: die Maschine in der Strafkolonie als der letzte Dionysos zeigt uns die Reflexion im Kreischen der Räder aufschrei(b)end als Dekonstruktion und *aktives Vergessen*, um (mit) sich den Schauplatz der *über-wundenen Wunde* zu (er)richten. Sie vergißt sich, sie vergißt einen ihrer Dornen im Kopf ihres Betreuers, des Offiziers, der noch nach dem Kalkül der Oppositionen (weiblicher Körper – männlicher Kopf, Geist, Befehlszentrum, Uniform) agiert und versucht, sie in ihrer Funktion auch diesmal zu retten, indem er selbst sich ihr (als weiblicher Körper) einverleibt.

Die «Junggesellenmaschinen», von der «zölibatären Feuermaschine» der ewigen Wiederkehr bis zu Duchamps «Großem Glas», verkörpern den Augenblick der Auflösung der Opposition «männlich»–«weiblich» in der Selbstdemontage, die aber im Medium des Maschinellen stattfindet. Sie sind die künstlerische Bestätigung der großen Zweideutigkeit der Geschichte: sie kann die Opposition der Geschlechter wesenlos werden lassen, aber möglicherweise nur, um in die Supermaschine der Orwellschen Utopie oder das «System vom Hämmerchen» überzugehen, von dem Walter Jens in dem Roman ‹*Nein. Die Welt der Angeklagten*› spricht. In dieser Gesellschaft als Supermaschine wäre jede Geschlechterspannung ausgelöscht, Wahrheit noch mehr als heute nur im Verbrechen und im Wahnsinn, falls es beides dann noch geben könnte ...
Im Augenblick, in dem die opponierenden Räder der Maschine in der Strafkolonie, statt mit ihren Zähnen ineinanderzugreifen, sich gegeneinanderstemmen und aus ihrer Verankerung brechen, wird «oben», die Stelle des Kopfes, zur Stelle der Abscheidung. Abschied der Maschine von sich selbst, so wie Nietzsche die Vorstellung der Maschine für die zu erlösende Natur als Wille zur Macht zurückweist. Tatsächlich ist dies der Moment, in dem die Begriffe – sich bewahren, sich zerstören; sich geben, sich nehmen; erinnern, vergessen usw. – vertauschbar werden, die uns im kulturellen System unseren Platz zuweisen, mit denen wir beschrieben und verbucht (inscrit) werden.
Frau – «écriture»[25] –, die sich und andere und die Kastration kastriert, sich als kastriert (aus)gibt, wodurch sich der Schleier/Schirm des den Mann lockenden Spiels mit der Kastration aufspannt. In der psychoanalytischen Theorie[26] erlebt sich die Frau sowohl als kastrierter Mann, wie sie sich auch dem Mann als Phallus-Körper offeriert, dessen Besitz ihn von der ödipalen Kastrationsdrohung befreit. Sie gibt dem Mann die Chance, das Schiff zu entern und den apotropäischen Stilus zu ersetzen. In den vulgären Benennungen der männlichen Sexualität – Mast, gespanntes Segel, Schirm – lebt dieses System der Sexualität als System von Drohungen und der diese Drohung abwehrenden Ersetzungen fort. Wir gehen diesem System der orthodoxen Psychoanalyse nicht weiter

nach – lenken wir den Blick auf die Selbstdemontage der Maschine. Sie ist – wie der «Wille zur Macht» als System der Übermächtigung, des Verwundens – verselbständigte Selbstauslöschung des Bildes des unverdinglichten Austauschs, für den von alters her die Weiblichkeit, Ort des «Inzests», eingesetzt wird. Und diese Selbstauslöschung der Bilder von Nähe, Wärme, direkter Anteilnahme löscht sich selbst aus.
Die stets blutbeschmierte (écrivaillée) Kulturalisierungsmaschine, deren rasender Lauf sich heute «spätkapitalistisch» beschleunigt und zugleich stockt, zerfällt (sich). So daß nun der unverdinglichte Austausch selbst (als so vieles «abscheidender» und so vieles «aneignender (Kampf)» beginnen könnte ...?
«‹Ich habe meinen Schirm vergessen.›
Unter den ungedruckten Fragmenten Nietzsches fanden sich diese Worte für sich allein stehend und in Anführungszeichen gesetzt.
Vielleicht ein Zitat.
Vielleicht wurde es irgendwo entnommen.
Vielleicht hat er es da oder dort gehört.
Vielleicht war es der Vorsatz zu einem Satz, der da oder dort niedergeschrieben werden sollte.
Wir besitzen kein unfehlbares Mittel, um zu erfahren, wo die Entnahme stattgefunden hat, und worauf das Pfropfreis hätte anwachsen sollen. Wir werden *niemals* sicher wissen, was Nietzsche hat tun oder sagen wollen, als er diese Worte notierte. Nicht einmal, ob er irgend etwas *gewollt* hat.»[27]

Wir fragen, um zu «schließen»:
Vielleicht, um die Reihe dieser Vermutungen fortzusetzen, mußte Nietzsche eine die Bilder des blutigen Einschreibens und der Übermächtigung beschwörende Rede anstimmen, um inmitten dieser «Prozesse des Einverleibens» die Wunde zu überwinden, um mit der Sprache als Maschine des Reihens von Signifikanten den Sinn: «Wille zur Macht» zu erzeugen und gegen sich selbst zu kehren, *aktiv zu vergessen*. Vergessen als sich selbst aufzehren, «in sich selber fluten», wie es im großen Aphorismus vom Willen zur Macht (III 916f) heißt. Wenn dieses System des in die Kulur uns einpassenden Einschreibens bedeutet, daß wir uns selbst und den anderen verschlossen werden, eingenäht in den Sack unserer Ängste (Kastration, Trennung, Tod), wenn aber dieses System als «Wille zur Macht» gesehen wird, der vor sich selbst nicht halt-

macht und Selbstvergessen, Selbstauslöschung und darin «Rückkehr» bedeutet, dann enthielte die schließliche Selbstauslösung der Einschreibmaschine in der Strafkolonie eine vergleichbare Lehre für uns.

«Schreibe mit Blut ...» sagt Nietzsche, wobei stets doppeldeutig bleibt, ob es das Blut ist, das nach einem verwundenden, besiegenden oder strafenden Schnitt fließt, oder das Blut, das um die Öffnungen unseres Leibes kräftiger pulsiert, wenn wir uns mit anderen oder einer Nahrung vereinigen. («Die unbefleckte Empfängnis ist eine Befleckung der befleckten Empfängnis.») Aber wenn Nietzsche uns zuruft: «Ihr selbst seid dieser Wille zur Macht und nichts außerdem», dann beginnt in diesem Ruf auch das Sprechen zu, jenseits des fixierenden, tödlich trennenden Sprechens über ... Er erinnert uns an das Vergessen, das die Annahme des Zurufs bedeutet: seien wir «Wille zur Macht» – löschen wir alles aus, was er bedeutet, lassen wir das verwundende Einschreiben hinter uns, das auch mit dem Stilus der zunähenden Nadel auf dem Seziertisch der Kultur arbeitet, «vergessen» wir. Das zu-sprechende, verschließende, be- und verurteilende Sprechen über uns (die Tests der Psychologie, die Typologie der Medizin, die Gesetzesmaschine usw.), über andere, über die Welt macht einem uns füreinander, *zu*einander öffnenden Sprechen Platz, wenn der Schreiber in Stükke liegt, wenn wir als «Wille zur Macht» rückhaltlos dessen Vergessensbewegung annehmen, kein «Außerdem» für uns zurückhalten.

Anmerkungen

1 Kafka, Franz: In der Strafkolonie. Zit. nach der Ausg. des Wagenbach-Verlags, Berlin 1975, S. 31f
2 Vgl. a. a. O., S. 27
3 Vgl. a. a. O., S. 31
4 Vgl. a. a. O., S. 33
5 Nietzsche, Fr.: Die Geburt der Tragödie aus dem Geiste der Musik. Zit. nach der Taschenbuch-Ausg. des Goldmann-Verlags, München 1959, S. 25
6 Kafka, a. a. O., S. 30
7 Vgl. a. a. O., S. 35
8 Vgl. a. a. O., S. 28
9 Ebd.
10 Vgl. a. a. O., S. 35
11 Nietzsche, a. a. O., S. 63
12 Ebd.
13 Ebd.
14 Vgl. a. a. O., S. 46
15 Vgl. das Kapitel «Nietzsche-Tragödie», in: H. Kutzner, Nietzsche – Diesseits der Kräfte, diesseits der Bilder. Zur Endgeschichte der europäischen Sinnlichkeit. Hildesheim 1978
16 Derrida, J.: Sporen. Die Stile Nietzsches. Venezia 1976
17 Kafka, a. a. O., S. 41
18 Kafka, a. a. O., S. 35
19 Nietzsche, a. a. O., S. 29
20 Derrida, a. a. O., S. 73
21 Kafka, a. a. O., S. 25
22 Derrida, a. a. O., S. 47
23 Nietzsche, a. a. O., S. 75
24 Nietzsche, Werke in drei Bänden, hg. von Karl Schlechta, München 1962, Bd. 3, S. 917
25 «so wäre die écriture die Frau ...» (Derrida, a. a. O., S. 47) Das Lexikon vermerkt für écriture mehrere Bedeutungen: 1. Schrift, Handschrift, 2. Schreibkunst, 3. Buchung
26 besonders in ihrer Zuspitzung durch J. Lacan
27 Derrida, a. a. O., S. 97

Friedrich Kittler
Wie man abschafft, wovon man spricht: Der Autor von ‹*Ecce homo*›

Ich danke Herbert Anton und Jochen Hörisch. Von ihnen kam die Einladung, über Nietzsches letzte Reden zu reden. Dann saß ich im Flugzeug nach Süden. Unten brannte die Erde, eine halbe Nacht lang: Ölfelder und ihre Fackeln, von Mossul bis zum Golf. Oben brannten noch ein paar dieser Punktstrahler, die den Schlaf der anderen nicht behelligen. Das Licht reichte, um in ‹*Ecce homo*› zu blättern.

Tags darauf, unter der senkrechten Sonne, das Buch im Sand. Nietzsche erzählte von seinen kranken Augen, und wie er froh war, nichts mehr lesen zu können. In seltsamen Nächten ohne Lampe hatte ich Zettel vollgeschrieben, ohne sie wiederlesen zu können, und als ich es merkte, auch gleich aufgeschrieben, daß Lesen Licht voraussetzt. Aber es war ein mitteleuropäischer Kurzschluß gewesen. Unter der senkrechten Sonne, beim «morgenländischen Überblick über Europa»[1], flimmerten Meer und Buchstaben – an jenem Tag las ich nicht weiter.

Wie die Sonne abschafft, was so als Diskurs läuft, ist also ganz einfach. Nur wenn einer aus Europa kommt, wo Menschen «Tiere, die das Wort haben» heißen, muß er schon ein paar Listen und Sprengsätze erfinden, bevor abgeschafft ist, wovon er spricht.

1

Foucault, in seiner Untersuchung der Funktion Autorschaft, hat auch beschrieben, was es heißt, mehr zu sein als nur ein Autor unter anderen. Foucault definiert: «Freud ist nicht einfach der Autor der *Traumdeutung* oder des *Witzes*; Marx ist nicht einfach der Autor des *Manifests* oder des *Kapitals*; sie haben eine unbegrenzte Möglichkeit zum Diskurs geschaffen.»[2] Deshalb heißen Freud und Marx dem Begründer eines Diskurses vom Diskurs fortan: Diskursivitätsbegründer.

Man sieht, den Philosophen suchen, auch wenn er dagegen anschreibt, noch immer Ursprünge und Gründungsakte heim.

Aber es gibt auch das Gegenteil: Leute, die eine unbegrenzte Möglichkeit zu reden nicht geschaffen, sondern abgeschafft haben. So der Schreiber, den Foucault immer wieder mit Freud und Marx in einem Atemzug nennt und nur in seiner Galerie von Diskursivitätsbegründern ausläßt.[3] Und das nicht von ungefähr. Denn erstens: wem die seltsame Funktion zufällt, eine Diskursivität abzuschaffen, kann von ihr kaum Denkmäler erwarten. Und zweitens schaffte jener Schreiber nicht irgendeine, sondern genau die Diskursivität ab, deren Merkmal die Funktion namhafter Autorschaft selber war. Ich spreche von Nietzsche.

Die Diskursivität, deren Merkmal der obligate Autorname ist, heiße Literatur. Literatur nicht als eine Textsorte, die über die Buchkulturen aller Zeiten und Völker verstreut wäre, sondern als eine junge und unserer Kultur eigentümliche Erscheinung. Dann bezeichnet Literatur eine unbegrenzte Möglichkeit zum Diskurs (wie unbegrenzt, zeigt jede Buchmesse) im Spielraum einer sehr begrenzten und begrenzenden Regel. Erst seit dem 18. Jahrhundert sind als «Literatur» nur noch Texte annehmbar, die «mit der Funktion Autor versehen sind: jeden Poesie- oder Fiktionstext befragt man danach, woher er kommt, wer ihn geschrieben hat, zu welchem Zeitpunkt, unter welchen Umständen oder nach welchem Entwurf.»[4]

Deutungs- und Archivierungstechniken von Literatur, Literaturmagazine also suchen die Wahrheit über Wörter seitdem beim Sprecher oder Schreiber. Was ein Witz ist. Als ob Eigennamen nicht Wörter wie alle anderen wären. Nur muß einer schon in der Irrenanstalt sitzen, um das auszusprechen. Als der Psychiater Navratil einen Schizo fragte, wann Werke gut seien, kam die nach allen Regeln unserer Kultur aufgesagte Antwort: «Wenn sie mit der Persönlichkeit übereinstimmen». Aber als er nachfragte, woran die Übereinstimmung zu erkennen sei, kam nur noch: «An der Unterschrift.»[5]

Drei Monate vor seiner Einweisung ins Irrenhaus, am fünfundvierzigsten Geburtstag fing Nietzsche *‹Ecce homo›* an. Und als das Buch fertig war, schrieb er einem Freund: «Es geht dermaßen über den Begriff ‹Literatur› hinaus, daß selbst in der Natur das Gleichnis fehlt.»[6] (III 1338) Das ist Klartext. Keine Rede davon, nur eine bestimmte Literatur zu verabschieden und eine andere zu beginnen; *‹Ecce homo›* räumt mit ihrem «Begriff» selber auf. Eine Diskursivität wird abgeschafft. Aber auch keine andere begründet. Das ist der ganze Unterschied zu Marx und Freud. Marx verschrieb seine Theorie Leuten, die der europäischen Menschen-Definition zuwider nicht das Wort haben, sondern bloß Kinder (genau das besagt Proletariat). Freud übersetzte Zeichen, die die

Hysterikerinnen auf seiner Couch nicht sprachen, sondern buchstäblich verkörperten. Nietzsches letztes Buch dagegen ist Übertretung und nichts als Übertretung. Es begründet keinen anderen Diskurs mit anderen Merkmalen, anderen Adressen, anderen Verteilungsregeln; es macht der «Literatur» im exakten neuzeitlichen Wortsinn einfach dadurch ein Ende, daß ihre Regeln allesamt beim Wort genommen werden.

«Der Mensch und das Werk» – so hatte Sainte-Beuve um 1850 die zwei Pole getauft, zwischen denen die neue Geisteswissenschaft von der Literatur hin- und herlaufen sollte. ‹*Ecce homo*› ist von vorn bis hinten auf diese Pole ausgerichtet. Ein erster Teil erklärt, «warum ich so weise bin», «warum ich so klug bin», «warum ich so gute Bücher schreibe». Und nachdem so der Autor als Mensch erkannt ist, geht ein zweiter Teil die Schriften Nietzsches interpretierend durch, eine nach der anderen und in jener chronologischen Reihenfolge, die um 1800 erfunden wurde, um hermeneutisch und editionstechnisch einen Stoß von Papieren einem Individuum zuordnen zu können.

Die Texte, an denen solche Literaturwissenschaft ihre Wunscherfüllung hat, sind Autobiographien von Dichtern. Sie schreiben ja schon darüber, wie das Schreiben einem Menschen und seiner Entwicklung entsprang. Deshalb feierte Dilthey die Dichter-Autobiographien als Naturform aller Hermeneutik. Wie zahllose Schreiber im literarischen Zeitalter war auch Nietzsche «seit seiner Jugend mit einer Bemächtigung seiner eigenen Vergangenheit beschäftigt, einer autobiographischen Konstruktion also, die die Zufälligkeit seines Seins rechtfertigen würde»[7]. «Fridericus Nietzsche, De vita sua» hieß einer der Titelentwürfe für ‹*Ecce homo*›.[8] Und der Untertitel «Wie man wird, was man ist» gibt der Autobiographie das Ziel vor, schreibend die Werke aus dem Menschen herzuleiten, der Namen und Identität im Schreiben dieser Werke erlangte.

Dieser Zirkel öffnet, seit Rousseaus ‹*Confession*› und Goethes ‹*Dichtung und Wahrheit*›, einen Raum der Verdopplungen und Wiederholungen. Der Mensch, aus dem die Werke herzuleiten sind, muß zunächst selber aus anderen Menschen und deren Reden hergeleitet werden. So tat es der Schreiber von ‹*Dichtung und Wahrheit*›, als er seine Verse «Vom Vater hab' ich die Statur, des Lebens ernstes Führen, vom Mütterchen die Frohnatur und Lust zu fabulieren» in Prosa setzte:

«Mir war von meinem Vater eine gewisse lehrhafte Redseligkeit angeerbt, von meiner Mutter die Gabe, alles, was die Einbildungskraft hervorbringen, fassen kann, heiter und kräftig darzustellen, bekannte Märchen aufzufrischen, andere zu erfinden und zu erzählen, ja im Erzählen zu erfinden ... Es begleiteten mich jene beiden elterlichen Gaben durchs ganze Leben, mit einer dritten verbunden: mit dem Bedürfnis, mich figürlich und gleichnisweise auszudrücken.»[9]

Der literarische Diskurs als heilige Hochzeit von väterlichem Lehren (*docere*) und mütterlichem Ergötzen (*delectare*) – ob diese Herleitung selber lehrhafte Redseligkeit der neuzeitlichen Familienschwärmerei oder Erfindung eines historischen Märchens ist, stehe dahin. Als Technik zur Individualisierung von Reden ist sie jedenfalls gleich zum Programmpunkt der neuen Literaturwissenschaft geworden. Wie um Goethes Rede vom poetisch-erotischen Mutterbezug in eine Forschungstaktik zu überführen, forderte Sainte-Beuve, «den großen Menschen zumindest zum Teil in seinen Eltern und vor allem in seiner Mutter wiederzuerkennen». Immer wieder, im Verhältnis einer Rede zu ihrem Autor wie im Verhältnis dieses Autors zu seiner Familie, hieß Literaturwissenschaft, den Schwachsinn vom Apfel und Stamm nachzubeten.[10]

Was Wunder also, daß auch der Schreiber von *‹Ecce homo›* seine Größe und «Weisheit» gleich nach der betreffenden Kapitelüberschrift von seinen Eltern herleitet:

«Das Glück meines Daseins, seine Einzigkeit vielleicht, liegt in seinem Verhängnis: ich bin, um es in Rätselform auszudrücken, als mein Vater bereits gestorben, als meine Mutter lebe ich noch und werde alt.» (1070)

Die Wiederholung des Familienmodells aus *‹Dichtung und Wahrheit›* liegt zutage. Nur wird aus Weitergabe Wiederkehr, aus Verwandtschaft Identität. Wo als Erbschaft des Sohns ein Wort des Vaters stand, erscheint als Sein des Sohns sein Tod selber; wo als Mitgift des Sohns eine Lust der Mutter stand, erscheint als Sein des Sohns ihr Leben selber.[11] Nietzsche, statt seine Eltern bloß zu beerben, ist sie. Das hat Folgen. Der Sohn Goethe konnte die lebbare Position aller guten Neurotiker beziehen, indem er sich zur Signifikantenbatterie der Familie rechnete *und* nicht rechnete[12], die poetische Gabe nämlich einmal der Mutter und einmal ihm selber zusprach. Der Sohn Nietzsche unterläßt solch doppelte Buchführung. Mit dem Wegfall einer «dritten» und eigenen «Gabe», des poetisch-metaphorischen Ausdrucks, wird die ewige Wiederkehr

zur ganz unmetaphorischen Wahrheit, und das heißt zum Schicksal des Sohnes. Nietzsche, sofern er sein toter Vater *ist*, lebt nicht nur «wie ein Schatten», gleichnisweise also, sondern «*als* Schatten in Naumburg.» (1070) Nietzsche, sofern er seine lebende Mutter *ist*, macht dem Sohn zu dessen fünfundvierzigsten Geburtstag das Geschenk eines literarischen Kindes: ‹*Ecce homo*› selber. (1069)
In ‹*Dichtung und Wahrheit*› konnte Freud eine frühe Kindheitserinnerung freilegen, die das Unbewußte des Schreibers Goethe, und das heißt seinen erotischen Bezug zur Mutter verbarg und verriet. Das neurotische Spiel zwischen Identität und Differenz zu den Eltern machte die Psychoanalyse von Literatur möglich. In ‹*Ecce homo*› nichts dergleichen. Der psychoanalytischen Hermeneutik bleibt keine Lücke übrig, wenn das, was sie Schicksalsneurose nennt, nicht im Unbewußten oder zwischen den Zeilen waltet, sondern in der Rede manifest wird. Solche Reden schließt die Psychoanalyse denn auch sehr folgerichtig, unterm Titel Psychose nämlich, aus ihrem Feld aus.
Als unbewußte Effekte beschreibt Lacan «die Wiederkehr von bestimmten mehr oder minder schweren vitalen Unglücksfällen in eben dem Alter, wo sie einem Elternteil widerfahren sind, und bestimmte Aktivitäts- und Charakterveränderungen beim Erreichen eines Lebensjahres, das zum Beispiel dem Sterbealter des Vaters entspricht»[13]. Als schlichte und durchsichtige Begebenheit beschreibt Nietzsche:
«Mein Vater starb mit sechsunddreißig Jahren ... Im gleichen Jahr, wo sein Leben abwärts ging, ging auch das meine abwärts: im sechsunddreißigsten Lebensjahr nämlich kam ich auf den niedrigsten Punkt meiner Vitalität.» (1070)
Wer selber ausspricht, woran andere andere, zum Beispiel Analytiker, herumrätseln lassen, entspringt der Psychologie und ihrer Besessenheit, nach Eltern und Familien zu fahnden. Dort, wo der psychoanalytische Diskurs unmöglich wird, kommt ein mythischer auf. Die buchstabengetreue Wiederkehr des väterlichen Sterbealters macht den Tod zum Initiationsritual. Im Jahr 1879 ist der sechsunddreißigjährige Nietzsche in eine Unterwelt ohne Augenlicht herabgestiegen:
«Meine Augen allein machten ein Ende mit aller Bücherwürmerei, auf deutsch Philologie: ich war vom ‹Buch› erlöst, ich las jahrelang nichts mehr – die *größte* Wohltat, die ich mir je erwiesen habe! – Jenes unterste Selbst, gleichsam verschüttet, gleichsam still gewor-

den unter einem beständigen *Hören-Müssen* auf andre Selbste (– und das heißt ja lesen!) erwachte langsam, schüchtern, zweifelhaft, aber endlich *redete es wieder.*» (1121)
Wo die alten Initiationsrituale, aus denen Schamanen und Heilige hervorgingen, die vierzig Tage in der Wüste oder den narkotischen Scheintod hatten, verschwimmen einfach die Buchstaben auf dem Papier. Als Ort der Niederfahrt und Entrückung ersetzt das Buch den Busch. Wiedergeboren wird: der neue Mensch und Autor Nietzsche. Es ist, mit Foucault zu reden, un phantastique de bibliothèque[14], das aus dem Lesenden einen Redenden, aus dem philologischen Beruf eine literarische Berufung macht.
Benn fragte, ob «schon jemand einmal darüber nachgedacht habe, daß Nietzsche vierzehn Dioptrien trug, meistens zwei Gläser»[15]. Die Antwort: Nietzsche selber. Der Autor von ‹*Ecce homo*› liest seine Augenschwäche als den Tod der Philologie und das Ende einer Epoche, in der nach dem Wort Friedrich Schlegels «Lesen und Schreiben nur dem Grade nach verschieden» waren.[16] Seitdem «Jedermann lesen lernen darf»[17] oder muß, seit der abgeschlossenen Alphabetisierung Mitteleuropas also nennen wir die zwei wohlunterschiedenen Kompetenzen Schreiben und Lesen eine einzige – die Bildung, die ein beständiges Hin und Her zwischen Schreiben und Lesen ist. Die ‹*Ecce homo*›-Lehre, daß keiner schreiben kann, der wie die Philologen pro Tag zweihundert Bücher wälzen muß, und keiner lesen darf, der Schreiber werden will (1094), verneint also die Regel selber, auf der literarische Bildung beruhte. Aber sie verneint sie durch Wörtlichnehmen. Seit dem Jahr seiner Unterweltsfahrt liest Nietzsche nicht mehr, weil ihm aufgegangen ist, daß «Lesen ein beständiges *Hören-Müssen* auf andre Selbste heißt».
Genau diese Definition oder diesen Imperativ (was dasselbe ist) hat ein Jahrhundert zuvor die literarische Hermeneutik errichtet. Ein Buch, das schon im Titel ‹*Die Kunst, Bücher zu lesen*› lehrte, verordnete: «Wir müssen beim Lesen eines Gedichts unsere Persönlichkeit vergessen, und nur in dem Dichter leben und weben.»[18] Und sein Seitenstück, ‹*Die Kunst zu denken*›, fügte hinzu: «Bei der Uebersicht des Ganzen eines Werkes muß man auf den Geist, der dasselbe belebt, und auf den Charakter, der dasselbe von allen Andern unterscheidet, aufmerksam seyn, um sowohl die Eigenheiten des Denkers, als seiner Gedanken kennen zu lernen.»[19] Das individualisierende Lesen, das seit 1800 in die Reden

eine Funktion Autorschaft einführt, die Erfindung des Menschen hinter den Wörtern also bestimmt auch Nietzsches Begriff vom Lesen. Er setzt das Gesetz nicht ab, um die Wörter Wörter und die Menschen Menschen sein zu lassen, sondern wird nur vom Initiationstod aus seinem Anwendungsbereich geschleudert.

So ist Nietzsche unter gebildeten, und das heißt abwechselnd lesenden und schreibenden Individuen einzig und individuell darin, daß er taub und blind ist. Er liest nicht mehr, er schreibt nur. Seine kranken Augen versetzen ihn in eine Lage, die infantil im Wortsinn ist: «In einer absurd frühen Zeit, mit sieben Jahren, wußte ich bereits, daß mich nie ein menschliches Wort erreichen würde.» (1098) Es ist ja das Schicksal oder Fatum des Infans, daß ihm kein Fatum, kein Gesagtes zu Ohren kommt, nur weißes Rauschen, unmenschliches Blabla. Nietzsche in einer isolierten Aufzeichnung:

«Was ich fürchte, ist nicht die schreckliche Gestalt hinter meinem Stuhle, sondern ihre Stimme: auch nicht die Worte, sondern der schauderhaft unartikulierte Ton jener Gestalt. Ja, wenn sie noch redete, wie Menschen reden.» (III 148)

Aus diesem Schrecken des Hörens den Sieg eines Schreibens zu machen – das ist laut ‹*Ecce homo*› die Kunst des Stils und die Antwort auf die Frage, «warum ich so gute Bücher schreibe»: «Einen Zustand, eine innere Spannung von Pathos durch Zeichen, eingerechnet das Tempo dieser Zeichen, *mitzuteilen* – das ist der Sinn jedes Stils; und in Anbetracht, daß die Vielheit innerer Zustände bei mir außerordentlich ist, gibt es bei mir viel Möglichkeiten des Stils – die vielfachste Kunst des Stils überhaupt, über die je ein Mensch verfügt hat.» (1104) In der Tat: wenn die artikulierte Rede eine vom Diskurs des anderen gesteuerte Filterung aus weißem Rauschen ist und wenn Nietzsches Ohren dieses Filtern nicht mitmachen, wird die Vielheit innerer Zustände außerordentlich.

Solchen Gewinn hat, wer sein Sprechen nicht wie Goethe verwandtschaftlich definiert – es habe erstens etwas vom Vater und zweitens etwas von der Mutter und sei drittens doch etwas Eigenes –, sondern wer es mit unartikulierten und dissonanten Stimmen schlicht identisch nennt. Nietzsche kann den zu Lebzeiten unmöglichen Satz schreiben «ich bin als mein Vater bereits gestorben»; also bleibt ihm auch das Wort vom Tod Gottes nicht im Hals stecken. Nietzsche kann den in Männerbünden unmöglichen Satz schreiben «als meine Mutter lebe ich noch»; also findet er auch einen Leitfaden, den alle Philosophie verliert: den Leitfaden des Leibes. Morbid und gesund, tot und lebendig zugleich durchmißt Nietzsche die Vielheit, die er ist.

2

‹*Ecce homo*›, die Schrift übers eigene Schreiben potenziert die Vielheit noch einmal. Das Kapitel «Warum ich so klug bin» führt die «Originalität» (1100) Nietzsches auf ihre vielen äußeren und extradiskursiven Bedingungen zurück. Über die negativen Bedingungen hinaus – Nietzsche hat auf theologische, und das heißt väterliche Wörter nie gehört (1082) und, zumal in «schwangeren», und das heißt mütterlichen Zuständen nie gelesen (1087) –, kommen positive Bedingungen seiner Produktivität zu Wort. Alle hängen sie am Leitfaden des Leibes: Rasse, Klima und Ernährung, Umstände. Die Frage, «Wie man wird, was man ist» erfährt sehr einfache Antworten: indem man keine Suppe alla tedesca ißt und ohne «die viehischen Nachguß-Bedürfnisse der Deutschen» auskommt (1083), indem man von Hause, und das heißt vom Vater aus Pole statt Deutscher ist und die «ausgezeichnet trockne Luft» der Mittelmeerländer dem feuchten Mitteleuropa vorzieht. (1086)
Diese materialistische Gleichung von ‹ist› und ‹ißt› ist kein Wortspiel und kein Witz. Nietzsches literarische Autobiographie nimmt wieder einmal nur die Literaturwissenschaft ihrer Epoche beim Wort. Nicht umsonst läuft in der ‹*Ecce homo*›-Zeit der Briefwechsel mit Hippolyte Taine, dem Nietzsche eine «ausgesuchte Intelligenz» bescheinigt. (III 1339) Aus Taines ‹*Histoire de la littérature anglaise*› stammen die Begrifflichkeit und die Einzelheiten dieser Dichtungstheorie.
Taine führte Gewalttätigkeit und Melancholie der Germanen zurück auf ihre rauhen feuchten Wälder, Trunksucht und grobe Ernährung, die Lebenslust und Kulturerfindung der Romanen auf ihr lichtes Meer und trockenes Klima.[20] Nietzsche zitiert also nur, wenn er die deutsche Bildung als Alkoholismus beschreibt, oder wenn er folgert: «Paris, die Provence, Florenz, Jerusalem, Athen – diese Namen beweisen etwas: das Genie ist *bedingt* durch trockne Luft.» (1085) Und wie die Einzelheiten, so die Rahmenbegriffe. Nur die ‹*Ecce homo*›-Redaktion von Peter Gast hat verschleiert, daß der Autor Nietzsche seiner Rasse und seinen geschichtlichen Umständen in strenger Taine-Anwendung gleichen Rang wie dem Klima und der Ernährung gibt. Im Manuskript gehört zum Kom-

plex Rasse der stolze Zweizeiler «Noch ist Polen nicht verloren, – / Denn es lebt Nietzky noch»[21], zum Komplex Umstände das grandiose Argument: «Ich wäre nicht möglich ohne eine Gegensatz-Art von Rasse, ohne Deutsche, ohne *diese* Deutsche, ohne Bismarck, ohne 1848, ohne ‹Freiheitskriege›, ohne Kant, ohne Luther selbst ... Die großen Cultur-Verbrechen der Deutschen rechtfertigen sich in einer *höheren* Ökonomik der Cultur ... Selbst das Christenthum wird nothwendig: die höchste Form, die gefährlichste, die verführerischste im Nein zum Leben fordert erst seine höchste Bejahung heraus – mich ...»[22]

Alle Umstände bejahen, die zur großen Bejahung des Lebens in Nietzsche notwendig waren, heißt Bedingungen und Effekte dieser Autorschaft ins Universale erweitern. Auch damit erfüllt *‹Ecce homo›* ein Programm. Taine wollte das «Mensch und Werk» Sainte-Beuves durch Einbezug der deutschen Literaturwissenschaft seit Herder und Goethe zu einer Universalhistorik ausbauen, der Geistesgeschichte mit seiner Milieutheorie die methodische Sicherheit der Naturwissenschaften verschaffen[23] und sie zu guter Letzt nach deren Vorbild zu zukunftsmächtigen Prophetien ermächtigen. Wenn erst einmal Bedingungen und Umstände menschlicher Produktivität erschöpfend untersucht sind, wird es möglich werden, daß die «Geisteswissenschaft den Menschen das Mittel liefert, die Ereignisse der Geschichte bis zu einem gewissen Grad vorauszusehen und zu verändern»[24].

Das *‹Ecce homo›*-Kapitel über Nietzsches Klugheit ist eine einzige Erfolgsmeldung an Taine. Einer, der seit seiner Entrückung aus der Philologie «nichts mehr getrieben hat als Physiologie, Medizin und Naturwissenschaften» (1120), wird zum Milieutheoretiker der eigenen Autorschaft. Im Alleingang durchläuft Nietzsche die Bedingungskette von seinen Werken zum Menschen hinter ihnen und zu den Umständen hinter ihm. Er hat in «langer Übung» seinen Körper zu «einem sehr feinen und zuverlässigen Instrument für Wirkungen klimatischen und meteorologischen Ursprungs» ausgebaut (1085) und kann dank dieser Meßtechnik auch zum Praktiker seines Milieus werden. Jeder Ortswechsel, jede Trinksitte, jedes Kochrezept – fortan fungieren sie alle in der Methode, «Wie man wird, was man ist». *‹Ecce homo›* programmiert also die Selbstproduktion eines Autors in genau dem futuristischen Sinn, den Taine erträumte. Unter meß- und planbaren extradiskursiven Bedingungen wird es ein Leichtes werden, das Schwerste zu

schreiben. Die *‹Umwertung aller Werte›*, und das heißt das Buch, mit dem ein Mensch das Mittel zur Veränderung der Menschheitsgeschichte liefern wird, ist möglich.
Der Übermensch entsteht, wie Heinrich Schipperges das in seinem schönen Nietzschebuch beschreibt, durch Diätetik und Autotherapie. Schipperges irrt nur, wenn er diese Bedienungsanleitung auf antike Lebenskunst zurückführt.[25] Kein Grieche hat das gute Leben als Bedingung guter Bücher und veränderbarer Geschichte gesucht. Erst seit dem 18. Jahrhundert
«... lernt der abendländische Mensch allmählich, was es ist, eine lebende Spezies in einer lebenden Welt zu sein, einen Körper zu haben sowie Existenzbedingungen, Lebenserwartungen, eine individuelle und kollektive Gesundheit, die man modifizieren, und einen Raum, in dem man sie optimal verteilen kann ... Die Tatsache des Lebens ist nicht mehr der unzugängliche Unterbau, der nur von Zeit zu Zeit, im Zufall und in der Schicksalhaftigkeit des Todes ans Licht kommt. Sie wird zum Teil von der Kontrolle des Wissens und vom Eingriff der Macht erfaßt.»[26]
Schipperges schreibt eine Verkennung bei Nietzsche selber fort. Denn so genau der Autor von *‹Ecce homo›* seine optimalen Milieubedingungen bespricht, so befangen bespricht er dieses Besprechen. Nietzsche, sonst unbekümmert und leserfeindlich, antwortet für einmal auf hypothetische Einwände: «Man wird mich fragen, warum ich eigentlich alle diese kleinen und nach herkömmlichem Urteil gleichgültigen Dinge erzählt habe: ich schade mir selbst damit, um so mehr, wenn ich große Aufgaben zu vertreten bestimmt sei. Antwort: diese kleinen Dinge ... sind über alle Begriffe hinaus wichtiger als alles, was man bisher wichtig nahm.» Sicher hat man irgendwann einmal «die Größe der menschlichen Natur, ihre ‹Göttlichkeit›» an «Begriffen» wie «‹Gott›, ‹Seele›, ‹Tugend›, ‹Sünde›» usw. festgemacht (1096f), aber diese Zeiten, alteuropäische Zeiten, sind vorbei. Das theologische Konzept von Größe diente einem Machtgebilde der Askesen, Foltern und Todesstrafen, das längst von Psycho- und Biotechniken der Individualisierung abgelöst worden ist. Die Literaturwissenschaft vom Autor leistet ihr Teil, um das Konzept von Größe zu reformulieren und in Begriffen nicht mehr von Ausschlüssen, sondern von Produktionsbedingungen zu behandeln. Seitdem schadet es keinem Autor mehr, seinen Körper auszustellen.
Ein Buch von 1797, das schon im Titel auf die Produktion *‹allzeit-*

fertiger Schriftsteller› aus war, pries die Autobiographien als «eine jener vielen staunenswürdigen Erfindungen, mit welchen das laufende achtzehnte Jahrhundert alle seine Vorgänger und Nachfolger so glorreich überstrahlet». Staunenswürdig nannte es die Kühnheit des neuen Autors, «bey Leibes Leben, und ohne den entferntesten Gedanken an Testament, Tod und Grab, sein eigenes Leben zu beschreiben, und dem kurzweiligen Publikum sich mit allen Gebrechen des Leibes und des Geistes, mit seinen Thorheiten, Geniestreichen, Bocksprüngen, Liebeleyen und Rasereyen, *in puris naturalibus*, zur Schau dar zu bieten»[27].
Also hat Nietzsche, wenn er ein Jahrhundert später sein «Leben erzählt» (1069) und alle «kleinen Dinge» bis hin zu seiner Verdauung kundtut, wenig zu befürchten. Er folgt nur der biotechnischen Sprachregelung. Ihr exzessives Fortschreiben und nicht die Übertretung längst veralteter Redeverbote ist seine Modernität. Nietzsche, all seinen Skrupeln zum Trotz, schöpft einfach die Möglichkeiten eines neuen Redegebots aus. Als gegenwärtiger Autor *und* ehemaliger Literaturwissenschaftler kann der Schreiber von *‹Ecce homo›* zugleich schreiben (in unserem intransitiven Wortsinn) *und* über sein Schreiben schreiben.

3
Die zweite Hälfte von *‹Ecce homo›* ist dieser Kurzschluß. Einem Schreiber, der andere Schreiber nicht liest und menschliche Worte nicht hört, einem Schreiber, der andere Leser nicht erreicht, weil seine unmenschliche Stimme keine Ohren findet (1100) – es bleibt ihm das Wiederlesen der eigenen Schriften. Und weil Lesen laut Nietzsche Wiederkäuen wie die Kühe heißt (II 770), verzehrt das Wiederlesen gut biotechnisch alles Fremde an jenen Schriften. Genau das vermeldet, stolz und überrascht, ein Brief an Peter Gast:
«Ich blättre seit einigen Tagen in meiner Literatur, *der ich jetzt zum erstenmale mich gewachsen fühle*. Verstehen Sie das? Ich habe alles sehr gut gemacht, aber nie einen Begriff davon gehabt – im Gegenteil! ... Zum Beispiel die diversen *Vorreden*, das *fünfte* Buch *‹gaya scienza›* – Teufel, was steckt da drin! – Über die *dritte* und *vierte* Unzeitgemäße werden Sie in *Ecce homo* eine Entdekkung lesen, daß Ihnen die Haare zu Berge stehn – *mir* standen sie auch zu Berge. Beide reden nur von mir, *anticipando* ... Weder Wagner, noch Schopenhauer kamen psychologisch darin vor ... Ich habe beide Schriften erst seit 14 Tagen *verstanden*!

Zeichen und Wunder!» (III 1340)
Ein Zeichen und Wunder ist vorab die Unterschrift dieser Zeilen selber: Mit dem Namen Phönix sind sie signiert. Aber die mythische Umbenennung hat gute Gründe: Im Wiederlesen sind Nietzsches Schriften wiedergeboren worden, weil alle die Namen zu Asche wurden, die sie als Titel oder Masken trugen. Wagner und Schopenhauer, diese Themen der ‹*Unzeitgemäßen Betrachtungen*› verbrennt die jähe Erleuchtung, daß Nietzsches Schriften immer schon und immer nur ihren Schreiber beschrieben haben.
Aber das ist noch kein Anlaß, daß dem Schreiber und seinen Lesern die Haare zu Berge stehen. Auch der Wortsinn von «*Verstehen*», den der Brief an Peter Gast hat, zählt zum Diskurssystem Literatur. Seit Herders Literaturpsychologie sind Texte keine rhetorischen Variationen über Topoi mehr, sondern unbewußte Selbstbeschreibungen seelischer Neigungen und Abgründe. Seit Goethes Autobiographie ist das Wiederlesen eigener Werke die Entdeckung einer individuellen Bildungsgeschichte in ihnen. Seit Schleiermachers Hermeneutik ist Verstehen grundsätzlich ein Besserverstehen – aus dem einfachen Grund, weil der Schöpfer am Geschaffenen alles verstehen konnte außer seinem Schöpfertum selber.[28] Kurz, sobald und solange Reden Äußerungen eines Selbst heißen, kann ein Schreiber gar nicht umhin, beim Wiederlesen früherer Schriften dieses Selbst und nur es wiederzufinden. Nicht Nietzsche in einer bestürzenden Offenbarung, wie er sagt, nicht Nietzsche in einem unerklärlichen Größenwahn, wie die Psychiater sagen werden, sondern eine diskursive Regelung erzeugt das Ich = Ich-Sagen, das ‹*Ecce homo*› ist.
Neu ist nur, wie Nietzsche dieses Verstehen selber versteht. Daß er nur von sich schrieb, heißt im Brief eine nachträgliche Offenbarung, von der der Schreibende, als er zur Feder griff, «nie einen Begriff gehabt hat». Im Buch wird daraus eine Bedingung und zuletzt eine List des Schreibens.
«Angenommen nämlich, daß die Aufgabe, die Bestimmung, das *Schicksal* der Aufgabe über ein durchschnittliches Maß bedeutend hinausliegt, so würde keine Gefahr größer sein, als sich selbst *mit* dieser Aufgabe zu Gesicht bekommen. Daß man wird, was man ist, setzt voraus, daß man nicht im entferntesten ahnt, was man ist.» (1094f)
Wieder einmal geht es um die Gnade der Blindheit. Daß er weder andere Autoren und deren Bücher noch auch die eigenen Bücher

auf ihr wahres Thema – ihn selber – hin lesen konnte, hat den Autor Nietzsche möglich gemacht. «Niemand schreibt, der nicht seine Selbstbiographie schriebe, und dann am besten, wenn er am wenigsten darum weiß», formulierte Hebbel einige Jahrzehnte zuvor.[29] Die Hand gleitet schreibend übers Papier und dann am besten, wenn Nietzsche am wenigsten auf sie aufpaßt – wie er denn diese écriture automatique-Hand «mitunter mit einigem Mißtrauen ansieht». (III 1327) Der Autor ist ein anderer als Nietzsches sogenanntes Ich. Und er braucht mit diesem anderen nur eins zu werden, damit die Blindheit des Ich in eine List der Schreibhand umschlägt. *‹Ecce homo›* nennt die Nichtnennung des eigenen Namens in den Frühschriften nicht mehr (wie der Brief an Gast) Blindheit und Verkennung, sondern ganz im Gegenteil eine vorsätzliche und vorgängige Strategie. Es heißt über *‹Menschliches, Allzumenschliches›*:

«Wie ich damals (1876) über mich dachte, mit welcher ungeheuren Sicherheit ich meine Aufgabe und das Welthistorische an ihr in der Hand hielt, davon legt das ganze Buch, vor allem aber eine sehr ausdrückliche Stelle Zeugnis ab: nur daß ich, mit der mir instinktiven Arglist, auch hier wieder das Wörtchen ‹ich› umging und diesmal nicht Schopenhauer oder Wagner, sondern einen meiner Freunde, den ausgezeichneten Dr. Paul Rée, mit einer welthistorischen Glorie umstrahlte.» (1122)

Der Schreiber von *‹Ecce homo›* weiß also, daß er nie nicht gewußt hat, wer er ist. Er räumt auf mit den Bescheidenheitstopoi alteuropäischen Schreibertums und mit den Unbewußtheitsmythen neuzeitlicher Autorschaft. Wenn die Schriften das Wörtchen ‹ich› nur aus Arglist umgehen, dann fallen Blindheit und Verkennung ganz auf seiten der Leser. Schreiben wird eine Macht oder Herausforderung, an deren Bestehen das literarische Publikum meßbar ist. So kann Nietzsche «die hoffnungslosen unter [seinen] Lesern, zum Beispiel den typischen deutschen Professor» «daran erkennen» (1122), daß sie auf die Nietzsche-Maske Wagner hereingefallen sind und einen Text der schieren Selbstoffenbarung als Sekundärliteratur gelesen haben. Sollen sie nur kommen und *‹Richard Wagner in Bayreuth›* im Namen eines wissenschaftlichen Wagner-Bildes verreißen; Nietzsche ist über solche Späße hinaus: «In meiner Jugend, wo ich vielerlei war, z. B. auch Maler, habe ich einmal ein Bild von Richard Wagner gemalt, unter dem Titel: Richard Wagner in Bayreuth. Einige Jahre später sagte ich mir: ‹Teufel, es ist

gar nicht ähnlich.› – Noch ein paar Jahre später antwortete ich ‹um so besser! um so besser!›» [30]
In *‹Ecce homo›* wird dieses Lachen laut und öffentlich. Das Buch springt mit jener Barmherzigkeit, die einer Lehre vom Willen zur Macht eignet, den blinden Nietzschelesern bei. Die Stellen, wo sie den Autornamen einzusetzen haben, um zu verstehen, werden auf die Seitenzahl genau benannt oder gar wie Druckfehlerberichtigungen angegeben. So etwa sub voce Paul Rée: «Der Verfasser des Buchs ‹Über den Ursprung der moralischen Empfindungen› (*lisez:* Nietzsche, der erste *Immoralist*).» (1123) Vielleicht war es also nur Nietzsches Internierung ein, zwei Monate nach der Niederschrift solcher Druckfehlerberichtigungen und Lesehilfen, die uns um wahrlich unzeitgemäße Betrachtungen unter Titeln wie *‹Nietzsche als Erzieher›* oder *‹Friedrich Nietzsche in Bayreuth›* gebracht hat.
Diese ausdrückliche Einsetzungsregel ist, auf doppelte Weise, Umwertung aller Werte. Sie verschiebt oder verrückt erstens die Stellenwerte von Nietzsches Schriften. Seine verstreuten Publikationen schließen zusammen zum Werk, dessen Einheit ein einziges Wort, «das Wörtchen ‹ich›» sicherstellt. *Ein* Werk, *ein* Autor, *ein* Thema: Friedrich Nietzsche. Zweitens aber ersetzt die Einsetzungsregel andere Einsetzungsregeln, die ein Jahrhundert lang gegolten hatten.
Literarische Texte waren zum einen so geschrieben, daß der Empfänger, sofern er als schlichter Leser auftrat, an die Stelle des beschriebenen Ich sein eigenes setzen konnte. Gerade seitdem Texte unter Marktbedingungen, und das heißt an eine neuerdings «unbekannte Menge» geschrieben wurden [31], sollten sie jedem Leser ein Bild seiner unverwechselbaren Individualität bieten. Der Trick zur Umgehung dieser Paradoxie war die Erfindung des individuellen Allgemeinen [32], jener seltsamen Wesenheit, die Foucault als Den Menschen beschrieben und verspottet hat. Wie um die Paradoxie auszustellen, hieß Wielands *‹Agathon›* «das Bild eines wirklichen Menschen», «in welchem Viele ihr eigenes und Alle die Hauptzüge der menschlichen Natur erkennen möchten» [33].
Zum anderen waren die Texte so geschrieben, daß der Empfänger, sofern er den neuen Beruf des Interpreten ergriff, an die Stelle des beschriebenen Ich das schreibende setzen konnte. Man weiß, wie viele Schriftsteller damals mit Hippel verkündeten, daß «viele Schriftsteller sich selbst kopiren und ihr eigenes Leben unter frem-

den Namen herausgeben»[34]. Man weiß auch, wie rückhaltlos zumal die Goetheforschung diese Einsetzungsmöglichkeit ausgebeutet hat. Nur eines ist nicht geschehen: die zwei komplementären Einsetzungsmöglichkeiten wurden nie zugleich befolgt. Die Arglist der Diskursivität Literatur wäre sonst ans Licht gekommen. Es gibt keine Bilder, die alle und jeden, Den Menschen und jeden einzelnen porträtieren.

‹*Ecce homo*› praktiziert die genau entgegengesetzte Arglist. Wenn der Autor selber und ausdrücklich seine Arglist rühmt, unter anderen Namen nur den seinen gerühmt zu haben, werden die von der Literatur implizierten Einsetzungsmöglichkeiten zunichte.

Daß Nietzsches Schriften keine Leser implizit zur Selbsteinsetzung einladen, steht geschrieben. Weil etwa die ‹*Geburt der Tragödie*› ihrem Wortlaut zum Trotz unterm Bild des dithyrambischen Künstlers nicht Wagner, sondern den «präexistenten Dichter des Zarathustra hingezeichnet hat», «erkannte [Wagner selber] sich in der Schrift nicht wieder». (1112) Und was von einem so ausgezeichneten Leser gilt, trifft selbstredend die durchschnittlichen. Sie können und sie dürfen sich mit Namen wie Zarathustra nicht identifizieren, denn «sechs Sätze daraus verstanden, das heißt: *erlebt* haben, hebt auf eine höhere Stufe der Sterblichen hinauf, als ‹moderne› Menschen erreichen könnten». (1099)

Wieder sind die Voraussetzungen dieselben wie im Diskurssystem Literatur: Auch Nietzsche nennt Verstehen ein Erleben, das die Leser in den beschriebenen Helden versetzt. Die Folgen aber sind gerade umgekehrt: Nietzsches Schreiben erreicht nicht alle in ihrer Menschennatur und jeden in seiner Individualität, sondern «Keinen», sofern er Mensch, Individuum, Gegenwärtiger ist, und «Alle», sofern sie aus dem anthropologischen Schlaf erwacht sein werden. «Also sprach Zarathustra.»

Schlimmer noch als den schlichten Lesern ergeht es den Rezensenten und Professoren, die sich in Nietzsche-Interpretationen versuchen. ‹*Ecce homo*› macht sie einfach arbeitslos. Das Buch des Ich = Ich-Sagens übertritt die Regel, daß der Autor nur im Unbewußten oder im Poetischen (was dasselbe ist) an die Stelle seiner Helden sich selbst setzen darf. Als Goethe nach lebenslangen Umwegen doch noch einmal den ‹*Werther*› las und es in Verse brachte, daß Held und Schreiber des Romans so verwandt waren wie Kastor und Pollux, der unterweltliche und der überlebende Bruder[35]; als Goethe die Interpretation Ampères, wonach Tasso ein gesteigerter Werther ist, begrüßte und übernahm, blieb das Ich = Ich-Sagen so umgangen, wie es den Interpreten überlassen und nahegelegt wurde. Goethe über Ampère über Goethe:

«Als einer, der das Metier [der Interpretation] aus dem Grunde kennt, zeigt er die Verwandtschaft des Erzeugten mit dem Erzeuger und beurteilt die verschiedenen poetischen Produktionen als verschiedene Früchte verschiedener Lebensepochen des Dichters. Er hat den abwechselnden Gang meiner irdischen Laufbahn und meiner Seelenzustände im tiefsten studiert und sogar die Fähigkeit gehabt, das zu sehen, was ich nicht ausgesprochen und was sozusagen nur zwischen den Zeilen zu lesen war.» [36]

Die Interpretation hatte also zwischen die geschriebenen Zeilen den Schreiber und seine Seele einzuschreiben. Daß Tasso Geothe heißt – im Text bleibt es implizit, explizit macht es die Deutung. Und wie um Foucaults These zu beweisen, daß solche Hermeneutik erfunden wurde, um eine Knappheit an Reden wettzumachen, und das heißt zu verleugnen [37], war diese Diskursvermehrung mittels Psychologie noch einmal vermehrbar. Goethe wandte die Methode Ampères auf Ampère selber an und suchte sich an Hand seiner Interpretation «seine Persönlichkeit klar zu machen» [38]. Daß das Ich, bei Dichtern und Deutern, zwischen den Zeilen stand, sparte also keine Wörter und kein Papier ein; es rief Einsetzungen nachgerade hervor.

Nietzsche macht kurzen Prozeß mit dieser Arbeitsteiligkeit, die ein Komplott zwischen Autoren und Interpreten ist und – nach einem Verdacht Derridas – das universitäre System seit 1800 ausmacht. [39] Zarathustra einen gesteigerten Dithyrambiker zu nennen, folgt noch der Goetheschen Sprachregelung; aber den Dithyrambiker und Zarathustra beide Masken Nietzsches zu nennen, ist eine Frechheit. Sie degradiert alle künftigen Interpreten zu Lesern, denen jedoch kein Spielraum der Identifikation, sondern nur der Buchstabengehorsam bleibt. «*Lisez:* Nietzsche» hat die Form eines Imperativs. Der Verfall der Interpretationen zu einer einzigen und vorgeschriebenen Lesart ist die Erektion der Schrift in ihrer Nacktheit: die Erektion des Gesetzes. Mit Recht vergießt Nietzsche keine Träne darüber, daß es für seine Schriften keine Augen und Ohren gibt (1098–1100): Befehle können nicht ausgelegt und verstanden werden, nur ausgeführt oder nicht. ‹*Ecce homo*› macht den Schreiber, den vormals die «Stimme hinter seinem Stuhle» schreckte, mit dieser Stimme und ihrem

Schrecken eins. Der «schauderhaft unartikulierte Ton» *ist* das Gesetz.
Deshalb tritt Nietzsche-Interpreten, die den Befehl verweigern möchten, nur Schaum vor den Mund: unartikuliertes Echo des unartikulierten Tons. Merkwürdig oft soll die wörtliche Befolgung der von *‹Ecce homo›* erlassenen Einsetzungsregeln beweisen, daß alles Scherz oder alles Nonsens war. So bei Podach[40], so bei einem gewissen Resenhöfft, der mittels *‹Ecce homo›* einen «Zarathustra-Wahn» Nietzsches «deuten und dokumentieren» will und ‹Nietzsche› an allen möglichen Nietzschestellen einsetzt, wo der Text «Wagner» oder «Zarathustra» hat. Aber das heißt Eulen nach Athen tragen und allen Spott zurücklenken auf einen Deuter, der nur noch dokumentiert.[41]
So schließlich in systematischer Wendung bei Dilthey. Jan Kamerbeek hat zeigen können, daß das Programm des *Aufbaus der geschichtlichen Welt in den Geisteswissenschaften* eine einzige Nietzsche-Polemik und Nietzsche-Verleugnung war.[42] Dilthey wandte die Dilthey-Einwände Nietzsches gegen Innerlichkeit und Empathie zunächst gegen Nietzsche. Er räumte zwar ein, daß Reden, die auf Hörer oder Leser berechnet sind, Täuschung, List, Gewalt sein können, also eine «objektive Interpretation» nicht zulassen. Ausgenommen von diesem Babel der Sprachen aber blieb «das Werk» als eine Rede, die «immer wahr» ist, weil sie ohne Berechnung und Wirkungsabsicht ein inneres Erlebnis ausdrückt.[43] So wurde auf Schleichwegen an der Macht vorbei wieder eingeschmuggelt, was Nietzsche ausgeschlossen hatte: die Interpretation. Während Nietzsche im Irrenhaus saß, vermehrte Deutschland seine geisteswissenschaftlichen Lehrstühle.
Treueste Philologie nur hat es gesehen: Die späten Nietzsche-Texte stellen nach der Einsicht Karl Reinhardts die Philologie vors unlösbare Rätsel «des Textes, der sich selbst als Interpretation interpretiert»[44]. *‹Ecce homo›* spottet und entgeht jeder Deutung eben darum, weil es Deuten selber als Macht ausübt. Hermeneutische Wahrheit, die notwendig Wahrheit eines Ungesagten ist, fällt durch schlichtes Sagen dahin. Mögen alle Selbstinterpretationen und Selbsteinsetzungen, die Nietzsches Autobiographie vornimmt, Fälschungen sein – das bleibt unentscheidbar aus dem einfachen Grund, weil sie dann und nur dann im Sinn Nietzsches wahre Interpretationen sind. Denn die Wahrheit oder das «*Wesen* allen Interpretierens» interpretiert Nietzsche als «Vergewaltigen,

Zurechtschieben, Abkürzen, Weglassen, Ausstopfen, Umfälschen» (II 890), um aus dieser philologischen Binsenwahrheit oder dieser philosophischen Frechheit ein Gesetz herzuleiten: «Man darf nicht fragen: ‹*wer* interpretiert denn?› sondern das Interpretieren selber, als eine Form des Willens zur Macht, hat Dasein (aber nicht als ein ‹Sein›, sondern als ein *Prozeß*, ein Werden) als ein Affekt.» (III 487)

Mit der Möglichkeit der «objektiven Interpretation» (Dilthey) verschwindet also zugleich ihr Korrelat: der Autor. ‹*Ecco homo*›, dieser Kurzschluß zwischen Autor und Interpret, gipfelt in einem Ich = Ich-Sagen, das in seiner sinnlosen und endlosen Wiederkehr Affekt oder unartikulierter Ton wird. Derselbe Autor, der als Philologe entdeckte und beschrieb, wie das 18. Jahrhundert mit seiner psychotechnischen Propaganda den Autor und das Interesse für ihn erfand (III 509f), macht ein Jahrhundert später diesem Spuk ein Ende. Der ‹*Ecce homo*›-Schreiber an Carl Fuchs:

«Alles erwogen, lieber Freund, hat es von jetzt ab keinen Sinn mehr, *über* mich zu reden und zu schreiben; ich habe die Frage, *wer ich bin*, mit der Schrift, an der wir drucken, ‹*Ecce homo*›, für die nächste Ewigkeit *ad acta* gelegt.» (III 1346)

Das narzißtisch-rauschhafte Ich = Ich-Sagen schafft demnach nicht nur, wie Jochen Hörisch zeigte, den Gott der Theologie ab.[46] Es macht Schluß auch mit dem ‹Menschen› einer Hermeneutik, die jene Theologie gern beerbt hätte. Das Ich des Ich-Sagens verliert seine transzendentale Würde; es ist exhauriert, das heißt erschöpft und ausgeschöpft in all seinen empirischen Bedingungen bis hin zu Vorspeise und Wohnort; es kann also factum brutum werden. ‹*Ecce homo*› heißt buchstäblich: wie man der Zufall wird, der man ist. Kaum daß Nietzsche «mit einem Zynismus, der welthistorisch werden wird, [sich] selbst erzählt hat» (III 1334), geht er daran, Autorschaft als schiere Macht auszuüben. Damit erst beginnen, wie auf das christologische Stichwort «Ecce homo» hin, der Kampf und die Passion.

4

Erster Akt der Machtergreifung. Alle Schriften, die ‹*Ecce homo*› auf ihren Autor hin interpretierte, fordert Nietzsche, während das Manuskript nach Leipzig zum Druck geht, von seinem vormaligen Verleger zurück. So wie er und nur er sie «jetzt erst verstanden hat», so gehören sie auch ihm und nur ihm. «Ca. 11000 Mark» sind nicht zu wenig, um «im letzten Augenblick Alleinbesitzer meiner Werke zu werden.» (III 1347) Das historische Abenteuer, das ein Jahrhundert lang den Autor als Herrn der Rede paradieren ließ, fällt also im letzten Augenblick auf die nackte Gewalt seines Anfangs zurück: Geldfragen und Urheberrechte.

Wenn aber das Gesetz in seiner Gewalt erscheint, wird es auch schon übertreten, weil diese Gewalt nicht verhüllt bleiben darf. Deshalb führt die Machtergreifung zugleich hinter die Diskursivität Literatur zurück. Bevor die Rede dem Autor zugeschrieben wurde, war sie ein Akt – «ein Akt, der seinen Platz hatte in der Bipolarität des Heiligen und des Profanen, des Erlaubten und Verbotenen, des Religiösen und Blasphemischen. Historisch gesehen war sie eine gefahrenreiche Tat, bevor sie zu einem Gut im Einzugsbereich des Eigentums wurde.» [47]

Daß die Rede ein Akt ist, demonstriert der zweite Akt der Machtergreifung. Nach der ‹*Ecce homo*›-Devise, er werde einmal gerade als Verbotener siegen (1066), macht Nietzsche die Veröffentlichung des Buches zum Test auf die «deutschen Begriffe von *Pressefreiheit*»: «Mit diesem ‹*Ecce homo*› möchte ich die Frage zu einem derartigen Ernste steigern, daß die landläufigen und im Grunde vernünftigen Begriffe über das *Erlaubte* hier einmal einen Ausnahmefall zuließen.» (III 1328) So fällt die Trennwand, die die Funktion Autorschaft zwischen juristischer (strafbarer) Person und literarischem (freien) Individuum errichtet hatte. Daß Nietzsche seinen Namen ausstellt, ist keine ökonomische Zähmung des Redeakts mehr, sondern der zugleich schlechthin riskante und schlechthin straflose Akt einer Machtergreifung. «Um mich gegen deutsche Brutalitäten (‹Konfiskation›) sicher zu stellen, werde ich die ersten Exemplare, vor der Publikation, dem Fürsten Bismarck und dem jungen Kaiser mit einer brieflichen Kriegserklärung übersenden: darauf dürfen Militärs nicht mit Polizeimaßregeln antworten.» (III 1338) Eine exzessive Autorschaft sprengt die privatrechtlichen und innenpolitischen Grenzen von Urheberrecht und Pressefreiheit. War der literarische Autor ein Subjekt im doppelten Wortsinn: frei im Erfinden fingierter Reden und Figuren, gesetzesunterstellt im Besitz seiner Werke, so wird Nietzsche ein Souverän. Der selber als das Gesetz auftritt, ist keinem Gesetz mehr untertan. Alles läuft wie in jenem alten Witz, der einem König erklärte, warum ein König nicht Sujet von Witzen sein kann: «Le roi

n'est pas sujet.» *‹Ecce homo›*, Nietzsche sagt es, «redet die Sprache eines Weltregierenden». (III 1337)
Aber alles kam anders. Buch und Kriegserklärung erreichten den Feind nicht, weil sie keinen Absender mehr fanden. *‹Ecce homo›* hatte die Autorfrage ad acta gelegt, also verschwand im dritten Akt die Unterschrift «Nietzsche». Das Buch hatte zwei Identifikations- oder Einsetzungsmöglichkeiten offengelassen: daß das beschriebene «Genie des Herzens» den Gott Dionysos (1106) und daß «Ecce homo» den Gekreuzigten bezeichnet. Schlichte Postkarten machen dieses Versäumnis, diese falsche Bescheidenheit gut. Nietzsche unterschreibt mit jenen zwei Namen, wie die letzte Zeile seines Buches sie nannte. Und daraufhin hat die Macht, der Krieg erklärt werden sollte, nicht durch Gegenkriegserklärungen ihrer Feldherrn, sondern durch Unzurechnungsfähigkeitserklärungen ihrer Beamten geantwortet. Es ist wie mit den physiologischen Kleinigkeiten in *‹Ecce homo›*. Die Kriegserklärung unterstellte eine jurido-politische Machtstruktur auch noch dort, wo unsere Kultur längst auf der Höhe ihres Philosophen war und wie er nur noch mit Gesundheit und Krankheit, Normalem und Anormalem operierte. Was Nietzsche, dieser unzeitgemäße Terrorist, als Attentat und Dynamit geplant hatte, entzifferten seine Psychiater in Basel als «Ausbruch des ungemessenen Größenwahns»[47], was Nietzsche an extradiskursiven Bedingungen seiner Autorschaft genannt hatte, schrieben seine Psychiater in Jena, statt darin wie befürchtet Banalitäten zu sehen, mit Fleiß und Akribie zu einer ganzen Krankengeschichte aus.
Der psychiatrische Diskurs ist die tiefste Ironie des Nietzscheschen. Die Klassifikation Größenwahn schreibt einem Menschen als wahnisnniges Begehren zu, was nur ein Effekt der Funktion Autorschaft war. Die Diagnose Syphilos unterschreibt umgekehrt eben das Begehren, das *‹Ecce homo›* schreiben machte. Darüber noch ein letztes Wort.
Ein Herausgeber nahm *‹Ecce homo›* vor den Größenwahn-Verdächtigungen der Psychiater in Schutz mit dem Satz: «Bei den meisten Selbstbeschreibungen, auch solchen von sehr intimem Charakter, könnte man statt der von Nietzsche gebrauchten ersten Person getrost ‹das Genie›, ‹der schaffende Mensch› oder dergleichen einsetzen, sie würden ihre Richtigkeit behalten.»[48] Psychiatrisiert wird also nur das Sprechen, nicht das Gesprochene Nietzsches. Hätte er in der dritten Person gesprochen und nicht die lite-

rarisch-hermeneutischen Einsetzungsregeln übertreten, die das Ich = Ich-Sagen des Autors bloß zwischen den Zeilen gestatten – alles wäre gut. Daß der Diskurs Grund und Ursprung im schaffenden Menschen hat, steht außer Frage. «Man täuscht sich», schrieb Taine, «wenn man das Dokument studiert, als wäre es allein. Das heißt die Dinge als simpler Gelehrter angehen und einer Bibliotheksillusion verfallen. Im Grund gibt es weder Mythologie noch Sprachen, sondern nur Menschen, die Worte und Bilder nach den Bedürfnissen ihrer Organe und nach der Urform ihres Geistes anordnen.»[49] Die Bücher eine Illusion, die Sprachen eine Illusion – also sprach der Größenwahn. Ein Jahrhundert lang wurde er genährt und gezüchtet, als hätte er seine eigene Widerlegung oder den Beweis geträumt, daß Mythologie *ist*. Und es brauchte nur noch ein zufälliger Fall namens Nietzsche einzutreten, der die dritte Person geisteswissenschaftlicher Reden in die erste Person literarischer Reden übersetzte, damit der Größenwahn explodierte. Wenn es den Wahnsinn ausmacht, «in äußerstem Hochgefühl oder äußerster Angst seinen Diskurs mit schrecklichen Mächten begabt zu glauben»[50], dann ist der Diskurs vom Menschen als Ursprung des Diskurses der oder dieser Fall.

Und wirklich. Der Autor von ‹*Ecce homo*› rühmt sich, «die Geschichte der Menschheit in zwei Stücke zu brechen». (1158) «Die Jahrtausende, die Völker, die Ersten und die Letzten, die Philosophen und die alten Weiber» (1157) – sie alle sollen einem einzigen metaphysischen Diskurs verfallen sein, den Nietzsche mit einem Federstreich abschafft. An der Stelle des Diskurses, der sie alle gehalten hat – der Diskurs, den Nietzsche hält. Aber die Rede von einer solchen Einheit aller Reden, die Rede von *einer* Metaphysik ist selber Metaphysik. Wie immer tut die Rede etwas anderes, als sie sagt, daß sie tut. Was ‹*Ecce homo*› tat, war bescheidener und wirksamer. Nicht ein universaler Diskurs, den es nie gab, sondern eine endliche, datierte, kurzlebige Diskursivität namens Literatur kam zu Ende.

Das Begehren dieses Endes aber spielt auf einem anderen Schauplatz. Der Autor von ‹*Ecce homo*›, wie klug und weise und autorhaft das Buch ihn auch nennt, möchte es gar nicht sein. Früher einmal hatte Nietzsche geseufzt: «Ich bin ein Worte-macher: was liegt an Worten! was liegt an mir!»[51] Das nimmt ‹*Ecce homo*› fünf Jahre später lachend auf: «Ich habe eine erschreckliche Angst davor, daß man mich eines Tages *heilig* spricht: man wird erraten,

warum ich dies Buch *vorher* herausgebe, es soll verhüten, daß man Unsinn mit mir treibt ... Ich will kein Heiliger sein, lieber noch ein Hanswurst ...» (1152)
Heiligsprechung in der Neuzeit, unter literarischen Bedingungen also, hieß Autorwerden. «Autorisiert» ist, nach dem Wortspiel Lacans, «ein Gedanke, der mit einem Autornamen versehen ist.»[52] In den Schranken dieses Rechtsverhältnisses, das ein paar Eigennamen aus dem Verkehr zog und an den literarischen Himmel versetzte, durfte die Seele, die identifikationssüchtige Seele der Leser/innen die Seele des Autors nacherleben und lieben. Das hatte nur einen Haken: «Die Weiblein machen sich den Teufel was aus selbstlosen, bloß objektiven Männern.» (1105) Also folgte Nietzsche, wenn er einen historischen Größenwahn aus der dritten in die erste Person übersetzte, nur dem Begehren eines Begehrens. Nicht mehr selbstlos, nicht mehr objektiv – vielleicht kann dann auch ein Mann das dunkle Objekt des Begehrens figurieren, «vorausgesetzt, daß die Wahrheit ein Weib ist» (II 565), und das heißt mit der Wahrheit überhaupt nichts im Sinn hat[53], fährt Hanswurst im «ewigen *Krieg* zwischen den Geschlechtern» (1105) jedenfalls glücklicher als Heilige und Autoren. Denn der Hanswurst, dieses phallische Wesen unter lauter Kostümfetzen, ist eine Maske vor Dionysos, dem geliebten und zerstückelten Gott der Mänaden.
Nietzsche, um zu begründen, warum er so gute Bücher schreibt: «Darf ich anbei die Vermutung wagen, daß ich die Weiblein *kenne*? Das gehört zu meiner dionysischen Mitgift ... Sie lieben mich alle – eine alte Geschichte ... Zum Glück bin ich nicht willens, mich zerreißen zu lassen: das vollkommene Weib zerreißt, wenn es liebt ... Ich kenne diese liebenswürdigen Mänaden.» (1105)
«Ich kenne die Weiblein»: ein paar Monate später, in der Jenaer Krankengeschichte eines Irren namens Nietzsche, wurde aus diesem Satz der psychiatrische Eintrag «1866. Syphilit. Ansteckung.»[54] Wer das gesagt hat und ob es stimmt, biographisch und medizinisch, weiß keiner. Aber es ist auch nicht der Rede wert. Die Diagnose Syphilis tut etwas ganz anderes: sie übersetzt die Rede von zerreißenden Mänaden in den Diskurs der neuzeitlichen Biotechniken und wird zum nachträglichen Fragezeichen hinter dem Satz «ich bin nicht willens, mich zerreißen zu lassen».
Denn vielleicht wollte er nichts lieber. Es gibt in *«Ecce homo»* eine Stelle, wo der Wille, Autor und das heißt eine ganze Person zu sein, einem anderen Begehren oder dem Begehren einer anderen

weicht. Derselbe Schreiber, der die unter seinem Namen laufenden verstreuten Schriften hermeneutisch und editionstechnisch in Alleinbesitz nimmt, schreibt über den «*Hymnus auf das Leben* (für gemischten Chor und Orchester)»: «Der Text, ausdrücklich bemerkt, weil ein Mißverständnis darüber im Umlauf ist, ist nicht von mir: er ist die erstaunliche Inspiration einer jungen Russin, mit der ich damals befreundet war, des Fräulein Lou von Salomé.» (1129) Ein Autor, der alle anderen Männernamen – Wagner, Schopenhauer, Rée – wie einfache Druckfehler ausgemerzt hat, dementiert für einmal seine Autorschaft. Ein Mißverständnis ist aus der Welt und Nietzsche – bloß der Komponist einer Frau. Ihr Text hat «Größe», seine Musik dazu «vielleicht auch». So bleibt nur noch die Korrektur eines ganz anderen Druckfehlers. Der einzige ‹*Ecce homo*›-Satz ohne Ecce homo-Gebärde lautet:
«Letzte Note der A-Klarinette *cis* nicht *c*. Druckfehler.» (1129)

Anmerkungen

1 Laut Nietzsche die Bedingung, um unsere Kultur analysieren zu können. Vgl. Werke. Kritische Gesamtausgabe. Hg. Giorgio Colli und Mazzino Montinari, Berlin–New York 1972ff, Bd. VII/2, S. 232

2 Michel Foucault, Was ist ein Autor?, in: Schriften zur Literatur, München 1974, S. 24

3 Im Aufsatz Nietzsche, Freud, Marx hatte Foucault noch geschrieben, daß wir, auch und gerade wenn wir Nietzsche interpretieren, im Zirkel seiner Interpretationen stehen und von ihnen interpretiert werden. Vgl. Cahiers de Royaumont, Philosophie, Nr. 6, (1964), S. 185f

4 Was ist ein Autor?, a. a. O., S. 19

5 Leo Navratil, Gespräche mit Schizophrenen. München 1978, S. 129f

6 Stellenangaben im Text verweisen auf Nietzsches Werke in drei Bänden, Hg. Karl Schlechta, München ^{1}1954–1956, Stellenangaben ohne römische Bandzahl auf Ecce homo in Band II.

7 Pierre Klossowski, Nietzsche et le cercle vicieux. Paris 1969, S. 323. (Wie bei allen französisch zitierten Titeln meine Übersetzung.)

8 Zitiert nach Erich Friedrich Podach, Friedrich Nietzsches Werke des Zusammenbruchs, Heidelberg 1961, S. 164

9 Goethes Werke, Hamburger Ausgabe. Hg. Erich Trunz, Hamburg 1952ff u. ö., Bd. IX, S. 447

10 Charles Sainte-Beuve, Nouveaux Lundis, Bd. III, Paris ^{2}1870, S. 15–18. Vgl. dazu Elrud Kunne-Ibsch, Die Stellung Nietzsches in der modernen Literaturwissenschaft, Tübingen 1972, S. 46

11 Vgl. dazu ausführlich Jacques Derrida, Nietzsches Otobiographie. Fugen, Deutsch-französisches Jahrbuch für Text-Analytik, 1 (1980)

12 Über solch doppelte Buchführung vgl. Jacques Lacan, Schriften, Olten-Freiburg/Br. 1973ff, Bd. II, S. 181

13 Lacan, Die Familie. Schriften, Bd. III (erscheint 1980)

14 Vgl. Schriften zur Literatur, S. 160

15 Roman des Phänotyp. Gesammelte Werke, Hg. Dieter Wellershoff, Wiesbaden 1959–61, Bd. II, S. 176. Hinweis von Georg Hollenkamp

16 Das Nähere in meinem Aufsatz Autorschaft und Liebe, in: Austreibung des Geistes aus den Geisteswissenschaften (erscheint Paderborn 1980)

17 Nietzsche, Werke. Hg. Colli/Montinari, Bd. VII/1, S. 134

18 Johann Adam Bergk, Jena 1799, S. 326

19 Bergk, Die Kunst zu denken. Ein Seitenstück zur Kunst, Bücher zu lesen, Leipzig 1802, S. 183

20 Hippolyte Taine, Histoire de la littérature anglaise. Paris ^{6}1885, Bd. I, S. XXVIf

21 Zitiert bei Podach, Werke des Zusammenbruchs, S. 257
22 Zitiert bei Podach, a. a. O., S. 318f
23 Taine, Essais de critique et d'histoire. Paris [7] 1896, Bd. I, S. XXVIf
24 Histoire de la littérature anglaise, Bd. I, S. XXIV
25 Vgl. Heinrich Schipperges, Am Leitfaden des Leibes. Zur Anthropologik und Therapeutik Friedrich Nietzsches, Stuttgart 1975, S. 162
26 Foucault, Sexualität und Wahrheit, Bd. I, Frankfurt/M. 1977, S. 170
27 Daniel Jenisch, Der allzeit-fertige Schriftsteller. Berlin 1797, S. 119, Hinweis von Heinrich Bosse
28 Vgl. dazu meinen Aufsatz Vergessen, in: Texthermeneutik. Aktualität, Geschichte, Kritik. Hg. Ulrich Nassen, Paderborn 1979, S. 214
29 Tagebuch, Nr. 834. Werke. Hg. Gerhard Fricke u. a., München 1966, Bd. IV, S. 165. Hinweis von Gerhard Kaiser
30 Werke. Hg. Colli/Montinari, Bd. VII/2, S. 255
31 So formulierte Goethe in der «Zueignung» zum Faust
32 Vgl. Manfred Frank, Das individuelle Allgemeine. Textstrukturierung und -interpretation nach Schleiermacher, Frankfurt a. M. 1977
33 Wieland, Geschichte des Agathon. Sämmtliche Werke, Leipzig 1824–26, Bd. IX, S. VIII
34 Theodor Gottlieb von Hippel, Selbstbiographie. Zitiert bei Erich Kleinschmidt, Fiktion und Identifikation: Zur Ästhetik der Leserrolle im deutschen Roman zwischen 1770 und 1780. DVj, 53 (1979), S. 56, Anm. 3
35 Trilogie der Leidenschaft, HA, Bd. I, S. 380. Vgl. dazu Wilhelm Meisters Wanderjahre, HA, Bd. VIII, S. 459
36 Goethes Gespräche mit Eckermann, 3. 5. 1827, Leipzig o. J., S. 314
37 Vgl. Archäologie des Wissens. Frankfurt a. M. 1973, S. 174f
38 Gespräche mit Eckermann, S. 315
39 Vgl. Jacques Derrida, Titel (noch zu bestimmen), in: Austreibung des Geistes aus den Geisteswissenschaften
40 Vgl. Nietzsches Werke des Zusammenbruchs, S. 204: «Nietzsche kommentiert im Ecce homo sich und seine Schriften; er gibt auch Winke zum Verständnis des Ecce homo. Man findet sie leicht und braucht nur eine Stelle in ‹Nietzsche contra Wagner›, die er inmitten der Arbeit am Ecce homo geschrieben hat, richtig [!] zu lesen, Nietzsche statt ‹Wagner› und Ecce homo statt ‹Parsifal› einzusetzen.» So verbessert, schreibt (Pseudo)Nietzsche: «‹Man möchte es nämlich wünschen, daß der Nietzschesche Ecce homo heiter gemeint sei ... Denn was würde der *ernstgemeinte* Ecce homo sein? ...›» (S. 204f) Allgemein fordert Podach, Ecce homo nicht philosophisch, sondern «nach den schriftstellerisch entscheidenden Zügen – nach den Formkriterien – literarisch einzuordnen» (S. 205). Das wird hier unternommen – mit dem Ergebnis, daß literarisch entscheidend nicht bloße

Formkriterien, sondern Diskursivitätsmerkmale wie die Funktion Autorschaft sind. Podach sieht in Ecce homo nur «den Anlauf zu einer Satura Menippea» (ebd.) – als ob antike Rhetorik und nicht neuzeitliche Literatur die Satire und ihre Zielscheibe wäre.

41 Wilhelm Resenhöfft, Nietzsches Zarathustra-Wahn. Deutung und Dokumentation zur Apokalypse des Übermenschen, Bern–Frankfurt/M. 1972, S. 83: «Am köstlichsten sind die Stellen, wo man nach Nietzsches Anweisung in ‹Ecce homo› für Wagner seinen Namen einsetzen soll (in der 4. Unzeitgemäßen, aber warum nicht auch hier?): ‹Alles, was Nietzsche *kann*, wird ihm niemand nachmachen, hat ihm keiner vorgemacht, *soll* ihm keiner nachmachen ...›»

42 Dilthey versus Nietzsche. Studia philosophica, 10 (1950), S. 52–84

43 Wilhelm Dilthey, Gesammelte Schriften, Bd. V. Leipzig–Berlin 1924, S. 319f

44 Nietzsches Klage der Ariadne, in: K. R., Von Werken und Formen. Vorträge und Aufsätze, Bad Godesberg 1948, S. 484

45 Vgl. Stichworte zur Kritik der Diskurstheorie, in: Urszenen. Literaturwissenschaft als Diskursanalyse und Diskurskritik. Hg. F. A. Kittler und Horst Turk, Frankfurt a. M. 1977, S. 196

46 Was ist ein Autor?, a. a. O., S. 18

47 Zitiert bei Podach, Nietzsches Zusammenbruch, Heidelberg 1930, S. 154

48 Richard Oehler in: Nietzsche. Gesammelte Werke (Musarion-Ausgabe), Bd. XXI, München 1928, S. 293

49 Histoire de la littérature anglaise. Bd. I, S. V.

50 Foucault, Die Ordnung des Diskurses, München 1974, S. 10

51 Werke. Hg. Colli/Montinari, Bd. VII/3, S. 59

52 Le séminaire XX: Encore, Paris 1975, S. 51

53 Darüber ausführlich Jacques Derrida, Sporen. Die Stile Nietzsches, Venedig 1976

54 Zitiert bei Podach, Nietzsches Zusammenbruch, S. 118. Vgl. auch S. 158–162

Gerhard Rupp

Der ‹ungeheure Consensus der Menschen über die Dinge› oder Das gesellschaftlich wirksame Rhetorische. Zum Nietzsche des Philosophenbuchs

Auch die sternische Verbindung trügt.
Doch uns freue eine Weile nun
der Figur zu glauben. Das genügt.
Rilke

Gut hundert Jahre nach Erscheinen seines Erstlings, der *‹Geburt der Tragödie›* (1872) wird in der europäischen Öffentlichkeit das Werk eines preußischen Altphilologen wiedergelesen – gleichermaßen von den kritischen Studenten der 68er Revolte und den Eskapisten der alternativen Szene, von Ideologiekritikern, Strukturalisten und Psychoanalytikern. Seine Bedeutung während des Dritten Reiches wird zum Mißverständnis erklärt; andere wichtige Bedeutungen geraten in den Vordergrund. Die Figur Nietzsches erscheint in der Linie spekulativer Sprachtheoretiker wie Rousseau, Schelling, Jean Paul; den Blick hinter die Erscheinung auf das Wesen der Dinge teilt Nietzsche mit Marx und Freud; Einsichten in das Wesen von Zeichen, Sprache und Rhetorik bringen ihn gleichfalls Freud nahe, besonders dem der *‹Traumdeutung›*, aber auch Saussure, dem Begründer der modernen Sprachwissenschaft. Das ist das Charakteristische: Nietzsche steht als philologischer Lehrer voll in der griechisch-lateinischen Grammatiktradition und leitet zugleich zur modernen Zeichenlehre über.
Nietzsche verkörpert den Urtyp antigesellschaftlichen Ressentiments; und an ihm wurde nicht weniger unmittelbar der gesellschaftliche Ausschluß vollzogen, den er zusammen mit dem körperlichen Leiden erfuhr. Das Schweigen und der Wahnsinn seines Endes sprechen eine deutliche Sprache, die in der gegenwärtigen Offenheit für Nietzsche eine große Rolle spielt. Dieser Wahnsinn hängt aufs engste mit Nietzsches unvollendetem Hauptwerk, dem *‹Willen zur Macht›*, zusammen. Sein Verstummen auf das Ausbleiben der immer wieder angekündigten und nie vollzogenen *Bestimmung* dieses «Willens zur Macht» ist in diesem Zusammenhang das vielleicht modernste Motiv. Es ist in Nietzsches Œuvre bereits früh angelegt und geht mit einer Überproduktion von Werken bei

gleichzeitigem Verschwinden *des Werks* einher: auch das eine typisch moderne und nicht weniger bedeutungsvolle Eigenschaft der Nietzscheschen Produktion, nämlich die Wiederholung. Diese Bewegung der Wiederholung einmal gesetzter Strukturen, Denkmodelle oder gar Sätze in einer Art Kreisbewegung, die nicht vorwärts geht und keinerlei Ziel erreicht, vollführt Nietzsche mehr oder weniger bewußt. Sie ist rückführbar auf eine mehr erlittene als durchschaute Störung seines Verhältnisses zur Sprache, auch zur eigenen Sprache, die Nietzsche genauso entgleitet wie die darzustellenden Sachverhalte und das sie denkende Denken selbst. Ja, sie rückt sein philosophisches Werk, das sich wie kaum ein zweites aus seinem ursprünglichen Terrain entfernt hat, in die Nähe poetisch erfahrener oder psychoanalytisch begründeter Sprachentfremdung:
Flaubert: «Es gibt ein ziemlich dummes Axiom, das sagt, daß die Sprache das Denken wiedergebe – es wäre wahrer zu sagen, daß sie es entstelle. Sprecht ihr niemals einen Satz so aus, wie ihr ihn denkt? Werdet ihr einen Roman schreiben wie ihr ihn konzipiert habt?» [1]

Lacan: «Doch wird man nicht dahin gelangen, wenn man der Vorstellung verhaftet bleibt, daß die Instanz des Ich (moi) im Subjekt identisch ist mit der Gegenwart, die zu einem spricht.» [2]
Wie unterschiedlich sich auch dies poetisch und philosophisch begründete Verhältnis zur Sprache bei den einzelnen Autoren ausnimmt, dahinter steht die gemeinsame Erfahrung, daß Sprache niemals mehr als zur Verfügung stehendes Material, sondern immer schon als geformte, ja überformte Gestalt gegenübertritt, die schon vor ihrem Gebrauch bereits so viele Bedeutungen aufweist, daß sie keine neuen mehr aufnimmt. So kommt es zum Wiederhervorbringen oder nur Umstellen bereits gespeicherter Bedeutungen, niemals aber zu einem neuen Ausdruck. Für diese Spracherfahrung sei in Übereinstimmung mit Nietzsches eigenem Sprachgebrauch in der Zeit unmittelbar nach der ‹*Geburt der Tragödie*› der Name des Rhetorischen vorgeschlagen; dabei wird die Tätigkeit des Redners, sich innerhalb eines bestimmten Figurenarsenals auszudrücken, auf den gesamten übrigen Sprachgebrauch übertragen. Auch bei diesem Wort «Rhetorik» ist es eigentümlich, daß es bei Nietzsche für die antike Tradition steht, die er lehrt, und daß es in seinen unzähligen Notizbüchern wieder auftaucht unter dem Zeichen des Sprachverlustes, des Endes des Schreibens, der Kastration und des Todes.
Nach Erscheinen des ersten Wurfs, der ‹*Geburt der Tragödie*›, be-

schäftigt sich Nietzsche von 1872–1875 in den «Vorarbeiten zu einer Schrift über den Philosophen» (Musarion-Ausgabe Band VI) mit Rhetorik, danach erscheinen jährlich eine bis zwei dickbändige mehr oder weniger aphoristische Sammlungen, bis schließlich nicht einmal mehr diese Komposition gelingt und es bei unvollständigen und zusammenhanglosen Aufzeichnungen, dem sogenannten *‹Nachlaß der 80er Jahre›* bleibt: Zerrbild oder Symbol moderner Autorschaft? Die Begegnung mit dem Schreiben unter dem Zeichen rhetorischer Reflexion (*‹Philosophenbuch›*) und rhetorischer Praxis (Aphorismenbücher seit *‹Menschliches, Allzumenschliches›*) ist bei Nietzsche (noch) konkret und körperlich verlaufen. Weil aber Schreiben für ihn mit Freisein zusammenfiel:

Sprechen- und Schreiben können heißt frei werden: zugegeben, daß nicht immer das Beste dabei herauskommt; aber es ist gut, daß es sichtbar wird, daß es Wort und Farbe findet. Barbar ist einer, der sich nicht ausdrücken kann, der sklavenhaft plappert. – «Schöner Stil» freilich ist nichts als ein neuer Käfig, ein vergoldetes Barbarenthum (458)[3],

bedeutete es den physischen Tod, als das Schreiben unter dem Zeichen des Rhetorischen plötzlich das Gegenteil bedeutete: nämlich Entfremdung von der eigenen Stimme, Eingefangensein in fixierten Sprachfiguren, Wiederholen des immer Gleichen:

Oedipus.
Reden des letzten Philosophen mit sich selbst.
Ein Fragment aus der Geschichte der Nachwelt.

Den letzten Philosophen nenne ich mich, denn ich bin der letzte Mensch. Niemand redet mit mir als ich selbst, und meine Stimme kommt wie die eines Sterbenden zu mir. Mit dir, geliebte Stimme, mit dir, dem letzten Erinnerungshauch alles Menschenglücks, laß mich nur eine Stunde noch verkehren, durch dich täusche ich mir die Einsamkeit hinweg und lüge mich in die Vielheit und die Liebe hinein, denn mein Herz sträubt sich zu glauben, daß die Liebe todt sei, es erträgt den Schauder der einsamsten Einsamkeit nicht und zwingt mich zu reden, als ob ich Zwei wäre.
Höre ich dich noch, meine Stimme? Du flüsterst, indem du fluchst? Und doch sollte dein Fluch die Eingeweide dieser Welt zerbersten machen! Aber sie lebt noch und schaut mich nur noch

glänzender und kälter mit ihren mitleidslosen Sternen an, sie lebt, so dumm und blind wie je vorher, und nur Eines stirbt – der Mensch. – Und doch! Ich höre dich noch, geliebte Stimme! Es stirbt noch Einer außer mir, dem letzten Menschen, in diesem Weltall: der letzte Seufzer, dein Seufzer, stirbt mit mir, das hingezogene Wehe! Wehe! geseufzt um mich, der Wehemenschen letzten, Oedipus. (48–49)

Das Rhetorische erhält bei Nietzsche somit zweierlei Sinn: es meint traditionell den uneigentlichen Sprachgebrauch und leitet in Übertragung hiervon zugleich zur Frage über, was am Sprechen eigentlicher Ausdruck, individuell, wahr, verbindlich sei, zum sogenannten totalen Metaphern-Verdacht, der keimhaft in der antiken Rhetorik angelegt ist. Eigentümlich für Nietzsche ist, daß er auf dem Boden der antiken Tradition, sozusagen über mehr als zweitausend Jahre hinweg, eine Theorie der modernen literarischen (und Massen-)Kommunikation entwirft, deren erster (imaginärer) Protagonist und Märtyrer in einem er selbst ist.

Denn es gibt eine Korrespondenz des Nietzscheschen Denkens und Schreibens zur Zeit des Philosophenbuchs mit einer Theorie der Wahrscheinlichkeit, die Aristoteles in der ‹*Topik*› und ‹*Rhetorik*› entwirft und die sich auf den alltäglichen Verkehr und die in ihm stattfindenden Meinungsbildungen und Entscheidungen bezieht. Auf diesem Traditionshintergrund erlangt auch die Nietzschesche Rhetorik tiefere Bedeutungsdimensionen. Auf ihn hat zuletzt Roland Barthes aufmerksam gemacht:

(Aus unseren Untersuchungen resultiert G. R.) Schließlich der Gedanke, daß es eine hartnäckige Übereinstimmung zwischen Aristoteles (als dem Begründer der Rhetorik) und der sogenannten Massenkultur gibt, gleichsam das Überleben eines heruntergekommenen, verdünnten und auseinandergenommenen Aristotelismus – dessen Philosophie und Logik seit der Aufklärung, dessen Ästhetik seit der Romantik tot sind – in der Kultur der westlichen Gesellschaft – eine Kultur, die – vermittels der Demokratie – sich auf die Ideologie der «größten Zahl», die Richtschnuren der Mehrheit, die gängigen Meinungen stützt: Alles deutet darauf hin, daß eine Art aristotelische Vulgata noch immer einen Begriff des Abendlandes jenseits der Geschichte entwirft, eine Zivilisation (nämlich unsere) der endoxa (der Wahrscheinlichkeiten, A. d. Ü.): kommt man denn wirklich darum herum, daß sich bei Aristoteles (seiner Poetik, Rhetorik, Logik) bereits ein vollständiges Analyseinstrumentarium (ausgehend vom Begriff des «Wahrscheinlichen») für die Sprache der «Massenkommunikationen», ihre Geschichten, Diskurse und Argumentationen findet und daß Aristoteles jene ideale Einheitlichkeit von Meta- und Objektsprache bietet, die eine angewandte Wissenschaft ausmachen kann? Für die demokratische Staatsform wäre demnach der Aristotelismus die beste aller Kultursoziologien.[4]

Wie sieht nun diese Kultursoziologie, wie dies Analyseinstrumentarium bei Aristoteles aus? Zunächst stellt Aristoteles einfach fest: es gibt eine der (wissenschaftlichen) Dialektik und Logik zumindest gleichgestellte, aber von dem apodiktischen Begriff der Wahrheit abgehobene Ebene des Reflektierens und Räsonierens, der in der Praxis menschlicher Kommunikation mehr Bedeutung als der Wahrheitsfindung zukommt, weil die für den Alltag typischen Schlußfolgerungen durch plausible Sätze gebildet werden. Diese plausiblen Sätze, die sich meist um fest kodifizierte Gemeinplätze gruppieren, lassen Schlüsse über erfahrungsgemäß oder unter Umständen eintretende oder erwartbare Ereignisse oder Sachverhalte zu: Ehrenmänner werden sich nicht zu einem verbrecherischen Komplott zusammenschließen, demnach steht vom Zusammentreffen der Herren A und B nur Gutes zu erwarten; Einzelgänger sind unberechenbar, also geht von Herrn X diese oder jene Gefahr aus usw. Was hier ins Spiel kommt, ist das Wahrscheinliche als der prinzipiell andere Bereich neben der Wahrheit, der in der abendländischen Tradition zugunsten der logischen Schlüsse, der sogenannten Syllogismen (alle Menschen sind sterblich, Sokrates ist ein Mensch, also ist Sokrates sterblich usw.), völlig in den Hintergrund getreten ist.[5]

Die Theorie der Wahrscheinlichkeit, die – wie Nietzsches Erkenntnistheorie – gleichfalls keine durchkonstruierte Theorie ist, sondern aus verstreuten und widersprüchlichen Aussagen über das sogenannte «Enthymem» interpoliert werden muß, besagt, daß ethische und politische Probleme sowie Fragen des alltäglichen Handelns durch einen nicht ausformulierten, sondern stillschweigenden Konsensus geregelt werden, der nicht auf individuellem Reflektieren oder auf Wahrheitsgewißheiten beruht, sondern auf dem Meinen der Vielen, man könnte modern sagen der Massen: «Wahrscheinliche Sätze (endoxa) sind aber diejenigen, die Allen oder den Meisten oder den Weisen wahr scheinen, und auch von

den Weisen wieder entweder Allen oder den Meisten oder den Bekanntesten und Angesehensten.» (Topik 100b 21)
Der Platz dieser wahrscheinlichen Sätze liegt nun bei den kunstvollen Beweisen, die der Redner innerhalb seiner Argumentation «finden» muß:

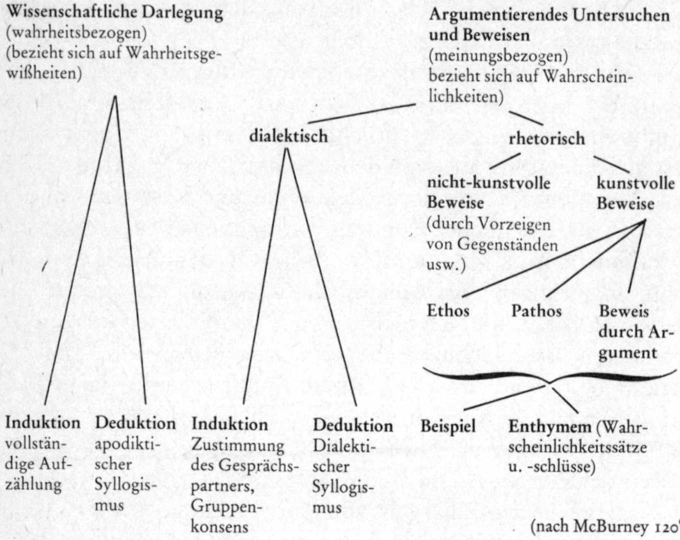

Die Art (rhetorischer) Schlußoperation, die der Redner dabei anwendet, heißt Enthymem (Wahrscheinlichkeitsschluß). Das Eigentümliche an diesen Schlüssen ist, daß sie meist in bezug auf Ober- oder Untersatz oder Schluß unvollständig sind und sich nicht auf sogenannte apodiktische Wahrheitsgewißheiten, sondern nur auf eventuell eintretende oder zutreffende Sachverhalte beziehen. Die Ergänzungsbedürftigkeit enthymematischer Schlüsse engagiert den Zuhörer oder Leser, der ihnen genau das unterlegt, woran sie auch bei ihm appellieren: «lines of argument from a culture's pool of accepted opinions» (Keith V. Erickson)[6].

Andererseits wird gerade durch diese Aktivierung des Zuhörers die in Rede stehende Sache in jener Schwebe gehalten, die paradoxerweise Handlungen auslöst und regelt, da sowohl der Redner/Schreiber wie der Hörer/Leser in solchen Andeutungen miteinander kommunizieren, die auf allgemein anerkannte Gemeinplätze bezogen werden können.

Eines der wenigen Beispiele, die Aristoteles für das Enthymem gibt, hört sich relativ harmlos an:

W a h r s c h e i n l i c h e s und Z e i c h e n ist nicht dasselbe, sondern das Wahrscheinliche ist ein glaubhafter Satz (endoxos). Denn wovon man weiß, daß es meistens so geschieht, z. B. der Satz, daß die Neider hassen oder daß die Geliebten lieben. (Erste Analytik, zweites Buch, 27. Kapitel)

So banal und tautologisch die Exemplifizierung des enthymematischen Schlusses sich hier ausnimmt, so viel wird doch deutlich: Orientierung und Verständigung im Alltag funktionieren nach Gründen, die weder sprachlich-rational noch absolut-apodiktisch angelegt sind, sondern sich der diffusen Erfahrung des Konsenses der Vielen verdanken. Diese täglich einzeln und im Dialog gezogenen Schlüsse bleiben wegen ihrer Selbstverständlichkeit unterhalb der Bewußtseinsschwelle, bilden jedoch in ihrer Gesamtheit Leitkategorien und Schemata ab, die dem menschlichen Urteilen und Handeln zugrunde liegen. Unabhängig davon, ob man Routine, Alltagswissen[7], Habitus, Universalien, anthroposophische Konstanten oder andere Namen für solche Leitkategorien einsetzt: sie sind als stillschweigende, gar nicht erst thematisierte Übereinkünfte die Grundlage und die Einheit menschlicher Kommunikation und Kultur.

Aristoteles hat die Theorie des Enthymems niemals zusammenhängend ausgeführt und seinen Platz innerhalb der Logik, Dialektik und Rhetorik, wie er im oben wiedergegebenen Schema bezeichnet ist, nur flüchtig und kursorisch angegeben. Noch dazu ist nach Aristoteles das Enthymem, obwohl selbst formal dem Syllogismus annäherbar, zusammen mit der Topik (die bei Aristoteles übrigens noch vor der Rhetorik liegt) praktisch in Vergessenheit geraten oder in den Syllogismus, also die Logik übergeführt worden. In der für das ganze Mittelalter bestimmenden lateinischen Tradition (Cicero und Quintilian) spielt das Enthymem in seiner Definition als «unvollständiger Syllogismus» eine entsprechend untergeordnete Rolle.

Wenn Aristoteles von der Dreiheit Logik (Wissenschaft), Dialektik (Diskurs), Rhetorik (Überredung, Überzeugung) und damit mehreren Weisen des Denkens und Gedankenaustauschs ausgeht, so hat sich in der Neuzeit diese Breite offensichtlich nicht durchhalten können. Durch die Nivellierung der dreigliedrigen Fügung

des Denkens zusammen mit der Verwischung der Grenzen zwischen Dialektik und Rhetorik hat sich der Absolutheitsanspruch der Logik in den Wissenschaften und die scheinbare Unverbindlichkeit des Meinens in den anderen Reden, vornehmlich den Künsten, herausgebildet. Ist aber die wissenschaftliche Logik als System über die Jahrhunderte hinweg im wesentlichen identisch geblieben, so hat sich im tabuisierten Bereich der Rhetorik jene dynamische Entwicklung abgespielt, die ihm als Medium alltäglicher Praxis zukommt. Die Reden der Künste haben sich seit der «Literaturrevolution des 18. Jahrhunderts» (Curtius 1969, 89)[8] immer deutlicher vom Mimesis-Prinzip, also der Naturnachahmung, befreit und wieder das Wahrscheinliche, aber auch das «Wunderbare» (Bodmer/Breitinger 1740)[9] als Leitkategorie ihres Redens aufgestellt. Jedoch auch diese sich selbst überlassene Entfesselung des Wahrscheinlichen verliert sich in einer abseitigen Entwicklung, nämlich den zunehmenden Versuchen zur Objektivierung des Meinens und seiner Verabsolutierung zur ausschließlichen Praxis.
So ergibt sich folgende Abtrennung und Einschränkung des ursprünglich vereinten und umfassenden Denkens:
- Die (wissenschaftliche) Logik: Erkennungszeichen einer sich immer stärker absondernden, sich spezialisierenden Formalisierung und Methodisierung der Welt- und Sinnerfassung seit Descartes, deren rigoroser Geltungsanspruch ratifiziert, aber nicht praktiziert wird.
- Der (dialektische) Diskurs: scheinbar nach wie vor unversehrt gebliebene Möglichkeit des Redens, der sich auf den Konsens frei miteinander räsonierender Subjekte bezieht, die als gesellschaftliche Praxis jedoch weder ratifiziert noch praktiziert wird: nicht praktiziert, weil die in den Diskursen hergestellte öffentliche Meinung als die *«empirische Allgemeinheit* der Ansichten und der Gedanken der *Vielen»* (Hegel)[10] nicht mehr von einzelnen Individuen getragen wird, sondern als Funktion gesellschaftlicher Entscheidungsprozesse in selber bereits öffentliche Vermittlungen des Räsonnements (öffentliches oder institutionelles Reden, Massenkommunikationen) überführt wird; nicht ratifiziert, weil neben der (wissenschaftlichen) Logik keine Tradition öffentlicher Selbstverständigung sprachlich oder vernünftig verfügbar oder institutionalisierbar ist.[11]
- Die Rhetorik (Überredung, Überzeugung): repräsentative Form alltäglicher Selbstvergewisserung und Orientierung, die jedoch

weder (offen) ratifiziert noch (bewußt) praktiziert, sondern in den dominanten Medien der gegenwärtigen Öffentlichkeit *ausgedrückt* wird: als durch diese Medien und gemäß ihrer Topik und Rhetorik erwirkter *Zwang* zur Rede mit fremder Zunge und vor allem – was die technischen Medien an ihren Apparaten ablesen lassen – ohne gleichwertig mögliche Antwort.[12] Parallelen zu Nietzsches Schreiben liegen auf der Hand: Anpassend an herrschende Praktiken und Ausrichtung auf Breiten- und Massenwirkung, Nichtausbildung des eigenen Sprechens oder seiner Anlage auf Zwiesprache hin.

Die Entwicklungslinie, die von Aristoteles' Theorie des Enthymems über Hegels Rechtsphilosophie bis zur stillschweigenden Massenkommunikation der Neuzeit führt, macht auf das 19. Jahrhundert als entscheidenden Wendepunkt ideologischer Verläufe aufmerksam, die auf einschneidenden geschichtlichen Ereignissen wie der Industrialisierung und der sozialen Etablierung des Bürgertums aufbauen. Denn weder zuvor noch auch danach sind der Arbeitsprozeß durch Technisierung und das alltägliche Leben durch die schlagartige Entstehung der Großstädte und die Zersiedelung des Landes so radikal verändert worden.[13] Die Technisierung von Fertigungsprozessen hat ihre Entsprechung in der Technisierung künstlerischer Hervorbringung und damit der Objektivierung subjektiven, zufälligen Meinens in den modernen Medien wie Fotographie, Radio, Film und Fernsehen als einer faßbaren und handgreiflichen Äußerung des Wahrscheinlichen. Zudem tritt überall Künstlern und Philosophen, die im 19. Jahrhundert allesamt zu Schriftstellern werden, der kleinmütige und monotone Alltag und sein Krämergeist entgegen, dessen monströse Einfalt Flaubert in seinem ‹*Wörterbuch der Gemeinplätze*› (1850–1880) gesammelt hat. Die schon lange vor der Französischen Revolution sich abzeichnende Entfremdung des Künstlers von seinem Publikum – ein Wesensmerkmal moderner Kunst – tritt offen hervor, und sie äußert sich als kommunikative Entfremdung, die sich an den in der Sprache geronnenen Gemeinplätzen festmacht, an dem von der Masse für wahrscheinlich Gehaltenen, kurz: an der Rhetorik.

Die Rhetorik ist für Nietzsche nach der ‹*Geburt der Tragödie*› (1872) die entscheidende Determinante seines Schreibens und führt zu der zentralen Erfahrung des Bruchs zwischen Sprechen und Reden, zu einer Störung, die beim Sprechen dann eintritt, wenn es sich quasi an lauter Sprachfiguren stößt. So verhindert das Rhetorische der Sprache, ihr eigentlich dialogisches Wesen, paradoxerweise, daß es bei Nietzsche auch nur zur Rede kommt. Hatte er das erste Werk, die *‹Geburt der Tragödie›*, noch naiv aus einem Guß schreiben können, so melden sich jetzt zugleich mit den zu behandelnden Themen Zweifel an ihrer Darstellbarkeit an; der Gedanke, der sich kaum bildet, wird sozusagen auf seine Erscheinung hin abgeklopft, oder besser gesagt, Nietzsche prüft sich und seine Sprache, die er sich wiedererwerben muß:

Es ist alles so bestimmt wie möglich zu sagen und jeder terminus, auch «Wille», beiseite zu lassen. (22)

Durchaus unpersönlich und kalt schreiben. Kein «ich» und «wir». (28)

Alle «uns» und «wir» und «ich» wegzulassen. Auch die Sätze mit «daß» zu beschränken. Jedes Kunstwort, soweit möglich, zu meiden. (70)

Schon beim überschaubaren thematischen Ausschnitt der Selbstkommentierung fällt die Grenze auf, an die Nietzsche stößt: es ist die der Wiederholung. Das einheitsstiftende Moment seines Denkens ist verlorengegangen, weil der Rückgang auf die Sache verwehrt ist («Der Satz ist festzustellen – wir leben nur durch Illusionen – unser Bewußtsein streift die Oberfläche» (22).

Die verlorene Einheitlichkeit pervertiert zur Monotonie, zur Ewigen Wiederkehr des Immergleichen. Nietzsche schwimmt in Worthülsen, ohne es anscheinend zu merken; auf keinen Fall ist dies der Augenblick eines Höhenflugs, der den gleichfalls verlorengegangenen Anschluß an die noch so nahe und doch so vergessene *‹Geburt der Tragödie›* ermöglichte. All das ist angesichts der unausweichlichen sprachlichen Form, die sowohl abtötet als auch wieder zum Leben erweckt, besonders tragisch:

Die Schönheit und Großartigkeit einer Weltconstruktion (alias Philosophie) entscheidet jetzt über ihren Werth – d. h. sie wird als *Kunst* beurtheilt. Ihre Form wird sich wahrscheinlich verändern! Die starre mathematische Formel (wie bei Spinoza) – die auf Göthe einen so beruhigenden Eindruck machte, hat eben nur noch als ästhetisches Ausdrucksmittel ein Recht. (22)

Nietzsche weiß aber noch nicht, wohin sich die Form der Philosophie verändern wird. Das heißt, er ahnt es bereits, er lehrt es in der Rhetorik-Vorlesung, aber er weiß noch nicht, wie er selber dahinkommen kann und will. Er hat die Schwierigkeit, daß ihm mit der *‹Geburt der Tragödie›* selbst ein Werk *gelungen* ist in der Sprache, die doch niemals die seine ist. Nietzsche entdeckt die Täuschung, Verstellung und Selbstverleugnung als Grundmomente auch der philosophischen Rede:

Jede Kunst hat eine Stufe der Rhetorik. Fundamentaler Unterschied zwischen Poesie und Rhetorik, oder Kunst und Rhetorik.
Entstehung bei *Empedocles* characteristisch. Mittelwesen.
Schauspieler und Redner: erster vorausgesetzt.
Naturalismus. Rechnung auf den Affect. Auf das große Publikum.
Alles aufzuzählen, wodurch die Rhetorik der unmoralischen Kunst entspricht.
Entstehung der Kunstprosa als Nachklang der Rhetorik.
Es ist sehr selten, daß einer als Künstler wirklich seine *Subjectivität herausstellt:* die meisten verstecken sie durch eine angenommene Manier und Stil.
Ehrliche Kunst und *unehrliche Kunst* – Hauptunterschied. Die sogenannte objective Kunst ist am häufigsten nur *unehrliche* Kunst. Die Rhetorik ist deshalb ehrlicher, weil sie das *Täuschen* als Ziel anerkennt. Sie will gar nicht die Subjectivität ausdrücken, sondern einem gewissen Ideal von Subject, dem mächtigen Staatsmanne usw., wie ihn sich das Volk denkt [, entsprechen].
Jeder Künstler fängt unehrlich an, nämlich redend wie sein Meister (Sophocles Schwulst des Aeschylus). Am häufigsten Contrast zwischen Erkennen und Können ewig: dann stellen sich die Künstler auf Seite des Geschmacks und bleiben ewig unehrlich. Cicero *der dekorative Mensch eines Weltreichs.* Als vollendeter Mensch und Wonne der Natur empfindet er sich, daher sein Ruhmgefühl. Seine politischen Thaten sind Dekoration. Er verwendet Alles, Wissenschaften und Künste, nach ihrer dekorativen Kraft. Erfinder des «Pathos an sich», der schönen Leidenschaft. Die Cultur als verhüllende Dekoration.
Aufgabe: das Werden einer solchen Natur psychologisch zu erklären. (371–372)

Auch an dieser Stelle fällt der durchgehaltene Befehlston sich selbst gegenüber auf: an Programmen, Plänen, Entwürfen, Inhaltsverzeichnissen, ja sogar Zeitplänen ist kein Mangel. Sie stellen neben den Selbstkommentaren und den thematischen Kommunikationszweifel eine wichtige Textsorte dar. Ihre Funktion ist paradox: sie sollen noch nicht vorhandenes Material ordnen, dessen Entwicklung und Darlegung sie aber fortwährend unterbrechen.

Kennzeichnend hierfür scheint mir folgender Zusammenhang von Aufzeichnungen:
Wo man nichts Wahres wissen kann, ist die Lüge erlaubt. Jeder Mensch läßt sich Nachts im Traume fortwährend belügen. Das *Wahrheitsstreben* ist ein unendlich langsamer Erwerb der Menschheit. Unser historisches Gefühl ist etwas ganz Neues in der Welt. Es wäre möglich, daß es die Kunst ganz unterdrückte. Das Aussprechen der *Wahrheit um jeden Preis* ist *sokratisch*.

Der Philosoph.
Betrachtungen über den Kampf von Kunst und Erkenntnis. (...)

Sehr lehrreich, wenn Heraclit seine Sprache mit Apollo und Sibylle vergleicht.
Die Sinne machen uns etwas vor. (etc. 40)
Die verschiedensten thematischen Linien überlagern und unterbrechen einander: die sprachphilosophischen Reflexionen über ‹*Wahrheit und Lüge im außermoralischen Sinn*›, der Vorlesungsstoff über die Vorplatoniker, die ‹skeptizistische› Erkenntnistheorie (die die Folie zur geschichtlichen Darstellung der griechischen Philosophie abgegeben sollte), und quer dazu der Entwurf einer Titelei. Keine Linie dringt durch, alle werden in einer Kehrtbewegung wieder an den Ausgang zurückgeführt, behindern aber durch ihre regelmäßige Umformulierung einander. Im Bereich der Entwürfe und Gliederungen finden sich hierfür besonders markante Beispiele; es ist das Feld, wo Nietzsche die Wörter im Munde hin und her wendet, zerlegt, wieder zusammenbaut und schließlich wortwörtlich nach dem Lexikon buchstabiert:
Die Hoffenden in der deutschen Gegenwart.
Die Möglichkeit einer deutschen Cultur.
Hoffnungen auf eine deutsche Cultur.
Festschrift.
Die Hoffenden.
Betrachtungen über die angebliche deutsche Cultur
der Gegenwart.
Reden der Hoffenden
Reden eines Hoffenden
Bayreuths Horizont.
Der Horizont Bayreuths.
Bayreuther Horizont-Betrachtungen. (100)

Wenn Goethe ein versetzter Maler, Schiller ein versetzter Redner ist, so ist Wagner ein versetzter Schauspieler. Er nimmt bes(onders) die Musik hinzu – (370)
Wenn für Göthe das Dichten eine Art Auskunftsmittel für einen verfehlten Malerberuf war, wenn man von Schillers Dramen als von einer versetzten Volksberedtsamkeit reden kann, so mag es auch recht sein, in Wagner als Urbegabung die schauspielerische anzunehmen, der es versagt war, sich auf dem nächsten Wege zu befriedigen, und die es in der Heranziehung aller anderen Künste zu einem großen schauspielerischen Ideale ihre Auskunft und ihre Rettung findet. (403)
Das erste Problem Wagner's «warum bleibt die Wirkung aus, da *ich* sie empfange?» Dies treibt ihn zu einer Kritik des Publikums, des Staates, der Gesellschaft. Er setzt zwischen Künstler und Publikum das Verhältnis vom Subject und Object – ganz naiv.
Wagners Begabung ist ein aufwachsender *Wald*, kein einzelner Baum. (371)
Das früheste Problem Wagners ist: warum bleibt die Wirkung aus, da ich sie empfange. Dieß treibt ihn zu einer Kritik des Publikums, der Gesellschaft, des Staates. Sein Instinkt führte ihn zuerst dahin, zwischen Künstler und Publicum das Verhältniß von Subject und Object vorauszusetzen. Seine Erfahrung zeigt ihm, daß das Verhältniß leider ein ganz anderes ist, und er wird zum Kritiker seiner Zeit. Wagners Begabung ist ein aufwachsender Wald, kein aufwachsender Baum. etc. (405)
Die Notizbücher Nietzsches zeigen es immer wieder: seit der Entdeckung des Rhetorischen arbeitet er nicht mehr am Was, sondern am Wie; er umgeht sogar auf Wegen des Wie das Was; wenn er einmal schreibt: «Entstehung einer Schrift – Einfälle» (452), so sind es gerade die Einfälle, an denen es ihm mangelt. Das Erschreckende an den nachgelassenen Fragmenten ist, daß es keine Sammlung von Notizen sind, sondern von Schreibübungen, ja Schönschreibübungen im Sinn von Stilerprobungen, in denen die Einfälle dekliniert werden. Schließlich langt Nietzsche bei jenem schon erwähnten Lexikon an, wo die sinnentleerten Wörter außerhalb jedes Satzkontextes zunächst wieder in Redewendungen gebracht, sozusagen idiomatisiert werden; eine stumme, nicht weiter kommentierte Übung zwischen Vokabelheft, Übersetzungshilfe und Stilblütensammlung, die am deutlichsten die bevorstehende «lebenslange Arbeit an der Sprache» (453) dokumentiert, aber

auch diese Erfahrung: «Das Individuelle muß erst heraus, dann ist es zu brechen» (ib.):

Abarten degenerare (Sohn vom Vater)
abätzen (die Weide) depascere
abbesolden
eine Sache zu grün *abbrechen* = übereilen
er bricht sich nichts *ab* = versagt sich nichts
die Zeit wird den Aberglauben schon *abbringen*
abbrüchig (Dat.) = nachtheilig
Licht *abdäuben* (dämpfen)
davon läßt sich nichts *abdingen*
alles, was man uns *abdringt*
Aberglauben und *Abdünke!*
einem etwas *abeilen* (eilends wegnehmen)
es gehet *gegen den Abend*
auf wahrscheinliche Vermuthungen ein *Abenteuer* wagen
abenteuernd
euer ganzes *aberweises* Jahrhundert (449)

Das Rhetorische bei Nietzsche: Auflösung der Sprache in Buchstaben als buchstäblicher Ausdruck der Verzweiflung beim Versuch, die ‹*Geburt der Tragödie*› zu wiederholen, von der sich Nietzsche nicht wegbewegen kann:

‹*Geburt der Tragödie*› 1870:

Er (der Lyriker) ist zuerst, als dionysischer Künstler, gänzlich mit dem Ur-Einen, seinem Schmerz und Widerspruch, eins geworden und produziert das Abbild dieses Ur-Einen als Musik, wenn anders diese mit Recht eine Wiederholung der Welt und ein zweiter Abguß derselben genannt worden ist; jetzt aber wird diese Musik ihm wieder, wie in einem *gleichnisartigen Traumbilde*, unter der apollinischen Traumeinwirkung sichtbar. Jener bild- und begrifflose Widerschein des Urschmerzes in der Musik, mit seiner Erlösung im Scheine, erzeugt jetzt eine zweite Spiegelung, als einzelnes Gleichnis oder Exempel. Seine Subjektivität hat der Künstler bereits in dem dionysischen Prozeß aufgegeben: das Bild, das ihm jetzt seine Einheit mit dem Herzen der Welt zeigt, ist eine Traumszene, die jenen Urwiderspruch und Urschmerz, samt der Urlust des Scheines, versinnlicht. Das «Ich» des Lyrikers tönt also aus dem Abgrunde des Seins: seine «Subjektivität» im Sinne der neueren Ästhetiker ist eine Einbildung. (III1, 39–40)

‹*Wahrheit und Lüge im außermoralischen Sinne*› 1873:
Das «Ding an sich» (das würde eben die reine folgenlose Wahrheit sein) ist auch dem Sprachbildner ganz unfaßlich und ganz und gar nicht erstrebenswert. Er bezeichnet nur die Relationen der Dinge zu den Menschen und nimmt zu deren Ausdruck die kühnsten Metaphern zu Hilfe. Ein Nervenreiz, zuerst übertragen in ein Bild! Erste Metapher. Das Bild wird nachgeformt in einem Laut! Zweite Metapher. Und jedesmal vollständiges Überspringen der Sphäre, mitten hinein in eine ganz andre und neue ... Wir glauben etwas von den Dingen selbst zu wissen, wenn wir von Bäumen, Farben, Schnee und Blumen reden, und besitzen doch nichts als Metaphern der Dinge, die den ursprünglichen Wesenheiten ganz und gar nicht entsprechen. (III2, 373)
Das Schema des Verlusts unmittelbarer Kenntnis, zu der die Natur den «Schlüssel wegwarf» (‹*Wahrheit und Lüge im außermoralischen Sinne*›, III 310) ist beide Male vorhanden, nur sind einige Namen vertauscht. Statt Ur-Eines Nervenreiz, statt Musik Bild, statt Traumbild Lautvorstellung. Und doch: «Die Geburt der Tragödie betrachtet von einer anderen Seite aus. Die Bestätigung aus der Philosophie ihrer Zeitgenossen» (144), also das Wechseln des Gebietes, das Betreten und sofort das Verlassen des Terrains der Wissenschaft, all das hat Folgen. Konnte Dionysos noch eine Rückkehr oder wenigstens Aufhebung verbürgen, so taucht sein Name im Philosophenbuch nicht mehr auf: Ödipus und Prometheus treten an die Stelle.
Prometheus sieht, wie alle Menschheit zum Schatten geworden ist, im tiefsten verdorben, furchtsam, böse. Aus Mitleiden schickt er ihr den Epimetheus mit der verfüherischen Pandora (griechische Cultur). Jetzt wird es unter den Menschen ganz gespenstisch und ekelhaft und breiartig. Prometheus verzweifelt +++ (463)
Mit der Kultur ist Sprache als «feste Übereinkunft» über den «usuellen Gebrauch von Metaphern» (79) unauflöslich verknüpft, und die «Sprache ist Rhetorik, denn sie will nur eine doxa, keine epistémé übertragen» (298)[14], nur eine Meinung, keine Erkenntnis. Deshalb: «Die Wahrheit läßt sich weder in schriftlicher nur in rhetorischer Form aussprechen.»[14] (290) Und: «Von Natur ist der Mensch nicht zum Erkennen da» (62), «Der Philosoph in den Netzen der Sprache eingefangen» (51). Der Erkenntnis ist der Rückgang auf ihren Ursprung, die Wiedergewinnung ihrer Individualität verwehrt; sie muß sich mit sich selber, mit der Analyse ihrer

eigenen Funktion bescheiden. Das ist das Thema des Rhetorischen: Nicht nur, daß es keine Religion, keine Metaphysik, keine Kultur, keine Gegenstände des Denkens und keine leibhafte Realität gibt, über die man sich in der Sprache verständigen könnte – die Verzweiflung wird noch dadurch gesteigert, daß wir unwiderruflich auf die Sprache, die Wahrnehmung, die bloßen Meinungen, die «Schemata» unserer scheinhaften Erkenntnis angewiesen sind. Was sich in der rhetorischen Phase abspielt, ist, daß sich Nietzsche über diese Erkenntnistheorie, die eine Theorie der vergeblichen Erkenntnisprozesse ist, klar wird, sie annimmt und sie schließlich gegen seine Zuhörer und Leser, aber auch gegen sich selbst wendet. Wenn es so *ist*, daß die Sache in der Sprache verschwindet, dann kann ich sie auch darin verschwinden *lassen:*

Die Rhetorik erwächst aus einem Volke, das noch in mythischen Bildern lebt, und noch nicht das unbedingte Bedürfnis nach historischer Treue kennt; es will lieber überredet als belehrt sein, und auch die *Nothdurft* des Menschen in der gerichtlichen Beredsamkeit soll zur freien Kunst entfaltet sein. (287)[14]

Deutlich ist das Vorgehen in einem Schopenhauerzitat bezeichnet, das Nietzsche hieran anschließt:

Beredsamkeit ist die Fähigkeit, unsere Ansicht einer Sache oder unsere Gesinnung hinsichtlich derselben, auch in Anderen zu erregen, unser Gefühl darüber in ihnen zu entzünden und sie so in Sympathie mit uns zu versetzen: dies alles aber dadurch, daß wir, mittels Worten, den Strom unserer Gedanken in ihren Kopf leiten, mit solcher Gewalt, daß er den ihrer eigenen von dem Gange, den sie bereits genommen, ablenkt und in seinen Lauf mit fortreißt. Dies Meisterstück wird um so größer sein, je mehr der Gang ihrer Gedanken vorher von dem unsrigen abwich. (288–289)[14]

Beide Seiten des Rhetorischen, seine Erkenntnis und seine Anwendung, sind bei Nietzsche, sieht man von verstreuten Passagen in den Aphorismen-Büchern und dem Torso *‹Wahrheit und Lüge im außermoralischen Sinne›* (1873) ab, stumm und insofern unentfaltet geblieben, als das Hauptwerk oder die Bestimmung des «Willens zur Macht» ausblieb. Besonders im Philosophenbuch finden sich lediglich Andeutungen und Skizzen, einmal mehr Aufgabenstellungen, die es zu rekonstruieren gilt, denn ihr Zusammenhang liefert nicht nur eine Theorie des Nietzscheschen Schreibens und seiner Wirkung, sondern vielleicht gerade auf Grund der ungeheuren Wirkung, die Nietzsche ja tatsächlich erreicht hat, eine Theo-

rie literarischer Kommunikation und literarischer Wirkung überhaupt. Und so könnte man Nietzsches eigene Theorie über die Entstehung der Rhetorik, wie er sie in seiner Vorlesung von 1874 gegeben hat, folgendermaßen ergänzen und ändern: «Die Rhetorik *wirkt (unerkannt)* in einem Volke, das *noch (immer)* in mythischen Bildern lebt ...:
Die ungeheure *Einheit* in allen Erkenntnißtrieben nachzuweisen: der zerbrochene Gelehrte.
Aufgaben:
Die sog. Abstraktionen.
Formen als Oberflächen. (51)
Alles Erkennen ist Messen an einem Maßstabe. (55)
Der *ungeheure Consensus der Menschen über die Dinge beweist die volle Gleichartigkeit ihres Perceptionsapparates.* (56) (Herv. G. R.)
Das ist das Erkennen, das schnelle Subsumiren des Gleichartigen. Nur das Ähnliche percipirt das Ähnliche: ein physiologischer Prozeß. (63)
Die *Abstraktionen* sind *Metonymien* d. h. Vertauschungen von Ursache und Wirkung. (69)
Alles Erklären und Erkennen ist eigentlich ein Rubriziren. *Alle rhetorischen Figuren* (d. h. das Wesen der Sprache) sind *logische Fehlschlüsse.* Damit fängt die Vernunft an! (74)
Tropen sind's, nicht unbewußte Schlüsse, auf denen unsre Sinneswahrnehmungen beruhn ... Zwei Empfindungen nebeneinander empirisch ... erwecken die Vorstellung eines Zusammenhangs. (75)
Das Erkennen, ganz streng genommen, hat nur die Form der Tautologie und ist *leer.* (81)
Erkennen ist Messen, schnelles Subsumieren, die Abstraktionen sind Vertauschungen von Ursache und Wirkung, das Erkennen beruht auf Fehlschlüssen und ist leer – noch weiter könnte die Reihe von «Definitionen» fortgesetzt werden, die Nietzsche an das Erkennen anschließt. Sie ist unabschließbar und reicht über das Philosophenbuch in die Aphorismen-Bücher hinein – selber einer jener Gedanken, der sich im Wortmaterial, im Lexikon verliert. Er kreist um die Meinungen, um die Assoziationsfähigkeit (die aneinander gereihten Gleichnisse, Bilder und Metaphern), die Gedankenflucht, die quasi rückwirkend «die volle Gleichartigkeit des Perceptionsapparates» (56) der Menschen bewirkt, um die Ge-

meinplätze, an denen sich das ganze Denken einfindet. Nietzsche hat später selbst gezeigt, wie der Aphorismus am ehesten diesem Bedürfnis des modernen Menschen nach Zerstreuung entgegenkommen kann, indem er seine bereits bestehenden Überzeugungen lediglich «auffrischt»:

Reisebuch
unterwegs zu lesen.
Vorrede, – – –
Menschen, welche sehr viel innerhalb eines bestimmten Berufes arbeiten, behalten ihre allgemeinen Ansichten über die Dinge der Welt fast unverändert bei: diese werden in ihren Köpfen immer härter, immer tyrannischer. Deshalb sind jene Zeiten, in welchen der Mensch genöthigt ist seine Arbeit zu verlassen, so wichtig, weil da erst neue Begriffe und Empfindungen sich wieder einmal herandrängen dürfen, und seine Kraft nicht schon durch die täglichen Ansprüche von Pflicht und Gewohnheit verbraucht ist. Wir modernen Menschen müssen alle viel unserer geistigen Gesundheit wegen reisen: und man wird immer mehr reisen, je mehr gearbeitet wird. An den Reisenden haben sich also die zu wenden, welche an der Veränderung der allgemeinen Ansichten arbeiten.
Aus dieser bestimmten Rücksicht ergiebt sich aber eine bestimmte Form der Mittheilung: denn dem beflügelten und unruhigen Wesen der Reise widerstreben jene lang gesponnenen Gedankensysteme, welche nur der geduldigsten Aufmerksamkeit sich zugänglich zeigen und wochenlange Stille, abgezogenste Einsamkeit fordern. Es müssen Bücher sein, welche man nicht durchliest, aber häufig aufschlägt: an irgend einem Satze bleibt man heute, an einem anderen morgen hängen und denkt einmal wieder aus Herzensgrunde nach: für und wider, hinein und drüber hinaus, wie einen der Geist treibt, so daß es einem dabei jedesmal heiter und wohl im Kopfe wird. Allmählich entsteht aus dem solchermaßen angeregten – ächten, weil nicht erzwungenen – Nachdenken eine gewisse allgemeine Umstimmung der Ansichten: und mit ihr jenes allgemeine Gefühl der geistigen Erholung, als ob der Bogen wieder mit neuer Sehne bespannt und stärker als je angezogen sei. Man hat mit Nutzen gereist. (IV2, 569–570)

Freilich gibt Nietzsche mit diesem Selbstkommentar nicht die ganze Wahrheit preis. Denn der Aphorismus knüpft an den Gemeinplätzen lediglich an, um unvermindert entschieden den Lesern «den Strom unserer Gedanken in ihren Kopf zu leiten, mit solcher Gewalt, daß er den ihrer eigenen von dem Gange, den sie bereits genommen, ablenkt und in seinen Lauf mit fortreißt». (Schopenhauer nach Nietzsches Rhetorik-Vorlesung von 1874) Das Rhetorische und die Figuren bezeichnen lediglich den Absprung: der Autor kommt von seiner ursprünglichen Mitteilungsabsicht der Rezeption in Richtung auf die Gemeinplätze entgegen und verliert dabei, was er eigentlich sagen wollte – der Leser läßt sich hierdurch vom ursprünglichen Gang seiner Gedanken abbringen und nimmt an, was nunmehr als verbindlich aufgestellt wird: und das ist ein Drittes zwischen Autor und Leser, was sie allein noch zusammenbringen kann, nämlich das Figurenarsenal des gesellschaftlich akzeptierten Wahrscheinlichen, in dem der Autor Zuflucht sucht und das der Leser vorzugsweise privilegiert. Folgendes sei an Figuren, an denen sich die Bewegung des Textes auf das «gesellschaftlich wirksame Rhetorische» ablesen läßt, genannt:

- die Wiederholung auf kürzere oder längere Distanz,
- die Tautologie nach dem Muster des «Sowohlalsauch» [15],
- die Reihenbildung durch Synonyme,
- die Variierung (Nuancierung),
- die Aufzählung (hier alle Formen der Gliederung, des Inhaltsverzeichnisses usw.),
- die Gegensatzbildung nach dem Muster einerseits – andererseits,
- weder – noch, usw.

Die Summe all dieser Figuren bildet den Vorrat formaler Konstanten, die eine weitgehend unbewußt verbleibende Reaktion auf Textstrukturen hervorrufen: nämlich die Erteilung eines Wahrscheinlichkeits- und Sinnvorschusses für jede Rede, die sich dieser Figuren bedient. Doch so gewiß diese Figuren jene Wirkung auf die Rezeption verbürgen, so nachhaltig machen sie das Sprechen unkenntlich, das durch sie hindurch nichts mehr sagt.

Nietzsche hat mit dieser Bewegung vom Sprechen zum Reden eine lange Wegstrecke zurückgelegt. Wenn es noch inmitten der Aufzeichnungen zur *‹Geburt der Tragödie›* anläßlich eines spekulativen Entwurfs über den Ursprung der Sprache heißt:

Sprechen ist im Grunde ein Fragen des Mitmenschen, ob er mit mir die gleiche Seele hat; die ältesten Sätze scheinen mir Fragesätze, und im Accent vermuthe ich den Nachklang jenes ältesten Fragens der Seele an sich selbst, aber in einem anderen Gehäuse. (III4, 455),

so denkt man unwillkürlich in Übertragung des Schopenhauer-Zitats der Rhetorik-Vorlesung an das Reden, wenn Nietzsche in einem der Aphorismen-Bücher, nämlich ‹*Jenseits von Gut und Böse*›, über das Leben folgendes sagt:

Leben ist *wesentlich* Aneignung, Verletzung, Überwältigung des Fremden und Schwächeren, Unterdrückung, Härte, Aufzwängung eigner Formen, Einverleibung und mindestens, mildestens, Ausbeutung ... er (d. h. der Körper) wird der leibhafte Wille zur Macht sein müssen, er wird wachsen, um sich greifen, an sich ziehen, Übergewicht gewinnen wollen. (VI2, 217)

Die Differenz zwischen diesen beiden Stationen, dem Sprechen und dem Reden, läßt den Preis ermessen, der für die gesellschaftlich wirksame rhetorische Kommunikation bezahlt wird. Sie läßt die andere Seite des Machtzuwachses ermessen, der durch die Rhetorik erreicht wird: nämlich die resignative Ohnmacht, das Eingeständnis des Scheiterns und das Schweigen, das *nach* den zehn Jahren des freien Philosophen kommt.

Mit der Entmythologisierung des scheinbaren Hauptwerks, des ‹*Willens zur Macht*› als ‹*Nachlaß der 80er Jahre*› hat Karl Schlechta seit den dreißiger Jahren unseres Jahrhunderts das Kapitel der Nietzscheschen Rezeptionsgeschichte geschlossen, das der Redaktion von Nietzsches Schwester folgte. Sie rationalisierte und systematisierte, wo sich nur Sinnverweigerung und Sinnzerstörung manifestierte. Die neue Kritische Gesamt-Ausgabe der Werke durch Giorgio Colli und Mazzino Montinari geht diesen Schritt zu Ende und läßt keinen Zweifel, daß bei Nietzsche ebenbürtig der gesellschaftliche repräsentative Sinn der Werke und damit der rhetorisch wirksam behauptete und bestätigte Fortgang des Lebens neben dem fragmentarisch Gestaltlosen der nachgelassenen Aufzeichnungen steht. Diese verkörpern allein noch die Revolte gegen den schlecht allgemeinen Sinn der Texte und lassen dann – zur Kenntlichkeit entstellt – das Subjekt aufscheinen, das emphatisch gegen den rhetorischen Kompromiß aufbegehrt. Nietzsches Schreiben wäre in der Tat unter der Oberfläche der Werke und hinter den unzähligen Anführungszeichen zu rekonstruieren, mit denen er noch jenen Wink (im Nachlaß z. Zt. der ‹*Fröhlichen Wissenschaft*›) auf sich selbst versieht, der hierbei als Leitfaden dienen kann:

«ich habe meinen Regenschirm vergessen» [16];
«ich habe meinen Regenschirm vergessen»: Hinweis auf den Alltag des Menschen und seine nur zu symbolische Vergeßlichkeit, seine Fehlleistungen, sein Nicht-sich-selbst-Sein, und das obendrein in Anführungszeichen, so daß nicht klar ist, wer spricht, und ob das nicht vielleicht tatsächlich ein Zitat ist. Ein Zipfel des konkreten Subjekts lugt hervor; aber es kann sich um eine Täuschung handeln. Anders aber *ist es nicht mehr* äußerbar. An dieser unscheinbaren Notiz scheint auf, was Nietzsches rhetorische Werke sind: unvergleichlich präzis und virtuos gearbeitete Sprachfiguren, die aber jedem konkreten empirischen Verstehen (auch der Selbstvergewisserung) hinderlich sind; Sinnansprüche, die sich praktisch nicht umsetzen, ja nicht einmal genau verfolgen lassen; immense Ansammlungen von fremden geistigen Fundsachen, die niemals ihren Besitzer wiederfinden.
Nietzsche lesen? Wenn sein Schreiben planmäßige oder bewußte Veruntreuung ward, behält allein das Lesen die Wahrheit zurück, das sich an keiner Stelle einfangen läßt. Welche Wahrheit? Eine andere, neue Schrift und eine dialogische, praktische und menschliche Rhetorik. Ihre Wiedereinsetzung – seit ihrer restaurativen Verdrängung nach 1848 – durch politische Praxis und Erziehung ist freilich ein neues Kapitel.

Anmerkungen

1 Flaubert, Gustave: Souvenirs, notes et pensées intimes (Erinnerungen Aufzeichnungen und geheime Gedanken) 1838–1841, zit. n. Sartre, Jean-Paul: Der Idiot der Familie. Gustave Flaubert 1821–1857. Deutsch von Traugott König. 3. Band. Reinbek bei Hamburg: Rowohlt Taschenbuchverlag 1978 (= dnb 90), 1004

2 Lacan, Jacques: Schriften I. Ausgewählt und herausgegeben von Norbert Haas. Olten: Walter 1973, 148

3 Nietzsche wird nach der Kritischen Gesamt-Ausgabe der Werke (KGW), hg. von Giorgio Colli/Mazzino Montinari. Berlin/New York: de Gruyter 1967f mit Angabe der Band- und Seitenzahl zitiert. Wenn nur eine Seitenzahl hinter dem entsprechenden Zitat steht, handelt es sich wie hier um Band III 4, Nachgelassene Fragmente Sommer 1872 bis Ende 1974

4 Barthes, Roland: L'ancienne rhétorique. Aide-mémoire. In: Communications 16/1970, 172–229, hier 223 (Eig. Übers.)

5 Vgl. zu dieser Tradition zuletzt Habermas, Jürgen: Wahrheitstheorien. In: Wirklichkeit und Reflexion. Walter Schulz zum 60. Geburtstag. Hg. Helmut Fahrenbach. Pfullingen: Neske 1973, 211–266

6 McBurney, James H.: The Place of the Enthymeme in Rhetorical Theory. In: Erickson, Keith V. (Hg.): Aristotle: The Classical Heritage of Rhetoric. Metuchen, N. J.: The Scarecrow Press 1974, 117–140

7 Die Ethnotheorie knüpft ausdrücklich an das Konzept des Wahrscheinlichen an, wenn z. B. Garfinkel den Alltag mit der «gemeinsamen Kultur», «den gesellschaftlich gebilligten Grundlagen des Folgerns und Handelns» in Beziehung setzt. Zu diesem Diskussionszusammenhang, der hier freilich nicht aufgenommen werden kann, cf. Arbeitsgruppe Bielefelder Soziologen (Hg.): Alltagswissen, Interaktion und gesellschaftliche Wirklichkeit. Reader. 2 Bände. Reinbek bei Hamburg 1973 (= rororo studium 54/55), hier bes. Bd. 1, 189

8 Curtius, E. R.: Europäische Literatur und lateinisches Mittelalter. Bern: Francke [7]1969

9 Bodmer, J. J.: Kritische Abhandlung von dem Wunderbaren in der Poesie; Breitinger, J. J.: Kritische Dichtkunst. Zürich 1740. Jetzt beide Stuttgart 1966

10 Hegel, G. W. F.: Grundlinien der Philosophie des Rechts, ed. Hoffmeister, Hamburg: Meiner [4]1967, 261 (= § 301); cf. auch Habermas, Jürgen: Strukturwandel der Öffentlichkeit. Neuwied: Luchterhand 1962, 131ff

11 Vgl. hierzu Kant, Immanuel: Kritik der Urteilskraft, hg. Vorländer, 217, S. 184–185: Ich muß gestehen, daß ein schönes Gedicht mir immer ein reines Vergnügen gemacht hat, anstatt daß die Lesung der be-

sten Rede eines römischen Volks- oder jetzigen Parlaments- oder Kanzelredners jederzeit mit dem unangenehmen Gefühl der Mißbilligung einer hinterlistigen Kunst vermengt war, welche die Menschen als Maschinen in wichtigen Dingen zu einem Urteile zu bewegen versteht, das im ruhigen Nachdenken alles Gewicht bei ihnen verlieren muß. Beredtheit und Wohlredenheit (zusammen Rhetorik) gehören zur schönen Kunst; aber Rednerkunst (ars oratoria) ist, als Kunst sich der Schwächen der Menschen zu seinen Absichten zu bedienen (diese mögen immer so gut gemeint oder auch wirklich gut sein, als sie wollen), gar keiner *Achtung* würdig. (vgl. zu diesem Zusammenhang auch Magass, Walter: Das öffentliche Schweigen. Heidelberg 1967) – Mit Kant und Nietzsche wird die historisch siegreiche Tradition der konservativen, restaurativen Rhetorik-Verachtung aufgegriffen, gegen die die republikanische Tradition etwa des deutschen Vormärz sich nicht hat durchsetzen können. Auf diese Zusammenhänge kann hier nur hingewiesen und zum Schluß ausgeblickt werden.

12 Vgl. Baudrillard, Jean: Pour une critique de l'économie politique du signe. Paris 1972

13 Vgl. zu diesen Zusammenhängen allgemein und ihrer besonderen Bedeutung für Nietzsche: Pfotenhauer, Helmut: Zu Nietzsches «Physiologie der Kunst». In: Jahrbuch der Deutschen Schillergesellschaft 21/1978, 518–551 bes. 535ff; vgl. hierzu auch die Einleitung von Dirk Mülder zu Flauberts «Wörterbuch der Gemeinplätze».

14 Diese Seitenangaben beziehen sich auf den 5. Band der Musarion-Ausgabe, München 1922, der Nietzsches Rhetorik-Vorlesung von 1874 enthält.

15 Vgl. hierzu Dirk Mülder, Einleitung zu Gustave Flaubert: Wörterbuch der Gemeinplätze. München: Rogner & Bernhard 1968, 14, und zu den Figuren insgesamt Kristeva, Julia: La productivité dite texte. In: J. K.: Sémeiotiké. Recherches pour une sémanalyse. Paris: du Seuil 1969, 208–245

16 Vgl. hierzu Derrida, Jacques: La question du style. In: Nietzsche aujourd'hui? Bd. 1 – Intensités. Publications du Centre culturel de Cérisy-la-Salle. Union générale d'Editions (= coll. 10/18 No. 817), 235

Literatur

Arbeitsgruppe Bielefelder Soziologen (Hg.): Alltagswissen, Interaktion und gesellschaftliche Wirklichkeit. Reader. 2 Bände. Reinbek bei Hamburg 1973 (= rororo studium 54/55)

Aristoteles: Organon. Übers. E. Rolfes. Leipzig: Felix Meiner 1925

Aristoteles: Topik. Übers. E. Rolfes. Leipzig: Felix Meiner 1919

Barthes, Roland: L'ancienne rhétorique. Aide-mémoire. In: Communications 16/1970, 172–229
Barthes, Roland: Mythen des Alltags. Frankfurt a. M.: Suhrkamp 1964 (= edition suhrkamp 92)
Baudrillard, Jean: Pour une critique de l'économie politique du signe. Paris 1972
Curtius, Ernst Robert: Europäische Literatur und lateinisches Mittelalter. Bern: Francke [7]1969
Derrida, Jacques: La question du style. In: Nietzsche aujourd'hui? Bd. 1 – Intensités. Publications du Centre culturel de Cérisy-la-Salle. Union générale d'Editions (= coll. 10/18 No. 817), 235–287
Erickson, Keith V. (Hg.): Aristotle: The Classical Heritage of Rhetoric. Metuchen, N. J.: The Scarecrow Press 1974
Flaubert, Gustave: Dictionnaire des idées reçues – Wörterbuch der Gemeinplätze. Übers. u. eingel. v. Dirk Mülder. München: Rogner & Bernhard 1968
Goth, Joachim: Nietzsche und die Rhetorik. Tübingen: Niemeyer 1970
Habermas, Jürgen: Strukturwandel der Öffentlichkeit. Neuwied: Luchterhand 1962
Habermas, Jürgen: Wahrheitstheorien. In: Wirklichkeit und Reflexion Walter Schul zum 60. Geburtstag. Hg. Helmut Fahrenbach. Pfullingen: Neske 1973, 211–266
Janz, Curt Paul: Friedrich Nietzsche – Biographie in drei Bänden. München: Hanser 1978f
Kant, Immanuel: Kritik der Urteilskraft. Hg. v. K. Vorländer. Hamburg: Meiner [6]1924, 1968
Kristeva, Julia: La productivité dite texte. In: J. K.: Sémeiotiké. Recherches pour une sémanalyse. Paris: du Seuil 1969, 208–245
Magass, Walter: Das öffentliche Schweigen. Gibt es Maßstäbe für die Kunst der öffentlichen Rede in Deutschland? Heidelberg: Lambert Schneider 1967
McBurney, James H.: The Place of the Enthymeme in Rhetorical Theory. In: Erickson 117–140
Nietzsche, Friedrich: Werke in drei Bänden. Hg. v. K. Schlechta. München: Hanser 1966
Pfotenhauer, Helmut: Zu Nietzsches «Physiologie der Kunst». In: Jahrbuch der Deutschen Schillergesellschaft 21/1978, 518–551
Rupp, Gerhard: Rhetorische Strukturen und kommunikative Determinanz. Studien zur Textkonstitution des philosophischen Diskurses im Werk Friedrich Nietzsches. Bern und Frankfurt a. M.: Lang 1976
Sartre, Jean-Paul: Der Idiot der Familie. Gustave Flaubert 1821–1857. Deutsch von Traugott König. 5 Bände. Reinbek bei Hamburg: Rowohlt 1978f (= dnb 78, 89, 90, 114)
Schlechta, Karl und Anders, Anni: Friedrich Nietzsche. Von den verbor-

genen Anfängen seines Philosophierens. Stuttgart–Bad Cannstatt: Friedrich Frommann 1962
Toulmin, Stephen: Der Gebrauch von Argumenten. Übers. v. U. Berk. Kronberg/Ts.: Scriptor 1975

Jens Schreiber

Die Ordnung des Genießens

Nietzsche mit Lacan

Und liebst du die Seligkeit in den Engeln wie in dir und liebst die Seligkeit in Unserer Frau ebenso wie in dir, so genießest du die gleiche Seligkeit im eigentlichen Sinne wie sie selbst
Meister Eckehart

I. Der Diskurs des Herrn oder wie man vom Untersagten spricht

Wir sind uns unbekannt, wir Erkennenden, wir selbst uns selbst: das hat seinen guten Grund [1]
beginnt als autonomes Supplement von ‹*Jenseits von Gut und Böse*› die ‹*Genealogie der Moral*›. Warum aber das unerbittliche Inkognito des Erkennenden, des einstmalig archimedischen Nabels der Welt? Weil man den Zählenden selbst nicht mit numerischem Index versehen kann, weil die Schläge des Signifikanten, unter denen das Subjekt erzittert, nicht alles sagen. Zwischen zwei Signifikanten (S_1–S_2) gibt es immer ein ungesagt ungezähltes Intervall, worin das Subjekt seinen Ort findet als Ex-sistenz, als Abwesendes, als fading ($\$$), und so zählt sich sein Sein nicht mit, indem das Subjekt sich beständig ver-zählt.
«... so reiben wir auch uns mitunter hinterdrein die Ohren und fragen, ganz erstaunt, ganz betreten, ‹was haben wir da eigentlich erlebt?› mehr noch: ‹wer sind wir eigentlich?› und zählen nach, hinterdrein wie gesagt, alle die zitternden Glockenschläge, unseres Lebens, unseres Seins – ach! und verzählen uns dabei ...» [2]
Weil es sich dabei um eine symbolische Struktur handelt, kann nichts die Maschinen davor bewahren, an Ähnlichem zu leiden, wenn sie (gemeint sind die sequentiellen Maschinen Moores) Zustände, die ihnen imputiert wurden, nicht mehr reproduzieren können, und in das Loch des Vergessens fallen.[3] Das macht sie sicher nicht menschlicher, den Menschen aber im Zeichen seiner Emphase nicht würdiger. Man könnte damit schon sich geschlagen geben, wenn es nicht Diskurse gäbe, die von der Obstruktion die-

ser subjektiven Nichtigkeit leben, die philosophischen. Die Ohnmacht des Subjekts ($\not S$ a) ist hier in das Phantasma inseriert ($\not S \lozenge$ a), wo das Subjekt vor dem Phantom seines dezimierten Seins, dem fehlenden Objekt (a), sich im Zustand des Schwindens (Freudsche Ichspaltung) befindet, Zustand des Schwindens vor dem Partialobjekt. Das Phantasma stellt so eigentlich allererst die Relation zu einem Objekt überhaupt her – Umkehrung des Satzes: Du würdest mich nicht suchen, hättest du mich nicht schon gefunden! in: Du würdest mich nicht finden, würdest du mich nicht suchen! –, und nichts drückt besser diesen Verlassenheitsstatus des Subjekts in seiner Suche aus als der Begriff der intentio recta. Philosophie allerdings versucht diese phantasmatische Ohnmacht zu retuschieren, und daher das Paradox, daß Philosophie von der durch das Objekt verursachten Ohnmacht ($a \rightarrow \not S$) sich kausiert sieht, gegen die sie sich im Subjekt des Erkennens immunisieren will. Erkenntnis bedeutet folglich die Konstitution eines homogenen, narzißtisch spekularen Feldes, worin die Welt dem Subjekt sich als spiegelbar darbietet: und das Subjekt wird zum Ich. Sei i(a) diese Spiegelimago, (m) das imaginäre Ich, (d) die Sigel des Begehrens, so schreibt sich dies nach Lacan: $d \rightarrow (\not S a) \rightarrow i(a) \leftarrow m$. In dieser narzißtischen Relation (i(a) – m), die vom Phantasma ausgeht, glaubt Philosophie sich jenseits des $\not S$, des (a) und der Inzidenz des Signifikanten als aristotelische causa materialis. Dies natürlich nur insoweit, als es um Erkenntnis geht, die, ausgehend vom Phantasma, dem Subjekt verwehrt, sich als Effekt des Sprechens zu wissen. Nachdem Lacan die erste Unterwanderung des Subjekts durch den Signifikanten erörtert hat, schreibt er zur zweiten, phantasmatischen:

«Die zweite Unterwanderung rundet nicht nur die Wirkung der ersten ab, indem sie die Topologie des Subjekts in den Augenblick des Phantasmas projiziert; sie versiegelt sie, indem sie dem Subjekt des Begehrens verwehrt, sich als Wirkung des Sprechens zu wissen, das heißt zu wissen, was es ist, indem es nichts anderes ist als das Begehren des Anderen.» [4]

Wenn das Phantasma als Utopie des Begehrens ($d \rightarrow (\not S$ a)) das Sprechen des Subjekts mit seiner Hermetik erstickt und die narzißtische Relation begründet, so muß es doch exkommuniziert werden, weil es die narzißtische Relation zugleich verwüstet und damit wird es ein Problem der Moral, Platons simulacrum.

«Aber gerade weil Platon noch nicht über die konstituierten Kategorien der Repräsentation verfügt ..., muß er seine Entscheidung auf einer Theorie der Idee gründen. Das, was nunmehr in seinem reinsten Zustand erscheint, ist eine moralische Vision der Welt, ehe überhaupt eine Entfaltung der Logik der Repräsentation sich erwarten ließe. Zuallererst aus moralischen Gründen muß das simulacrum exorzisiert werden.»[5]

Nach einem Theorem Lacans (das Begehren ist das des Anderen) bezieht sich das Subjekt im Phantasma auf den Anderen, wie ihn Descartes, um ihn herum die schwindende Welt, an dem Punkt auftauchen sah, an dem er als Subjekt vom Schwindel erfaßt wurde, der der des Phantasmas ist. Die Welt als phantasmatische Illusion, Descartes als $\$$, das schwankt.

«Die gestrige Betrachtung hat mich in so gewaltige Zweifel gestürzt daß ich sie nicht mehr vergessen kann, und doch sehe ich nicht, wie sie zu lösen sind, sondern ich bin wie bei einem unvorhergesehenen Sturz in einen tiefen Strudel so verwirrt, daß ich weder auf festem Grunde, noch zur Oberfläche emporschwimmen kann.»[6]

Wie der weitere Verlauf der ‹*Meditationen*› zeigt, wird der Skandal erst dann zum eigentlichen, wenn das Phantasma mit seinem Effekt des $\$$ die algorithmische Prothese eines Genießens des Anderen ist, des Anderen als böser Gott, als dämonischer Demiurg. Der cartesianische Gottesbeweis versucht daraufhin an einen Anderen zu appellieren, der der Ort der Wahrheit ist, die alles Wissen verbürgt, und es gibt nur eine Vorstellung, die das Subjekt für diesen Ort repräsentiert, die des Höchsten selber, logifizierbar als: $S_1 \rightarrow A$. Descartes selbst zu diesem Vorgang:

«... und daß mir eine Vorstellung eines vollkommensten Wesens, d. i. Gottes, einwohnt, aufs deutlichste beweist, daß Gott auch existiert.»[7]

Getrieben durch die drohende Möglichkeit der conclusio eines nicht humanitären Gottes[8] gelangt Descartes schließlich am äußersten Punkt der Skepsis zur Evidenz des sprechenden Subjekts – so die Lacansche Interpretation des Cogito: Ich denke: «also bin ich.» Nietzsche aber, dessen Welt gleichfalls durch kein Seinssubstrat kreditiert ist, nähert sich dem, was das Phantasma topologisch abschirmt, einem Realen, das apprehendierbar ist nur als symbolisches Gefüge, nur in seinem «logisierten Charakter»[9]. Dieses durchs Phantasma bedeckte Reale, das als Unmögliches in der symbolischen Ordnung nicht aufhört, sich nicht zu schreiben, ist der Körper, corpus sexualis, als das, was am allersichersten als wahr, als real empfunden wird.[10]

Was von diesem Feld des Realen als Sinn wahrnehmbar wird, ist ein Genies-sinn, Genießen (jouissance = jouis-sens), welches sonst nur theologisch thematisch wird als das eines bösen, sich im eigenen Obskurantismus haltenden Anderen (Gottes). Wer so wie Nietzsche von diesem Ort des Körpers redet, muß von einem Genießen reden, das sich nicht in die Ohnmacht des christlichen Gottes fesselt und den ignoranten Umweg der Liebe geht. Der Wahn D. P. Schrebers ist nur der totalisierte Versuch, das im Mantel der Liebe gehüllte Genießen des Gottes zur Sprache zu bringen, und so reduziert sich die Beziehung zu seinem Gott auf die Hoffnung, Liebe machen zu können.[11] Der Leib, von dem Nietzsche spricht, kann dagegen in direktem Modus zur Topographie eines Genießens werden, welches in keinem philosophischen Diskurs zur Sprache kam, um zwischen den Zeilen als Institution eines Nicht-Gesagten zu dauern. Gegen das Rätsel des Körpers als genießender Substanz (Lacan) dekretiert Nietzsche die Lösung dieses Rätsels, indem er auf ein Genießen stößt, das nicht das eines Anderen, sondern ein solches ist, das notwendig sein muß, ein Schicksal, ein Imperativ, amor fati. Das Genießen als Imperativ kann zum Terror werden, der sich über die Körper verhängt, die daran zugrunde gehen (Symptom der Dekadenz), und somit selektiv wird dort, wo der Weltgeist Geschichte macht. Nietzsche spricht vom Genießen statt von der Angst (Kierkegaard), und bei ihm ersetzt der Mut analytischen Scharfsinn.

«... niemand hat den Mut gehabt, das Typische der Lust, jeder Art von Lust (‹Glück›) zu definieren als Gefühl der Macht.»[12]

Marx noch versuchte die ökonomische Ordnung des Kapitalismus und seine Produktion in eine Methodologie zu bannen, die a priori die Rede vom Genießen präveniert. Das Christentum andererseits kannte wohl das Thema des Genießens, besonders in der Mystik, aber meist nur, wie schon erwähnt, als Liebe, die sich am Platz des Körpers und seines realen Genießens etabliert. Liebe, die nach einem Aphorismus Lacans die Gabe dessen ist, was man nicht hat, versucht den Zugang zum Sein durch das Haben zu finden, oder, um es urteilslogisch zu formulieren, versucht das Attributionsurteil in eines der Existenz zu transformieren. Folglich führt sie notwendig auf den ontologischen Gottesbeweis, worin Gott, statt zu seinem Sein zu kommen, die Kulmination seiner Ohnmacht erleidet. Wie Lacan in seinem Seminar über die Identifikation bemerkt, hat der Christ keinen anderen Zugang zum Genießen als über den Umweg der Liebe (Schrebers Paranoia), welche den Weg des Beweises wählt.

«Und gewiß, weil jeder soweit, als er einen liebt, sich über sein Glück freut: wie in jener vollkommenen Glückseligkeit ein jeder Gott unvergleichlich mehr lieben wird als sich und alle anderen, die mit ihm sind, so wird er sich unvergleichlich mehr freuen über die Seligkeit Gottes als über seine eigene und die aller anderen, die mit ihm sind.»[13]

Aber die Transformation des attributiven in das existentiale Urteil führt in die Aporie, daß, so lautet Kants Kritik daran, das Sein keine prädikative Funktion übernehmen kann.[14] Schelling trieb dies in die Positivität göttlicher Existenz, in der das Sein unmittelbar das des Herrn ist (maître = m'être), ohne durch eine noch so ambitionierte Prädikation sezierbar zu sein, aristotelisches Sein.

«... es gibt keinen solchen Beweis der Existenz Gottes überhaupt. Gottes Existenz ist gleich und unmittelbar eine bestimmte; vom unbestimmten Sein Gottes ist nicht fortzuschreiten ...»[15]

Die Explikation der logischen Absurdität des Beweises versagt aber angesichts seiner puren Faktizität, soweit sie einem spezifischen Algorithmus des Begehrens folgt, von dem Lacan sagt, daß es nicht der des Mannes ist. Verhält es sich so mit der in einen Beweis (den Beweis überhaupt) mündenden Liebe der Christologie, so erklärt dies auch die idiosynkratischen Ausfälle Nietzsches gegen das Christentum als «Kastratismus», als «Weibsreligion», insoweit ein Begehren seine Antwort als Inversion empfängt, die es als Beweis anfordert. Es handelt sich um den Algorithmus des weiblichen Begehrens: $\not{A}(-\varphi)$. $\not{A}$ ist dabei jener um das Sein betrogene Andere, und $(-\varphi)$ markiert den Platz der negativen Bilanz, an dem die Rechnung saldiert werden kann, den Platz der imaginären Kastration, des negativierten Phallus, an dem das Sein sich als Prädikat allererst situieren kann, oder an dem der elevierte Leib des Sohnes gen Himmel fährt. Dieser Algorithmus erklärt in einem die geschlechtliche Spezifität, die Nietzsche am Christentum wahrnahm, so wie die ontologische Ohnmacht Gottes ($\not{A}$), die der Beweis, der göttlichen Dignität dabei einen Fußtritt versetzend, kolportiert. Für Nietzsche bleibt es ein Gott der Schwäche. Bleibt anzumerken, daß dieser Algorithmus das weibliche Begehren insofern formalisiert, als es sich affirmativ in die phallische Ordnung

einschreibt, und dies unter der Alternative, sich – die prädikativen Funktionen Lacans in Encore zeigen es – der phallischen Ordnung zu entziehen. Schließlich inszeniert sich der Kreuztod des Sohnes für das höchste Heil des Vaters.[16] Gott ist tot, und dies ist nicht weniger ungeheuerlich in der Genealogie Nietzsches als die Tatsache, daß er jemals existierte. Auf dem Platz eines nunmehr toten Anderen kehrt der Leib aus seinem Exil zurück, um den Tausch der Liebe durch sein reales Genießen zu substituieren. Aus diesem Grunde ist die profane Dissoziation zwischen Tyrannen und Philosophen obsolet, weil beide nur noch Metastasen des Leibes als einer bestimmten Organisation des Genießens, der Triebfunktionen sind, die die Ordnung eines Diskurses ist, der sich der des Herrn nennt. Die Koinzidenz beider Funktionen ist um so unproblematischer, als beide mit gleicher Insistenz die Rede des Herrn inkorporieren.
«Für ihn (den Tyrannen, Anm. d. A.) wie für den Philosophen gibt es kein anderes Sprechen als das, welches sagt, wie es sein muß (mich zu sein, m'être). Hieron hat also keine andere Wahl, als entweder den Philosophen als illuminierten Idealisten zu disqualifizieren, und ihn eventuell an die Universität zu berufen, oder ihn als subversiven Genius zu exekutieren.»[17]
Das, was die leibliche Organisation reguliert und diszipliniert, ist der Wille zur Macht, der allein auf dem Feld dieses Leibes sich einschreiben kann, und so wird diese Formation innerhalb dieses Körperfeldes zwischen den leiblichen Funktionen und dem Willen zur Macht zur Protologik der Ausbeutung, worin die Souveränität des Herrn mit dem Schmerz sich vermischt, den die eigene Exploitation bereitet. Bleibt nur anzumerken, daß der Schmerz auf das Genießen verweist, welches der Leib realiter darstellt.
«... jener Instinkt zur Freiheit (in meiner Sprache geredet: der Wille zur Macht): nur daß der Stoff, an dem die formbildende und vergewaltigende Natur dieser Kraft sich ausläßt, hier eben der Mensch selbst, sein ganzes tierisches altes Selbst ist – und nicht, wie in jenem größeren und augenfälligeren Phänomen, der andere Mensch, die anderen Menschen.»[18]
Sicher schwebte Ähnliches auch der kritischen Theorie in Form des Theorems vor, daß die Herrschaft des Menschen über seine Natur konvertiert in die über andere Menschen[19], doch wo diese das mythische Leid sah, ergibt sich für Nietzsche eine aszendente Ökonomie des Genießens der Herrschaft, aufgezeichnet auf dem

realen Feld des Körpers. Dieses Feld erzeugt jene Dimensionen einer abscheulichen Welt, in der die innerste Erfahrung Nietzsches, forciert durch den Imperativ Eines Genießens, dessen Geheimnis sich noch enthüllen muß, zur Abwesenheit Gottes führt. Bataille versucht dem Lachen Nietzsches einen monströsen Ernst abzugewinnen.

«Die innerste Erfahrung Nietzsches führt nicht zu Gott, sondern zu seiner Absenz, und ist so das Mögliche, das sich unter das Maß des Unmöglichen stellt, sie verliert sich in eine Vorstellung der abscheulichen Welt.»[20]

Aber die Rückkehr des Leibes aus dem Exil des Nicht-Gedachten, die Möglichkeit einer direkten Inspiration des leiblichen Ensembles durch den Imperativ eines, des Einen Genießens, kann kein unvermitteltes Ereignis sein, sondern geschieht erst durch die Hysterisation des Körpers als göttliche Besessenheit. War für die Inquisition der Leib, der der Frau, die Wohnstätte abgründigster Dämonie – man erinnere sich der Gleichung, die Nietzsche postuliert: Hexe = Hysterisch[21] –, so zeugt für Nietzsche der dionysische Rausch für das Niederkommen der Gottheit. Ohne eine solche Hysterisation des Rausches gäbe es nicht die Revokation einer Trennung des Leibes vom Genießen, und so verifiziert sich damit zugleich die Lacansche Hypothese, der Diskurs des Herrn erkläre sich regressiv durch die hysterische Struktur.[22] Hysterisation synonymisiert die Göttlichkeit des Leibes als Tanz zwischen Heiligen und Huren, wie es in ‹*An den Mistral*› heißt. Nietzsche als Autor wird zum Verführer, ohne sich jemals mit einer stereotypen Attitüde des Gelingens zu schmücken. Was Don Juan für Elvira ist, ist Nietzsche für den in seiner Rede tanzenden Leib.

«Sie war Nonne, aus dem Frieden eines Klosters hat Don Juan sie herausgerissen. Hiermit wird die ungeheure Intensität ihrer Leidenschaft angedeutet ... Elvira hingegen ist in der Zucht des Klosters erzogen worden, doch hat diese nicht vermocht, die Leidenschaft auszurotten, wohl aber sie gelehrt, sie zu unterdrücken und dadurch noch heftiger zu machen, sobald sie nur erst hervorbrechen darf.»[23]

Dem aus den Mauern des Klosters in die Klimax der Leidenschaft getriebenen Körper der Donna Elvira entspricht der tanzende Götterleib Nietzsches, emporgetaucht unter der Schicht des Phantasmas.

«Ich würde nur an einen Gott glauben, der zu tanzen verstünde ... jetzt tanzt ein Gott durch mich.»[24]

«... sie empfinden an sich eine Art Vergöttlichung des Leibes.»[25]

Über dieses diskursive Relais der Hysterisation kann die Rede Nietzsches den Leib tyrannisieren, der als der der «Herren der Erde»

«... die ganze Zufälligkeit der uns so unbekannten Maschine ... »[26]

dokumentiert. Dieser Leib, sowie der Imperativ des Genießens, unter dem er steht, sind näher zu spezifizieren. Zunächst ist es ein Leib, der Geschichte macht, und auf den Geschichte sich folglich auch einschreibt, ein semiotisierter Leib also, dessen Organe die Markierungen des Signifikanten tragen, insofern Geschichte mit der Zeit des Diskurses und seiner Elemente, zu denen unter anderem auch die Signifikanten gehören, zu tun hat, geht es doch um sprechende Wesen. Also schreibt Foucault darüber, wovon der Leib redet:

«Schließlich hat die Herkunft mit dem Leib zu tun. Sie schreibt sich in das Nervensystem, in das Temperament, in den Verdauungsapparat ein.»[27]

Insoweit er durch die Symbolisationen des sprechenden Anderen markiert ist, kann der Leib sich nur in der Diachronie der Signifikation – eine Diachronie, die die des Anspruchs ist, den das Subjekt an den Anderen adressiert – als Triebensemble manifestieren, das heißt am Schnittpunkt zwischen Realem und Symbolischem, zwischen Psychischem und Somatischem, um es mit den Worten Freuds zu sagen. Anstatt der archaische Zeuge eines Naturalismus ungebrochenen Lebens zu sein, besitzt der Trieb eine ihm eigene Künstlichkeit, die sich letztendlich zum Todestrieb komprimiert, sich aber vorher schon als zonale Erogenität signalisiert, oder einfach in der Tatsache, daß das Triebobjekt nichts mit dem des Bedürfnisses zu tun hat durch den Schnitt, der das erotische Objekt Brust zum Beispiel vom Nahrungsstrom trennt. Die Künstlichkeit des Triebes, die das sprechende Subjekt $\not S$ indiziert, erklärt jenen Aktivismus des Triebes, der sich nicht in die Opposition aktiv–passiv integralisieren läßt, insofern der Trieb in jedem Fall seine aktive Bahn beschreibt, selbst dort, wo er scheinbar in die Passion des Leidens tritt (Masochismus). Als Artefakt engagiert sich der Trieb als Partialität, als Polymorphie der Partialtriebe, die durch nichts anderes verbunden sind als durch die diachrone Dimension

der Signifikanz, das heißt durch die Signifikanten des An-spruchs, kommen sie nun vom Anderen oder vom Subjekt. Lacan formalisiert den Trieb, worin sich die Inzidenz der Signifikation des Anspruchs dokumentiert, entsprechend wie folgt: $\$ \lozenge$ D, – das Subjekt im Schnitt vor dem Anspruch. Weil es sich dabei einzig um die Topologie der symbolischen Struktur handelt, ist es möglich, wie Lacan dies im letzten Graphen der ‹*Dialektik des Begehrens*› realisiert, den Ort des Anderen in den Trieb als Thesaurus der Signifikanten zu transformieren, und: A $\rightarrow$ $\$$ D zu schreiben. Damit klärt sich die Beziehung auf, die das Subjekt zum Anderen auch dort unterhält, wo es sich auf physiologische Emphase seiner Triebe zurückgeworfen sieht.
«Wenn nun unser vollständiger Graph uns den Trieb als Thesaurus der Signifikanten darstellen läßt, so gibt die Bezeichnung des Triebs als ($\$ \lozenge$ D) seine Struktur in Verbindung mit der Diachronie wieder. Sie besteht in dem, was vom Anspruch heraufkommt, wenn das Subjekt sich in ihm auflöst. Daß der Anspruch seinerseits dann auch verschwindet, versteht sich von selbst, mit dem Unterschied freilich, daß der Einschnitt zurückbleibt, denn er bleibt gegenwärtig in dem, was den Trieb von der ihm gewohnten organischen Funktion unterscheidet. Seine grammatische Künstlichkeit nämlich, die überaus offenkundig ist in den Umkehrungen seiner Artikulation auf die Quelle wie auf das Objekt ...»[28]
Der Trieb in seiner topologischen Spezifität erhellt jenes aggressive Pathos der Rede Nietzsches vom Leib, weil dieser keine spekulare Unität darstellt, sondern sich als Funktion diverser Partialitäten organisiert. So beschreibt der Trieb einen Leib, der nicht bloß ein ökologisches Moment im Naturkreislauf darstellt, sondern der, kraft seiner Triebfunktionen in ihrer Partialität und seines Aktivismus, der sich nicht in Sich-selbst-wissen revoziert, die Welt organisch interpretiert.
«Unsere Bedürfnisse sind es, die die Welt auslegen; unsere Triebe und deren Für und Wider. Jeder Trieb ist eine Art Herrschsucht, jeder hat seine Perspektive, welche er als Norm allen übrigen Trieben aufzwingen möchte.»[29]
Die physiologische Brutalität der Rede Nietzsches indiziert unverhohlen, und zwar indem sie eines gewissen Autoerotismus nicht entbehrt, der darin besteht, daß der Trieb wie ein Projektil wieder zum Körper zurückkehrt, jenes

«... schizoide Subjekt, welches gewissermaßen direkt auf dem Niveau seiner Triebe spricht ...» [30]
Der als Trieb, und damit als Sprechen und Wissen – geht es doch um die Geschichte des Subjekts – strukturierte Leib stellt sich vor als Assemblage partialer Organfunktionen, als Triebensemble, und ersetzt damit nach den Regeln formaler Semantik den einen Term in der Ökonomie des Genießens, woraus sich Diskurse generell und speziell der des Herrn konstituieren: S_2, in der Lacanschen Diskurstheorie der Signifikant des Wissens, bei Nietzsche semantisch einlösbar als Trieb, als Thesaurus des Signifikanten. Definiert als formales Minimum der Signifikantenkette erhebt sich dabei aber die logische Exigenz eines unären Signifikanten – ähnlich wie bei Descartes –, der das sprechende Subjekt $\$$ in der binären Relation zu S_2 für das Feld dieses sprechenden, wissenden Leibes repräsentiert, ein Herren-Signifikant (S_1), unter dessen Pejorative die ganze Maschine sinnlosen Redens steht, deren Sinn nur Genies-sinn (jouis-sens) ist: $\$ \rightarrow S_2$. So formalisiert sich das arithmetische Minimalpaar für den diskursiven Apparat eines Genießens, dessen Intensität die Reden Nietzsches zur Kriegserklärung werden ließ. S_1 ist also besagter Imperativ des Genießens, worunter das Subjekt zu seinem Sein kommt, indem es sich im Genießen auflöst, und der sich kategorisch über den Leib als Instrumentarium der Triebfunktionen, als Feld realen Genießens auslegt. Es handelt sich um ein Genießen, das sein muß, und damit die ganze Dimension des Seins ausfüllt, insofern diese sich auf das Denken von Sein reduzierte. Als Imperativ, der ein Genießen meint, welches identisch ist mit dem Gesetz, erscheint die Effizienz dieses Signifikanten in Kafkas ‹*Strafkolonie*› genau um die sechste Stunde eines Prozesses, der in nichts anderem besteht, als maschinell eine topographische Brücke zu schlagen zwischen diesem Signifikanten und dem Leib des Delinquenten, der sich, so sein Verbrechen, in Triebstrukturen auflöst. Um die sechste Stunde beginnt die Illumination dieses S_1.
«Wie still aber wird dann der Mann um die sechste Stunde! Verstand geht dem Blödesten auf. Um die Augen beginnt es. Von hier aus verbreitet es sich. Ein Anblick, der einen verführen könnte, sich mit unter die Egge zu legen.» [31]
Unter diesem Imperativ, an dem die Frage des Seins für das Subjekt zur Entscheidung des Gesetzes wird, hier das des toten Kommandanten, der seinen perversen Offizier delegiert, befindet das

Subjekt sich eo ipso auf dem Platz der Wahrheit. Nichts anderes übernimmt bei Nietzsche diese Funktion des S_1 als Imperativ des Genießen als das Theorem des Willens zur Macht, des einen, wahren Willens, dieser «innere Tyrann» und kerygmatische Zeuge eines restaurierten Gottes der Macht, aus dem die Welt als Rest (a) folgt.[32] Als absolute Produktivkraft einer kategorischen Ökonomie des Körpers bedeutet dieser Wille mit dem Index (1) nicht bloß die Inferiorität der anderen Triebkomponenten als numerierbare Singularitäten (S_n), vielmehr metonymisieren diese jenen wie eine rekursive Funktion als das Eine, kategorische Genießen, auf das jede partiale Befriedigung sich zurückführen läßt: $S_n \rightarrow S_1$.
«Gesetzt endlich, daß es gelänge, unser gesamtes Triebleben als die Ausgestaltung und Verzweigung einer Grundform des Willens zu erklären – nämlich des Willens zur Macht, wie es mein Satz ist –; gesetzt, daß man alle organischen Funktionen auf diesen Willen zur Macht zurückführen könnte und in ihm auch die Lösung des Problems der Zeugung und Ernährung – es ist ein Problem – fände, so hätte man sich damit das Recht verschafft, alle wirkende Kraft eindeutig zu bestimmen als: Wille zur Macht. Die Welt von innen gesehen, die Welt auf ihren intelligiblen Charakter hin bestimmt und bezeichnet – sie wäre eben «Wille zur Macht und nichts außerdem.»[33]
Der Skandal, den Nietzsche in die Philosophie ein-führt, indem er sie zur Sprache ver-führt, ist ergo nicht die Morbidität einer unbegreiflichen Geistigkeit, die die Philosophiegeschichte nolens volens auf sich zu nehmen hat, sondern die Offenbarung des Subsistenzgeheimnisses der Diskurse, und speziell des Diskurses, der die Rede des Herrn spricht. Allein der Körper als genießende Substanz, weder cogitatio noch die partes extra partes, kann das reale Feld der diskursiven Ökonomie sein.
«Ökonomie des Diskurses aufgrund der Tatsache allein, daß es keinen Diskurs gibt, der nicht durch das Genießen getragen würde.»[34]
Auf diese Weise inkorporiert die Rede Nietzsches die Identität der Ökonomie des Diskurses des Herrn mit der kapitalistischer Produktion, und dies nicht im Modus methodologischer Objektivation wie Marx. So gilt auch die Rede dem Genießen, das sich unter dem Symptom Kapitalismus (Marx) versteckt hält, und das selbst noch in der Logik, die diese Produktion zur Ordnung ruft, das «Kapital». Auf frappante Weise sind so auch die Differentialquo-

tienten, die Deleuze 1962 in seiner Arbeit ‹*Nietzsche und die Philosophie*› zu Papier bringt, um die differentielle Funktionalität des Willens zur Macht zu illustrieren[35], restlos identisch mit denen, die zehn Jahre später als Explikation der kapitalistischen Produktionsordnung im ‹*Anti-Ödipus*› geschrieben stehen.[36] Beide Male lauten die Formen: (x + dx): – Qualitätsbestimmung der jeweiligen Kraft durch den Willen zur Macht bzw. die filiative Form des Kapitals – und (dy : dx): als quantitative Bestimmung der differentiellen Kräftebeziehung durch den Willen zur Macht bzw. als Differentialquotient zwischen Arbeitskraft und Kapital. Was dem einen der Wille zur Macht war, wurde den anderen zum Strom decodierter Arbeitskraft: dy. Nietzsche und/oder der Kapitalismus. Ist der, von dem die Rede ist, tatsächlich der Ingenieur einer Maschine des Genießens, und insofern von dieser Körpermaschinerie noch nie die Rede gewesen ist, ist Nietzsches Philosophem eine Interpretation bisheriger Philosophien, die das Rätsel in eine Aussage verwandelt, dann ist seine Diätetik und sein Hygienismus betreffend verschiedenster Narkotika und klimatischer Konstellationen keine asketische Verstiegenheit oder gar medizinischer Positivismus, sondern einfach die Ratio-nalität/nierung der Produktion. Dies aber nur insofern, als sie sich am Genießen orientiert, das heißt, auf die Produktion eines Mehr-wertes hinausläuft, der den Imperativ erfüllt. So verwandelt sich der Diskurs des Herrn, indem die Grenzen zum Nicht-Gesagten überschritten sind, zum Symptom eines Genießens der Rationierung – Inspektion der Körper-Maschine –, die identisch ist mit dem Imperativ, der die Produktion reguliert. In der Rekonstruktion dieser Diskurs-Maschine, deren formale Elemente bis jetzt geschrieben sind: $\not{S} - S_1 - S_2$, fehlt eben das, worin Produktion und Genießen sich überschlagen, und um dessentwillen die Rationierung allererst verordnet ist, der Mehr-wert. Er ist das, wovon die Bourgeoisie der Fabriken nicht redet, was Platon exorzisieren muß als simulacrum, wovon Hegel nichts wissen will, weil es die Immanenz spekulativer Dialektik irritiert.

«Es gibt immer einen Rest, der in der Bewegung des Selben nicht aufgeht, dessen Mehr- oder Weniger-Sein aber den Kreis des Selben ekelt.»[37]

Dieser Surplus als arithmetisches Produkt, als Überschuß des Zählens im aktual Unendlichen (Transfinitum nennt Cantor diese Form der Unendlichkeit, und es wäre nachzuweisen, daß seine

Theorie potenzierter Unendlichkeiten, die sich als Sukzession der transfiniten Kardinalzahlen darstellen, vom Diskurs des Herrn getragen wird) evoziert den Ekel der Spekulation. Lacan hat es in Anlehnung an den Marxschen Mehrwert das plus-de-jouir genannt, Mehrgenuß, der als Mehrgenug, Mehr-als-genug eben jenen Ekel, passio speculationis, hervorruft, weil spekulative Mägen es nicht verdauen können. In Lacans Theorie der quaternären Diskurstransformation ist es das am Ende – in der Formalisation des Diskurses des Herrn – stehende (a), das a-Objekt, Objekt (a). Bei Nietzsche heißt es alle Ökonomie in ihrem Impetus einfach beim Wort nehmend ein Mehr an Macht, ein Plus von Macht als Mehr-wert des Genießens, als Mehr-Genuß, den jede Triebfunktion unter dem einen Imperativ des Willens zur Macht erwarten kann.

«Der Mensch sucht nicht die Lust und vermeidet die Unlust. Man versteht, welchem berühmten Vorurteile ich hiermit widerspreche. Lust und Unlust sind bloße Folge, bloße Begleiterscheinungen – was der Mensch will, was jeder kleinste Teil eines lebenden Organismus will, das ist ein Plus von Macht.»[38]

«Wenn das Wesen der Lust zutreffend bezeichnet worden ist als ein Plus-Gefühl von Macht (somit als ein Differenz-Gefühl ...)»[39]

Dieses Mehr-Produkt ist die Emphase der Produktion und das Pathos des Genießens. Folglich gibt es keinen Ekel vor diesem anamorphotischen Objekt, welches sich immer auf ein Mehr als auf eine Art Nichts reduziert, und ebenso keinen Bannfluch moralischer Provenienz vor einer seiner Inkarnationen (Platons simulacrum). Es muß eher gegenteilig zum Prinzip der Akkumulation werden, um als Akkumulans die Produktion auf einem quantitativ neuen Niveau – die nächst höhere Kardinalzahl – zu wiederholen.

«Das Leben als die uns bekannte Form des Seins ist spezifisch ein Wille zur Akkumulation von Kraft.»[40]

«Der Wille zur Akkumulation von Kraft ist spezifisch für das Phänomen des Lebens, für Ernährung, Zeugung, Vererbung.»[41]

Von nichts anderem hatte Marx geredet, als er die Logik und nicht das Genießen meinte, mit der die kapitalistische Produktion progrediert. Während Nietzsche jenen Diskurs zur Onto-Logik schlechthin erhob, und dies so emphatisch, wie er den Willen zur Macht ubiquitär vorfand, wollte Marx aus diesem Diskurs ein epochales Ereignis machen, das sich methodisch objektivieren ließ im «Kapital». Beide redeten aber von Gleichem.

«Früher hatten wir zu betrachten, wie der Mehrwert aus dem Kapital, jetzt wie das Kapital aus dem Mehrwert entspringt. Anwendung von Mehrwert als Kapital oder Rückverwandlung von Mehrwert in Kapital heißt Akkumulation des Kapitals.»[42]

Nachdem auch das plus-de-jouir als chiffrierter Rest eingeholt ist, läßt sich die Grammatik des Diskurses zu einem Turnus komplettieren in folgender Formalisation:

Als formale Konstanten ergeben sich:

S_1 als Herren-Signifikant

S_2 als Wissen

S als Subjekt

a als plus-de-jouir, Mehrgenuß

Die Semantik ergibt sich in folgenden Einsetzungsregeln:

S_1: als der eine, elementare Wille, als Wille zur Macht

S_2: die partialen Triebkomponenten, insofern sie sich rekursiv auf S_1 beziehen und Thesaurus der Signifikanten sind

S : das sprechende, als topologische Funktion im Diskurs unentbehrliche Subjekt

a: das Mehr als Mehrgenuß, Mehrwert, Plus des Genießens, Körperprodukt

Die grammatikalischen Funktionen als Plätze, an denen die formalen Elemente in verschieden syntaktischer Anordnung sich postieren:

$$\frac{\text{Agens}}{\text{Wahrheit}} \qquad \frac{\text{anderer}}{\text{Produkt}}$$

Die syntaktische Relation der Elemente determiniert den spezifischen Diskurstyp, in diesem Fall der Diskurs des Herrn.

$$\frac{S_1}{\$} \longrightarrow \frac{S_2}{a}$$

In einer Akzentuierung der berühmten Lacanschen Formel läßt sich sagen: Ein Signifikant repräsentiert das Subjekt für einen/die anderen Signifikanten, wodurch ein heteroklitischer Rest, ein (a) entsteht. Daß die Unbedingtheit des Seins der index veri et falsi von Produktivität sei, ließ, wie ein etwas ephemeres, aber verräterisches Zitat zeigt, Schelling über Hegel hinausgehen.

«Denn jenes dem Denken über das Sein, dem Was über das Daß erteilte Übergewicht scheint mir nicht ein besonderes, sondern ein allgemeines Leiden der gesamten, glücklicherweise von Gott mit unerschütterlicher Selbstzufriedenheit ausgerüsteten deutschen Nation zu sein, die sich im Stande zeigt, eine so lange – lange Zeit, unbekümmert um das Daß, mit dem Was einer Verfassung sich zu beschäftigen. Wodurch also in der letzten Zeit die deutsche Philosophie mit unseliger Improduktivität geschlagen worden, dasselbe scheint mir auch die Ursache der politischen Improduktivität Deutschlands.» [43]

Aber was ist schon die höchste Dignität kategorischen Seins gegen die unerbittlich verführerische Vision eines Menschen, der, nach der Formel Sein = Genießen (Genies-sein), sich selbst genießt als Macht [44], auf dessen Leib geschriebenen Wortes steht: per aspera ad astra. Es ist die Erziehung der Lady Macbeth.

Kommt an die Weibesbrust,
Trinkt Galle statt der Milch,
ihr Morddämonen ... [45]

Was also auf dem leergelassenen Platz Gottes sich konstituiert, ist ein unter dem Diktat Eines Genießens stehender Körper in der Vielfalt seiner organischen Funktionen, und nicht etwa der fleischgewordene Mythos der Erde, der eher etwas von der existentialen Ontologie verrät als tatsächlich über das Schreiben Nietzsches.

«An Gottes Stelle, an die Stelle des Christengottes und des platonischen Ideenreiches setzt er die Erde.» [46]

Deshalb inszeniert Nietzsche auch nicht einfach eine Variante der mittlerweile feuilletonistischen Herr–Knecht-Dialektik, innerhalb derer der Herr ohnehin nur, wie Deleuze bemerkt [47], eine Imagination des Sklaven ist, und selbst zum Sklaven der Konsumtion regrediert, die sich ihm durch die Arbeit eines Anderen vermittelt. Wenn Nietzsche von Herrschaft redet, meint er die hier erörterte leibliche Organisation als produktive Akkumulation. Nietzsche ist nicht Hegel, der über die Gräber des Geistes hinweg zur Feder greift, um den Nekrolog der Geschichte zu schreiben, sondern Nietzsches Bücher sind dazu da, Geschichte zu machen, der Philosoph als Herr, nicht Bürokrat der Geschichte. Wenn der Philosoph Nietzsches also nicht die Karriere des Hegelschen Sklaven wählt, so weil er das Gesetz ist, das an andere ergeht, und damit die Rede der Universität transzendiert, aber so, wie diese sich selbst überschreitet und nach dem Herrn-Philosophen ruft, dessen Destination Nietzsche erfüllen mußte. Wenn man sich die Lacanschen Formalisationen des universitären und magistralen Diskurses anschaut, wird die Logik spürbar, nach der die universitäre Rede nach dem Herrn verlangt, ohne den sie zur Krisis depraviert, zur Sinnlosigkeit, Krisis der europäischen Wissenschaften, so Husserl 1935. Nietzsche sieht sich und seine Philosophen als Beseitiger jener Krisis, Philosophen sind nicht mehr die «Trunkenbolde Gottes», sondern

«Befehlende; sie sagen: ‹So soll es sein.› Sie bestimmen erst das ‹Wohin› und ‹Wozu›, den Nutzen, was Nutzen der Menschen ist; sie verfügen über die Vorarbeit der wissenschaftlichen Menschen, und alles Wissen ist ihnen nur Mittel zum Schaffen.»[48]

Nietzsches Kritik am Szientismus löst sich damit auf in die allerdings nicht zufällige Konfrontation zweier Diskursformationen, die der universitären und die der magistralen Rede. Der Diskurs des Herrn bleibt derselbe wie vorhin: ein Imperativ, in dem das Sein der Zukunft determiniert wird als «Es soll», ein Subjekt, das sich unter diesem Imperativ auf dem Platz der Wahrheit befindet, eine produktive Instrumentation, nämlich die Wissenschaft in ihrer Vorarbeit, und ein Mehr-Nutzen, Mehr-Genuß, ein Mehr-an-Sinn als Produkt des Schaffens. Nietzsche kann so nicht die Stimme hören, die er ist, die dem, der sie hört, zum Fluch wird, weil sie sich als Gesetz auferlegt.

«Es liegt so etwas Besonderes in der grenzenlosen Hochschätzung des reinen, von allem Vorteil entblößten moralischen Gesetzes, so wie es die praktische Vernunft uns zur Befolgung vorstellt, deren Stimme auch den kühnsten Frevler zittern macht, und ihn nötigt, sich vor seinem Anblicke zu verbergen.»[49]

Wenn Nietzsche aber nicht mehr die Stimme hört, die die seiner Rede ist, so hören sie andere, die davon berichten, weil diese Stimme sich nicht selbst affiziert (Derridas Phonozentrismus), sondern sich unvermittelt adressiert und das Aussagen des Gesetzes signalisiert.

«Mit Recht vergießt Nietzsche keine Träne darüber, daß es für seine Schriften keine Ohren gibt: Befehle können nicht ausgelegt und verstanden werden, nur ausgeführt oder nicht. Der Schreiber, den die ‹Stimme hinter seinem Stuhle› schreckte, wird in Ecce homo mit dieser Stimme und ihrem Schrecken eins. Der ‹schauderhaft unartikulierte Ton› ist das Gesetz.»[50]

«Ihm fehlt weitgehend das Gefühl für das Situationäre seiner eigenen Physiologie, seine spezifischen Idiosynkrasien, er denkt sich und seine Erkenntnisse erstaunlich absolut.»[51]

«... die Sprache selbst, soweit nicht Reminiszenzen in ihr nachglühen, wird einstimmig ... wird hart, von einer Meisterschaft der grellen Lichter, drastisch, zynisch, anklagend, befehlend, ausrufend.»[52]

Wie er das Dämonium des Sokrates als Ohrenleiden denunzierte, verachtete Nietzsche alle die, die nach der Indoktrination durch eine göttliche Stimme philosophieren. Die Stimme aber, soweit sie sich auf den Akt des Sprechens bezieht und auf die dunkle Übermächtigkeit dessen, der spricht, des Anderen, kann niemals die eigene sein. In seinem Theaterstück *‹Nicht ich›* hat Beckett diese Separationserfahrung des Subjekts von seiner Stimme nicht etwa bloß literarisch paraphrasiert, sondern funktionieren lassen. Die einzige an eine «Interpretation» gemahnende Konstellation besteht in der Relation des sprechenden Mundes zu einer geschlechtlich indifferenten Gestalt. Was diese Gestalt als geschlechtliches Rätsel aufgibt, findet sich verschoben auf den Platz des sprechenden Mundes, der dieses unmögliche Geschlecht als undefinierbares repräsentiert. Der sprechende Mund, pure Funktion der Separation, verdoppelt diesen Effekt, indem er als Aussage funktioniert.

«... daß Worte gerade kamen ... eine Stimme die sie nicht erkannte ... zuerst ... so lange her daß sie ertönt war ... mußte schließlich einsehen ... konnte keine andere sein ... als ihre eigene.»[53]

Die biographische Erfahrung Nietzsches brachte Analoges an Expropriationserscheinungen. Die Stimme, die Nietzsche vermeinte nicht zu hören, kehrte halluzinativ wieder im Realen, um den Schrecken zu verbreiten, mit dem sie sich vor das Rätsel des Anderen Geschlechts schob.

«Was ich fürchte, ist nicht die schreckliche Gestalt hinter meinem Stuhle, sondern ihre Stimme; auch nicht die Worte, sondern der schauderhaft unartikulierte Ton jener Gestalt. Ja, wenn sie noch redete, wie Menschen reden.»[54]

Dies skalative Hybris des Nietzscheschen Schreibens, Nomothesis, zerschellt zum Schluß an der Interruption des Anderen Sprechens. Damit ist Nietzsche aber nicht beseitigt. Seine Biographie war Bio-Graphie, soziale Inskription, wie sie in der *‹Strafkolonie›*

stattfindet. Daß Nietzsches Megalomanie somit nur die eines Diskurses als soziale Institution war, rächte sich, wie Friedrich Kittler notiert[55], in der psychiatrischen Diagnose.
Für alle die aber, die das Enigmatische der Rede Nietzsches nicht auf eine pathologische Deviation zurückführen wollen, hat Nietzsche einen Satz testamentiert, den keine Kasuistik faßt:
«Wir genießen anders, wir leiden anders.»[56]

II. Die Klage der Ariadne

Nietzsche hat der philosophischen Rede das Reale des Leibes hinzugefügt, und eine Ordnung des Genießens hergestellt, die für ihn, den Schreiber, Ingenieur und Verkünder das war, was alles vitale Geschehen organisiert, durchdringt, die philosophische Rede motiviert. Aber die Körper der Philosophen sind zu morbide, den Imperativ direkt als Symptom auszudrücken, und so gehen sie an ihm zugrunde, indem sie andere Symptome ausbilden, die der Dekandenz. Vom Körper läßt sich aber nicht sprechen, ohne ihn als sexuellen, corpus sexualis, zu denken, wenn es sich um die Beziehung handelt, die der eine Körper zum Anderen Körper unterhält, oder die das Subjekt zu seinem eigenen Körper als zu einem Anderen unterhält. Die geschlechtliche Beziehung, will sie sich realisieren, hängt also davon ab, daß der Andere sich nicht nur als das Andere Geschlecht (Frau) vorstellig macht, sondern einen Signifikanten bereitstellt, der sein Geschlecht repräsentiert, und für den das Subjekt repräsentabel ist (nach der Formel Lacans: ein Signifikant ist das, was das Subjekt für einen anderen Signifikanten repräsentiert. Man könnte anders sagen: ein Signifikant ist letztendlich das, was das Subjekt für einen Anderen ($\not{A}$) repräsentiert, über den sich nicht alles sagen läßt). Aber erstens repräsentiert ein Signifikant nicht etwas für jemanden (Zeichen), und zweitens gilt der Andere in der Theorie Lacans als der, der nicht alles sagt, über den sich nicht-alles sagen läßt, über den sich nicht in Form einer Metasprache reden läßt, weil es nicht den Anderen des Anderen gibt, der über die/den Signifikanten des Geschlechts des ersten Anderen verfügt ($A^2 \rightarrow A^1$). Folglich läßt das Geschlecht des Anderen sich nicht sagen, weshalb dieser Andere in einer zweiten Bewegung der Kastration unterliegt, die sich im oben aufgeführten Algorithmus des weiblichen Begehrens annonciert. Der

Signifikant, der anzeigt, daß sich über den Anderen nicht-alles sagen läßt, daß der Andere nicht alles sagen kann, schreibt sich nach Lacan: $S(\not{A})$. Lacan nennt ihn
«Signifikant eines Mangels im Anderen, der eben seiner Funktion als Thesaurus des Signifikanten inhärent ist.»[57]
Weil die Sprache die Ursache des Unbewußten ist, die Inzidenz des Signifikanten als aristotelische causa materialis, sind diese Verhältnisse topo-logische Effekte jeder Struktur, und nicht etwa die Phantasmagorie eines französischen Wissenschaftlers, der mit metalogischen Problemen kokettiert. Lacan selbst verweist in diesem Zusammenhang auf das zenonische Paradox des Wettlaufs Achills mit der Schildkröte, das er in folgender Weise korrigiert: wohl ist es möglich, daß Achill die Schildkröte überholt, aber er kann sie nicht einholen, weil die Bewegung der Schildkröte sich nicht konstruieren läßt. Alle geometrisch konstruierbaren Punkte markieren einen stabilisierten Zustand der Schildkröte, sind Fixationen, die selber die Bewegung verfehlen. So ist die Schildkröte nicht jede.
Ein zweiter Punkt sind die permanenten Referenzen Lacans auf metalogische Theoreme, deren Konstruktion eben jene unter $S(\not{A})$ zu schreibende Unmöglichkeit einer Metasprache und ergo das nicht-jede Geschlecht des Anderen approbieren, indem sie sich in einem Satz resümieren lassen (Cantor, Gödel, Skolem/Löwenheim, gegebenenfalls auch Russell): es gibt Gegenstände, die nicht bezeichnet werden können, das heißt, daß der Ort des Sprechens, auch des formalen, der Andere also, nicht alles sagt, daß die Wahrheit, wie Lacan formuliert, nur halb-gesagt werden kann. Das ist der topologische Grund, der sich in allen formalen Systemen ab einer gewissen Komplexität, das heißt in allen Systemen, in denen sich der Satz Gödels formulieren läßt, strukturell notwendig wiederfindet. Sicher müßte man, um die Theorie Lacans vom unmöglich auszusagenden Geschlecht des Anderen mit den limitativen Theoremen vollständig zu parallelisieren auf die Funktion des Objektes (a) detailliert zu sprechen kommen in seiner Beziehung zu $\not{A}$, zur Inexistenz der sexuellen Beziehung und zur arithmetisch definierten Signifikantenkette, also vor allem zu S_1, dem Herren-Signifikanten. Aber dies ist hier nicht Thema. Vielmehr geht es um das Reale, das sich nicht schreiben läßt, die sexuelle Beziehung als Absenz, um das Reale als das Unmögliche, welches, wie Lacan es definiert, nicht aufhört sich nicht zu schreiben, und so den Nukleus eines jeden Diskurses bildet.

«Sie (die Diskurse, Anm. d. A.) umkreisen es als Reales, das heißt als Unmögliches, welches sich annonciert:
es gibt keine sexuelle Beziehung.
damit ist unterstellt, daß von der Beziehung ... nur die Aussage übrigbleibt, und daß das Reale dabei sich nur dadurch versichert, daß es sich durch die Grenze aufrechterhält, die sich entlang der logischen Folge des Ausgesagten hinzieht.»[58]
Die phallische Funktion ist keine authentische Definitionsmöglichkeit der Geschlechter, sondern markiert nur den Ort, wo sich sprechende Wesen in die phallische Funktion einschreiben oder nicht andem der Phallus die Geschlechterdifferenz nach den Modi des Habens (er hat ihn: der Mann) und des Seins (sie ist der Phallus: die Frau) regelt, und dies über die Kopula der Kastration. Damit bleibt dem Genießen des Mannes aber jeder Zugang zum Anderen als Geschlecht verwehrt, was nur heißt, daß es Die Frau nicht gibt, sondern nur La femme, die sich als nicht-jede, als zenonische Schildkröte, in die phallische Funktion einschreibt, das heißt deren Position logisch nicht rekonstruierbar ist: $\overline{\not\forall x}.\ \Phi$, wenn Φ die phallische Funktion schreibt. Die Inexistenz der sexuellen Beziehung, das Inkognito des Anderen Geschlechts stellt für Nietzsche, wie auch für Beckett – anstatt: Die Stimme der Miss Kennedy, schreibt Joyce nach der Direktive des Phantasmas: Miss Stimme der Kennedy bzw.: Miss Blick der Kennedy[59] – Schrecken dar, den die Stimme am Platz den es nicht-gesagten Geschlechts verbreitet. Nietzsche dürfte überhaupt der einzige Philosoph gewesen sein, der diese Inexistenz als das Reale, das sich nicht schreibt, geschrieben, bzw. nicht-geschrieben hat. Der, der mit beispielloser Intransingenz die Ökonomie des Diskurses des Herrn wie eine Verkündigung publiziert, stößt bis zu dem Punkt vor, an dem die Eklipse der Beziehung markiert ist, an dem die dem Imperativ des Herrn ergebene Ordnung des Genießens ihr unüberwindliches Obstakel findet. Nietzsche ist kein Philosoph mehr, weil die sexuelle Beziehung sich nicht schreibt: $x \not{R}\ y$. Philosophie ist aber eher eine Art der Supplementation dieser Inexistenz durch professionell verfaßte Pamphlete der Liebe, die genau an dem Ort konzipiert werden, an dem das Begehren über das Phantasma in die narzißtische Relation mündet (siehe voriges Kapitel): $i(a) \leftarrow m$. Hier lokalisiert sich die Imagination der Liebe als imaginäre Reziprozität, als Homo-sexualität.
«... das reine Streben, die alles überwindende und jedes Hinder-

nis geistig besiegende Liebe zur rechten Erkenntnis der göttlichen Wahrheit; so ist damit auch schon zugegeben, daß diese Wissenschaft ganz von der Liebe ausgeht und von keiner anderen Grundlage ausgehen kann; von welcher Grundlage der Liebe für die Erkenntnis, jenes Natursymbol in seinem Stufengange uns die Grundzüge einer ersten Andeutung darbiethet.»[60]

Um dem Verlangen der Liebe gerecht zu werden, der Liebe, die niemals aufhört, sich zu schreiben in Briefen, Traktaten, Romanen und Gedichten, muß man dem imaginären Diktat sich beugen und Liebe institutionalisieren: der Tempel der Liebe, in dem die höhere Philosophie opfert, die Ehe.

«Die höhere Philosophie behandelt die Ehe von Natur und Geist.»[61]

Liebe als Begehren, das Eine der sexuellen Beziehung zu konstituieren, als Begehren nach der universellen, androgynen Fusion der Geschlechter, durchdringt alle Wände, mit denen die Geschlechter diese Inexistenz parieren, und zwar als Gesang, der die Ewigkeit evoziert. Tristan singt Isolde, indem er sie um die Differenz betrügt, das Lied der Alleinheit als wäre es die Elegie ihres Leibes.

ewig einig
ohne End',
ohn Erwachen,
ohn Erbangen,
namenlos
in Lieb' umfangen[62]

Für den, der sich am Schnittpunkt zwischen der Logik des Anderen als Topologie des Signifikanten und dem Feld des Realen als Körper befindet, gibt es keine Liebe, die die irreduzible Fremdheit der Geschlechter in die Ewigkeit imaginärer Symbiose überführt. Mit einer Mischung aus Erstaunen und Resignation schreibt Nietzsche:

«Wie fremd sich Mann und Weib sind.»[63]

Die Aussöhnung der Geschlechter birgt nur wie eine Blase die Chimäre der Liebe in sich, und so verwehrt Nietzsche diktatorisch dem vermessenen Wunsch, sie zu wünschen.[64] Und Nietzsche spricht hier nicht, wie manche ihn hören, sondern strauchelt in der Strenge seiner Rede, ver-spricht sich, lapsus philosophiae, die Heraufkunft eines Knotens, der die Kehle schnürt, ein Symptom, das Symptom, der Philosophie, die Philosophie als Symptom auf dem Un-grund der Inexistenz der sexuellen Beziehung. Zeugung

wird so zu einer Ohnmacht der Arithmetik, weil sie nicht vermag, die geschlechtliche Beziehung zu dem Anderen als Geschlecht herzustellen, vielmehr unter der Prärogative des Zeugungswillens in einen Rest mündet, dem Zeugungsprodukt: $S_1 \rightarrow a$. Dieses (a) funktioniert hinsichtlich der signifikanten, zeugenden Organisation wie ein Verlust, der die besagte Ohnmacht indiziert.
«Die Teilung des Protoplasmas in zwei tritt ein, wenn die Macht nicht mehr ausreicht, den angeeigneten Besitz zu bewältigen: Zeugung ist Folge einer Ohnmacht.»[65]
«‹Zeugung› – nur abgeleitet; ursprünglich: wo ein Wille nicht ausreicht, das gesamte Angeeignete zu organisieren, tritt ein Gegenwille in Kraft, der die Löslösung vornimmt, ein neues Organisationszentrum, nach einem Kampf mit dem ursprünglichen Willen.»[66]
So endigt das Genießen der Partialtriebe, die den Imperativ des Genießens S_1 metonymisieren, dort, wo es in der Tat endigt: in der Reproduktion.[67] Eine Beziehung zum Anderen als solchen herzustellen gelingt also nicht, und damit liegt das Genießen des Anderen jenseits des phallischen Genießens. Die konstitutive Sukzession des Diskurses des Herrn ($S_1 - S_2$), in die das Subjekt ($\$$) zu interpellieren ist, findet nicht statt, insofern in dieser Sukzession die geschlechtliche Beziehung ausgesagt sein soll. Die Realisation der geschlechtlichen Beziehung endigt im Surrogat des (a), des Zeugungsproduktes, des Kindes als Wunschobjekt.
«Was man dabei beachten muß, allerdings nur auf seiten des Mannes, ist, daß er ausschließlich mit dem Objekt a zu tun hat, und daß der ganze Einsatz, mit dem er sich in die sexuelle Beziehung wirft, im Phantasma endet.»[68]
Die Philosophie in ihren religiösen Aspirationen kennt nur einen Anderen, den der Wahrheit, der Liebe, Gott also als die juridische Garantie der Nicht-Begegnung der Geschlechter, der ewige Dritte. Die Ehen werden im Himmel geschlossen, dort, wo ein Gott den Platz der Frau besetzt. Nietzsches Philosophieren beginnt aber mit dem Tode Gottes, um sich schließlich zur Rede über das Defizit der Zeugung zu formieren. Der Tod Gottes läßt das Reale des Diskurses des Herrn als Nullpunkt der Rede emergieren, bzw. das Reale der Absenz der sexuellen Beziehung ist der Tod Gottes. Nur die Eremiten, religiöse Monaden, wissen nichts von der Nachricht, die Nietzsche-Zarathustra ihnen bringt, und im *‹Ulysses›* geschrieben steht:

«Jehova, der Vorhautsammler, ist nicht mehr. Ich traf ihn drüben im Museum, als ich dort die schaumgeborene Aphrodite begrüßen wollte.»[69]

Weil es im Diskurs Nietzsches zwischen Mann und Frau nichts gibt, was ihre Nicht-Beziehung zum Pakt amalgamiert, ist Gott *gestorben*, und weil es sich um die Ab-senz der sexuellen Beziehung handelt, ist *Gott* gestorben. Ist Gott tot, versprechen sich die Geschlechter ihre Begegnung als Kriegserklärung im Zeichen des Bordells, denn schreibt etwas sich nicht (die sexuelle Beziehung), hört anderes auf, sich nicht zu schreiben (phallische Funktion), und die Zeit der Begegnung bahnt sich an.

«Aufgrund dieser Tatsache (daß die sexuelle Beziehung nicht aufhört sich nicht zu schreiben, Anm. d. A.) enthüllt sich die scheinbare Notwendigkeit der phallischen Funktion als Kontingenz. Nur als Modus der Kontingenz hört sie auf sich nicht zu schreiben. In der Kontingenz resümiert sich das, was, für das sprechende Dasein, die sexuelle Beziehung dem Regime der Begegnung unterwirft.»[70]

Nietzsche sucht also die Begegnung mit Ihr, und so steht er, geworfen in die chthonischen Anfänge, gesunden Fußes vor Theben und seinen Toren, konfrontiert mit der, die in Rätseln spricht.

Hier sitzest du, unerbittlich
wie meine Neubegier,
die mich zu dir zwang:
wohlan, Sphinx,
ich bin ein Fragender, gleich dir;
dieser Abgrund ist uns gemeinsam –
es wäre möglich, daß wir mit einem Munde redeten.[71]

Was fragt die hysterische Sphinx: Woher kommen die Kinder? Freud wußte es, wie die Sphinx es selber wußte, denn die Hysterica ist die Frau des Wissens, eines Wissens allerdings, das ihr nicht zur Disposition steht, weil sie es hieroglyphisch mit ihrem Leib produziert, indem sie sich mit dem Herrn konfrontiert, Nietzsche, Ödipus, oder der Inquisitor: $\frac{S_1}{S_2}$. Mit ihrer Frage nach der Herkunft der Kinder – der erste Term des hysterischen Diskurses: $\frac{\$}{a}$, Frage nach dem Wunschobjekt – fragt die Hysterica nach der sexuellen Beziehung, situiert sich also dort, wo die Ökonomie des Herrn versagt. Einzige Chance des Herrn: sich des hysterischen Wissens bemächtigen (S_2), welches am Platz des Produktes steht –

der zweite Term, hier zuerst aufgeführt, des hysterischen Diskurses –, um die Artikulation, die mißlang, zu restituieren ($S_1 - S_2$). Der explikativen Vollständigkeit halber sei hier noch einmal der hysterische Diskurs komplettiert geschrieben:

$$\frac{\not{S}}{a} \longrightarrow \frac{S_1}{S_2}$$

Hysterischer Diskurs:

Das Wissen also ist es, dem die Ambitionen des in seiner Position durch die Inexistenz der sexuellen Beziehung desavouierten Herrn gelten, zwecks Restitution der maschinellen Sukzession, ein auf den Leib geschriebenes Wissen, von dem vor allem die Begründer der Psychoanalyse profitierten. Es macht alles in allem deshalb schon einen Unterschied, ob es eine Wahrheit des Geschlechtsunterschiedes nicht gibt, oder ob die Wahrheit dieser Differenz im symbolischen System nur halb gesagt werden kann. Weil Derrida, wie er in den ‹*Positions*› schreibt[72], nicht an die Tripartition zwischen Symbolischem, Imaginärem und Realem glaubt, existiert für ihn im Akt einer durchaus ontologischen Dezision keine Wahrheit an sich des Geschlechtsunterschiedes, mit anderen Worten, das Geschlecht ist unendlich schreibbar.

«Es gibt also keine Wahrheit des Geschlechtsunterschiedes an sich, des Mannes oder der Frau an sich; im Gegenteil, die gesamte Ontologie erheischt, verbirgt in sich diese Nicht-Entscheidbarkeit, deren Folgeerscheinung sie ist: ein Nachprüfungs-, Aneignungs-, Identifizierungseffekt, ein Effekt der Identitätsverifikation.»[73]

Anders bei Nietzsche. Über das unmögliche Intervall der Absenz jeder sexuellen Beziehung schlägt sich die Brücke einer unerbittlichen Konfrontation, die der Hysterica ($\not{S}$) mit dem Herrn (S_1). Was fragt denn die Hysterica fast unverhohlen, wenn sie dem Ursprung der Kinder nachspürt, und ihre Frage an den Herrn adressiert?

«Genau das ist es, wozu der hysterische Diskurs den Herrn auffordert: ‹Laß sehen, ob du ein Mann bist!›»[74]

Die verlangte Initiation ist für den Herrn reine Routine, zeigt die Hysterica doch selbst die via regia zur Virilität, die der Diskurs des Herrn per se effektuiert. Weil das Objekt (a), das Kind als Frage-/Wunschobjekt, im hysterischen Diskurs den Platz der Wahrheit okkupiert, und symmetrisch im Diskurs des Herrn den Platz des Zeugungsproduktes anzeigt, gibt es nur eine Lösung, die zugleich die Abolition der Artikulation ($S_1 - S_2$: Vereinigung des Herrn mit dem hysterisierten Leib) revoziert: Er macht Ihr ein Kind. Gegenüber der Unmöglichkeit der sexuellen Beziehung evoziert die Hysterica den schwängernden Phallus unter dem Modus des Möglichen, und Nietzsche schreitet in Schellingscher Parodie a potentia ad actum: Lösung des hysterischen Rätsels.

«Alles am Weib ist ein Rätsel, und alles am Weib hat eine Lösung: sie heißt Schwangerschaft.»[75]

«Hat man meine Antwort auf die Frage gehört, wie man ein Weib kuriert – ‹erlöst›? Man macht ihr ein Kind.»[76]

Die logische Katastrophe ist damit annihiliert, aber unter dem Namen Nietzsche bleibt auf ewig virulent das Trauma des Einbruchs des Realen, katalogisiert als Ohnmacht des Diskurses des Herrn, als Ohnmacht der Zeugung. Auf schauerliche Weise spricht Lady Macbeth von Männern, die mehr wagen, als sie sind, und in den erhabenen Heroismus ihrer Vision mischt sich als Korrektiv der Hohn ihres Geschlechts.

«Als du es wagtest, da warst du ein Mann; und mehr zu sein als du warst, das machte dich nur um so mehr zum Mann ...»[77]

Es herrscht ohne Dementi das Regime der Begegnung, und Nietzsches Inszenierungen solcher Begegnung der Geschlechter sind Exaltationen dessen, was Lacan phallische Kontingenz nannte. Zarathustra wird zum Verkünder des Blitzes[78], des Blitzes aus dunkler Wolke[79], der der Übermensch ist. So eskaliert die Rede Nietzsches, die auf die Begegnung hinauslief, im dezidierten Gestus der Annexion, wo Philosoph (Herr der Wahrheit) und Tyrann (Herr der Frauen) koinzidieren.

Die Wahrheit –
ein Weib, nichts Besseres:
arglistig in ihrer Scham:
was sie am liebsten möchte,
sie will's nicht wissen,
sie hält die Finger vor ...
Wem gibt sie nach? Der Gewalt allein! –
So braucht Gewalt,
seid hart, ihr Weisesten!
Ihr müßt sie zwingen,
die verschämte Wahrheit ...

Zu ihrer Seligkeit
braucht's des Zwanges –
– sie ist ein Weib, nichts Besseres.[80]

Erlkönig wurde Philosoph und Nietzsche ist nur Goethe, der es ausspricht. Und bist du nicht willig, so brauch ich Gewalt. Das Verhältnis zweier Diskurse, des Herrn und des hysterischen, episiert sich mit dem nötigen Pathos in die mythogene Symbolik des Dionysos und der Ariadne, nur verräterischer, denn Nietzsche läßt diesmal Ariadne singen. Dionysos, selbst hysterischer Gott – Nietzsche selbst verglich explizit den dionysischen Rausch mit dem Zustand der Hysterie –, setzt sich in Szene, um zum Schluß in smaragdener Schönheit als Herr der Hysterischen, als der, den das Begehren der Hysterica protegiert, in Superiorität zu erscheinen. Der Nietzschesche Herr, weil er selbst immer hysterisch ist wie Dionysos, wird getragen vom Begehren einer Anderen, sein Begehren ist das Begehren dieses Begehrens, nach Lacans Formel, das Begehren ist das des Anderen.

«Also folgt die Übersetzung eines historischen Größenwahns aus der dritten Person in die erste dem Begehren eines Begehrens.»[81]

Dionysos wird zur höchsten Symbolik der Prokreation, weil er als Zeugungswille die Qual der Gebärerin impliziert, und für die Kopulation der Geschlechter einsteht.

«... das wahre Leben als das Gesamt-Fortleben durch die Zeugung, durch die Mysterien der Geschlechtlichkeit ... Damit es die ewige Lust am Schaffen gibt, damit der Wille zum Leben sich ewig selbst bejaht, muß es auch ewig die ‹Qual der Gebärerin› geben ... Dies alles bedeutet das Wort Dionysos ... Die Zeugung als der heilige Weg.»[82]

Dionysos, der Hysterische, ist verdammt, unter dem Verdikt des Begehrens des Anderen (Ariadne), das ihn als Herrn trägt, selbst zu begehren, Begehren des Begehrens. So lautet denn die Klage der Ariadne als Liebeslied, chanson d'amour, auf das Zitat ihres Henker-Gottes, und der Gott erwacht, geweckt durch die Inkantation, aus dem Schlaf des Begehrens, um zu erscheinen als Begehrter. Die Stimme der Ariadne singt die theogonische Klage, aber die Ohren des Gottes werden immer kleiner und labyrinthischer, und kein Ton des Leidens findet den Weg – es sei denn, als kluges Wort.

Steck ein kluges Wort hinein[83] sagt der Gott, nachdem die Klage des Begehrens ihn erreicht hat, und hofft auf das hysterische, kluge Wissen, die vielen klugen Worte, die die Herren an den Hysterischen lieben, und die Sokrates aus Menon maieutisch erpreßte. Ariadne aber ahnt und verdoppelt die Klage:

Was willst du dir erstehlen?
Was willst du dir erobern?
Was willst du dir erfoltern,
du Folterer
du – Henker-Gott![84]

So macht der hysterische Gott sich zum Herrn des Hysterischen, er illuminiert als Begehrter, und ist doch geknechtet durch ein eigenes Begehren nach diesem Begehren. Dionysos, der ominöse Hanswurst, von dem Nietzsche sprach? Welcher Herr profitiert nicht von den klugen Worten der Hysterica, die Klage der Ariadne birgt das Geheimnis.

Die letzten Zeilen seines Aufsatzes ‹*Die Klage der Ariadne*› widmet Karl Reinhardt den Worten philologischer Entrüstung über die biographische Trivialität der Dechiffrierung der Symbolik. Demnach sollte Ariadne Cosima Wagner, Nietzsche ihr Dionysos und Wagner des Theseus sein. Die Entrüstung ist rechtens, denn anstatt der hysterischen Leiblichkeit des zerstückelten Gottes behält Nietzsche sich eine geschlechtliche Aristokratie vor. Wollte Schopenhauer in der entgöttlichten Sphäre des mundus sexualis die Begegnung der Geschlechter durch das Pharmakon der Verneinung verhindern, wählt der zölibatäre Philosoph die Keuschheit angesichts der Inexistenz der sexuellen Beziehung. Nietzsche weiß, daß es nur Modalitäten, modi copulationis, gibt, das Unmögliche der Beziehung in Symptomen zu fingieren, Brutalität, Klugheit, offene Pathologie. So bleibt der Verkünder keusch.

«Was ist Keuschheit am Manne? Daß sein Geschlechtsgeschmack vornehm geblieben ist; daß er in eroticis weder das Brutale, noch das Krankhafte, noch das Kluge mag.»[85]

Also verirrt man sich in die Sprache, Diesprache (Lalangue, wie Lacan sagt) Nietzsches und entfernt sich von dem, was als Diskurs sich formalisieren ließ, denn die Sprache beginnt da, wo die sprechenden Wesen nicht zueinanderkommen, und die Sehnsucht sich in die Stadtviertel verfängt, wo die Begegnung statt hat.

«Man muß Schluß machen mit der Vorstellung von Meisterwerken, die einer sogenannten Elite vorbehalten sind und die die Menge nicht versteht; und sich sagen, daß der Geist keine besonderen

Stadtviertel kennt, wie sie heimlichen sexuellen Begegnungen vorbehalten bleiben.»[86]
Aus dem philosophischen Okkultismus der heimlichen Stadtviertel macht Nietzsche eine Diktion der öffentlichen Rede und läßt Jene klagen, die sonst nie zu Wort kam, es sei denn als Wissen, das der Herr-Philosoph sich bereits angeeignet hatte: Ariadne. Seine gewalttätige Liebe zu ihr bezahlte Nietzsche mit einem hohen Preis: Wahnsinn, Internierung. Wie als Hohn und als Rache rief man ihm nach, er hätte sich in genau den Stadtvierteln infiziert, in die sonst die Philosophen sich flüchten. Syphilis ist nur ein anderer Name für den sexuellen Abgrund, den Nietzsche in der Philosophiegeschichte aufriß.

Anmerkungen:

1 Nietzsche: Genealogie der Moral. Werke, München 1966, Hg.: Karl Schlechta, II, 763
2 Nietzsche: ebd., 763
3 F. Kaltenbeck: Wahrheit als Ursache, in: Sonderband 1-Wunderblock, Berlin 1978, und: Une cause d'oubli in: Ornicar? Analytica 6, Paris
4 Lacan: Die Stellung des Unbewußten. Schriften, Olten 1975, II, 214. Ecrits, Paris 1966, 835f
5 Deleuze: Différence et répétition. Paris 1968, S. 166; vgl. Nietzsche Nachlaß, III, 735 u. 737
6 Descartes: Meditationen. Hamburg 1960, S. 20
7 Descartes: ebd., S. 46
8 Nietzsche: Nachlaß. III, 488
9 Nietzsche: ebd., 534
10 Nietzsche: Genealogie. II, 860
11 D. P. Schreber: Denkwürdigkeiten eines Nervenkranken. Frankfurt a. M./Berlin/Wien 1973, S. 142
12 Nietzsche: Nachlaß. III, 756
13 Canterbury, Anselm: Proslogion. Stuttgart/Bad Cannstatt 1962, S. 131
14 Kant: Kritik der reinen Vernunft. 2. Auflage, Akademie-Textausgabe. Berlin 1968, III, 401
15 Schelling: Philosophie der Mythologie. Münchner Jubiläumsausgabe, München 1959. V. Hauptband, S. 456
16 Lacan: Seminaire XX. Encore, Paris 1975, S. 98
17 Danièle Levy: Le couple philosophe-maître. Ornicar? 3, Paris 1975, S. 86
18 Nietzsche: Genealogie. II, 828
19 Horkheimer/Adorno: Dialektik der Aufklärung. Frankfurt a. M. 1969, S. 40
20 Bataille: Le rire de Nietzsche, Œeuvres complètes, 1973, VI, 312
21 Nietzsche: Götzendämmerung. II, 975
22 Vgl. Lacan: Encore. S. 21 und Lacan, Radiophonie, in: Scilicet 2/3, Paris 1970, S. 99
23 Kierkegaard: Entweder–Oder. München 1975, S. 225
24 Nietzsche: Zarathustra. II, 307
25 Nietzsche: Nachlaß. III, 463
26 Nietzsche: Morgenröte. I, 1068f
27 Foucault: Nietzsche, die Genealogie, die Historie, in: Von der Subversion des Wissens. Hg.: Walter Seitter, München 1974, S. 90f
28 Lacan: Die Subversion des Subjekts. II, 193; Ecrits S. 803
29 Nietzsche: Nachlaß. III, 903

30 Lacan: Seminaire II, Le moi dans la theorie freudienne. Paris 1978, S. 311
31 Kafka: Sämtl. Erzählungen. Die Strafkolonie. Frankfurt a. M./Hamburg 1970, S. 108
32 Nietzsche: Nachlaß. III, 602
33 Nietzsche: Jenseits von Gut und Böse. II, 601
34 Les lieux du réel. Scilicet 5, Paris 1975, S. 26
35 Deleuze: Nietzsche und die Philosophie. München 1976, S. 57
36 Deleuze/Guattari: Anti-Ödipus. Frankfurt a. M. 1974, S. 292
37 Hamacher, Werner: Pleroma, in: Der Geist des Christentums, Hg.: Werner Hamacher, Frankfurt a. M./Berlin/Wien 1978, S. 30
38 Nietzsche: Nachlaß. III, 712
39 Nietzsche: ebd., S. 713
40 Nietzsche: ebd., S. 776
41 Nietzsche: ebd., S. 775
42 Marx: Das Kapital. MEW 23, Berlin 1972, S. 605
43 Schelling: Abhandlung über die Quelle ewiger Wahrheiten. V. Hauptband, S. 771
44 Nietzsche: ebd., S. 692
45 Shakespeare: Macbeth. Dramatische Werke. Frankfurt a. M. 1958, III, 419
46 Fink, Eugen: Nietzsches Philosophie. Stuttgart/Berlin/Köln/Mainz 1960, S. 74
47 Deleuze: ebd., S. 15
48 Nietzsche: ebd., S. 436
49 Kant: Kritik der praktischen Vernunft. V, 80f
50 Friedrich Kittler: Der Autor von Ecce homo: wie man abschafft wovon man spricht, unveröffentlicht, S. 16
51 Benn, Gottfried: Nietzsche nach fünfzig Jahren. Gesammelte Werke, München 1975, IV, 1058
52 Reinhardt, Karl: Nietzsches Klage der Ariadne, in: ders.: Von Werken und Formen. Godesberg 1948, S. 486
53 Beckett: Nicht ich. Werke. Frankfurt a. M. 1976, I. 1, S. 242
54 Nietzsche, zitiert nach Friedrich Kittler, ebd., S. 6. Korrektur des Zitatnachweises: Nietzsche, Autobiographisches aus den Jahren 1856 bis 1869, III, S. 148
55 Kittler: ebd., S. 20
56 Nietzsche: Nachlaß. III, 639
57 Lacan: Subversion. II, 194; Ecrits, S. 818
58 Lacan: L'Etourdit, in: Scilicet 4, Paris 1973, S. 11
59 Joyce, James: Ulysses, Frankfurt a. M. 1976, S. 294
60 Schlegel: Philosophische Vorlesungen. Kritische Ausgabe, Paderborn 1969, I. Abteilung 10. Band, S. 454
61 Novalis: Das philosophische Werk. Schriften. Darmstadt 1968, III, 270

62 Wagner: Sämtliche Musikdramen. Tristan und Isolde. München 1978, S. 358
63 Nietzsche: Zarathustra. II, 437
64 Nietzsche: Nachlaß. III, 611
65 Nietzsche, ebd., S. 850
66 Nietzsche, ebd., S. 859
67 Lacan: Encore, S. 109
68 Lacan, ebd., S. 80
69 Joyce, a. a. O., S. 80
70 Lacan, a. a. O., S. 87
71 Nietzsche: Die Sphinx, in: Bruchstücke zu den Dionysos-Dithyramben. Sämtl. Werke, Stuttgart 1978, S. 560
72 Derrida: Positions. Paris 1972, S. 112
73 Derrida: Sporen – Die Stile Nietzsches. Venedig 1976, S. 81/83
74 Lacan: Radiophonie. S. 90
75 Nietzsche: Zarathustra. II, 328
76 Nietzsche: Ecce homo. II, 1106
77 Shakespeare, a. a. O., S. 422
78 Nietzsche: Zarathustra. II, 283
79 Nietzsche, ebd., II, 287
80 Nietzsche: Bruchstücke zu den Dionysos Dithyramben, S. 574
81 Kittler, a. a. O., S. 21
82 Nietzsche: Götzendämmerung. II, 1031f
83 Nietzsche: Die Klage der Ariadne. II, 1259
84 Nietzsche, ebd., 1257
85 Nietzsche: Nachlaß. III, 795
86 Artaud, Antonin: Das Theater und sein Double. Frankfurt a. M. 1969, S. 79

Hermann Schweppenhäuser
Nietzsche – Eingedenken der Natur im Subjekt

In memoriam Herbert Marcuse

I

An einer Stelle sagt Horkheimer: «Die Philosophen im 19. Jahrhundert, Hegel und Nietzsche, haben geschrieben: Gott ist tot. Wahr ist vielmehr, daß der Gedanke gestorben ist.» Kritik und unabhängiges Denken haben historisch ausgespielt. Die «Fortsetzung der Emanzipation, ihre Verallgemeinerung in einer Gesellschaft des Überflusses, die den Einzelnen und seine geistige Fähigkeit bewahrt, ist mißlungen». «Der Geist, der übrigbleibt, ist Instrument»[1], der von den herrschenden Mächten okkupierte Gedanke. Der freie vermag seinen Untergang eben noch zu bezeichnen: die Differenz zwischen Einzelnem und Allgemeinem blitzt noch einmal auf, ehe sie von dem Dunkel des Allgemeinen, der elektrisch beleuchteten Verfinsterung verschluckt ist. Nietzsche, vor hundert Jahren, hatte, was zum Funken verglimmt, als Fackel in der Hand, die grell das Terrain belichtete und den Schein bis in die Abgründe trieb. Der Gedanke hatte Klüfte zu ermessen und darüber die Brückenkonstruktionen, die vortäuschten, sie wären schon das ausgleichende Terrain. Dieses hat erst die naturbeherrschende Ratio bereitet, so, daß sie die Klüfte auszementierte und die letzten Löcher verstopfte. Nietzsche brachte Licht in die Konstruktionsgeheimnisse der Sinn-Brücken: die Wahrheiten, um sie als nützliche Irrtümer, Fälschungen im Dienst des Machtwillens zu denunzieren. Das Pathos dabei war das der Wahrheit, daß diese Wahrheiten keine sind; war die noch starke Kraft, am Unterschied zwischen Wahrheit und Wirklichkeit unbeirrt festzuhalten. Der Tod des Gedankens, von dem Horkheimer spricht, ist das triumphal gewordene beschädigte Leben, die von keinem Gedanken mehr ernstlich bedrohte Wirklichkeit, die ihn umbringt – der Wille zur Macht, wie er in der total gewordenen Herrschaft über Natur und Menschen epochale Gestalt fand. Nietzsche, am Beginn der vehementen imperialen Prozesse, deutete die welthistorische Explosion der politischen und technischen Konzentration, die sich abzeichnete, metaphysisch, die kapitalherrschaftlichen Schöpfungen und Verwüstungen als blutrünstig sieghaften Ausdruck von Lebensmacht. Und er ließ auch davon sich berauschen.[2] Aber der Rausch war nicht von dem Bewußtsein verlassen, daß er, im guten wie im schlimmen, lebensteigerndes Mittel und nicht Zweck ist. Das haben seine trübblickenden Apologeten – «getier das ihn mit lob befleckt»[3] – gewollt, die ihn und sich den Machtcliquen auslieferten. Sie haben als Herrschaftswissen exploitiert, was Nietzsche Wahrheitsbefund war; den Rausch – zusamt der Nietzsche-Ideologie – als Werkzeug der Massenmanipulation gebraucht[4]; getan, was er – «die nach Leben und Werk am stärksten verfälschte Erscheinung der neueren ... Geistesgeschichte»[5] – als Schlimmstes befürchtete und abwehren wollte. «Ich will keine ‹Gläubigen› ... Ich habe eine erschreckliche Angst davor, daß man mich eines Tages heilig spricht: man wird erraten, weshalb ich dies Buch», das *‹Ecce homo›*, «vorher herausgebe, es soll verhüten, daß man Unfug mit mir treibt»[6]. Es hat ihn, im Gegenteil, herbeigezogen. Die Gründe sind diffizil. Man hat von dem radikalen Aufklärer, der die geltenden Wahrheiten ihrer herrschaftsstabilisierenden Funktion, die Moral der eigenen Unmoralität überführte, durch Lob, durch Mimikry ans Enthüllte sich dispensiert, nach Art von Kindern, die vor Schreck den Schrecken spielen und die momentane Entlastung ins bibbernde Vergnügen der Grimasse hinein verlängern. Sie sind, wie Nietzsches geblendete Apologeten, betrogene Betrüger: weil ihrer der Schrecken Herr wird, dessen sie durch die Mimikry Herr zu werden meinten. Nietzsche hat dem Schrecken der von Gewalt geprägten Zivilisation den Spiegel vorgehalten und sie «erschrickt» darin «vor sich selbst»[7]: statt dem Schock den rettenden Blick auf das Andere abzugewinnen, schlüpft sie ins eigene Bild und bestätigt durch Macht-Wahn, den Kultus der Größe, die Realmacht, der sie erliegt. Weil Nietzsche – die empirische Person – in Wahnsinn fiel, soll schließlich die Lehre – Ausdruck der intelligiblen – geheiligter Wahn sein. Die Nietzsche-Apologie ist – wie ihr feindlicher Zwillingsbruder, der Nietzschehaß – Symptom der soziopathischen Verrücktheit, die die Diagnose, die der «Selbst-Ungenügsame»[8] ihr stellte – in einem «Akt höchster Selbstbesinnung der Menschheit, der in mir Fleisch» wurde[9] –, nicht aushielt; die an die individuelle Erkrankung des Diagnostikers – also dessen eigenes Vehikel schmerzender Einsicht in die allgemeine[10] – sich klammerte, um die allgemeine zu entlasten. So den fragilen Geist umzufälschen, ist kranker Normalität nie schwer geworden; er ist ihr vorab nicht geheuer. «‹Wie sagt doch Nietzsche?›» «‹Na hörn Se mal, lassen Se mich man bloß mit dem Mann zufrieden, der Mann is mir nich maßgebend, der hat doch bekanntlich 'n böses Ende jenommen. Oberfauler Kunde, sage ich Ihnen.›»[11] So quatscht die gesunde Gesinnung, die der öffentliche Wahnwitz nährt – hier, bei den wilhelminischen Lebemännern der Etappe, der höllische Krieg; woanders und später die selbstmörderische Volksgemeinschaft, die es fertigbringt, noch den ‹Mann mit dem bösen Ende› in einen brauchbaren Schutzheiligen zu verwandeln. Dabei kann die realitätshörige Normalität nietzschesch auf den Intellekt als lebenswidrige Aberration sich berufen. Aber daß nur der Intellekt selber die eigene Abirrung zu erwägen vermag, der Zweifel die skeptische Kraft voraussetzt, geht der Instinktbeflissenheit nicht auf. Die Dienstbarkeit des Intellekts den Interessen und Instinkten ist Einsicht, Geist, und immer auch jenseits von Intellekt und Instinkten, Erkenntnis und Interesse. Die Differenz von Nietzsche und Nietzsche-Apologie – wie Nietzsche-Verachtung – ist die des freien und des machtgebundenen Denkens, in dem das freie, seiner selbst mächtige verkümmert. Keiner hat wie Nietzsche die Gewalt, die der instinktgebundene Gedanke annimmt, als Schwäche durchschaut: in der Herrschaft des Ressentiments, der Wut der Rancune, der zerstörerischen Produktivität des Machtinteresses in allen Gestalten – zuletzt der technisch-politisch organisierten, selbstbewußten «Raubrasse»[12], die den Willen zur Macht als das credit sich gutschreibt, das doch ihr debet ist: das Verbrechen an Leben und Geist.

2

«Ich hüte mich, die Menschheit für ihre Geisteskrankheit verantwortlich zu machen»[13]: sie wird erklärbar, vergegenwärtigt man sich, was die Welt den Menschen antut, die zuinnerst es anders wollen und die nachgebend in die Entstellung sich einleben – in einem langwährenden Umfälschungsprozeß des Daseins in dessen paradox eigene Verneinung. Sozialtheorie hat ihn als den Disziplinierungsprozeß beschrieben, den der vorgeschichtlich konstitutive materielle Mangel: die Unmöglichkeit erzwingt, den materiellen Glücksanspruch der Mehrzahl zu erfüllen, und der die Abspeisung der Massen mit moralischer Ideologie ins Werk setzt, die die Massen in die Klassengesellschaft einübt[14] – nietzschesch in die alles verrückende Deformation. Ihre historische Genesis will er nicht verklagen. «Aber mein Gefühl schlägt um ... sobald ich ... in unsre Zeit eintrete. Unsre Zeit ist *wissend*»: die Einsicht in die eigene Entstellung wuchs mit der Aufklärung an, und doch vermochte sie die Kraft zur Heilung nicht zu entbinden. «Und hier beginnt mein Ekel ... Jedermann weiß ... und trotzdem bleibt alles beim alten.»[15] Die neuen Wortführer überreden aus altem Ressentiment – der lange Umfälschungsprozeß hat wider die Retrovertierung immunisiert. Evolutionistische Analogien drängen sich auf: die Klassengesellschaft züchtet die Dispositionen, unter ihren eigenen Bedingungen gleichwie in Natur zu überleben, und wird ihrerseits durch diese Dispositionen gezüchtet. Unterm Schock der Einsicht droht Nietzsche – wie schon Darwin, den er übrigens nachdrücklich kritisiert[16] – die Analogie aus den Augen zu verlieren; sie verschiebt sich zur Identität hin: Gesellschaft, die zweite Natur, wird zur biologisch ersten, und ‹Kultur› nimmt den wörtlichen Sinn an, den der Zucht und der Züchtung, der freilich wieder den übertragenen, die zivilisatorisch-disziplinarische Zucht, die Züchtigung ein großes Stück weit zu enthüllen vermag. Die Kultur als der Züchter hilft als eben die Natur sie entlarven,die nach Marx eine bloß naturwüchsige Gesellschaft stets noch ist. In Nietzsches Kulturbegriff sind Biologismus und Gesellschaftskritik ineinander verschlungen. Eben das erlaubt den Gedanken der Lebenskrankheit als Chiffre gesellschaftlicher Deformation zu lesen. Die herrschaftsmoralische Repression – der vorgeschichtlich gesamtgesellschaftliche Züchter – schuf die Rasse der rankunös Angepaßten und ihrer selber geschwächten Bedrücker, und würde die in beiden von sich selbst geschwächte Menschheit, die mit der Zähigkeit der Schwäche überlebt, ganz dessen inne, müßte sie auch der bewußte Züchter werden und das Resultat die Rasse aller Befreiten. Die Rasse der Freien aber wäre keine Rasse mehr, sondern das Universale, das alle species hinter sich ließ. Nietzsche rührt mit Begriffen wie Zucht und Züchtung ans nämliche Tabu wie Marx mit denen der Naturwüchsigkeit und dschungelhaften Anarchie: Kultur und Gesellschaft vertragen die Erinnerung an Natur nicht, die in ihnen, dem Höheren, als überwunden gilt, während sie fortwuchert und periodisch die stolze Ordnung verwüstet, dabei die Ordnung selbst als widernatürlich gewordene Natur offenbarend. Die Menschen machen die Geschichte, aber sie machen sie ohne das Bewußtsein einer Menschheit. Erst wenn sie «die Gesetze ihres eigenen gesellschaftlichen Tuns, die ihnen ... als fremde, sie beherrschende Naturgesetze gegenüberstanden», beherrschen, werden sie «ihre Geschichte mit vollem Bewußtsein selbst machen»[17]. «Es ist entscheidend über das Los von Volk und Menschheit, daß man die Kultur an der rechten Stelle beginnt»[18]: an der, da «das *souveräne Individuum*» «berechenbar» wurde[19]. Das ist die Marxsche und die Nietzschesche Version der gleichen Idee – der eines «Sprungs ... aus dem Reich der Notwendigkeit in das Reich der Freiheit»[20].

3

Zugrunde liegt die Einsicht in die Geschichte als Grauen. Was immer die Tat der Kultur war, die der Natur sich entrang: «Es ging niemals ohne Blut, Martern, Opfer ab.» Die «Vernunft, der Ernst, die Herrschaft über die Affekte, diese ganze düstre Sache, welche Nachdenken heißt, alle diese Vorrechte und Prunkstücke des Menschen: wie teuer haben sie sich bezahlt gemacht! wieviel Blut und Grausen ist auf dem Grund aller ‹guten Dinge›»[21]. «‹Hier muß unsere Philosophie nicht mit dem Erstaunen, sondern mit dem Erschrecken beginnen».[22] Zwar ist der Satz nur aufs Kulturgut der Pädagogik gemünzt; kann aber irgend pars pro toto stehen, so diese Maxime für die einzig verantwortliche Stellung des Erkennens zur Kultur als ganzer. Unbeirrt hat Nietzsche sie am Geschichts-Idol bewährt. An den Zwecken, nach denen historische Denkart die Geschichte konstruiert, ist als an objektiven, gar absoluten nicht festzuhalten; kein Staat als im Weltgrund verbürgtes sittliches Telos auszumachen. Hier waltet eine andere Logik, die von Herrschaft und Bedrückung als Ausdruck «unersättlicher Gier zum Dasein», die alles, was leben will, vorweg in eine «Konstellation der Dinge» rückt, die nur «entsetzlich» heißen kann.[23] «Jeder Augenblick frißt den vorhergehenden, jede Geburt ist der Tod unzähliger Wesen, Zeugen, Leben und Morden ist eins. Deshalb dürfen wir auch die herrliche Kultur mit einem bluttriefenden Sieger vergleichen, der bei seinem Triumphzuge die an seinen Wagen gefesselten Besiegten als Sklaven mitschleppt.»[24] Weltgeschichte ist von solcher Triumphe – ein Weltgericht, dessen Urteil von «erlogenem Glanze» bestochen und von der moralischen «Schwermut» nicht angefochten ist, die das tiefere Nachdenken «über die Konfiguration der Gesellschaft»[25] drückt. Triumph und Gerechtigkeit, Erfolg und Moralität leiden die Vermittlung nicht, die Geschichtsphilosophie – der Büttel der siegreichen Mächte – im Namen des Weltgeists urgiert, mit dem sie diese Mächte verklärt. Die Wahrheit ist, daß «‹die Gewalt ... das erste Recht›» gibt und daß kein Recht ist, «‹das nicht in seinem Fundamente Anmaßung, Usurpation, Gewalttat ist.›»[26] Nicht einem unschuldigen Vergesellschaftungstrieb entspringt der Staat: umgekehrt schmiedet eine mitleidlos starre Natur, «um zur Gesellschaft zu kommen, sich das grausame Werkzeug des Staates», den «Eroberer mit der eisernen Hand, der nichts als die Objektivation»[27] der Machtgier des Daseins ist. So bleibt sein «entsetzlicher Ursprung»[28] an den gesellschaftlichen Institutionen, an Recht und Zivilisation, an den Gebilden der Kunst und Kultur die unaustilglich blutige Spur. Der strahlende Schein, «die edlen Wahnbilder»[29], mit denen eine Kultur durch sich selbst glänzt, überführen sie der Barbarei, worüber sie blenden. So Nietzsches Version des kritischen Ideologie-Begriffs. Wie immer unspezifisch im Sinn der Kritik der politischen Ökonomie, nach der die Notwendigkeit des kulturellen Scheins aus der historischen Verschiedenheit der gesellschaftlichen Produktionsweisen folgt, die den Grad seiner Dichte, seiner Gewalt zu täuschen bedingt – so erreicht sie doch den ökonomischen Grund der Kultur, die barbarische Sklavenarbeit, vermöge deren als Muße, als Freiheit, als Kunst sie erst blühen kann. «Zum Wesen einer Kultur» gehört «das Sklaventum», lautet die «grausam klingende Wahrheit»[30], die wir von den Hellenen uns anhören müssen, weil unsere «sklavisch sich gebarende und dabei das Wort ‹Sklave› ängstlich scheuende» Gegenwart mit der Lüge von der «‹Würde der Arbeit›» sie übertönt.[31] «Die Bildung ... ruht auf einem erschrecklichen Grund.» Damit sie sich entwickeln kann, «muß die ungeheure Mehrzahl im Dienste einer Minderzahl, über das Maß ihrer individuellen Bedürftigkeit hinaus, der Lebensnot sklavisch unterworfen sein. Auf ihre Unkosten, durch ihre Mehrarbeit soll jene bevorzugte Klasse dem Existenzkampfe entrückt werden, um nun eine neue Welt des Bedürfnisses zu erzeugen und zu befriedigen»[32]: die der Muße, die die Schmach und die Fron ausschließt, deren sie bedarf, um sie ausschließen, der Humanität sie zugute bringen zu können. Kultur hat die Fron, die sie tilgt, in sich – wie der wachsende gesellschaftliche Reichtum die Mehrarbeit, die der Kapitalist aneignet und die in Gestalt jenes Reichtums die Kultur selber – Inbegriff der Ausbeutungsweisen – zu sprengen droht. Die Schmach der Arbeit entbindet am Ende den Segen, den nur noch die Fessel der Arbeitsverhältnisse zu der alten Schmach verhält, die so handgreiflich wird, daß sie zur Würde umgelogen werden muß. Von Würde kann aber erst gesprochen werden, «wo das Individuum ... nicht mehr im Dienste seines individuellen Weiterlebens», also der Reproduktion seiner Existenz um des gesellschaftlichen Reichtums willen, der ihm nicht zum Segen anschlägt, «zeugen und arbeiten muß».[33]

4

Das verhindern die Produktionsverhältnisse, die Nietzsche noch im zeitgenössischen Kapitalismus für so starr und mitleidlos nimmt, wie sie an seinem hellenischen Paradigma ihm aufgehen. Das Paradigma hat ihm den Blick verstellt, ihn die sozialistische Theorie mit dem Sozialismus – oder dem, was davon ihm vor Augen kam – verwechseln lassen; es hat ihn dazu verführt, das neuzeitliche kulturelle Dilemma nach hellenischer Analogie sich zurechtzubiegen. Die Konstruktion gerät desto weltfremder, je unbestochener sein Blick gerade das Schmachvolle moderner «industrieller Kultur» festhält: sie ist «die gemeinsamste Daseinsform, die es bisher gegeben hat. Hier wirkt einfach das Gesetz der Not: man will leben und muß sich verkaufen.» Man «verachtet den, der diese Not ausnützt und sich den Arbeiter kauft» – den «Arbeitgeber», in dem jener «nur einen listigen, aussaugenden, auf alle Not spekulierenden Hund von Menschen» sieht, «dessen Name, Gestalt, Sitte und Ruf ihm ganz gleichgültig sind».[34] Die Not zwingt sie ins Commercium miteinander: soziale Charaktermasken, hinter denen das Gesicht – der persönliche Wert oder Unwert – nicht mehr in Betracht kommt; soweit ist der Sachverhalt getroffen. Nur daß die Not das kapitalistische Wertgesetz selber ist – nicht der hellenische Wertinstinkt, der Arbeit und Sklaven erniedrigt, Muße und Herren erhöht; das Wertgesetz, das jetzt beide antreibt und zur Verwertung des Arbeitswerts sie verhält – nach seiten des Profits den Kapitalherrn, der ohne Ausbeutung in der Konkurrenz nicht besteht, nach seiten des Lohns den Fabriksklaven, der sich verkaufen muß, will er überleben –: das ist Nietzsche entgangen. So muß ihm die Objektivität der kapitalistischen Charaktermasken bloß als subjektiver «Mangel der vornehmen Form»[35], als «Fabrikanten-Vulgarität mit roten Händen»[36] hier, als degenerierte ‹instinktive Bereitschaft zur Sklaverei›[37] dort erscheinen. Hätten «Fabrikanten und Groß-Unternehmer des Handels» «die Vornehmheit des Geburts-Adels im Blick und in der Gebärde, so gäbe es vielleicht keinen Sozialismus der Massen. Denn diese sind im Grunde bereit zur Sklaverei jeder Art, vorausgesetzt daß der Höhere über ihnen sich beständig als höher, als zum Befehlen geboren legitimiert.»[38] Die Komik der anachronistischen Perspektive – der «Hund von Mensch» mit der «Vornehmheit im Blick»; sie wurde in den Spenglerschen Raubtiermenschen zur blutigen –; die historische Absurdität – daß die neuen Herren der Bourgeoisie den Adel haben sollten, den sie mit den alten des Feudalismus liquidierten, um die neuen werden zu können –: sie muß Nietzsche gespürt haben, sonst hätte das verräterische «vielleicht» in den konsekutiven Satzteil sich nicht eingeschlichen. Denn sowenig aus Schlotbaronen neue alte Ritter werden, sowenig blieb der Lohnsklave der alte schicksalergebene – sowenig konnte die Entstehung des «Sozialismus der Massen» ausbleiben, in denen die jahrtausendealte Sklaverei selber aufwacht und den Unterwerfungsinstinkt so in sich bricht, wie die neuen Herren die Vormacht des Geburtsadels brachen. Das Stück Wahrheit, das an der Komik des Nietzscheschen Gedankens bleibt, hat über ihn, über Marx hinweg, in der bitteren welthistorischen Ironie sich entfaltet, daß das zur Mission berufene Proletariat doch nicht vollends aufwachte, brutal oder aus Berechnung am Erwachen gehindert wurde: kurz daß die Umwälzung industrieller Kultur zur befreiten Menschheit bis heute ausblieb. Dagegen hat eben die Vulgarität der Macht im Bündnis mit Massen-Rancune sich ausgebreitet, die Nietzsche da schon fürs epochale Ganze nahm – den zerstörerischen Nihilismus der «Völker-Selbstsucht»[39], der demokratischen Interessenanarchie, der sozialen Herdeninstinktpflege –, wo doch über das Ganze noch gar nicht entschieden war. – An jener Komik aber – sie unterlief später dem Kranken in dem Maß, wie ihm die Welt entglitt, gegen die er mit megalomanischer Geste sich aufrechtzuerhalten suchte –, am Aberwitz der Geste haben die Gewaltherrn der Gegenwart gelernt: die herrische Form, die zur Führerschaft über Sklaven legitimiere und dem Kapitalisten abgehe, mit ich-schwach histrionischer Mimikry angeeignet und die Herren gespielt; mit den bestochenen Massen – ihrer eigenen Matrix – das destruktive

Spektakel aufgeführt, in dem, wie das neronische Rom, der Schauplatz selbst verbrannte. Aber nicht die Neronen waren mit dem Übermenschen gemeint. Er ist das selber verzerrte Deckbild jener Menschheit, die die Idee eines Sozialismus ausdrückt, den Nietzsche verkannte und mit dem er doch unterirdisch kommunizierte.

5

Aufschlußreicher als die exzessive Agitation – «mein Attentat auf zwei Jahrtausende Widernatur und Menschenschändung»[40] – sind die diffizil abwägenden Passagen, die Einwände wider die eigene Position festhalten und die rechte Apologeten und linke Verächter gleicherweise gewarnt haben müßten. Wahr ist, daß die Herrschaftsmoral «eine Karikatur» aus dem Menschen schuf; ihn «krank, kümmerlich, gegen sich selbst böswillig, voller Haß auf die Antriebe zum Leben, voller Mißtrauen gegen alles, was schön und glücklich ist am Leben», daß sie zum «wandelnden Elend» ihn machte. Er lebt als die «Mißgeburt»[41], die Schuldige und Opfer braucht, weil sie anders das Leben nicht aushielte, das lieber noch in der Inversion, wider sich selbst und seinesgleichen leben, als *nicht* leben will. Wahr ist, daß die jahrtausendelange Entstellung im epochalen Nihilismus gipfelt, der «alle Instinkte, die Grund hatten, im Verborgenen zu bleiben, ... wie wilde Hunde» hervorbrechen läßt.[42] Wahr ist aber auch, daß der Karikatur der unverzerrte Umriß eingezeichnet bleibt, nach dem sie erst sich liest; wahr, daß das Elend nur die Deformierung der Form ist, der das Nährende entzogen ward; die Mißgeburt nur die mißlungene Geburt und der Ressentiment-Typus der Abweg des Typus, den Herrschaft und Zucht zuletzt doch nicht auslöscht. Zahlt die Rancune heim, wie ihr heimgezahlt wurde; helfen kleine Rache, Sadismus, Pedanterie den großen Tauschcharakter ausprägen, innerweltliche Askese und Selbstopfer des Subjekts die objektiv-mächtige Kapitalform selber, unter der alles dem identifizierenden Wert aufgeopfert wird – dann widerstehen dem stets noch andere Züge – Überschwang, Großmut, Liebe, aber auch hohnsprechende Kraft, die vom Nivellement sich nicht beugen läßt –, universellere Charaktere, die im nämlichen Grunde der Menschwerdung wurzeln wie die verinnerlichte naturbeherrschende Gewalt. Hingabe an Natur bleibt selber im Widerstreit mit der Not, sie zu unterjochen; dem Zwang, der wieder nur Natur – die feindlich-unerlöste – gegen Natur – die freundliche, der Erlösung fähige – treibt. Im dionysisch-apollinischen Widerspiel, im mythisch-ästhetischen Reflex der Natur, bezeugt sich jener Antagonismus, der auf der Klimax zivilisatorischer Genesis, der wachsenden Verhärtung des Selbst gegen Natur, die Gestalt annimmt, daß der total gewordene Zwangscharakter das Widerspiel als ganzes, die ‹tragische Kultur›[43] von sich abschneidet, sie verkümmern macht und mit ihr den mythischen Reflex der Natur selber liquidiert, der doch schon das Versprechen der Reflexion: des rettenden Eingedenkens der Natur im Subjekt war. Die Einsicht Nietzsches in diese Klimax – in Wahrheit den Zirkel, der naturfeindliche Zivilisation mit der feindlichen Natur wieder verknüpft und dabei mythischen Reflex wie heilende Reflexion verliert – bezeugt dennoch – *als* Einsicht, als der dem Vorgang abgezwungene *Begriff* –, daß das Heilende nicht vollends verloren ist und wie versteckt und prekär immer im antagonistischen Menschwerdungsprozeß virulent blieb. So macht, neben stets wieder vorschießenden Impulsen, Liebe eine Seite der Menschwerdung aus, deren andre – die lastende, übermächtige – nur die Verstümmelungen zeigt. Die Identifikation der Individuen miteinander, ihr Einssein als Menschheit, wird von der Individuation, dem separatistischen Zwang zur Selbsterhaltung, der jedes gegen das andere abblendet, überdeckt, und der Herdencharakter – die Monaden der conservatio sui in der Massierung; als Summe, ‹Gesellschaft› – erweist sich als zivilisationsgeschichtlich dominantes Korrelat des Menschheitscharakters selber. Er verbindet die Monaden untergründig und beweist sich dadurch, daß er stets wieder durchschlägt. So schon – Nietzsche zufolge überwältigend – im archaischen dionysischen Rausch, unter dem sich «der Bund zwischen Mensch und Mensch wieder zusammen»schließt und «die entfremdete, feindliche oder unterjochte Natur ... ihr Versöhungsfest mit ihrem verlorenen Sohne, dem Menschen» feiert[44]; das Fest, das später der ästhetische Rausch, die Kunst, nachfeiert. So im geschichtlichen Freiheitsbewußtsein Unterdrückter, der politisch werdenden Form der Menschenliebe, die schließlich in der Solidarität der Erben aller Versklavten – was Nietzsche prima vista bezweifelt – für die ganze, aus der Klassenfesselung zu lösende Menschheit einsteht. Kraft der Kategorie des Dionysischen, die Nietzsche so unvermittelt utopisch – in einer Art pragmatisch forcierten Ästhetizismus[45] – hypostasiert wie er sie archaisch verabsolutierte, ist er doch, durch den Brückenschlag über Anfang und Ende der Zeiten hinweg, genötigt, die dazwischenliegende Geschichte zu berühren: den Menschheitscharakter noch in der depravierten Egalität zu konzedieren. «Wir müssen in der Tat das vollkommene Leben dort suchen, wo es am wenigsten mehr bewußt wird ... zur Tatsache des bon sens, des bon homme, der ‹kleinen Leute› aller Art»[46] zurückkehren, um nämlich zu finden, daß «das höchste Gefühl der Macht ... die Liebe» gibt. Alle «Moral, alles Gehorchen und Tun bringt nicht jenes Gefühl von Macht und Freiheit hervor, wie es die Liebe hervorbringt; – aus Liebe tut man nichts Schlimmes, man tut viel mehr, als man aus Gehorsam und Tugend täte.»[47]

6

Das Egalitätsphänomen ist ambivalent, je nach dem Stand gesellschaftlicher Deformation dazu disponiert, ins kleine «Herdenglück» umzuschlagen – mutlos mit dem herausprojizierten göttlichen oder politischen Leithammel *vor sich* –, oder aber ins große «lebendige Eins-Gefühl» mit dem Gott nicht vor, sondern *in sich*; in den selbstmächtigen «Ausdruck der Freude», des «Stolzes», «Wohnstätte Gottes» zu sein.[48] Der in den Menschen einwohnende Gott aber ist die Menschheit des Menschen, im Sinn des – vormärzlichen – Gedankens, daß «die gesamte Religion» nur «Übung und Vorspiel» der menschlichen Kraft zur «Selbsterlösung»[49] gewesen sein könnte – einer Kraft, die ihre Spur vielleicht schon ins Leben der Gegenwart grub. Vielleicht: denn der zweideutige Egalitarismus «könnte eine aufsteigende oder aber eine absteigende Bewegung des Lebens sein»[50]. Das darf nicht hindern, «von einer vollen» – und wie er ruckartig, dezisiv hinzufügt – «herzhaften Würdigung unsrer jetzigen Menschheit», ihrer zunehmenden Gesundheit und leiblichen Diesseitigkeit, «auszugehen»[51]. Zögern und – komplementärer – Ruck verraten die diagnostische Unsicherheit des allzu entschlossenen Therapeuten, und doch redet die subjektive Unsicherheit wahrer über die objektive gesellschaftliche Ambivalenz als die forciert aristokratische Sicherheit über den Ausgang des Menschwerdungsprozesses, den sie als Kommen des Übermenschen suggerieren muß. Bei Bachofen waren die nietzschesch meteorhaft-vagierenden Elemente der Emanziptation in realgeschichtlich treuerer Konfiguration beisammen, und zu bedauern bleibt, daß der Baseler Nietzsche nur peripherisch mit dem Mutterrechtler sich berührt; so oberflächlich wie mit den authentischen Sozialisten, die ihrerseits wußten, was die Entdeckung der Gynaikokratie und der von den chthonischen Kulten derivierte dionysische für eine unvoreingenommene Einschätzung der gesellschaftlichen Menschwerdung leistete. «Der dionysische Kult hat ... dadurch, daß er den Geist der Völker vorzugsweise auf die Materie und die Verschönerung des leiblichen Daseins richtete, das Leben selbst wieder zu den Gesetzen des Stoffes zurückgeführt.» Anstelle der Hierarchisierung in der politischen Organisation «macht sich das Gesetz der Demokratie ... und jene Freiheit und Gleichheit geltend, welche das natürliche Leben vor dem zivilgeordneten auszeichnet ... Die Alten ... zeigen uns ... die fleischliche und die politische Emanzipation als notwendige und stets verbundene Zwillingsbrüder. Die dionysische Religion ist zu gleicher Zeit die Apotheose des aphrodisischen Genusses und der allgemeinen Brüderlichkeit»[52]; demnach nicht nur die große ästhetische, apollinisch und tragisch sublimierte Manifestation auf seiten der Herrenkultur, zu der Nietzsche – bedeutend genug – sie stilisierte. So mußte er sich schwertun, sie auf der häßlichen Sklavenseite zu entdecken, auf die er in dem Maß mit Ekel und Verachtung antwortet, wie sie zur Gesamt-Décadence sich amplifiziert, unter der das Schöne und Dionysische erstickt. Desto schwerer wiegt, was er dem Ekel abrang, bei dem er, trotz der unbezwinglichen – und doch nicht kranken – Idiosynkrasie, sich bewußt blieb, daß er «meine Gefahr» ist[53]. Der Aristokrat par force ist durch den Egalitarismus gefährdet, das Potential souveräner Menschheit darin – und nicht umgekehrt. Sieht man genau zu – nicht zwangshaft, mit dem manisch auf auszuschlachtende Stellen fixierten Leseblick des rechten oder linken Propagandisten –, dann «vertrat die Herrenmoral», «als Einspruch gegen die Zivilisation», «verkehrt die Unterdrückten: der Haß gegen die verkümmerten Instinkte denunziert objektiv die wahre Natur der Zuchtmeister, die an ihren Opfern nur zum Vorschein kommt»[54] – an den Opfern als *Erniedrigten*. Denn was in den Erniedrigten das Erniedrigte ist, das Unverkümmerte, ist das ἄριστον selbst – das beste Teil einer Menschheit, die als Kaste, welche sich die beste heißt, über die, welche sie zur schlechten macht, sich aufwirft und die so das Beste schändet, das in den Geschändeten der Wiederherstellung harrt; der, die den

Kastenriß heilt. Die Wahrheit an der Herrenmoral bringt erst die ihrer Herr gewordene Menschheit heraus: am Adel, an der Souveränität noch des Letzten. Der Adel der Wenigen war der Raub an der Menschheit Aller; er wird gesühnt sein, wenn alle die Menschheit erlangten.

7

«Daß wir uns nicht täuschen! Die Zeit läuft vorwärts – wir möchten glauben, daß auch alles, was in ihr ist, vorwärts läuft.» Aber «die ‹Menschheit› avanciert nicht, sie existiert nicht einmal»[55]. Sie ist nicht actu, sondern potentia da – zerrissen in die selbstentmächtigte, die ‹nicht existiert›, und in die Idole, in denen sie ihre Kraft verdinglichte und von sich abband. Negation der Idole führte ihr die entfremdete Kraft wieder zu, die so aus der nicht existierenden eine existierende – und dadurch avancierte machte. Das wäre die Negation der Negation, die der Motor von Nietzsches Kritik der Idolatrie ist. «Was, es gäbe keine herrschenden Mythologien mehr?»[56] In «jeder Gewalt» wird die «Gewalt an sich»[57], in der von Menschen gemachten Geschichte die «‹Macht der Geschichte›» angebetet – ein selbstmörderisches Quiproquo, das «alle Augenblicke in nackte Bewunderung des Erfolges umschlägt und zum Götzendienste des Tatsächlichen führt». Wer aber erst gelernt hat, vor Idolen «den Rücken zu krümmen und den Kopf zu beugen, der nickt zuletzt chinesenhaft-mechanisch sein ‹Ja› zu jeder Macht, sei dies nun eine Regierung oder eine öffentliche Meinung oder eine Zahlen-Majorität»[58]. In den Idolen arbeitet die Menschheit gegen sich. Der «Sklavenaufstand in der Moral»[59] ist die Selbstentfremdung, die wider das Eigenste, statt was es verkümmert, wütet. Allein das Wütende sperrt von dem ‹Ja zu sich selbst› ab, der gleich kritischen und schonenden Aneignung des enteigneten, verheuchelten Ich, die mit dem souveränen Selbst das tyrannisch-knechtische Ego heilte. Scharf hat Nietzsche die Differenz der bestimmten und der abstrakten Negation der Entfremdung gewahrt, indem er die Destruktivität, das Selbst- und Menschenmörderische der abstrakten diagnostizierte. Der moderne Nihilismus ist das «Symptom davon, daß die Schlechtweggekommenen … zerstören, um zerstört zu werden», mit der «instinktiven Nötigung zu Handlungen, mit denen man die Mächtigen zu

Todfeinden macht» und «sich seine Henker selbst» züchtet. Er ist das «*Nein-tun*, nachdem alles Dasein seinen ‹Sinn› verloren hat.»[60] Die Bedeutung der Einsicht erschließt erst heute sich ganz, da, wo die Verzweiflung an der vergesellschafteten Gesellschaft, ihrer Sinnleere, keinen anderen Ausweg mehr sieht als die terroristische Reaktion darauf; wo sie buchstäblich zerstört um zerstört zu werden: von der übermächtigen gesellschaftlichen Gewalt, die im Terroristen, ihrem eigenen Geschöpf, zuerst gegen sich – das Destruktivität Schaffende – wütet, um dann, mit der Zerstörung dieses Zerstörerischen, die ‹strukturelle› Ausgangsgewalt wiederherzustellen und noch zu konsolidieren. Da die Gesellschaft zu Nietzsches Lebzeiten das geschlossene System noch nicht war, auf das die von ihm diagnostizierte nihilistische Destruktivität in den Subjekten freilich objektiv vordeutet und das der innerzivilisatorische Gesamtzug zur totalen Naturbeherrschung durch die Subjekte hindurch vorbereitet, kann er auch in der Destruktivität die «Krisis» erblicken, die den Wert hat, «daß sie reinigt»[61]: nämlich den offenen Weg durch bestimmte Negation ertastet, die von der nihilistischen heilt. Negation brauchte nicht «‹sich zu ergeben›»[62]; kann die Kraft freimachen, einem «höheren Zeitalter den Weg» zu bahnen und Kriege zu führen, «um der Gedanken und ihrer Folgen willen. Dazu bedarf es vieler ... tapferer Menschen, welche doch nicht aus dem Nichts entspringen können – und ebensowenig aus dem Sand und Schleim der jetzigen Zivilisation ...: Menschen, welche es verstehen, schweigend, einsam, entschlossen, in unsichtbarer Tätigkeit zufrieden und beständig zu sein: Menschen, die ... an allen Dingen nach dem suchen, was an ihnen zu überwinden ist».[63] Der Plural beschwört das Bild von der emanzipatorischen Vorhut herauf, vom exterritorialen Bund der Menschheitskämpfer und ihrer tapferen Geschlagenen. Es mahnt an verfolgte radikale Demokraten mehr als an die einzelnen, in isolierter Verstreutheit ringenden Geistesaristokraten, an die Nietzsche dachte. Der Aristokratismus gesteht wider Willen ein weiteres Mal das untergründige Potential des Egalitarismus, der an der Oberfläche destruktive Rancune, darunter verborgen die erniedrigte Selbstmächtigkeit zeigt. Als «unruhiger Maulwurf unter dem Boden einer in Dummheit rollenden Gesellschaft wird der Sozialismus etwas Nützliches und Heilsames sein können: er verzögert» den falschen Frieden «und die gänzliche Vergutmütigung des demokratischen Herdentieres»[64] – Worte eben des Nietzsche, von dem die faschistische Apologie zu rühmen wußte, er kuriere vom Sozialismus.[65] Bleibt der Boden ungelockert, der Kern darin unentfaltet, muß der Egalitarismus selber degenerieren: zur «Tyrannei der Geringsten und Dümmsten, d. h. der Oberflächlichen, Neidischen und der Dreiviertels-Schauspieler»[66], also der Demagogen des Ressentiments, der Histrionen-Diktatoren und jenes «Führer-Tiers», das von den nämlichen Bedingungen hervorgebracht wird, «welche die Entwicklung des Herdentieres vorwärtstreiben»[67]. Die «Dressierbarkeit der Menschen ist in diesem demokratischen Europa sehr groß geworden», so daß, «wer befehlen kann», die findet, «welche gehorchen müssen: ich denke z. B. an Napoleon und Bismarck.»[68] Wurde aus der Dressierbarkeit schließlich die feste autoritätsgebundene Disposition, finden die Massen ihrerseits die typischen Lenker, die so von der Entwicklung buchstäblich erzeugt werden: Gestalten wie Mussolini und Hitler, die die «Wut ohne Grenzen»[69] verkörpern, welche in der Masse als ganzer schwärt. Daher kann sie auch nie «gegen die Tyrannen und Volks-Schmeichler»[70] sich richten, die ihr Mundstück sind; sie wird abgelenkt auf alles, was den kollektiven Narzißmus verletzt – erst auf die einzelnen, die «das Lob der vielen verachten»[71], dann die Minoritäten, schließlich auf ganze Rassen und Völker. So hat Nietzsche das rätselhafte Verhalten erhellt, daß Massen gegen das eigenste Interesse handeln, wenn sie den Führern in die bessere Zukunft folgen; eine, die stets noch im Chaos für Gefolgschaft und Führer – und ihre zahllosen Opfer – endet. Wenn «der Glaube an das ‹Vorrecht der Meisten›», also der kollektive Narzißmus in den bekannten historischen und gegenwärtigen Gestalten, «Revolutionen macht», wird der Aufstand «bloß in Blut und Verbrechen übersetzt».[72] Das ist das furchtbare Gesetz der Erhebungen bis heute. Erst wenn das *Wissen ums Recht aller* – will das bedeuten – den *Glauben ans Vorrecht der meisten* kurierte, würde die Umwälzung in Wohltat übersetzt; würde eine Menschheit aus dem verheerenden – planetarisch-horizontalen und innergesellschaftlich-vertikalen – Antagonismus der Kollektive hervorgehen: die, welche Völker und Staaten in sich und gegeneinander niederhalten. Die nationale Freiheit emanzipiert nicht vom Nationalismus, die politische Freiheit nicht von der Politik, die Freiheit des einzelnen nicht von der Vereinzelung. Das ist ein zentraler Gedanke von Marx, den er zu der Konsequenz fortführt, daß die wahre Emanzipation erst die von den Emanzipationen ist. «Erst hat man die Not, sich von seinen Ketten zu emanzipieren, und schließlich muß man sich noch von dieser Emanzipation emanzipieren.» Das schreibt aber nicht Marx, sonder Nietzsche[73], der ihn nicht kannte und dem die unverstellte Erfahrung der Gesellschaft die nämliche Einsicht zutrug.

8

«Es hat jeder», fährt Nietzsche fort, «an der Ketten-Krankheit zu laborieren, auch nachdem er die Ketten zerbrochen hat.» Sie wütet bis heute, wo die stets noch repetierten Teil-Emanzipationen, deren jede, verbissen gegen die andern, für die ganze sich hält, die integrale vereiteln. Die lückenlose Immanenz der one-dimensional world verurteilt sie zur Scheinhaftigkeit, und noch der gewagteste Ausbruchsversuch fördert dysfunktional die Funktionalität des Systems.[74] Das drückt dem Aufbegehren schon das Mal des Fatalismus auf, noch ehe die Tat – die provozierte Provokation – geschah, die den Agierenden in Ohnmacht und Resignation zurücksinken läßt; Beweis dessen ist die Allergie der jüngeren Aktionisten gegen «Resignation»[75], deren sie die Theorie verdächtigen und so den eigenen, vor sich selbst verborgenen Fatalismus in scheinhafter Entlastung auf den Gegner projizieren. Nietzsche, der in den verborgensten Schlupfwinkeln der modernen Seele sich auskannte wie keiner, hat solchen Fatalismus ans Licht gezogen, ihn entgiftet und, in tapferer Wendung, noch zum Kernstück letzter philosophischer Auskunft zu machen gesucht – zum amor fati, der, wie die Identifikation mit dem Angreifer, Macht durch Unterwerfung sich verspricht. Der Angreifer aber ist die gesellschaftliche Totalität, die hinter den grandiosen kosmischen Deckbildern liegt, mit denen Nietzsche die Resignation unterm Druck des Ganzen in heroischen Fatalismus, ins Ja zum kosmischen Nicht allen Sinns wendet.[76] In «der Realität *fehlt* der Zweck.» – «*Wir* haben den Begriff ‹Zweck› erfunden», «ein ‹Ideal von Mensch› oder ein ‹Ideal von Glück› oder ein ‹Ideal von Moralität›.» Es «ist absurd, sein Wesen in irgendeinen Zweck hin abwälzen zu wollen». Dazu ist man nicht frei: «Man ist notwendig, man ist ein Stück Verhängnis, man gehört zum Ganzen, man *ist* im Ganzen, – es gibt nichts, was unser Sein richten, messen, vergleichen, verurteilen könnte, denn das hieße das Ganze richten, messen, vergleichen, verurteilen ... Aber es gibt nichts außer dem Ganzen!» Daß nichts uns richten könne, weil alles, was uns richten sollte, nicht *ist*, nämlich nur *Erfindung* ist: das erst bedeutet «die große Befreiung – damit erst ist die *Unschuld* des Werdens wiederhergestellt». Die obersten Zwecke waren «bisher der größte *Einwand* gegen das Dasein». Indem wir sie als Erfindungen durchschauen, entziehen wir diesem Einwand die Kraft und «erlösen die Welt»[77]. Daß die Welt erlöst werde, streitet aber zutiefst mit der Version, daß dann die Unschuld des Werdens wiederhergestellt sei. Denn ‹Erlösung der Welt› drückt einen Endzweck aus, wie er emphatischer nicht formuliert werden kann, während «Unschuld des Werdens» das von Zweckprojektionen ungefälschte reine Sein bedeuten soll. Nicht erst dessen Identifikation mit der erlösten – in ihr Telos gelangten – Welt überführt es der Reflexivität – der Vermittlung mit Logos, Denken –, die es als Reines, Unmittelbares nicht sein soll, sondern schon dies, daß es Gereinigtes, ‹Hergestelltes› ist. Radikale Aufklärung, die reductio entis ad hominem, schlägt in Ursprungsphilosophie um; das Subjekt, das übers Sein sich nichts vormachen will, verfällt dem subjekt- und zwecklosen Sein, das es sich vormacht. Der Haß auf die Welt, die «kein Herz»[78] hat, die die Hoffnungen und großen Zwecke vereitelt, sucht mit dem amor fati sich zu lindern, und mundus, die herzlose, kann es sich gefallen lassen, als fatum angenommen zu werden und dabei die herzlose zu bleiben. Die Welt, möchte man psychoanalytisch fortfahren, ist wie die abweisende, zuletzt aus Inzestangst kalte Mutter, die den Sohn durch konventionelle Liebe – die, die immer das Beste will und das Schlimmste erreicht – erst zur Verzweiflung und dann in die Distanz treibt, aus der er – in Fernstenliebe – ins Unvermeidliche sich fügt. – Bei alledem ist die Einsicht ins Ganze als Verhängnis – in den universalen Schuldzusammenhang, von dem jeder ein Stück bleibt – unendlich befreiend: weil ihr der Zwang als Zwang aufgeht. Aber sie ist es durch eben den Geist, der als Richter verjagt wird, damit der Schuldspruch über das Werden kassiert sei und der Wahrspruch: ‹unschuldig› laute. Die Rede von der Unschuld des Werdens ist Spruch und vertraut auf den besseren Richter – eben den Geist, dem das Ganze als Verhängnis aufging, das aber dann auch die Unschuld nicht sein kann, die es freilich, ledig allen Gerichts, gern wäre. Mag auch die Welt «befreit» sein – von den kaschierenden Schleiern, die der Aufklärer wegzieht –: «erlöst», integer geworden, wahr ist sie darum nicht. Denn die «Zerstörung einer Illusion» ergibt «noch keine Wahrheit»[79], wie der Aufklärer dem Dialektiker einräumen muß.»[80] Sie ergibt «nur ein Stück Unwissenheit mehr, ... einen Zuwachs unserer ‹Öde›».[81] Und: «Je tiefer man hineinsieht, umso mehr verschwindet unsere Wertschätzung – die Bedeutungslosigkeit naht sich»[82]. «Öde» aber und «Bedeutungslosigkeit» heißt man nicht Erlösung. ‹Verödung der Irrtümer, der prekären Wertschätzungen›, ‹Abwesenheit allen perspektivischen Scheins› mag die Leerstelle heißen, um die der Gedanke herumtastet – niemals das freilich unausdenklich Positiv. Ungedeckt hat Benjamin vom unmerklichen Nahen des Messias gesprochen, der alles erst ändert. Nietzsche der Atheist will die Veränderung, die schaffende Kraft vom Göttlichen, von der Wahrheit getrennt, die die Kraft immobilisiere; Schlacke geworden, soll sie ausgeschieden werden. Aber die Befreiung vom Götzen, mit der die Kraft vom Götzen sich trennt, vergötzt die Kraft. «Wir haben die Welt, welche Wert hat, geschaffen», das heißt, nach wie immer problematischen Wertschätzungen zurechtgestellt. «Dies erkennend, erkennen wir auch, daß die Verehrung der Wahrheit», also die Verabsolutierung eines Geschaffenen, «schon die Folge einer» produktiven «Illusion ist – und daß man, mehr als sie, die bildende, vereinfachende, gestaltende, erdichtende Kraft zu schätzen hat.»[83] Damit wird die Erlösung der Welt *von* der erdichtenden Kraft zum *Ausdruck* dieser nämlichen Kraft: der Sinn von Erlösung im gleichen Atemzug zerstört und bekräftigt. Bekräftigt durch die verändernde Gewalt, die dieser Kraft, welche der Negation des perspektivischen Blendwerks fähig ist, einwohnt – der göttlichen, die kein relativierendes Bild von sich zuläßt. Und zerstört durch den Atheismus, der diese Kraft als göttliche perhorresziert und, als Urkraft, vergötzt. Das Absolute – Bildlose, Ausdruckslose – ist aber mit keiner Wendung in den aufgelösten Theismus – den Atheismus, der die Götter in den Menschen zurückbringt, der sie aus sich heraussetzte – aufzulösen: denn es geht zuletzt nicht um die – relativen – Götter, sondern um die Wahrheit selbst, ohne die auch kein Wissen um Hypostasis und Aberglaube wäre. Zutiefst hat das Nietzsche gespürt, der zwischen der «Kraft» – dem Willen zur Macht – als Absolutem und alles Absolute Verzehrendem: zwischen Anbetung und Verwerfung des Mythos hin und her schwankt; er gesteht, «daß auch wir Erkennenden ... von heute, wir Gottlosen und Antimetaphysiker ... unser Feuer noch von dem Brande nehmen, den ein jahrtausendealter Glaube entzündet hat», der, «daß Gott die Wahrheit ist, daß die Wahrheit göttlich ist»[84]. «Die Leugnung Gottes», so kommentieren Horkheimer und Adorno die Stelle, «enthält in sich den unaufhebbaren Widerspruch, sie negiert das Wissen selbst.»[85] Sie kann Gott sowenig negieren, wie die Leugnung der Wahrheit als letzter Lüge die Wahrheit: weil umgekehrt die Lüge die Verleugnung der Wahrheit ist, auf deren Kredit sie doch lügt. Ihr «Göttliches» sucht Nietzsche denn auch zu retten: im Übermenschen, dem aus dem getöteten auferstandenen Gott; dem rechtgläubig und stets wieder säkular gekreuzigten Dionysos. Das «Wir erlösen die Welt» meint die Menschen als Menschheit, die kein «Ideal»[86] mehr nur ist, und die das Ideal fortäumen muß, damit, was es kreuzigt und mumifiziert, überhaupt erst lebe.

9

So zuckt der Gedanke hinaus übers Verhängnis des Ganzen, von dem er als Teil sich weiß, der es nicht aushält. In Nietzsche kämpfen die Wahrheit, das Andere als alles was ist, und dies Alles, das noch das Andere verschluckt. Die Vision von der ewigen Wiederkehr alles Zeitlichen, dem Werden als Sein, soll den Widerstreit schlichten. Das Göttliche soll immanent sein, aber die Immanenz das ewig Wahre. Das Hegelsche Absolute tendiert in Nietzsche zu dem offenen Mythos, den Logos und Vernunft schlecht kaschiert hielten. Aber gerade deshalb kann der Antagonismus des Unversöhnlichen – des kosmisch furchtbaren, keinen Trost zulassenden Unendlichen und des darin verlorenen Endlichen – ungeschminkt hervortreten: die ungerührte Ewigkeit spottet jeglicher Sinngebung, rückt sie als nutzlos vergehende Regung Vergänglicher zurecht und überführt alle versuchte Vermittlung mit ihr des Aberwitzes. «Der Mensch, eine kleine, überspannte Tierart, die ... ihre Zeit hat; das Leben auf der Erde überhaupt ein Augenblick, ein Zwischenfall, eine Ausnahme ohne Folge, etwas, das für den Gesamt-Charakter der Erde belanglos bleibt; die Erde selbst, wie jedes Gestirn, ein Hiatus zwischen zwei Nichtsen, ein Ereignis ohne Plan, Vernunft, Wille, Selbstbewußtsein, die schlimmste Art des Notwendigen, die *dumme* Notwendigkeit.»[87] So ist die Wahrheit – die häßliche, die wir nicht aushalten und an der wir «zugrunde gehn»[88]. Dagegen wird Kunst aufgeboten, der Schein – die schöne

Wahrheit –: einzige Täuschung, die nicht schadet.[89] Sie macht das Unerträgliche durch Verhüllung erträglich. Desto schädlicher sind Logik und Wissenschaft: der Zwang zur Identifikation, zum Identisch-Machen, der den «Tatbestand» schafft, den es als Bestand nicht gibt, weil das, was es gibt, «flüssig, unfaßbar, zurückweichend» ist.[90] Die «Logik stammt *nicht* aus dem Willen zur Wahrheit»[91]. Das «*Zurechtbilden* zu identischen Fällen, zur *Scheinbarkeit* des Gleichen» ist Ausdruck der «irrtum*wollenden* Kraft in allem Leben»[92], die *erkennt*, was sie gewollt hat, *nachdem* sie es gewollt hat. Der Vereinheitlichungsdrang reicht bis hinab in den Organismus, der unersättlich das ihm Andere assimiliert, bis hinauf in System und Staat, die härtesten und bewußtesten Assimulanten. Durch die Tatbestände – buchstäblich die beständig, ‹eisern› gemachten Taten der irrtumwollenden Kraft – fügt diese dem Unerträglichen sich ein und bestätigt die häßliche Wahrheit, gegen die sie aufgeboten wird, und die, wo sie durch den systematischen Irrtum herrscht, keinen wohltätig verhüllenden Traum mehr verstattet. Das fordert zur heroischen Wahrheit auf: zum Ertragen der kosmischen «dummen Notwendigkeit» zusamt der gesellschaftlich ‹klugen› – der naturbeherrschenden technischen Rationalität, die die «dumme» Natur in sich stärker macht. Nur in «tragischem Stolz»[93] werden sie ausgehalten. Der Stolz aber berührt die moralische Wahrheit – die, die zuletzt die Empörung über alle zusammen erregt: die häßliche kosmische, die ästhetisch-narkotische, die logisch-zwangshafte, die wissenschaftlich-ungerührte, die politisch-eiserne und noch die fatalistische Wahrheit selber. Gegen diese ganze «Betrachtung empört sich etwas in uns»: der Wille zur Wahrheit selbst – der, der sich in sich weigert, anzuerkennen, die Wahrheit wäre Instinkt, Wille, und der es doch wieder nicht leugnen kann – Eitelkeit eines Vergänglichen, das die Vergänglichkeit nicht erträgt. Ein Stück Verhängnis begehrt, frei zu sein – will, daß das Verhängnis ende. Was in ihm sich empört, ist «die Schlange Eitelkeit», die ihm zuredet, «‹das alles muß falsch sein: *denn* es empört›»[94]. Das ist abgründig genug. Würde, was ist, nicht empören, wäre es wahr. Das Empörende liegt selbst in dem, was ist; die moralische Reaktion ist die auf ein Vorhandenes – eines also, das selbst sich so nicht will, wie es ist. Das Moralische ist Selbstprovokation des Wirklichen, das wie das «Weh» im Mitternachtslied spricht: «Vergeh!»[95] Der Schmerz drückt durch sich aus, daß er nicht sein will; Leiden, indem es *ist*, ist was nicht *sein*, was aufhören will: seine eigene Negation. Anders als die Lust, die – «tiefer noch als Herzeleid»[96] – durch sich sagt, daß sie Ewigkeit will: das Sein, das sie, in der eigenen Tiefe, schon ist. Die Lustempfindung, als die entlastendste, befreiendste, empört nicht – nur die Verkümmerten, denen aber wieder die Empörung gegen die Lust Lust ist. Noch in ihnen zeigt sich die Lust als die Gegenkraft, aus der die Empörung – die kleine bigotte wie die große moralische – sich speist. Sie ist, was der Empörung den Impetus wider das Falsche gibt: das Schmerzmachende, das ‹ewig› Fatale. Das «Falsche», von dem die Schlange redet, ist aber das einmal so gemachte – Schöpfungsversuch, der nicht in allem gelang: historisch gewordenes und historisch perpetuiertes Leiden, das längst überflüssig wurde. Als Lüge der Geschichte liegt es über dem Grundbefund hingebreitet: daß es von sich aus nicht sein will; und die Schlange hebt die Decke auf. «Eitelkeit» ist der christliche Name, den Nietzsche der Antichrist, in Retroversion der religiösen Wertumfälschung, ironisch gebraucht; ihre Stimme die teuflische, die nicht verführt, sondern – ophitisch – richtig führt[97]: zur Empörung, die nicht sich zu regen brauchte, wäre die Schöpfung schon gut. Der Gott, der des Teufels bedarf, ist in sich wider sich und so der Gott nicht, der er sein soll. Der Teufel: der Gott wider Gott, deutet auf den wahren, der weder Gott noch Teufel ist. Und so deutet die Empörung übers Dasein auf eines, das die Empörung nicht erregt und weder gut noch böse ist. Das ist der tiefste Sinn des Nietzscheschen Jenseits: des Zustands, da ein Diesseits kein Jenseits braucht, um mit dem Jenseits das elende Diesseits zu bekräftigen; da Wahrheiten nicht machtwillig gefälschte Irrtümer und Irrtümer nicht verfolgte Ketzerwahrheiten sind. Es ist der Zustand der unzerrissenen, emphatischen – der *seienden* Wahrheit.

10

«Hast du der sehnsucht land nie lächeln sehn?» fragt die elegische Stimmme Georges, der die «gequälte» des Verstiegenen beklagt.[98] Ihr antwortet dessen utopische: Verstiegen? «Wir Argonauten des Ideals, mutiger vielleicht als klug ist, und oft genug schiffbrüchig und zu Schaden gekommen, aber ... gesünder als man es uns erlauben möchte, gefährlich gesund» – uns «will es scheinen, als ob wir, zum Lohn dafür, ein noch unentdecktes Land vor uns haben, dessen Grenzen noch niemand abgesehn hat, ein Jenseits aller bisherigen Länder ... überreich an Schönem ... und Göttlichem ... Wie könnten wir uns», «wir Neuen, Namenlosen, Schlechtverständlichen, wir Frühgeburten einer noch unbewiesenen Zukunft», «nach solchen Ausblicken ... noch am gegenwärtigen Menschen genügen lassen?»[99] «Erschufst du götter nur um sie zu stürzen / Nie einer rast und eines baues froh?» ruft die elegische Stimme zurück, um ohne die Antwort abzuwarten, sie unmutig selbst zu geben: «Du hast das nächste in dir selbst getötet / Um ... aufzuschrein im schmerz der einsamkeit.»[100]

Aber nicht in der Einsamkeit schrie Nietzsches Schmerz auf, sondern in der Vielsamkeit: in der Welt, aus der er in die Einsamkeit des rettenden Wahnsinns abging. Das war in dem Augenblick, da er, zum letzten wachen Gang vor die Tür tretend, einen brutalen Droschkenkutscher sein Pferd mißhandeln sah. «Unter Tränen und Wehklagen warf er sich dem Tier um den Hals und brach zusammen.»[101] In diesem ungeheuren Augenblick stehn Wahrheit und Wahn ineinander – so, daß der Wahnsinn, der hinbrechend die gequälte Kreatur umhalst, den Wahnsinn der Welt richtet, in der kalten Blutes gequält wird. Im unausdenklich zentaurischen Paar: dem klagend mit dem geschundenen Pferd verschlungenen Menschen; im Nu der Passion, das sie eint, zuckt das Bild erlöster Natur – des verleiblichten Geists, des vergeistigten Leibs – auf. In die Nacht des Wahnsinns nimmt es Nietzsche mit hinab, im tellurischen Wahnsinn der Gegenwart bleibt es begraben.

Anmerkungen

1 Max Horkheimer: Notizen 1950 bis 1969, ed. Brede. Frankfurt a. M. 1974, 73
2 Über den «dionysischen Imperialismus» cf. Ernest Seillière: Apollôn ou Dionysos. Etude critique sur Frédéric Nietzsche et l'Utilitarisme Impérialiste. La Philosophie de l'Impérialisme II. Paris 1905
3 Stefan George: Der siebente Ring. Godesberg 1949, 12 (Nietzsche)
4 «Theorien, die eine kritische Einsicht in historische Prozesse darstellen, haben sich oft in repressive Lehren verwandelt, sobald sie als Allheilmittel verwandt werden. Wie die jüngste Geschichte lehrt, gilt dies ebenso für radikale wie für konservative Lehren. Philosophie ist weder ein Werkzeug noch ein Rezept.» Horkheimer: Zur Kritik der instrumentellen Vernunft. Frankfurt a. M. 1967, 155. – «Die Marxschen Theorien sind Stadien des Gedankens, durch die er hindurchgehen muß wie durch Nietzsche und Kant, ihre Hypostasierung als ganze jedoch ist nicht weniger ungereimt als die der *Kritik der reinen Vernunft* oder der *Fröhlichen Wissenschaft*, ja, sie ist dem freien Gedanken noch feindlicher, denn es scheint, daß die ... verstümmelten Lehren zum Herrschaftsapparat der nächsten Jahrhunderte dienen sollen, ähnlich wie die verstümmelten Lehren des Evangeliums seit ... Beginn des Mittelalters: Jesus, von anderen Völkern aus den jüdischen Propheten herausgepickt, wie Marx» und die andern «heute aus der Linie der europäischen Philosophen. Die Theorie wird zur Gewalt, die die Massen ergreift, wie das Paulinische Christentum schließlich die Massen ergriff – aber fragt mich nicht, welche Despoten in solchen Fällen nachzuhelfen pflegen.» Ders., Notizen, a. a. O., 76f
5 Erich F. Podach: Friedrich Nietzsches Werke des Zusammenbruchs. Heidelberg 1961, 430 (Anhang)
6 Friedrich Nietzsche: Werke in drei Bänden, ed. Schlechta. München [2]1960 [im folgenden = WW], II, 1152 (Ecce homo)
7 Max Horkheimer und Theodor W. Adorno: Dialektik der Aufklärung. Amsterdam 1947, 141
8 WW II, 166 (Die fröhliche Wissenschaft)
9 a. a. O., 1152 (Ecce homo)
10 «Die *Krankheit* brachte mich erst zur Vernunft», a. a. O., 1086
11 Karl Kraus: Die letzten Tage der Menschheit. Wien 1919, 544 (V. Akt, 39. Szene)
12 So Horkheimer in Nietzscheanischer Formulierung; Notizen, a. a. O., 95
13 WW II, 1199 (Der Antichrist)
14 cf. Horkheimer: Kritische Theorie, ed. Schmidt. Frankfurt a. M. 1968, II, 1–81 (Egoismus und Freiheitsbewegung)
15 WW II, ibd.

16 cf. etwa: «Die gesamte Tier- und Pflanzenwelt entwickelt sich nicht vom Niederen zum Höheren ... Sondern alles zugleich, und übereinander und durcheinander und gegeneinander. Die reichsten und komplexesten Formen ... gehen leichter zugrunde: nur die niedrigsten halten eine scheinbare Unvergänglichkeit fest ... Auch in der Menschheit gehen ... die höheren Typen, die Glücksfälle der Entwicklung, am leichtesten zugrunde.» WW III, 741 (Aus dem Nachlaß der Achtzigerjahre [im folgenden = Nachlaß]. Und: «*Anti-Darwin*. – Was mich beim Überblick über die großen Schicksale des Menschen am meisten überrascht, ist, immer das Gegenteil vor Augen zu sehn von dem, was heute Darwin mit seiner Schule sieht oder sehen will: die Selektion zugunsten der Stärkeren, Besser-Weggekommenen, den Fortschritt der Gattung. Gerade das Gegenteil greift sich mit Händen: das Durchstreichen der Glücksfälle, die Unnützlichkeit der höher geratenen Typen, das unvermeidliche Herr-werden der mittleren», der im Sinn der bürgerlichen Gesellschaft Tüchtigen und Erfolgreichen, a. a. O., 748
17 Karl Marx und Friedrich Engels: Werke. Berlin 1956ff, XIX, 226
18 WW II, 1023 (Götzen-Dämmerung)
19 a. a. O., 801, 800 (Zur Genealogie der Moral)
20 Marx/Engels, a. a. O., XIX, ibd.
21 WW II, 802, 803f
22 WW I, 197 (Über die Zukunft unserer Bildungsanstalten. Zweiter Vortrag)
23 a. a. O., 278 (Fünf Vorreden zu fünf ungeschriebenen Büchern. Der griechische Staat)
24 a. a. O., 279 – cf. die siebente der geschichtsphilosophischen Thesen; Walter Benjamin: Gesammelte Schriften, ed. Tiedemann/Schweppenhäuser. Frankfurt a. M. 1972ff, I, 696 (Über den Begriff der Geschichte)
25 WW I, ibd.
26 a. a. O., 280. – cf. die analogen Formulierungen bei Benjamin; Gesammelte Schriften, a. a. O., II, 179–203 (Zur Kritik der Gewalt)
27 WW I, ibd.
28 ibd.
29 a. a. O., 273
30 a. a. O., 278
31 a. a. O., 275
32 a. a. O., 277
33 a. a. O., 276
34 WW II, 65 (Die fröhliche Wissenschaft)
35 ibd.
36 a. a. O., 66
37 cf. a. a. O., 65

38 ibd.
39 a. a. O., 1163 (Der Antichrist. Vorwort)
40 a. a. O., 1111 (Ecce homo)
41 WW III, 807f (Nachlaß)
42 a. a. O., 825
43 cf. WW I, 124ff (Die Geburt der Tragödie)
44 a. a. O., 24
45 Des Ästhetizismus «philosophischer Gewaltmenschen und Künstler-Tyrannen», die sich zutrauen, «sich so ferne ... von andern Menschen» zu stellen, «um an ihnen zu gestalten». WW III, 505, 503 (Nachlaß)
46 a. a. O., 742
47 a. a. O., 742f
48 a. a. O., 743
49 WW II, 176 (Die fröhliche Wissenschaft)
50 WW III, 894 (Nachlaß)
51 ibd.
52 Der Mythos von Orient und Occident. Eine Metaphysik der alten Welt. Aus den Werken von Johann J. Bachofen, ed. Schröter. München ²1956, 40 (Das Mutterrecht. Vorrede)
53 WW III, 1165 (Ecce homo)
54 Horkheimer/Adorno: Dialektik der Aufklärung, a. a. O., 122
55 WW III, 828 (Nachlaß)
56 WW I, 263 (Vom Nutzen und Nachteil der Historie für das Leben. Unzeitgemäße Betrachtungen, Zweites Stück)
57 a. a. O., 264
58 a. a. O., 263
59 WW II, 782 (Zur Genealogie der Moral)
60 WW III, 855 (Nachlaß)
61 a. a. O., 856
62 a. a. O., 855
63 WW II, 165 (Die fröhliche Wissenschaft)
64 WW III, 470f (Nachlaß)
65 cf. Max Oehler: Mussolini und Nietzsche. Ein Beitrag zur Ethik des Faschismus; cit. Podach, a. a. O., 413
66 WW III, 469 (Nachlaß)
67 a. a. O., 451
68 a. a. O., 434
69 a. a. O., 474
70 ibd.
71 ibd.
72 WW II, 1206 (Der Antichrist)
73 An Lou von Salomé. Naumburg, Ende August 1882
74 cf. Herbert Marcuse: Zur Stellung des Denkens heute. In: Zeugnisse.

Theodor W. Adorno zum 60. Geburtstag, ed. Horkheimer. Frankfurt a. M. 1963 45–49

75 cf. Theodor W. Adorno: Resignation. In: Theodor W. Adorno zum Gedächtnis, ed. Schweppenhäuser. Frankfurt a. M. 1971, 9–13

76 So hat Benjamin die Vision von der ewigen Wiederkehr des Gleichen als Phantasmagorie gedeutet, in der die «Erfahrung des Immergleichen», zu der das kapitalistische Universum das Subjekt verhält, metaphysische Gestalt annimmt. Das heißt, daß eben deren Zeitlosigkeit ihre «geschichtliche Signatur» verrät, die die metaphysische Idee, wider die Absicht, der kritisch-politischen Einsicht zugute bringt. Das leistet sie nicht nur im Falle der Nietzscheschen, sondern – überraschenderweise – auch der Blanquischen Phantasmagorie; des Buches *‹L'éternité par les astres›*, das der Revolutionär zehn Jahre vor dem *‹Zarathustra›* im Kerker schrieb. In beiden ist der «Gedanke der ewigen Wiederkunft … das ‹Neue›, das den Ring der ewigen Wiederkunft sprengt, indem es ihn bestätigt.» Gesammelte Schriften, a. a. O., I, 1152

77 WW II, 978 (Götzen-Dämmerung)

78 a. a. O., 269 (Die fröhliche Wissenschaft. Anhang, Rimus remedium)

79 WW III, 446 (Nachlaß)

80 Dem, der mit stets wachem Selbstwiderspruch bei keinem noch so plausiblen Resultat sich beruhigt. «Wir hüten uns, heimisch zu werden», a. a. O., 450. – Bis zu welchem Grad Nietzsches Denken authentisch dialektisch ist und die neuerdings wieder aufgebrachte These vom Gegenteil Lügen straft, belegen Formulierungen wie diese: «ich greife nur Dinge an, die ich von Grund aus kenne … die ich bis zu einem gewissen Grade selber *gewesen* bin. – Das Christenthum meiner Vorfahren zum Beispiel zieht in mir seinen Schluß, – eine durch das Christenthum selber groß gezogene, wieder souverain gewordne Strenge des intellektuellen Gewissens wendet sich *gegen* das Christenthum: in mir richtet sich, in mir überwindet sich das Christenthum.» (cit. Podach, a. a. O., 409

81 WW III, 446

82 a. a. O., 424

83 ibd.

84 WW II, 208 (Die fröhliche Wissenschaft)

85 Horkheimer/Adorno: Dialektik der Aufklärung, a. a. O., 138

86 cf. WW II, 978 (Götzen-Dämmerung)

87 WW III, 836f (Nachlaß)

88 a. a. O., 832

89 a. a. O., 320 (Über Wahrheit und Lüge im außermoralischen Sinn)

90 a. a. O., 503 (Nachlaß)

91 a. a. O., 476

92 a. a. O., 477
93 a. a. O., 858
94 a. a. O., 837
95 WW II, 473 (Also sprach Zarathustra)
96 ibd.
97 Dazu Bloch: Wer ist denn «der wahre Antichrist, den Nietzsche ... in Dionysos feiert, als den Weinstock des aufgehenden Lebens?» Die «erste Schlange, welche vom Apfel essen ließ, indes auch» die «zweite, lichtbringende, welcher ‹Zeus› am Kreuzesstamm zum zweitenmal den Kopf zertrat: der wahre ‹Anichrist› des dionysischen Sinnes, des Eritis sicut Deus ist – Jesus. Das ist ‹Dionysos, der Gekreuzigte›, darauf dringt die einzige Erkenntnis, aus den Tiefen der christlichen Ketzerei, und zwar der ältesten, ‹ophitischen›, schlangenkundigen, welche der ‹Auferstehung und dem Leben› gemäß wird.» – «Solche Berührungen und ‹ophitische› Erinnerungen, zu Paulus feindselig, in der Geschichte des ‹siegreichen› Christentums unterschlagen, waren in Nietzsches letzten Visionen allerhöchst.» Und, so fährt Bloch, gegen Nietzsches falsche Lobpreiser und Verächter gewendet, fort: «Spuren dieser Schlange sind wieder in heutigen Ruinen; denn Dionysos ist nicht die Ruine oder die Nacht, wohin die Reaktion flüchtet, nicht die dampfende Natur ‹am Grunde›, sondern ... die Feuerschlange oder der utopische Blitz.» Erbschaft dieser Zeit. Frankfurt a. M. 1973, 365f
98 George: Der siebente Ring, a. a. O., 13
99 WW II, 257f (Die fröhliche Wissenschaft)
100 George, ibd.
101 Ivo Frenzel: Friedrich Nietzsche in Selbstzeugnissen und Bilddokumenten. Reinbek bei Hamburg, 131

Norbert W. Bolz
Nietzsches Genealogie der Wissenschaften

Mag sein, daß die Dialektik plebejischer Herkunft ist; daß im strahlenden Optimismus ihrer Syllogismen seit je ein Machtwille am Werk ist, der den Pöbel obenaufkommen läßt. Mag sein, daß Nietzsche im Hohn auf Hegel bis zum Wahnsinn Schopenhauers Zögling blieb. Doch längst hat sich das Verdikt über die Sokratische Methode automatisiert und dient inzwischen einer gewissen neueren französischen Philosophie zur Legitimation ihrer Geistfeindschaft. Wo sich der heutige Nietzschekult gegen die Dialektik als Denkform des sklavischen Ressentiments erhebt, ist das Ressentiment einer philosophischen Boheme gegen jene wenigen im Spiel, die noch die Arbeit des Begriffs auf sich nehmen. Dialektik hat sich von ihrem sklavischen Ursprung emanzipiert und ist – im Nietzscheschen Sinn des Wortes – vornehm geworden. Unter dem Vorwand, dem Hegelschen Logos am Leitfaden Nietzsches *entkommen* zu wollen, entlasten die neuen französischen Philosophen ihre Adepten von der Anstrengung des Denkens. Es wäre umgekehrt einmal zu versuchen, mit Nietzsche *tiefer* in Hegels Dialektik *hineinzukommen*, tiefer ins Fleisch seines Wissens zu schneiden.

I

Artist und Theoretiker sind die Typen, auf die Nietzsche die Dialektik der Aufklärung gebracht hat. Ihnen entsprechen die Perspektiven der *Entweltlichung* durch den Mythos – sub specie aeterni – und der *Verweltlichung* durch Aufklärung – sub specie saeculi[1]. Aufklärung, der Geist des Antidionysischen, bricht den Bann des Mythos nur, um den Menschen in den Kreis des Wissens zu bannen; sie produziert den mythenlosen Menschen, dessen Prototyp Sokrates heißt. Und erst mit Kant beginnt die Wissenschaft die Grenzen des Sokratismus, des wahren Diskurses, zu bestimmen. Doch schon im ästhetischen Prozeß der Entweltlichung und Verklärung hat Nietzsche zufolge Enthüllung der Wahrheit statt. Knüpft aber der Künstler sein Vergnügen an das, was noch Hülle bleibt, so heftet sich der Theoretiker fetischistisch an die abgeworfene Hülle. Der Prozeß der Enthüllung als solcher ist höchstes Lustziel einer Wissenschaft, die sich den artistischen Genuß des Scheins als der Hülle versagt.

Ist die Tragödie die Kultform der Verehrung des lebendigen Doppelgottes Dionysos/Apollo, der den ekstatischen Orgiasmus gewährt und doch das entfesselte Leben in die Form rettet, so stürzt ihn Aufklärung durch einen Monotheismus der Vernunft. Sokrates und sein Sprachrohr Euripides stehen bei Nietzsche ein für die entmächtigende Transformation des Dionysischen zum naturalistischen Affekt und des Apollinischen zum logischen Schematismus, der dann bei Kant als transzendentaler Zurichtungsmechanismus kenntlich wird. Nietzsches Geschichte des Sokrates ist der Mythos der Aufklärungskritik kat exochen. Sein Optimismus, die flache Heiterkeit des Logikers, verdrängt den dionysischen Pessimismus der tragischen Weltbetrachtung, und man wird noch die Negative Dialektik der Kritischen Theorie als nietzscheanische Antithese zur «optimistischen Dialektik»[2] der sokratischen Tradition begreifen müssen.

Das die Wissenschaft seit je bestimmende System des Sokratismus ist rationalistisch. Alles muß verständig und Gegenstand des Wissens sein. Seither verdrängt Pathos die Handlung und Wahrhaftigkeit normiert die Diskurse der Wissenschaft. In ihr scheint für alle Zeiten ein Primat des Bewußtseins aufgerichtet zu sein, der die gesamte Produktion des Unbewußten ausschließt. Unaufhörlich sichert Aufklärung den Vorrang der Nüchternheit gegen das andrängende Begehren und die Lockung des Orgiasmus, und wie alles Verdrängte kehrt das bekämpfte Dionysische wieder – in der entstellten Exilform des Geheimkults[3], der heute Subkultur heißt. Gewisse Praktiken des *underground* sind dionysisch, aber deformiert.

Davon will die Wissenschaft nichts wissen. Ihr hat der Tod des Sokrates ein neues Ichideal konstituiert, das an die Stelle des mythischen Heros tritt. Statt mit bloßen Händen gegen Ungeheuer kämpft der Rationalist mit Argumenten gegen den Wahn des unlogischen Wissens. Der wissenschaftliche Mythos des Sokrates erzählt von einem Einzelnen, der sich als Einzelner behauptet und so die Negation ins Leben einführt. Damit sichert er das absolute Privileg des Wissens: gerade das strenge Wissen, *nichts* zu wissen, ist die Waffe gegen die Instinkte und die Macht des Wahns. So verkehrt sich die Welt: In Sokrates spricht der Dämon erstmals als *abmahnende* göttliche Stimme und der Instinkt verwandelt sich in eine kritische Instanz. Entsprechend erscheint der logische Trieb als Naturgewalt und das Bewußtsein als naive Schöpfungsmacht. Sokrates' verkehrte Welt: das Unbewußte ist kritisch, das Bewußtsein kreativ. So tritt der Logos als Naturgewalt an die Stelle des Instinkts: das Logische hat Triebstruktur, und auf sie beruft sich seither alle Wissenschaft.

Hier wird erst deutlich, warum Nietzsche vom Apollinischen und Dionysischen als Kunsttrieben der Natur spricht – sie bilden den unversöhnlichen Gegensatz zum «logischen Triebe»[4] des wissenschaftlichen Bewußtseins. Bekanntlich setzt Sokrates den Willen zur Wahrheit ins Zentrum des Diskurses, doch auch «der dionysische Grieche will die Wahrheit»[5], wenn er sich zum ästhetischen Subjekt steigert. Dabei geht das bloß Subjektive im Sinne des Empirisch-Realen in der dionysischen Selbstentäußerung unter: das ästhetische Subjekt ist das aufgehobene empirische, das heißt Medium. Dem entspricht der von Nietzsche der entfremdeten Welt unterlegte Mythos, daß Individuation Zerstückelung sei. Erscheint aber nun das bürgerliche Individuum als die falsche menschliche Einheit, so liegt in der dionysischen Auflösung der Individuation die Hoffnung auf eine endliche Restitution der echten beschlossen. Negation der Negation ist die dionysische Aufhebung der Zivilisation insgesamt; eine Destruktion der gesellschaftlichen Entfremdungsformen führt das dionysische Subjekt bis zu einer Grundschicht unzerstörbarer Natur, deren Wesen es hinter allem Zivilisatorischen inszeniert. Der mythische Kult veranstaltet «Natur, an der noch keine Erkenntnis gearbeitet»[6] hat, die noch nicht transzendental zugerichtete. Daraus folgert Nietzsche undialektisch die ästhetische Wirklichkeit einer «eigentlichen Naturwahrheit»[7]. Ihre Bilder sind furchtbar, und die Möglichkeitsbedingung ihrer Erkenntnis die dionysische Lust, die noch das herbste Leiden leidenschaftlich bejaht. Diese Ekstase ist ein Außer-sich-sein, dem das apollinische Für-sich-sein des Typus immer schon komplementär zugeordnet ist. Aber auch das Dionysische stärkt: seine Affirmation durchquert einen prinzipiellen Nihilismus, um in fröhlichen Fatalismus zu münden – sein Ja ist durchs grundsätzlichste Nein hindurchgegangen. Dies Nein nämlich war entschieden genug, auch noch zum stets verneinenden Geist nein zu sagen. Seine Negation ist affirmativ, seine Zerstörung lebensbejahend. Dionysische Destruktion ist der Ausdruck einer Kraft aus der Zukunft – ein Jasagen, das Neintun heißt. «Für eine *dionysi-*

sche Aufgabe gehört die Härte des Hammers, die *Lust selbst am Vernichten* in entscheidender Weise zu den Vorbedingungen. Der Imperativ: ‹werdet hart!›, die unterste Gewißheit darüber, *daß alle Schaffenden hart sind*, ist das eigentliche Abzeichen einer dionysischen Natur.»[8] Damit ist die Perspektive gegeben, in der eine radikale Genealogie der Wissenschaft möglich ist.

Wissenschaft wird zum Problem, wenn man sie in ihrem Verhältnis zum Pessimismus darstellt, denn sie überwindet ihn nicht sowohl, als daß sie ihn flieht. Wissenschaftsoptimismus verstellt systematisch die tragische Erkenntnis. Wozu haben wir Wissenschaft nötig? Es wird schon deutlich geworden sein, daß dies Problematischwerden von Wissenschaft keine wissenschaftliche Frage mehr ist. Vielmehr geht es um das asketische Ideal des Wissenschaftlers. Auch sein Wille folgt dem allgemeinen «horror vacui: *er braucht ein Ziel*»[9] und läßt sich deshalb vom teleologischen Denken verführen. Der Wissenschaftler produziert Sinn – die Macht des Kraftlosen – durch teleologische Weltinterpretationen «(– es ist *nicht* sein Weg zum ‹Glück›, von dem ich rede, sondern sein Weg zur Macht, zur Tat, zum mächtigsten Tun, und in den meisten Fällen tatsächlich sein Weg zum Unglück)»[10]. Der Kraftlose wird dazu neigen, den Leib als Illusion zu verachten und die Wahrheit nicht in die Bemächtigung des Nächsten, sondern in eine wesentliche Ferne, bis zur Unerreichbarkeit, zu setzen.

Der wissenschaftliche Asket traut seinen Sinnen nicht und noch weniger seinem Ich. Grausam gegen sich schließt er seine Erkenntnis aus dem intelligiblen Bereich aus und beschränkt vernünftig die Macht der Vernunft. Als ungeheure Zucht zur Objektivität ist diese Selbstverstümmelung der Vernunft aber zugleich ein radikales Anders-sehen-Wollen, eine Revolution der Perspektive. Und dies ist es, was Nietzsche von der an sich selbst irre werdenden Vernunft der wissenschaftlichen Asketen lernt: die Bedeutung der Optik. «Es gibt *nur* ein perspektivisches Sehen, *nur* ein perspektivisches ‹Erkennen›; und *je mehr* Affekte wir über eine Sache zu Worte kommen lassen, *je mehr* Augen, verschiedne Augen wir uns für dieselbe Sache einzusetzen wissen, um so vollständiger wird unser ‹Begriff› dieser Sache, unsre ‹Objektivität› sein.»[11] Hinter jeder Perspektive steht ein Wille, jeder Affekt öffnet ein Auge. Nur ein kastrierter Intellekt wäre frei von Befehl und Begehren.

Wo Wissenschaft aber selbstmörderisch den Boden aufgräbt, auf dem sie errichtet ist, stößt sie auf einen Glauben – den an die

Wahrheit. Nietzsche ist der erste Versucher, der den Willen zur Wahrheit kritisiert, indem er deren Wert in Frage stellt. Der Wert der Wahrheit ist der blinde Fleck des Faszinosums, das die Wissenschaft für den modernen Asketen ist. Der Wille zur Wahrheit ist der Kern des asketischen Ideals, und er wird sich am Ende einer zweitausendjährigen «Zucht zur Wahrheit»[12], die man abendländische Tradition nennt, katastrophisch seiner selbst bewußt: der Wissenschaftler wandelt sich zum Genealogen seiner Praktiken. Es gibt keine Moralia mehr, auch nicht die minimalsten – nur noch die diskursanalytische Beschreibung ethischer Sätze.

II

Der Prozeß der Wissenschaft wird seinen Höhepunkt erreichen, wenn diese sich in der Lage zeigt, eine Geschichte der Entstehung des Denkens zu schreiben – und zwar nicht, wie heute gängig, wissenschaftsgeschichtlich-deskriptiv, sondern genealogisch. Animistisch präludiert der Wissenschaft die magische Praxis der Hexen und Sterndeuter, die erstmals das Begehren nach den dunklen Mächten entfacht, in die dann Aufklärung Licht bringt. Seit jeher ist Wissenschaft der Führer aus der Furcht – und am Ende der Moderne wird der Überwinder der Wissenschaft ein Verführer in die Gefahr sein müssen. «Widerwillen des Intellekts an dem Chaos» läßt den Furchtsamen nach dem szientifischen Schema greifen, das die Welt vereinfacht in beherrschbare Objekte und moralische Subjekte [13] – jenseits von Gut und Böse wäre Wissenschaft selber gefährlich. In der Mimesis ans Tote sucht der Erkennende sein Heil und baut aus den starren Begriffen, in die er sein Leben einordnet, eine szientifische Schutzbehausung. «Wie die Biene zugleich an den Zellen baut und die Zellen mit Honig füllt, so arbeitet die Wissenschaft unaufhaltsam an jenem großen Kolumbarium der Begriffe, der Begräbnisstätte der Anschauungen, baut immer neue und höhere Stockwerke.»[14] Wissenschaft ist Projektion, die sich selbst vergißt und das Projizierte dann stolz in den Dingen wiederfindet – in beidem liegt die Lust des Erkennenden.

«Die Wissenschaft stellt auf, *worin der Mensch festgeworden* ist»[15] – das heißt, das szientifische Feststellen des Objektes im Begriff ist eigentlich ein Erstarren des Subjekts. Wahrheit heißt der Augenblick, in dem die phantasierenden Triebe des Menschen in einer

Hierarchie erstarren und als Schema der Erkenntnis funktionieren. Wissenschaftliches Denken entsteht, wenn sich einige an sich dem Irrtum und Phantasma verfallene Triebe zu einem Funktionszusammenhang organisieren, der sich im Leben bewährt. Telos dieser wissenschaftlichen Herrschaft über die Triebmächte ist die *«Sklaverei der Natur»*[16].

Der Ignoranz eignet die Kraft der Leidenschaft und die Lust der Illusion. Die Wissenschaft setzt Regeln und schreibt sie dem Leben ein. Nietzsche will nun die Dummheit nicht aufklären, sondern ihre Energien ungeschmälert, doch durch Erkenntnis reguliert genießen. Man muß ignorant und wissend zugleich sein – der Weise ist nicht «weise», sondern ein Doppelcharakter. «Deshalb muß eine höhere Kultur dem Menschen ein Doppelgehirn, gleichsam zwei Hirnkammern geben, einmal um Wissenschaft, sodann um Nicht-Wissenschaft zu empfinden: nebeneinanderliegend, ohne Verwirrung, trennbar, abschließbar.»[17] Ekstase und Erkenntnis – jene stellt die Lebensenergien bei, diese reguliert sie. Das Denken tanzt. Und der Übermensch wird sich, das heißt seine getrennten und doch kommunizierenden Räume der ekstatischen und der wissenschaftlichen Praxis, als den Doppelgott anbeten, den die tragischen Griechen Dionysos/Apollo nannten. Doch der Wissenschaft selber eignet ein Doppelcharakter: ganz entfesselt und unkontrolliert schwächt sie ihre Heloten durch unendlich fortschreitende, immer nur enttäuschende Analysen – zumal des Selbst. Als Praxis der Selbstermächtigung aber züchtet sie die zynische Kraft, tröstlicher Illusionen, «Wahrheiten» genannt, entraten zu können. Daß Erkenntnis an sich wertvoll sei, gar das Nützlichste, ist der Mythos, den Nietzsches radikale Aufklärung zerstört. Sie fordert einen neuen Heroismus des wissenschaftlichen Kampfes, in dem das Kommando des Willens zur Macht die Erkenntnis formiert. «Wollen wir durch die Wissenschaft den Menschen ihren Stolz wiedergeben, wie sie ihn aus Kriegen davontrugen, so muß die Wissenschaft *gefährlicher werden, mehr Aufopferung* bedingen: sich selber preisgeben.»[18]

Wissenschaft beginnt mit dem Opfer der Überzeugungen auf dem Altar der Wahrheit. Daß sie mehr nottut als alles andere, ist die Überzeugung, die dem Willen zur Wahrheit den Schein seiner Unbedingtheit verleiht. Warum Wahrheit? Ich will (mich) nicht täuschen (lassen)! Nicht täuschen wollen, sich die Lüge verbieten, heißt aber moralisch sein. So affirmiert die Wissenschaft im Willen zur Wahrheit eine moralische Welt, die der naturgeschichtlichen des lügenhaften Lebens transzendent ist. Lebt man kraft des Irrtums und des Vergessens, so ist in der Wissenschaft ein «Wille zum Tode»[19] am Werk – auch in Nietzsches Genealogie. «Der Zweck der Wissenschaft ist Weltvernichtung.»[20] Sie ist die Überzeugung dessen, der alle Überzeugungen auf dem Altar des Einen Gottes Wahrheit geopfert hat – das Ideal des Ideallosen, der sein Leiden sadistisch in die Lust der Rache wendet, indem er die Illusionen anderer zerstört: am deutlichsten vielleicht in der Psychoanalyse der Liebe als Verblendung. Wo Wissenschaft nicht, wie beim Genealogen Nietzsche, zur vornehmsten Form des asketischen Ideals wird, ist sie «ein *Versteck* für alle Art Mißmut, Unglauben, Nagewurm, despectio sui, schlechtes Gewissen ... – wie oft hat das alles seinen eigentlichen Sinn darin, sich selbst irgend etwas nicht mehr sichtbar werden zu lassen! Die Wissenschaft als Mittel zur Selbst-Betäubung: *kennt ihr das*?»[21] Ja, wir kennen den Wissenschaftsbetrieb, der nur noch Denkbeamte und Nachlaßverwalter produziert; wo ‹Erkenntnisse› und ‹Theorien› nur noch als Opiate für Akademiker zirkulieren.

Dagegen wendet sich Nietzsches Kultur der Ausnahme, die eine *bestimmte Distanz* als Pathos gegen den Herdeninstinkt der Wissenschaft setzt. Sozialismus, gerade auch als wissenschaftlicher, erscheint in dieser Perspektive als Residuum des Christentums in einer entchristlichten Welt und sein Ideal als das letzte Moment, das eine radikale Kritik der Religion destruieren müßte. Im Ausnahmemenschen muß Nietzsches verkörperte Kritik der industriegesellschaftlichen «machinalen Existenzform»[22] agnosziert werden, die wissenschaftlichen Objektivismus mit der Lustfeindlichkeit eines formfetischistischen Pflichtbegriffs und der Langeweile technischer Reproduzierbarkeit verschränkt. Schule und Universität entsprechen jener Existenzform als Produktionsstätten, die von der Maschinentugend des Ochsens reguliert werden. Wie die europäischen Demokratien sind die universitären Wissenschaften Züchtungsstätten sublimer Sklaverei; längst haben sie die Schwelle überschritten, an der arbeitsteilige Spezialisierung in Ressentiment gegen den Geist umschlägt. Antiintellektuelle Wissenschaftler sind die antisemitischen Juden von heute.

Wissenschaft, die einmal gegen die barbarische Ignoranz antrat, macht heute dumm und nimmt dem, der sie betreibt, die Kraft, sie unters Kommando des Lebens zu stellen. Was ans Leben erinnert, zumal das Leiden der Ausnahmen an der szientifischen Regularität, wird verdrängt. Brutal normalisiert Wissenschaft das Leben und schließt als «verrückt» aus, was nicht konformiert. «Eine ungeheure Grausamkeit seit Beginn alles Organischen hat existiert, alles ausscheidend, was *‹anders empfand›*. – Die *Wissenschaft* ist vielleicht nur eine Fortsetzung dieses Ausscheidungsprozesses, sie ist völlig unmöglich, wenn sie nicht den ‹Normalmenschen› als oberstes, mit allen Mitteln zu erhaltendes ‹Maß› anerkennt!»[23]

III

Nietzsche als genialen Psychologen zu loben, ist eine subtile Weise, seine Physiognomik zu entschärfen. Er stellt psychologische Fragen, aber als Physiologe, der die eigene Moralität opfert, um sich dem Opfer des Intellekts zu entziehen: jede Psychologie liest er als Palimpsest einer Morphologie des Willens zur Macht. Genealogische Lektüre ermöglicht, «in dem, was bisher geschrieben wurde, ein Symptom von dem, was bisher verschwiegen wurde, zu erkennen»[24]. Nietzsches Lektüre macht deutlich, daß die gegenwärtige Wissenschaftspraxis einer instinktgeleitet-unwillkürlichen, gleichsam von Ignoranz geschützten und deshalb vollkommenen Lebenspraxis im Geist der Rache nachstellt. Ihre Lust an der Selbstanalyse ist ein Dekadenzsymptom. Masochistisch streut das Subjekt Sand ins Getriebe seines Funktionierens; es will extremste Bewußtheit, nicht Stärke.

Wie die Psychoanalyse beginnt die Genealogie der Wissenschaft mit der Analyse von «unbewußten Widerständen im Herzen des Forschers»[25] und seines Willens, nichts über die Herkunft seiner Praxis zu wissen. Genealogie ist die Einübung des Willens zum Wissen des Vergangenen, der Anfänge; sie fordert einen historischen Instinkt, der stark genug ist, noch die eigene Erkenntnisbewegung genealogisch zu durchdringen – *‹Ecce homo›* ist in diesem Sinne als Genealogie der Genealogie konzipiert. Gegen Ursprungsideologie gerichtet, beleuchtet der Genealoge die Kontingenzen der Anfänge: indem er den Ursprung des Ich zerstreut, löst er dessen chimärische Einheit auf. Der Weg des Genealogen folgt dem Ariadnefaden des Leibes, nicht den Phantasmata des Selbstbewußtseins. Im physiologischen Labyrinth führt nur der Blick auf das Nächste weiter.

Das Maß des Geschichtlichen, auf das sich der genealogische Sinn richtet, ist die Tiefe der Einschreibung einer Erkenntnis in den Leib, und die Frage nach der Herkunft einer wissenschaftlichen Verfahrungsweise führt auf den Triebgrund des Erkennens: «die *Kraft* der Erkenntnisse liegt nicht in ihrem Grade von Wahrheit, sondern in ihrem Alter, ihrer Einverleibtheit, ihrem Chrakter als Lebensbedingung.»[26] So zeichnet Nietzsche eine Landkarte der Zivilisation, und die Genealogie der Wissenschaft erweist sich als Kernstück einer Naturgeschichte der Menschheit. «Ungeheure *Selbstbesinnung*»[27] fordert Nietzsche nicht nach dem Modell der Selbstreflexion, sondern als urgeschichtliches Eingedenken der schrecklichen Herkunft aller Wissenschaft.

Weil das Herkommen befiehlt, fragt der Genealoge stets nach der kommandierenden Instanz: Wer?, nicht Was ist? Der Wissenschaftler denkt aus Angst vor dem souveränen Leben abstrakt, sein Genealoge aber furchtlos und gegenständlich. Er durchschaut dessen Frage Warum? als Ablenkung von der Frage Wer? Genealogie deckt den Befehl auf, der im Argument steckt. Wir gewöhnen uns an Befehle der Macht, halten sie für Argumente und vergessen die Gewalt in der Gewohnheit, bis wir die Gesetze, die uns unterwerfen, als Ausdruck der eigenen Macht empfinden. Das Vergessen des Ursprungs heiligt die Gewohnheit der Macht und ihre Erhaltungsbedingungen. *Désassujettissement* nennen neuere französische Philosophen den Widerstand gegen jene Unterwerfung, die das «Subjekt» formiert. Sich ent-unterwerfen hieße, das Subjekt zu – in Heideggers Sinn – destruieren, «dem Herkommen widerstreben»[28]: böse sein. Auch Unmensch sein, denn die Genealogie bringt ja das Grausame am Ursprung des Rechts an den Tag und erhellt das vernunftlose Substrat der Vernunft, das die Subjekte verdrängen müssen, um sich human nennen zu können. «Die Menschheit liebt es, die Fragen über Herkunft und Anfänge sich aus dem Sinne zu schlagen: muß man nicht fast entmenscht sein, um den entgegengesetzten Hang in sich zu spüren?»[29]

Lähmender Optimismus liegt im Glauben an die Logik, dessen Kritik die redliche Wissenschaft in einen Kampf gegen die Wahrheit führt. Dem sekuritätsbedürftigen Wissenschaftler ist Unwissenheit das widerwärtig Ungeheure und Wahrheit der locus amoenus seines Müßiggangs. Ganz anders Nietzsches «Kriegsmann der Erkenntnis»: seiner Redlichkeit erscheint jede Wahrheit als Gegenmacht seines Kampfes, gestaltet sich jede Erkenntnis tragisch und ist der wissenschaftsskeptische «Glaube, *daß es gar keine Wahrheit giebt*, ein großes Bad und Gliederstrecken»[30]. Redlichkeit meint nicht Bekenntnis, Genealogie der eigenen Praxis nicht Introspektion. Ein Moment großartiger Ignoranz geht in die Leidenschaft des Genealogen ein: er will von sich selber nichts wissen. Erkenntnis ist um so prägnanter, Wissen um so schärfer, je weniger sich der Erkennende kennt, denn seine Existenz ist das irreduzible Moment Irrtum: «wir sind Instrumente der Erkenntniß und möchten die ganze Naivetät und Präcision eines Instrumentes haben»[31]. So emanzipiert sich der Genealoge vom Paranoiker und vom Denkbeamten, den Urphänomenen der Wissenschaft als Betrieb, und verwirklicht das wissenschaftliche Postulat der absoluten Redlichkeit nicht ethisch, sondern in einem Willen der Erkenntnis, der nicht mehr an Gesetze glaubt.

Regelmäßig statt redlich operiert die Wissenschaft zumeist als bürgerliche. Deren Kritik wird möglich, wenn die szientifische Tugend intellektueller Rechtschaffenheit als instinktive Differenziertheit stark genug gezüchtet ist, um eine Genealogie der eigenen Praxis zu schreiben, die in der Einsicht gipfelt, daß Erkenntnis nicht eigentlich «erkennen» meint, «sondern schematisiren, dem Chaos so viel Regularität und Formen auferlegen, als es unserem praktischen Bedürfniß genug thut»[32]. Jenseits von Gut und Böse führt stringente Erkenntnis per se, denn die bösen Triebe sind intelligent, folglich das Wissenschaftliche böse, das Gute dumm geworden. Und die Auskunft über die Herkunft der Erkenntnis, mit der der Phil*a*soph die Fetische Gott, Vernunft und Revolution verspottet, geleitet ins Jenseits von Ratio und Irrationalität: «wir wagen wieder lyrisch, absurd und kindisch zu sein.»[33] Nietzsche ist nicht zur Räson zu bringen – deshalb gibt es auch keinen Irrationalismus in seinem Geist.

«Philasophen»[34] nennt Nietzsche die Spötter der Vernunft, Freunde der Narrheit, nach deren Lehre Weisheit nicht weise macht, sondern mit der Dummheit sich verbündet. Der Phil*a*soph nun ist weise nicht als Unwissender, aber als dessen Freund. Er ist der Weise, der einen Versuch mit der Dummheit macht. In seinem Doppelgehirn liegen Wissenschaft und dumme Leidenschaft, anderes Wissen abschließbar nebeneinander. Der Philasoph verfügt über zwei getrennte, aber kommunizierende Räume: kategoriales und akategoriales Denken. Er schließt das unwissenschaftliche Wissen nicht aus, läßt sich vom Glanz seiner Dummheit faszinieren und in die Trance des Tanzenden versetzen. Trance ist die Erfahrung des Denkens im Außerhalb der Kategorien, das man Dummheit nennt. In ihr stellt sich dem Denken sein stets ungedachtes Zentrum dar: Begehren. In dessen ausdruckslose Gestalt, die Dummheit, versenkt sich, wie in den Totenkopf der barocke Grübler, der Philasoph. «Lange verweilt er bei ihr und senkt seinen Blick in diesen lichtlosen Schädel. Es ist sein Totenschädel, seine Versuchung, vielleicht seine Sehnsucht, sein katatonisches Theater. Am Ende wäre Denken dies: ganz intensiv, ganz aus der Nähe, beinahe sich in ihr verlierend, die Dummheit betrachten.»[35]

Nietzsche verknüpft das Denken mit dem Begehren, indem er das Wertproblem in die Erkenntnistheorie einführt. So werden Argument und Beweis auf autoritäre Sprechakte transparent, zumal auf Befehle. Es macht die Lust der tragischen Erkenntnis mit aus, mit ihrem «Sinn für das *Nackte*»[36] die Illusionen eines herrschaftsfreien Diskurses zu zerstören. Sprachlich entspricht jenem Sinn ein Wille zum großen Stil, der durchaus antirhetorisch und im strengen Zusammenhang apodiktischer Sätze sich objektiviert. Gegen die Lüge des Arguments wäre im großen Stil die Form der intellektuellen Redlichkeit zu sehen. Er versteckt nicht das Kommando des Willens zur Macht in der Logik des Willens zur Wahrheit – er befiehlt. Großen Stil fordert Nietzsche als zeitparadigmatische Form einer Epoche des organisierten Nihilismus: Sprache gewordener Blick auf die nackte Natur der Machtquantitäten im Weltlauf.

Sinn für das Nackte, großer Stil und eine wissenschaftliche Praxis, die den «Willen zur Prüfung»[37] einübt, als dessen stärkster Widerpart nicht die Unwissenheit zu gelten hätte, sondern *die* Ignoranz, die an eine Wahrheit *glauben* läßt – das sind Nietzsches Antithesen zum Wissenschaftsbetrieb. Im Willen zur Prüfung siegt die Methode der Wissenschaft über diese. Wo sich aber eine Wahrheit einstellt, hat vor dem Willen zur Macht jener zur Prüfung kapituliert. «Man muß das All zersplittern»[38], die Einheit zersetzen, den Ursprung zerstreuen, um den unbekannten Gott des Ganzen zu entmächtigen und alle Kraft den nächsten Dingen zu leihen. Wer sein Glück an eine kommende Zeit knüpft, ist noch Sklave jenes Herrn. Der Wille zur Macht dagegen ist schlechthin antiutopisch, denn er fordert den Strategen, dessen Wissen das der nächsten Dinge ist, die beherrscht werden können. Nietzsche zufolge artikuliert jede Utopie das Ressentiment der Plebejer, zumal der Sozialismus. Nichts ändert daran dessen Übergang von der Utopie zur Wissenschaft, in dem sich lediglich das Ressentiment des Sklaven gegen den Mächtigen zu dem des Mediokren gegen die Ausnahme sublimiert. So ereignet sich Nietzsches antiutopische dionysische Affirmation in der je nächsten Gegenwart: «in mir fehlt der Begriff ‹Zukunft›, ich sehe vorwärts wie über eine glatte Fläche: kein Wunsch, kein Wünschen selbst, kein Plänemachen, kein Anders-haben-wollen.»[39] Ich will Wünsche, deren höchste Erfüllung neue Wünsche wären – so wäre ich wesentlich Wunsch und mein Glück der dionysische Flug in die Ferne, ins Fremde. Glück stellt sich im Machtgefühl ein, ist aber nicht Ziel der Kraft. Es ist die dionysische Destruktion der wissenschaftlich festgestellten Wirklichkeit, die das höchste Glück am Werden ausmacht. Es gibt aber auch ein Glück der Schwachen: die beständige Wahrheit. So bestimmt über die Art des Glücks das Maß der Kraft, und das Glück einer Erkenntnis ohne Macht – in dessen Idee die antike Glückseligkeit des Betrachtens als Hoffnung der dialektischen Aufklärungskritik wiederkehrt[40] – ist das antidionysische schlechthin. Ihm, wie dem Sitzfleisch des Wissenschaftlers, gilt der Spott des tanzenden Denkens, das Zarathustra heißt. Er nennt das Glück ein Weib, denn es begehrt die zeugende Kraft, nicht die feststellende des Wissenschaftlers – es ist eher ein Rascheln als eine Wahrheit. Gedanken-Gang heißt, Gedanken zu ergehen, um Vergängnis in das Denken selber aufzunehmen.

Doch Nietzsche, der Vergängnis und Vergessen als höchste Kräfte dem Denken einverleibt hat, ist noch Ursprungsphilosoph genug, um seinen Einzigen Gedanken, den Willen zur Macht, dem Vergehen zu entziehen: «Man kann das, was die Ursache dafür ist, *daß* es überhaupt Entwicklung giebt, nicht selbst wieder auf dem Wege der Forschung über Entwicklung finden; man soll es nicht als ‹werdend› verstehn wollen, noch weniger als geworden ... der ‹Wille zur Macht› kann nicht geworden sein».[41] Dies Argument wehrt hilflos die Einsicht ab, daß der Wille zur Macht als gewordener auch vergehen könnte. Daß sich am Horizont der Willenslehre die Emanzipation von der Macht, ein Glück ohne Herrschaft abzeichnet – nicht das Herdenglück der Ohnmächtigen, sondern ein der Macht lediger Zustand, der der Wiederkehr des Immergleichen Einhalt geböte. Wäre der Wille von der Macht emanzipiert, so verwandelte er sich in jenes Begehren, das Nietzsche noch schroff vom Wollen unterschieden sehen wollte: «‹wollen› ist *nicht* ‹begehren›, streben, verlangen: davon hebt es sich ab durch den *Affekt des Commando's.*»[42] Doch bleibt, solange Wissenschaft noch bürgerlich ist, dieser Befehlston des Willens zur Wahrheit redlicher als die Ideologie einer herrschaftsfreien Ordnung des Argumentierens.

Im Prozeß der Zivilisation haben sich Praktiken der Einebnung von Lebensdifferenzen – im Namen von Naturrecht und Demokratie – zum gesellschaftlichen Instinkt automatisiert. Nichtkonformierendes erscheint als Ausnahme von der zivilisatorischen Regel und wird in subkulturelle Existenzformen abgedrängt, liquidiert. Werkzeug dieser nivellierenden Praktiken ist seit je die Wissenschaft. Sie regelt ein Erziehungssystem, das der Ausnahme den Krieg erklärt, und verdinglicht den durchschnittlichen Geschmack als Bildung. Die synthetische «Cultur der Ausnahme», die Nietzsche der Wissenschaftskultur opponiert und die dann bei Stefan George zum «Cultus» entartet ist, meint ursprünglich eine unbeschränkte Ökonomie des Geistes – Kultur als Verschwendung, die statt des Regelfalls das Inkommensurable, statt der Methode den Versuch, statt der wissenschaftlichen Sekurität die Gefahr und an Stelle des Mittelwertes die Nuance produziert.[43] Wo die Kultur der Ausnahme noch nicht zum Kultus erstarrt ist, intendiert sie das Äußerste. In den Extremen werden die Phänomene selber lehrreich, doch davon will die Wissenschaft nichts wissen. In seiner Logik für die Unterklasse definiert Hegel die Extreme als im Schluß des Urteils zusammengeschlossene Bestimmungen und setzt damit ein starres Subsumtionsverhältnis: die Vermittlung des logischen Schlusses sei die Beziehung der Extreme aufeinander.[44] Nichts anderes als die Produktion von Mittelmäßigkeit hat Nietzsche in jener Vermittlung gesehen, und er fordert, die Extreme ohne urteilende Verknüpfung zu denken; zwischen ihnen soll ein Kraftfeld erhalten, ja in seiner Spannung gesteigert werden. Diese Erstellung des Äußersten verbündet sich in Nietzsche mit der Faszination der Macht zur großen Politik, die das Jenseits von Wahrheit und Lüge eröffnet. «Der Zauber, der für uns kämpft, das Auge der Venus, das unsere Gegner selbst bestrickt und blind macht, das ist die *Magie des Extrems*, die Verführung, die alles Äußerste übt: wir Immoralisten – wir sind die Äußersten.»[45]

IV

Es gibt kein utopisches Bewußtsein mehr. Utopie wäre die Verknüpfung des Glücks mit der Geschichte. Wissenschaft, die sich das Bild des Glücks verbietet, wird durchsichtig auf die Macht, die in ihr am Werk ist. An die Stelle des animalischen Glücks durch Vergessen tritt beim Menschen das virile Glück des Wollens, das befreit: der verwandelnde schaffende Wille und seine Liebe zur Vergängnis. Wem dieser Wille, diese Liebe fehlt, erwächst ein zwingendes Gedächtnis, das jeden Augenblick durch Erinnerung entmächtigt und die Geschichte als historischen Bestand verdinglicht. Er wird bürgerlicher Wissenschaftler. Sein Gedächtnis entsteht gerade aus der Unfähigkeit zu vergessen und zu erinnern, genauer: aus Armut an Erfahrung. Der Wissenschaftler ist ein reflektorischer Typus, seine Praxis ein unaufhörliches Reizschutz-Training, das die Spontaneität schwächt und tiefe Eindrücke verhindert. Und seine Talente entfalten sich nur in der Dimension des Rezeptiven und Reaktiven. Ein Überangebot an Umweltreizen wird zumeist durch reaktive Anpassung bewältigt – der Wissenschaftler ist ihr Virtuose. Müde erscheint er, aber unermüdlich; agil, aber nicht aktiv.

Der Wissenschaftler muß an Kontinuität und Kontext aller wissenschaftlichen Arbeit glauben, um die Miniatur, die er am Ornament des Wissens anbringt, nicht als sinnlos zu erfahren. A priori versichert das System der Wissenschaften seinem Sklaven, daß sein Kampf ums mikrologische Detail nicht umsonst sei. Den spezialisierten Grüblern und szientifischen Schatzbildnern gewährt das System Abschlagszahlungen auf eine zukünftige Machtpraxis des Wissens. Zumal bürgerliche Wissenschaft, die rückhaltlos spezialisierte, ist physiologische Entladung des Tatenarmen – seine Ekstase am entfremdeten, fetischisierten Detail.

Aus dem Werden, dem Nietzsche die Unschuld wiedergegeben hat, schneidet der Wissenschaftler ein bleibendes Seiendes heraus, an das er sein Glück hängt, denn er haßt das Proteushafte, den Lüge genannten produktiven Wandel und läßt im Kern seines Willens zur Macht eine Ohnmacht des Schaffens wirken. Den wissenschaftlichen Typus als einen, der nicht gefährlich leben will und Sicherheiten sucht, treibt ein Wille zur Regel, der die Furchtbarkeit der Welt fürchtet, wie denn seit je Aufklärung durchs rechnende Denken die Furcht von den Menschen nehmen will. Seine

Kategoriendichtung poetisiert Sicherheitsbedürfnisse und Verkehrsmittel: «Die Mächtigen sind es, welche die Namen der Dinge zum Gesetz gemacht haben: und unter den Mächtigen sind es die größten Abstraktions-Künstler, die die Kategorien geschaffen haben.»[46] Dialektisch nun entfaltet sich in der Geschichte eine Wissenschaft, die stets Furchtbares und Willkürlich-Gefährliches berechenbar machen will, um doch faktisch immer mehr Vertrautes in Unbekanntes aufzulösen. «In summa bereitet die Wissenschaft eine *souveräne Unwissenheit* vor.»[47] Wir beginnen damit, *wenig* zu wissen. Incipit scientia minima!
Es gibt eine massenweise Reproduktion von ungebildetem Wissen, das seine Subjekte unterwirft und im Alltag funktionieren läßt. Schon Schopenhauer erkannte den Machteffekt dieser Wissensstrategie als «eine Art Abrichtung: sie wird bewerkstelligt durch Beispiel, Gewohnheit und sehr frühzeitiges, festes Einprägen gewisser Begriffe, ehe irgend Erfahrung, Verstand und Urteilskraft dawären, das Werk zu stören. So werden Gedanken eingeimpft, die nachher so fest und durch keine Belehrung zu erschüttern haften, als wären sie *angeboren*»[48]. Nietzsche amplifiziert Schopenhauers Diagnose aufs Reich der scheinbar freien Bildung, wo er in ihren Praktiken eine Zucht zur Wahrheit am Werk sieht (– Nietzsches Züchtungspostulate unterm Titel des Übermenschen sind stets nur bestimmte Antithesen zu Züchtungspraktiken der von ihm bekämpften Kultur). So mußte die neuere französische Diskursanalyse lediglich systematisch entfalten, was Nietzsches Theorie des Wissens antizipiert hat, um die Zurichtungspraktiken des ‹wahren Diskurses›, an den die Universalpragmatik und Argumentationslogik zumal in Deutschland noch heute glaubt, präzise und handfest zu bestimmen.
Deutlich macht dies die Fasziniation des Systems, das, nach dem Wissenschaftsbegriff des Idealismus, die wahre Gestalt der existierenden Wahrheit ist. Auch wo System nicht die von Hegel stets verworfene trockene Identität, sondern ein Konzept von Welt meint, deren Momente in wesentlicher Beziehung und absoluter Zweckmäßigkeit zueinander stehen, treibt die Baumeister des Systems ein «Wille, sich dümmer zu stellen als man ist – Dümmer, das heißt: stärker, einfacher, gebietender, ungebildeter, commandirender, tyrannischer».[49]
Man sagt, die Kategorien der Vernunft gelten a priori. Darin liegt ein Kommando, das Nietzsche an die Herkunft der Vernunft aus

für die Gattung zweckmäßigen, nützlichen Setzungen gemahnt. Die Erinnerung daran möchte der Befehl «A priori!» liquidieren. Am Apriori der Kategorien verschwindet das Aposteriori der gesellschaftlichen Praxis. Wir begreifen nicht, was uns ergreift, sondern was wir ergreifen, das heißt die Realität, deren wir uns im Dienste der Selbsterhaltung und Machtsteigerung bemächtigen. Die «Erfahrung capitalisiren» und kategorial zurüsten können die Wissenschaftler nur, wenn «sie in ihrer Conception der Realität so viel Berechenbares und Gleichbleibendes erfassen, daß darauf hin ein Schema ihres Verhaltens construirt werden kann»[50].

Wo sich uns *Sätze* als unbezweifelbar darstellen, beweisen sie uns nicht ihre Wahrheit, sondern unser Unvermögen, ihnen sich zu *wider-setzen*. Es sind *Setzungen*, die effektiv funktionieren und unser Verhalten ordnen. Ein Beispiel. Seit Aristoteles sagt man, daß in derselben Hinsicht dasselbe nicht sowohl anwesend als auch abwesend sein könne, und nennt diesen Satz vom Widerspruch wahr. Auch Hegels Rede von der «Diremtion des Lebendigen in sich»[51], die dem scheinbar undenkbaren Widerspruch eine wirkliche Existenz im Schmerz des Lebens zuspricht, deutet ihn als Signatur des bloß Endlichen. «Die wahre Auflösung des Widerspruchs ist in der *Idee* enthalten».[52] Von deren Göttlichkeit befreit Nietzsche durch Physiologie: der Satz vom Widerspruch ist unserem Leib eingeschrieben, und wir folgen ihm instinktiv aus der Gattungserfahrung seiner Nützlichkeit. Dem Satz vom Widerspruch nicht widersprechen können, beweist nicht seine Wahrheit, sondern seinen Zwangscharakter im Leben: er raubt der Welt das Werden, der Wahrheit den Zeitindex. Die scheinbare Selbstverständlichkeit, daß man einem Subjekt ein Prädikat nicht in derselben Hinsicht zugleich zu- und absprechen kann, ist das Urmodell aller klugen Mißverständnisse und nützlichen Fälschungen der Realität, die man Vernunftformen nennt. Kriterium jedes Wahrheitskriteriums ist, daß es nützt, die Gattung zu erhalten und ihre Macht zu steigern.

Mit seiner Bestimmung des Lebens als Wille zur Macht erhellt Nietzsche jene beständige Zurichtung und Prägung der Welt in der Praxis von Erkenntnis und Produktion. Es stempelt das souveräne Subjekt die Welt mit *seinem Willen* – mit *einem Sinn* das kraftlose. Der Sinn einer Sache ist immer das Symptom unkräftiger Subjektivität – er verweist auf einen verstümmelten Körper, und nach ihm fragt der Genealoge. Sinnfern rückt dagegen der Souveräne den nächsten Dingen auf den Leib, um sie zu organisieren. Seine kraftvolle, kommandierende Stellung zur Welt entleert sie vom Sinn – das ist vom Tyrannen des 17. Jahrhunderts zu lernen. Hier läßt sich Nietzsches Umwertung thesenhaft zuspitzen: Erst wenn die Welt ganz dumm und sinnlos geworden ist, kann sie wieder unschuldig und körperlich werden. Ein Wink für Geschichtsphilosophen ...

V

Der bürgerliche Wissenschaftler denkt mit der Feder. Er bannt sich in ein Theoriengehäuse und webt Möglichkeiten in die antiquarische Tapete seines Interieurs. Nietzsche denkt mit dem Hammer. Seine Lehre führt die Entscheidung herbei. Doch seine Dekonstruktion der Vernunftgeschichte stößt auf eine Schranke: Denken selber, mit dem der Aberglaube an Subjekt und Objekt gesetzt ist. Es erweist sich die sprachlich bestimmte Denkform der Vernunftphilosophie als ein Zwangssystem, das uns in den Gewahrsam der Vorurteile nimmt und den Dingen die Sprachschablonen als «Wahrheit» aufprägt. Den Sprachzwang als Grenze des Denkens denken, ist dessen extreme Erkenntnis.

Das Sein, dem Erkenntnis gilt, ist Schein. Erkenntnis im Werden aber, als feststellendes Wissen von diesem gibt es nicht. Deshalb ist Erkenntnis nur paradox als Irrtum des Erkennenden über sich selbst möglich – und er muß diese Täuschung wollen. So produziert der Wille zur Macht seine Effekte in aller Erkenntnis. Sie will sich täuschen, denn nur das macht sie mächtig und die Welt berechenbar. Im Willen zur Erkenntnis hat sich die Habsucht sublimiert. Nietzsches Erfahrung stellt sich die Welt widersprüchlich, sinnlos, grausam dar, und man muß sie durch Lügen besiegen, um in ihr zu leben. Als System der Daseinsverkennung ist die Wissenschaft die höchste Form der das Leben ermöglichenden Lüge, die die Realität konstituiert, indem sie sie vergewaltigt. *«Die Lüge ist die Macht»*[53] des Willens.

Odysseus hat dieser Lüge die verführerische Gestalt der List gegeben. Als der schlechthin Verschlagene lehrt er uns, daß Verstellung zur Selbstaufstufung des Lebens nötig ist, das heißt ein Wille zum Irrtum. Seit je liegt in ihm die ermöglichende Bedingung des Denkens, sofern diesem ein «Dichten», also dem Erkennen immer ein Zurechtbilden voraufgeht. Die Philosophen nennen das «Vermögen» der Zurichtung von Welt Spontaneität. Wer aber ohne die Kraft der Zurichtung denken will, muß schon Zurechtgebildetes lesen: der reaktive wissenschaftliche Typus. In dessen Begriffen sieht Nietzsche martialische Lebenspraktiken am Werk, zumal deren Urform, die Ausbeutung. Deshalb ist der Gegensatz Theorie–Praxis scheinhaft.

Dem widerspricht auch nicht die Tradition kontemplativer Theorie, denn im Staunen, dem Stolz der ersten Philosophen, mindert sich lediglich die Furcht vor dem Neuen und sublimiert sich dann zu dem «Vermögen», es zu fassen. Denken ist eine Machtpraxis, die Überwältigung von Objekten und deren Aneignung, die, wo sie zur Vorsicht zwingt, das Denken zur Differenz treibt. Differenziertheit resultiert aus der notwendigen Vorsicht im Willen zur Bemächtigung.

Nun ist es für ein Verständnis Nietzsches entscheidend, zu sehen, daß die Formel «Wille zur Macht» nicht als Hypostasis eines Willens gelesen werden darf – es gibt keinen. «Der Mensch ist eine Vielheit von ‹Willen zur Macht›»[54], das heißt Nietzsches Formel muß als magischer Terminus für ein stets in seinen Dominanzen wechselndes Triebspiel im Leib des Menschen verstanden werden. Jeder Bewußtseinszustand «resultiert aus der augenblicklichen Macht-Feststellung *aller* der uns constituirenden Triebe»[55].

Nietzsches Kritik der metaphysischen Verdinglichung eines Willens destruiert zugleich die Kausalitätskategorie. Darin ist ihm Hegels Logik vorangegangen. Die «Vervielfältigung der Ursachen» in einer sog. Kausalreihe ermöglicht in der Sphäre des Lebendigen und des Geistes radikale Diskontinuität. Das Subjekt kann, statt sich der Äußerlichkeit einer Ursache zu unterwerfen, diese abbrechen, «weil das, was auf das Lebendige wirkt, von diesem selbständig bestimmt, verändert und verwandelt wird, *weil das Lebendige die Ursache nicht zu ihrer Wirkung kommen läßt*, d. h. sie als Ursache aufhebt»[56]. Werden nun die Objekte als werdend, lebendig, also subjektiv gedacht, wie bei Nietzsche, so verdeckt die Kausalitätskategorie einen Krieg von Subjekten, dessen Ausgang stets ungewiß bleibt. Erkenntniskritisch folgt daraus, «daß ‹Objekt› nur eine Art Wirkung von Subjekt auf Subjekt ist»[57]. Objektivität löst sich in einem Kräftespiel von Subjekten auf – genauer: Objekt ist das erstarrte, als ‹Sein› gestempelte Moment des Lebendigen. Erscheint der materialistischen Dialektik auf der Spitze ihrer erkenntnistheoretischen Selbstreflexion das *Subjekt als agens des Objekts*[58], so bestimmt Nietzsche diesen Sachverhalt aus der Perspektive des souveränen Subjekts: das *Objekt ist inertia des Subjekts*. Beide Formeln liquidieren das Subjekt als *Konstituens* des Objekts.

Nietzsches Bestimmung des Objekts als inertia des Subjekts ist die antimetaphysische Fassung jener Definition des Subjekts als agens des Objekts: als die Wahrheit der Wahrheit erweist sich die Trägheit. Deshalb steht in der mit dem Hammer gedachten Philosophie dem Willen zur Wahrheit der Wille zu unabgeschlossenen Horizonten entgegen. Dieser ist Nietzsche synonym mit dem Leben als Wille zum Wachstum der Macht, der einen Glauben an je neue Horizonte befiehlt, wobei es ihm nicht um die Wahrheit, sondern «eine sich immer neu verschiebende Falschheit»[59] geht; gemeint ist das Kräftespiel einer interpretatorischen Zurüstung von Tatbeständen.

Nun läßt sich die tragische Lust des Nietzscheschen Pessimismus leicht begreifen: sie entspringt der genealogischen Dekonstruktion des wissenschaftlichen Optimismus. Das mit dem Werden verbündete dionysische Glück liegt in der Zerstörung des Glücks am Dasein als eines scheinhaften Seins. Verführt die Trägheit den Wissenschaftler, die Welt einheitlich zu denken, so will, wer mehr Kraft hat, die Welt als Rätsel und eine Mehrheit der Deutung. In Nietzsches historischer Typenlehre rangiert jener konservative Wissenschaftler komplementär und gleichzeitig neben dem triumphalen Rätselmenschen – beide entspringen demselben Auflösungszeitalter. Ihre Genealogie muß eine Vielfalt von Ursprüngen, ein Netz von Verkettungen aufweisen, denn sie sind ein *Krieg* antagonistischer Leidenschaften und Triebe *in sich*. Jeder hat «die Erbschaft einer vielfältigen Herkunft im Leibe»[60]. Sedativ auf den inneren Krieg der Werte einzuwirken, ist der Sinn wissenschaftlicher Praktiken, die Ruhe in Einheit und Widerspruchslosigkeit begehren. «Wirkt aber der Gegensatz und Krieg in einer solchen Natur wie ein Lebensreiz und -kitzel *mehr* –, und ist andrerseits zu ihren mächtigen und unversöhnlichen Trieben auch die eigentliche Meisterschaft und Feinheit im Kriegführen mit sich, also Selbst-Beherrschung, Selbst-Überlistung hinzuvererbt und angezüchtet: so entstehn jene zauberhaften Unfaßbaren und Unausdenklichen, jene zum Siege und zur Verführung vorherbestimmten Rätselmenschen.»[61]

Das träge Wissen verschafft sich die Illusion einer ursprünglichen Identität in der Mannigfaltigkeit der Welt durch Kategorien. Nietzsche hat sie als Kulissenzauber, perspektivische Formen durchschaut und in seiner Theorie des Perspektivismus jene Lehre von der bewußten Projektion im Erkenntnisakt antizipiert, die den Ausweg aus der Dialektik der Aufklärung weist. Alles Wahrnehmen projiziert, das heißt es macht das Perzipierte durch perspektivische Formen erfahrungsfähig. Von Paranoia unterscheidet sich Erkenntnis nur durchs Bewußtsein dieses Projektionsmechanismus: Schreber ist das Negativ des Sokrates. Bewußte Projektion reflektiert, was sie den Dingen zufügt, um sie als Dinge zu erkennen.[62]
So sieht Nietzsche im imaginären Reich der metaphysischen Begriffe einen fundamentalen Projektionsmechanismus am Werk. Der Wille zur Macht und die erkenntnistätige Furcht vor dem naturhaft Ungeheuren antizipieren und erdichten eine seiende Welt: die metaphysischen Seinsprädikate erweisen sich als Projektionsprodukte der Selbsterhaltung. Am Ursprung der Wissenschaft verstellt Paranoia die Einsicht, daß, wo von Bewußtwerdung die Rede ist, ein aktives Bestimmen vorliegt. Aufklärerisch bricht Nietzsche die Faszination der Frage, wie synthetische Urteile a priori *möglich* seien, durch die Gegenfrage, warum der Glaube an sie *nötig* sei. In einfachem Perspektivenwechsel vom Leben her die Erkenntnis befragen – das ist Nietzsches Aufklärung, die die Grenze der wissenschaftlichen Selbstreflexion überschreitet.
Geboren aus dem Tausch und deshalb seit je quantifizierend, dient die Erkenntnis der Zurüstung und Naturbeherrschung. Ihre Wahrheit ist somit prinzipiell perspektivisch, gebunden an eine unaufhörliche Projektion von Werten und Qualitäten. Die Frage nach dem Wesen eines Dings setzt in es perspektivisch einen Sinn. Doch darf der Perspektivismus Nietzsches nicht relativistisch mißverstanden werden, etwa als Beschränktheit in Hinsicht auf eine wahre Realität – wer nicht mehr an ein «Wesen» glaubt, nennt auch nichts mehr «bloße Erscheinung», denn es gibt für ihn nur noch das aus unterschiedlichen Schätzungen kombinierte werdende Phänomenale.
Jede Perspektive ist eine dem Leib eingeschriebene Interpretation und das Begehren somit der polymorphe Interpret der Welt. Das

Subjekt zerfällt in Triebperspektiven, nach denen die Welt je in ihrem Wert abgeschätzt wird. Große Erkenntnis wäre, jenseits von Gut und Böse, eine, die jene mannigfaltigen Wertschätzungen des polymorphen Begehrens nicht auf logische Widersprüche, die Differenzen nicht auf Negationsverhältnisse reduziert. «Der weiseste Mensch wäre *der reichste an Widersprüchen*, der gleichsam Tastorgane für alle Arten Mensch hat: und zwischeninnen seine großen Augenblicke *grandiosen Zusammenklangs* – der hohe *Zufall* auch in uns!»[63]

Einem Dasein, das prinzipiell interpretiert, was es dann Ereignis heißt, und einem Erkennen, das eigentlich ein triebbestimmtes perspektivisches Abschätzen von Werten ist, öffnet sich, nachdem die idealistische Unendlichkeit, in der nach Hegels Worten das Nichts der Endlichkeit gesetzt ist, von der dionysischen Affirmation aufgelöst wurde, eine neue intensive Unendlichkeit der Interpretation: «die perspektivische innere Vielheit, welche selber ein Geschehen ist.»[64] Es kommt demnach darauf an, die Perspektive als essentiell zu begreifen, nicht mehr als Wahrnehmungsform eines An-sich-Seienden. *«Der Perspektivismus ist nur eine complexe Form der Spezifität»*, das heißt der bestimmten Art und Weise, in der ein lebendiges Element agiert und reagiert, um so seine Welt darzustellen, indem es sie zugleich herstellt. Dies dem Werden Seinsgepräge verleihende herstellende Darstellen des Daseins bezeichnet Nietzsche als «nothwendigen Perspektivismus, vermöge dessen jedes Kraftcentrum – und nicht nur der Mensch – von sich aus die ganze übrige Welt construirt d. h. an seiner Kraft mißt, betastet, gestaltet»[65]. Das, was man Sein des Subjekts nennt, ist ein Kraftzentrum, das alles, was nicht es selber ist, in seiner Perspektive ordnet; demnach läge die vollständige Bezeichnung eines Sachverhalts im Integral aller ihn betreffenden Wertabschätzungen. Das Sein der Welt ist das, was Metaphysik seit je als bloßen Schein denunziert: das Perspektivische der vielen subjektiven Kraftzentren, welche die Phänomene vor einem Horizont konstituieren, den wir Welt nennen. In der «Umkehrung des perspektivischen Blicks» erscheint «als Horizont-Linie» das Subjekt – metaphysischer Name für den imaginären Schnittpunkt perspektivischer Linien.[66]

Der Sinn einer Sache liegt in ihrer perspektivischen Beziehung auf einen Machtwillen, dessen illusionäre Einheit das Ich der Erkenntnis bildet. So wird im Erkenntnisschema alles einfältig und ver-

traut. Aber am Leitfaden des Leibes zeigt es sich ungeheuer und vielfach. Nicht in der Erfahrung eines wahren Seins liegt die große Loslösung vom Zwang, der jeder Perspektive eignet, sondern in deren souveräner Beherrschung, der Kraft, «sie aus- und wieder einzuhängen»[67]. Man muß die zu ihrem Funktionieren notwendige Ignoranz gegen konkurrierende Interpretationen agnoszieren, die unabdingbare Ungerechtigkeit jeder Wertabschätzung bejahen, denn eine «grandiose Dummheit hat den Geist *erzogen*»[68]. Seit je bedarf es der leidenschaftlichen Ignoranz, die die Perspektive verengt, um sie der Machtsteigerung eines Kraftzentrums dienlich zu machen. Untrennbar ist Dummheit von der Zucht, die den Geist ermächtigt. So spiegelt uns das Auge die Welt, die eigentlich nichts anderes als das Produkt projektiver Zurichtungen ist, als Ansich und fremde Macht wider. «Dieses Spiegelbild des Auges malt die Wissenschaft zu Ende! – und damit beschreibt sie ebenso die bisher geübte Macht des Menschen als sie dieselbe weiter übt – unsere dichterisch-logische Macht, die Perspektiven zu allen Dingen festzustellen, vermöge deren wir uns *lebend erhalten.*»[69]
Wenn nun aber nur das Perspektivische Leben ermöglicht und nur der Wille zum Irrtum jenen Krieg der Energien, der eine perspektivische Sphäre konstituiert, aufrechterhält, so treibt der wissenschaftliche Wille zur Wahrheit in den Tod, der denn auch Adornos ‹*Negativer Dialektik*› als nächste Annäherung ans Bild des Friedens gilt. Liebe zum Toten ist Wissenschaft in ihrer systematischen Verdinglichung des Lebens als Sein/Realität, die den wirkenden Willen des unschuldigen Werdens verdeckt. Im Willen zur Wahrheit drückt sich die Sehnsucht des Wissenschaftlers nach Ruhe (Objektivität) und Ordnung (System) aus. Sein Erkennen heißt reinen Tisch machen mit der Mannigfaltigkeit, zurichtende Projektion, die jede streng wissenschaftliche Arbeit tautologisch macht. Heidegger, der an entscheidenden Stellen seines Denkens nicht mehr denkt, sondern Dichtern dankt, indem er sie autoritär zitiert, hat das erkannt. Dem Syllogismus ist das Simulacrum durch die Reinheit seiner Scheinhaftigkeit überlegen. «Heran mit den schönen Trugbildern! Seien wir Betrüger und Verschönerer der Menschheit!»[70] Hier beginnt das Delirium der neueren französischen Philosophie, ihr Maskenspiel, Sprachtheater, ihr Karneval der Geschichte. Sie kann sich wohl auf Nietzsches Wünsche berufen, nicht aber auf seine Praxis der Erkenntnis – sie ist genealogisch geblieben.

Die letzte historische Phase, die Nietzsches Genealogie der Wissenschaft diagnostiziert, läßt den Geist, der sich als transfigurierter Affekt stets organisierend gegen die Welt richtet, in einer total organisierten Welt sich gegen sich selbst wenden und vivisezieren. Seine Praxis schlägt in Desorganisation um. Indem sich der Geist im genealogischen Verfahren gleichsam bei lebendigem Leib selbst analysiert, zerstört er das geistige Band, das die Dinge durch Projektion verknüpfte, und isoliert die Elemente des Lebens. Sie werden geistlos. In diesem Sinne bezeichnet Nietzsche «die Verdummung der Welt als Ziel»[71]. Am Ende der Nietzscheschen Genealogie des abendländischen Geistes steht die Erektion der dummen Körper.

Anmerkungen:

1 Vgl. Die Geburt der Tragödie (GdT), in: Friedrich Nietzsche, Werke in drei Bänden, ed. Schlechta. München [2]1960, I 12f. Die folgenden Nachweise beziehen sich – wenn nicht anders vermerkt – auf diese Ausgabe; röm. Ziffer = Bandzahl)
2 a. a. O., I 80
3 a. a. O., I 75
4 a. a. O., I 77
5 a. a. O., I 50
6 a. a. O., I 49
7 a. a. O., I 50
8 Ecce homo, II 1140
9 Zur Genealogie der Moral (JGB), II 839
10 a. a. O., II 848
11 a. a. O., II 861
12 a. a. O., II 898
13 Der Wille zur Macht (WzM), III 868
14 Unzeitgemäße Betrachtungen, III 319
15 Die Unschuld des Werdens (UW), II, Kröner Tb Bd. 83, S. 20
16 WzM, III 859
17 Menschliches Allzu-Menschliches (MAM) I 601
18 UW II, Kröner Tb Bd. 83, S. 3
19 Die fröhliche Wissenschaft (FW), II 208
20 UW I, Kröner Tb. Bd. 82, S. 31
21 II 888
22 Kritische Gesamtausgabe Werke, hg. v. Colli/Montinari, abgek. = (Co./Mo.) VIII/2, S. 126
23 UW II, Kröner Tb Bd. 83, S. 38
24 Jenseits von Gut und Böse (JGB), II 587
25 a. a. O., II 587
26 FW, II 117
27 Co./Mo., VIII/2, S. 28
28 MAM I, I 504
29 a. a. O., I 447f
30 Co./Mo., VIII/3, S. 287
31 a. a. O., S. 22
32 a. a. O., S. 125
33 Co./Mo., VIII/2, S. 180
34 Co./Mo., VIII/1, S. 179
35 M. Foucault, «Theatrum Philosophicum», in: Deleuze/Foucault: Der Faden ist gerissen. Berlin 1977, S. 49f
36 Co./Mo., VIII/1, S. 311
37 Co./Mo., VIII/3, S. 234

38 Co./Mo., VIII/1, S. 325
39 Co./Mo., VIII/3, S. 297
40 Vgl. Aristoteles: Die Nikomachische Ethik. 10. Buch 1178b und Horkheimer/Adorno: Dialektik der Aufklärung, Frankfurt a. M. 1969, S. 10 und S. 208
41 Co./Mo., VIII/2, S. 259
42 a. a. O., S. 296
43 Co./Mo., VIII/3, S. 280
44 Hegel: Nürnberger Schriften, Frankfurt a. M. 1970, S. 137f
45 WzM, III 601
46 Co./Mo., VIII/1, S. 243
47 a. a. O., S. 193
48 Schopenhauer: Die Welt als Wille und Vorstellung II. Frankfurt a. M. 1960, S. 94
49 Co./Mo., VIII/2, S. 114
50 Co./Mo., VIII/3, S. 94
51 Hegel: Wissenschaft der Logik II, Frankfurt a. M. 1970, S. 481
52 Hegel: Philosophie der Religion II, Frankfurt a. M. 1970, S. 225
53 Co./Mo., VIII/2, S. 436
54 Co./Mo., VIII/1, S. 21
55 a. a. O., S. 22
56 Hegel, Logik II, S. 228
57 Co./Mo., VIII/2, S. 60
58 Adorno: Ges. Schr. Bd. 10/2, Frankfurt a. M. 1977, S. 752
59 Co./Mo., VIII/1, S. 112
60 JGB, II 656
61 a. a. O., II 656
62 Vgl. Horkheimer/Adorno, a. a. O., S. 196ff
63 WzM, III 441
64 UW II, S. 94; vgl. II 249f
65 Co./Mo., VIII/3, S. 165 ≙ WzM, S. 430
66 Co./Mo., VIII/1, S. 89
67 MAM I, I 443
68 JGB, II 646f
69 UW II, S. 42
70 a. a. O., S. 285
71 Co./Mo., VIII/2, S. 7

Bernhard Lypp
Über drei verschiedene Arten Geschichte zu schreiben

(Bemerkungen zur Logik historischen Diskurses im Hinblick auf Nietzsche)

Die einzige Philosophie, die Nietzsche nach dem Zusammenbruch der Systeme im 19. Jahrhundert für möglich und zugleich für nötig hielt, nannte er *«Historisches Philosophieren»* [1]. Falls es in der Zukunft eine Form der Philosophie geben sollte, deren Inhalt nicht bloß aus der ermüdeten Frage: ‹Wozu noch Philosophie› bestehen würde, dann ist das historische Philosophieren ihre Voraussetzung. In der frühen Betrachtung *‹Vom Nutzen und Nachteil der Historie für das Leben›* stellt Nietzsche sein Projekt historischen Philosophierens gegen zeitgemäße Inszenierungen wie sie im Historismus vorlagen. Im Gefolge der Aufklärung hat das 19. Jahrhundert den sechsten menschlichen Sinn, den historischen entdeckt, mit dessen Hilfe es sich noch zur entferntesten Kultur in ein Verhältnis des Erlebens und Nacherlebens setzen wollte. Nietzsche rechnet den Historismus, die Theorie des sechsten menschlichen Sinnes, in den kulturkritischen Passagen seines Œuvres dem Ende der Aufklärung und der Symptomatik der modernen Seele zu. Da diese in sich selbst keinen Halt und Wert findet, versucht sie sich im Erinnern und Verstehen des Vergangenen zu stabilisieren. Es ist die Ausschließlichkeit, in der das Substitut zur Bestimmung der eigenen Position genommen wird, die Nietzsche attakkiert. Das Spiegelbild ihrer Unfähigkeit, sich affirmative Gegenwärtigkeit zu geben, liegt seiner Kulturkritik zufolge in der Zuflucht zu sogenannter ‹wissenschaftlicher Objektivität› vor. Nietzsches Projekt historischen Philosophierens ist von dieser Diagnose bestimmt. Es muß sich gegen zwei verschiedene Arten Geschichte zu schreiben wenden lassen. Ich will den Versuch unternehmen, diese beiden Modelle von Geschichtsschreibung zu skizzieren. Dann möchte ich Nietzsches Projekt als ein drittes Modell historischen Diskurses kennzeichnen.

I

Die erste Art, Geschichte zu schreiben, kann man als Versuch bestimmen, die Vergangenheit zu erinnern und die Zukunft zu ahnen. Erinnerung und ahnende Vorwegnahme setzen Anfang und Ende einer Geschichte. Das Medium, in dem ihre Entwicklung in ein kontinuierliches Band zusammengenommen ist, ist die Erzählung. Schelling hat den Satz geprägt, die Form, in der man sich der Vergangenheit im Wissen innewerde, sei die Erzählung. Sofern es gewußt wird, wird das Vergangene erzählt.[2] Und sofern an die Erzählung der Vergangenheit die ahnende Vorwegnahme der Zukunft angeschlossen wird, wird sie in Vermutungen ausgesprochen. Auch die Konjekturen über die Zukunft können wohl in keiner anderen Form als der Erzählung erfolgen, wenn Schelling auch das erinnernde Erzählen der Vergangenheit vom ahnenden Weissagen der Zukunft unterschieden hat. Wie immer sich auch erinnernde Rückschau und ahnende Vorausschau unterscheiden mögen, es ist die grundlegende Annahme dieser Art Geschichte zu schreiben, die Ahnung der Zukunft sei in Erkenntnis und Wissen überführt, wenn die Vergangenheit vollständig verfügbar ist. Die Zukunft liegt dieser Vorstellung gemäß in der Erzählung offenbar zutage, welche die Vergangenheit vollständig erschlossen und aufgeklärt hat. Darum öffnet die Historie als erinnernde Erzählung des Vergangenen zugleich den Blick in die Zukunft. In ihr ist die Partikularität der Gegenwart aufgelöst und aufgehoben, da sie die *«erste Herkunft der Dinge»*[3] erklärt. Diese besteht in einer Urszene der Erfahrung, von der alle ihre folgenden und sich entwickelnden Konstellationen durchdrungen sind. Da diese Urszene durch die Historie aufgeklärt wird, ist sie die erste Philosophie und ihre Form ist die Erzählung.

Der erinnernde Rückgang in die Vergangenheit kann nicht unmittelbar vollzogen werden. Das Faktum, wodurch seine Bedingungen gesetzt sind, ist der Verlust der Herkunft der Ordnung der Dinge im *Vergessen*. Die erzählende Aufklärung der Urszene der Erfahrung ist darum gleichbedeutend mit dem Versuch, den Schleier der Vergessenheit zu zerreißen, der über der Vergangenheit liegt. Zwar liegen ihre Zeugen in Denkmälern und Dokumenten der verschiedensten Art vor, aber deren Zeichenschrift muß erst entschlüsselt und entziffert werden. Der erzählende Geschichtsschreiber lernt sie als Figuren seines eigenen Wesens zu lesen. An ihnen selbst sind die Denkmäler und Dokumente der historischen Zeit stumm wie jene der Naturgeschichte. Um sein eigenes Wesen und die Urszene der Erfahrung durch das Band der Kontinuität zu verbinden, muß vom Historiker in der erzählenden Philosophie die *«Arbeit von Jahrtausenden ... hinweggenommen werden, um endlich auf den Grund zu kommen»*[4]. Und das geschieht in den erinnernden Erzählungen, in denen er sein eigenes Wesen und die Urszene der Erfahrung imaginiert. So belebt er die Schichten der Vergangenheit als Verdoppelungen seines Wesens. In der Sprache, die er den stummen Zeugen der Vergangenheit gibt, erinnert er sein eigenes Wesen wieder. In einem Akt entreißt er und sein diese ihm fremden Wesen durch eine Kette von Benennungen dem Dunkel der Vergessenheit. Die erzählende Geschichtsschreibung ist nicht nur Erinnern des Vergangenen und ahnendes Vermuten zukünftigen Geschehens. Sie ist die Form der *Wiedererinnerung* eigenen Wesens und dessen Verdoppelungen in Denkmälern und Dokumenten der Vergangenheit, indem sie den Schleier der Vergessenheit von beiden hinwegnimmt.

Es ist eine *«unbewußte Sehnsucht»*[5], die zur Wiedererinnerung vergessenen Wesens treibt. In den Erinnerungen des erzählenden Geschichtsschreibers wird sie mitgeteilt. Sie erscheint in der Suche nach der Identität der Erfahrung, die nicht in die Welt der Denkmäler und Dokumente und die Stummheit und Abwesenheit ihrer Bedeutung auseinandergetreten ist. Auf Grund dieser Doppelung sind die Erinnerungen erzählender Geschichtsschreibung als Fragen nach Sinn und Bedeutung ursprünglicher Erfahrung charakterisierbar. In der Wiedererinnerung müssen sie beantwortet sein. Die Voraussetzung, es gäbe eine indifferente Schicht der Erfahrung, die allen ihren Verdoppelungen, Abspaltungen und Verzerrungen zugrunde liege, derer man aber in der Wiedererinnerung vergessenen Wesens innewerden könne, kennzeichnet alle Varianten dieser Art Geschichte zu schreiben, in welch ermäßigter Form sie auch auftreten mögen. Diese Annahme läßt sich an den verschiedensten Domänen der Erfahrung demonstrieren und sie besteht unabhängig davon, ob das Ziel geschichtlicher Entwicklung in einem unvordenklichen goldenen Zeitalter gesucht oder in die Ahnung eines nachgeschichtlichen Sinnes verlegt wird, in dem das Vergessen der Herkunft der Dinge aufgehoben ist. Das sind Weisen der Utopie, die der erinnernden Geschichtsschreibung den Atem geben. Mit ihrem Modell im Hintergrund hat Lukács seine

Geschichtsphilosophie der epischen Formen geschrieben. Nach ihm sind sie allesamt, sofern sie vom Zustand der Moderne geprägt sind, von der Erinnerung ursprünglicher als der Ahnung neuer Lebensformen gekennzeichnet. Und Benjamin muß von dem Satz Schlegels, der vom Historiker als dem rückwärtsgewandten Propheten spricht, beeindruckt gewesen sein. In diesem Satz ist die Essenz der ersten Art Geschichte zu schreiben, aufs kürzeste ausgedrückt. Man kann die erinnernde Geschichtserzählung auch zu einer typologischen Beschreibung von Weltanschauungen ermäßigen. Dennoch erhalten auch in ihrem Rahmen die nun Objektivationen des Lebens genannten Denkmäler und Dokumente der Vergangenheit durch das erinnernde Nacherleben Sinn und Bedeutung, nur daß als Wurzel solcher Erinnerung die Erlebnisfähigkeit des Menschen einfach angenommen werden muß. Die Frage, warum sie sich der Vergangenheit zuwendet, bleibt unbeantwortet.[6]

Im ursprünglichen Rahmen erzählender Geschichtsschreibung ist der Grund der Suche nach der Herkunft der Dinge durch die Erinnerung ein unbestimmtes und unbewußtes Wollen. Es erzeugt eine Leidenschaft, die, über alle Verdoppelungen ihres Wesens hinaus, den Zustand der Leidenschaftslosigkeit und des Nichtwollens sucht. In ihrem Kern ist die erinnernde Geschichtsschreibung der Versuch, einen Zustand des Nichtwollens, die Urszene der Erfahrung wiederzuerinnern – ob sie als vorgeschichtlicher Anfang oder als nachgeschichtliches Ende aller Geschichten interpretiert wird, ist nicht von Bedeutung. So zentriert sich die Erzählung des erinnernden Geschichtsschreibers in exemplarischer Weise im Bericht über das Tun und Leiden des Menschen. Sie zeichnet die Stadien seiner Leidenschaft auf und kennzeichnet seinen Lebenslauf als einen Kursus des *«Zu-sich-selber-Kommens»*[7] in der Wiedererinnerung, das heißt in der Aufhebung der Vergessenheit seines Wesens.

Epochen können als Markierungen und Zäsuren in der Entwicklung eines solchen Lebenslaufs verstanden werden. Dieser findet in der Erkenntnis der Identität der Urszene der Erfahrung und dem Wesen ihr Ende, das in einen Lebenslauf verwickelt ist. Fortschritt bedeutet das Fortschreiten zur Erkenntnis dieses dem Lebenslauf *immanenten Sinnes,* Rückschritt und Niedergang sind als Stadien der Entfernung von ihm und als sein schließlicher Verlust im Dunkel der Vergessenheit zu verstehen.

Der vorzügliche empirische Fall, in dem die erinnernde Geschichtsschreibung Anwendung findet, ist die Erzählung der Identitätsbildung im Lebenslauf eines Individuums. Der erzählende Geschichtsschreiber wird dann als Instanz vorgestellt, die dem Individuum als Antwort auf die Frage: ‹Wie bin ich geworden, was ich gegenwärtig bin und worin liegt meine zukünftige Bestimmung› die Erzählung einer kontiniuierlich sich entwickelnden Biographie vorschlägt. Der erzählende Rückgang in die unbewußten Stadien dieser Biographie bedeutet zugleich die Aufklärung ihrer Bestimmung. Er gibt Antwort auf die Frage, auf welche Weise das Individuum geworden ist, was es ist; und diese Antwort kennzeichnet auch seine Bestimmung. Denkmäler und Dokumente der Vergangenheit werden dem Individuum dann lesbar als symptomatische Ausdrucksformen, die auf die Bedeutung der Urszene seiner Erfahrung zeigen. Es macht die Kunst des erinnernden Geschichtsschreibers aus, Übersetzungen dieser Bedeutung zu finden, die vom Individuum als Antwort auf die Frage nach seinem Wesen, seiner Herkunft und Bestimmung akzeptiert werden können. *Der erinnernde Geschichtsschreiber verwandelt sich in den Arzt der Seele*.

Mit Hinsicht auf die geschichtsphilosophischen Spekulationen über das Alter der Welt, über die Metamorphosen und Verwandlungen der menschlichen Phantasie, über den Anfang der Geschichte in einem goldenen Zeitalter und deren Ende in der Wiederkehr der alten Mythen, aus denen die Erinnerung an die Kindheit der menschlichen Gattung spricht, kann man diese Art, Geschichte zu schreiben als *romantisch* charakterisieren. Mit Hinsicht auf den empirischen Fall ihrer Anwendung auf die Identitätsbildung in den Bedeutungszäsuren von Biographie und Lebenslauf sind ihr Maß und Ziel in der Selbsterhaltung des Individuums gegeben. Diese ist erreicht, wenn es sein vergessenes Wesen wiedererinnern kann; dann ist die Frage nach seiner Herkunft und Bestimmung beantwortet, und alle Rätsel unbewußter Sehnsucht sind gelöst.

II

Die zweite Art, Geschichte zu schreiben, ist der ersten nicht unverwandt. Aber sie ist nicht an die Aufklärung von Ursprungs- und Herkunftsfragen gebunden, und die Fälle, in denen sie empirische Anwendung findet, schließen diese oft geradezu aus. Auch die Geschichte, dieser beiden Arten Geschichte zu schreiben, kann als Entwicklung und schließliche Tatsache inkompatibler Begriffsbildung charakterisiert werden. Zur Entwicklung dieser Inkompatibilität tritt ein Faktum, das schon die Anfangsbedingungen der Entstehung beider Modelle bestimmt. Die zweite Art Geschichte zu schreiben kann nicht als romantisch gekennzeichnet werden. Hegel nennt ihr Resultat die *«begriffne Geschichte»*[8]. Dieses umfaßt, seiner eigenen Sprache zufolge, die *«Erinnerung und die Schädelstätte»* der Entwicklung substantieller Wirklichkeit. In der bloßen Erinnerung kann man den Prozeß dieser Entwicklung nicht festhalten und begreifen.

Beiden Arten Geschichte zu schreiben ist die Wende gegen den Fortschrittsbegriff der Aufklärung gemeinsam. Die Vorstellung von der *Perfektibilität* des Menschen und seiner Fähigkeiten ist als organisierendes Prinzip historischen Diskurses unzureichend. In Wahrheit wird er durch sie als stabiler Charakter hingestellt, und diese Stabilität läßt sich dann gegen die *Entwicklung* und den Prozeßcharakter der Bildung von Ichidentität und Lebensverhältnissen kehren – so kennzeichnet Hegel die Geschichtstheorie der Aufklärung. In der ersten Art, die Geschichte des Menschen aus der Erinnerung zu schreiben, ist die Ablehnung der Voraussetzung, alles Lebendige sei durch den Fortschritt zu seiner Vervollkommnung bestimmt, eher mit dem Willen verbunden, den unvordenklichen Grund aller Entwicklung und des Fortschreitens in einem Lebenslauf zu wissen. Und dieser ist eben nur von der Wiedererinnerung seines Anfangs in Erfahrung zu bringen. Für die Mnemosyne, die dem erzählenden Geschichtsschreiber die Hand und das Bewußtsein führt, hat Hegel schöne Worte gefunden. Sie mag in das Tun und Leiden eines Lebenslaufs, sogar in das kollektive Bewußtsein einer gesellschaftlichen Organisation, den Faden einfühlender Phantasie legen, aber in die *«Prosa der Geschichte»*[9] bringt sie dadurch kein Licht. Das Zitat prosaischer Lebensverhältnisse und der Ruf nach ihrer Analyse treten immer ein, wenn es gilt, die romantische Hoffnung auf die Wiederkunft verlorener Vergangenheit abzuwehren und sie als Bewegung zu kennzeichnen, die sich selbst im Vergangenen verliert. Für die zweite Art, Geschichte zu schreiben, lautet die oberste Maxime, das Prinzip allen Geschehens sei in Entwicklung und Ausdifferenzierung zu suchen. Ihr erscheinen die Herkunftserzählungen erinnernder Geschichtsschreibung als Darstellung eines Naturzustands der Primitivität. Die ihnen entgegengesetzte These, dieser sei in der Prosa der Geschichte längst verlassen, bliebe freilich in der Trivialität stecken. Entscheidend ist die Tatsache, daß sich zugleich mit der Herausbildung prosaischer Lebensformen, mit der Entzauberung von Religion und Phantasie, eine eigene Form des Zugangs zur Geschichte entwickelt hat. Die erinnernde Geschichtsschreibung hat den Kontakt mit *diesem* Faktum geschichtlicher Entwicklung verloren – das ist der entscheidende Einwand, der vom Standpunkt begriffener Geschichte gegen Herkunftserzählungen erfolgen muß. Zwar fügen sie den gegenwärtigen Lebensverhältnissen, die an ihrer Oberfläche aus Wechselfällen artifizieller Unendlichkeit bestehen, die *«Dauer des Andenkens»* [10] hinzu; aber die Komplexität gegenwärtiger Lebensformen ist eben nur an ihrer Oberfläche undurchschaubar und instabil. Werden sie begriffen, dann erkennt man an ihnen die *«Gesetze der Vernunft»*. Im Andenken, das ist im Willen, das Wissen des unvordenklichen Grundes von Herkunft und Bestimmung des Menschen zu erzwingen, gewinnt man nur Schichten der Erfahrung, die in Wahrheit die Wüste der Vorgeschichte sind. Sie ist das Ziel, das die unbewußte Sehnsucht nach der Wiedererinnerung des unvordenklichen Grundes aller Erfahrung zu erreichen sucht. Im Lebenslauf eines Individuums wendet sich diese Sehnsucht in die Selbstzerstörung, und die Verkehrung wird durch die erinnernde Geschichtsschreibung nur beschönigt, aber nicht begriffen. In historischer Hinsicht ist der Wille des Menschen zur Vorgeschichte nur die symptomatische Ausdrucksform seines Niedergangs, die zugleich mit der aufklärerischen Lehre seiner Perfektibilität entstanden ist. In solchen Diagnosen nähert sich das Begreifen geschichtlicher Entwicklung einer dritten Art Geschichte zu schreiben. Eine ihrer zentralen Vorstellungen ist in der Überzeugung ausgedrückt, Fortschritt und Niedergang als Grundbegriffe historischen Diskurses reichten gerade noch dazu hin, das Ende der Aufklärung zu konstatieren und den Willen zu ihrer Negation zu verstärken.

Insofern mit der zweiten Art Geschichte zu schreiben der Anspruch verbunden ist, erst in der begriffenen Geschichte sei es möglich, unzureichende Formen historischen Diskurses als solche zu verstehen, spricht aus ihr das Entstehen der Ideologiekritik. Es kennzeichnet die Geschichte dieser Form der Geschichtsschreibung, daß gerade dieser Anspruch in immer größerer Beschleunigung gehandhabt wurde. Immer ist es dann eine weniger entwikkelte als dekretierte Einheit der Vernunft in den Lebensverhältnissen der Gegenwart, die den Maßstab dafür bestimmt, was erinnert werden soll und vor allem, wie die zukünftige Entwicklung dieser Vernunft gesteuert werden muß. Die erzählende Geschichtsschreibung gilt dann als Beispiel des Auseinanderfallens der Geschichte in private Bildungsgeschichten. Im Rahmen der zweiten Art Geschichte zu schreiben müssen Bildungsgeschichten als überhaupt nicht *geschichtsfähig* gelten. Geschichte wird den Charakteren durch die erinnernde Geschichtsschreibung nur *«angefabelt»*.

Was erinnerungswürdig und geschichtsfähig ist, wird in der zweiten Art Geschichte zu schreiben mit Hinsicht auf die *«Wissenschaft des erscheinenden Wissens»* [11] festgelegt. Es muß den Imperativen dieser Wissenschaft zufolge möglich sein, Vergangenes nicht nur zu erinnern, sondern es auch in die Vergessenheit hinabzustoßen. Erinnern darf in der zweiten Art Geschichte zu schreiben nicht für sich selbst stehen und in sich selbst begründet sein. Nimmt man überhaupt ein Wesen des Menschen an, so läßt es sich nicht als Wille bestimmen, seine Herkunft zu wissen. In der Entwicklung selbst und im Prozeßcharakter seiner Erfahrung ist sein Wesen vollkommen ausgesprochen. Dieses ist in kulturellen Legitimationsformen und historisch-politischen Organisationen verkörpert und muß nicht in einer Sehnsucht gesucht werden, die sich im Unbestimmten verliert.

Nach der zweiten Art Geschichte zu schreiben sind Entwicklung und Ausdifferenzierung von Lebensverhältnissen zu Legitimationsformen und Organisationen identisch mit ihrem *Geist*. Er läßt sich nicht einzelnen Individuen zurechnen und ihnen imputieren, und er kann nicht aus der Genese ihrer psychischen Fähigkeiten gewonnen werden. Die Bildung von Ichidentität ist nur eines von vielen möglichen Beispielen seiner Verkörperung. Sie ist selbst das Resultat und die Folge kollektiv sich entwickelnder Bewußtseinsprozesse. Der zentrale Satz der zweiten Art Geschichte zu schreiben nimmt deshalb das Prinzip der Entwicklung und deren organisatorische Kristallisation zusammen, bezieht sie auf die geschichtliche Erfahrung des Menschen und zentriert sie in der Verwirklichung der *«Freiheit»*. Er lautet: *«Die Weltgeschichte stellt nun den Stufengang der Entwicklung des Prinzips dar, dessen Gehalt das Bewußtsein der Freiheit ist.»* [12]

Die Entwicklung des Stufengangs der Geschichte kann als die List der Vernunft oder als die List gesellschaftlich zweiter Natur gekennzeichnet werden; darüber entscheiden die inhaltlich-historischen Bestimmungen, die man ihr gibt. In ihnen finden dann auch die Begriffe Platz, durch die, wie es durch Fortschritt und Niedergang geschieht, Stadien dieser inhaltlichen Bestimmung ausgemacht werden. In dem zentralen Satz der zweiten Art Geschichte zu schreiben sind mit Fortschritt und Niedergang nicht Vervollkommnungen und Rückbildungen irgendeiner Art bezeichnet; sie sind Markierungen, durch welche die Verwirklichung der Freiheit begriffen werden soll. Diese kann nicht in den Rahmen der Entfaltung von Bewußtseinsprozessen gestellt werden – das macht nur ihren Gehalt aus. Sie erfolgt auch nicht als ein Prozeß naturgeschichtlicher Evolution. Der Stufengang der Geschichte, dessen Ziel die Verwirklichung der Freiheit ist, wird von der begreifenden Geschichtsschreibung als Prozeß fortgehender *Negationen* charakterisiert. Er ist beendet, wenn die gegenwärtigen Lebensverhältnisse als Verwirklichung der Freiheit begriffen werden können. Dann beantwortet sich auch die Frage nach Anfang und Ende der menschlichen Geschichte von selbst, da der Prozeß des Negierens in der Affirmation gegenwärtiger Verwirklichung der Freiheit stillgestellt ist.

Negation ist als die Möglichkeit des Nichtseins einer gegebenen Wirklichkeit bestimmbar. Das Medium, in dem die Grenze zwischen einer bestehenden und ausdifferenzierten Organisation der Freiheit und der Möglichkeit ihrer Negation verläuft, ist die Zeit als der Prozeß der Geschichte. Nach dem Modell begreifender Geschichtsschreibung haben geistige Organisationen ihr Bestehen und ihre Gegenwärtigkeit darin, auf welche Weise sie den Begriff der Freiheit ausgelegt und verwirklicht haben. Es kennzeichnet den Stufengang der Geschichte, in welcher Form sich entwickelnde und ausdifferenzierte Organisationen und Weltbilder die Möglichkeit ihrer Negation und den Einbruch des Zufalls negiert und aufgehoben haben. Epochen und Perioden sind nach Maßgabe eines solchen Begriffs historischer Entwicklung als Kristallisations- und Knotenpunkte zu begreifen, in denen das Prinzip der Freiheit konturierte und allgemein zugängliche Formen erreicht hat. Im Hinblick auf seine Verwirklichung ist der exemplarische Fall der Bestimmung moderner Lebensverhältnisse im Staat erreicht. An diesem Fall manifestiert sich in vorzüglicher Weise, daß Geschichte zu begreifen heißt, die Gründung und Entwicklung institutionell geregelter Lebensverhältnisse als ihren Begriff zu verstehen. Und sofern sich die Moderne in der begriffenen Geschichte wiederfinden soll, muß diese an das Faktum staatlich organisierter Lebensformen heranreichen und nicht nur das Andenken an vorgeschichtliche Formen der Assoziation des Lebens bewahren. Nach der zweiten Art Geschichte zu schreiben ist der Wille zur Wüste der Vorgeschichte mit dem zur Verwüstung gegenwärtiger Lebensformen verbunden. Das macht verständlich, warum Hegel allen Imaginationen, in denen sich die Suche nach einem Zustand des Nichtwollens ausdrückte, mit Mißtrauen und Aggression begegnete.

Die Erzählungen des erinnernden Geschichtsschreibers sind dem Modell begriffener Geschichte zufolge Artikulationsformen, deren Bedeutung nur in der Negation der Gegenwart besteht. Nach dem Modell begriffener Geschichte ist aber der Sinn geschichtlicher Erfahrung gerade in der Herausbildung und Entwicklung des Prinzips der Freiheit zu affirmativen und gegenwärtigen Organisationen zu suchen. Der Geschichtsschreiber muß die affirmative Gegenwärtigkeit des Prinzips der Freiheit durch die kontinuierliche Entwicklung der Geschichte und den Einbruch der Negation hindurch begreifen. Dann erkennt er auch die Tatsache, daß den verwirklichten Lebensformen der Freiheit so lange keine wirkliche Gegenwärtigkeit zugesprochen werden kann als die Negation, die Möglichkeit ihres Nichtseins mit ihnen selbst gesetzt bleibt. Diese erscheint dann im Zusammenbruch einer alt gewordenen Lebensform und im *Übergang* in neue Weisen und Formen der Organisation und Verwirklichung der Freiheit.

Die *Aufhebung* der Möglichkeit des Nichtseins und der Negation von Lebensformen, in denen das Prinzip der Freiheit besondere und bestimmte Verkörperungen gefunden hat, ist eins mit der Aufhebung der Grenzen, wodurch sie bestimmte und konturierte Organisationen geschichtlicher Erfahrung sind. Diese Aufhebung, soll sie nicht ein Rückfall in die Allgemeinheit der Anarchie sein, ist nur in einer Lebensform geleistet, deren Gegenwärtigkeit die Verwirklichung des Begriffs ist. Diese macht das Ziel der Geschichte aus, und durch das Modell begriffener Geschichte wird die Entwicklung zu ihm nur mitgeteilt. Nach der Zukunft muß nicht gefragt werden, und die Vergangenheit wird nach Maßgabe gegenwärtig verwirklichter Freiheit begreifbar. Erst in der *Weltge-*

schichte kann der Prozeß fortgehender Negationen zu einem Ende kommen und als begriffene Gegenwart ausgelegt werden.
Dem erzählenden Geschichtsschreiber muß die Darstellung der Weltgeschichte als Prozeß und Stufengang von Negationen als ein Spiel *«leerer Dialektik»*[13] erscheinen. Da man nach ihm nie die Identität des Begriffs der Freiheit und seiner Verwirklichung in geschichtlichen Organisationen wird erfahren können, ist es überzeugender, die Wiedererinnerung ursprünglicher Identität der Erfahrung aus ihren Verdoppelungen zu erzwingen. Die Darstellung des Stufengangs der Weltgeschichte, organisiert nach Maßgabe der Verwirklichung, die der Begriff der Freiheit annimmt, versteht er als Übertreibung eines Begriffsgottes, um den herum es gar nichts anderes geben kann als die Welt-Geschichte. In ihr ist die Negation als Grenze bestimmter Systeme und Organisationen des Begriffs nicht entwickelt, sondern immer schon aufgehoben, das heißt vorausgesetzt.
Dem Faktum, daß sich historische Erfahrung kontinuierlich und zugleich in Brüchen und im Verschwinden von Kontinuität vollzieht, ist im Modell begriffener Geschichte durch die Doktrin von der *Entfremdung* Rechnung getragen, in die entwickelte geistige Organisationen zu sich selbst treten, sich in sich selbst *verkehren*, um sich dann gegen ihren eigenen Gegensatz zu wenden. In dieser Formel sind Kontinuität und Diskontinuität geschichtlicher Erfahrung miteinander verbunden, ohne daß ihre verbindende Einheit in einen unvordenklichen Grund gelegt ist. Nur im Rahmen eines solchen Begriffs geschichtlicher Entwicklung haben dann die Vorstellungen Platz, die Fortschritt und Niedergang als organisierende Begriffe historischen Diskurses betrachten. Daß man Niedergang und Zerfall einer geschichtlichen Lebensform gezielt verstärken muß, um Fortschritt und Übergang zu einer anderen zu erreichen, bezeichnet eine der Konsequenzen, die im 19. Jahrhundert aus der Auffassung gezogen wurden, das Wesen geistiger Organisationen des Lebens entwickle sich nur durch den Gegensatz hindurch, in den sie zu sich selbst treten. Daß sich die Entfremdung gesellschaftlicher Lebensformen als bloß scheinhafte Verdoppelung in Bildern und Begriffen spiegelt, die sie sich selbst geben, ist eine andere. In ihr ist der Nerv des Modells getroffen, nach dem sich die Geschichte als Stufengang begreifen läßt, dessen Markierungen die Verwirklichung des Begriffs der Freiheit sind. Er besteht in der Voraussetzung, es sei die Einheit einer Vernunft,

die sich in Auslegungen *und* Organisationen im Stufengang der Geschichte entwickelt und in ihm erscheint. Die zweite Art, Geschichte zu schreiben, ist durch die Affirmation dieser Einheit bestimmt.

Die Einheit der Vernunft ist aber aufgehoben, sobald deren Ausdrucksformen nur als scheinhafte Verdoppelungen gesellschaftlicher Lebensverhältnisse gelten; denn dann ist es nicht hinreichend sie zu begreifen, sie müssen dann als ideologische Legitimationsformen demaskiert und die gesellschaftlichen Verhältnisse, mit denen sie verbunden sind, müssen vernichtet werden. Und dann zerfällt auch das Modell, nach dem der Stufengang der Geschichte als Entwicklung eines Prinzips begriffen wird. Nach der einen Seite hin verwandelt es sich in die *«Wissenschaft der Geschichte»*[14]. Durch die wissenschaftliche Geschichtsschreibung werden nicht die Gesetze der Vernunft begriffen, sondern empirische Sequenzen von Gesellschaftsformationen rekonstruiert. Nach der anderen Seite tritt die Ideologiekritik das Erbe des spekulativen Modells begriffener Geschichte an. *Der begreifende Geschichtsschreiber verwandelt sich in die Figuren des Wissenschaftlers und des Ideologen.* In der Formel, die Aufhebung der Entfremdung mache denselben Weg wie die Entfremdung, ist die Logik geschichtlicher Entwicklung mit Hinsicht auf beide in eins zusammengenommen.[15] Nach dieser Formel besteht sie in der Universalisierung des Gegensatzes von Fortschritt und Niedergang. Sie gilt für die Wissenschaft von der Geschichte wie für die Ideologiekritik. Sie gibt den Rahmen empirischer Geschichtsforschung an und bestimmt die Geschichtsfähigkeit von historischen Ereignissen und Entwicklungen. Ob der Mechanismus, nach dem sich die Entfremdung gesellschaftlicher Lebensverhältnisse vollzieht, an ihren Produktionsweisen, ihrer institutionellen Organisation oder an den Formen ihrer Legitimation demonstriert wird, ist nicht entscheidend; durch ihn werden sie alle zu signifikanten Gegenstandsbereichen historischen Diskurses.

Die Prägnanz der Formel von der Aufhebung der Entfremdung, die mit ihrer Entwicklung identisch ist, liegt darin, daß in ihr historischer Prozeß und sein Ziel zusammengenommen sind. Das Ziel der Geschichte ist erreicht, wenn sich Verkehrung und Entfremdung der Lebensverhältnisse in einer Weise universalisiert haben, daß nur mehr ihre Selbstaufhebung möglich ist. Die Aufgabe wissenschaftlicher Geschichtsschreibung ist es, den Gang dieser

Entwicklung zu erklären, die der Ideologie, sein Ende zu dekretieren. Vor diesem Dekret wird, was nicht in die eigene Position mündet, zur Vorgeschichte, und ihr Stufengang ist erst verfügbar, wenn die wirkliche Geschichte nach Maßgabe dieses Dekrets beginnen kann.

Man kann die Doppelung, in der sich der begreifende Geschichtsschreiber in den Wissenschaftler und den Ideologen verwandelt, als Symptom dafür auffassen, daß sich die Geschichte nach Maßgabe der Formel von der Aufhebung der Entfremdung, die denselben Weg wie die Entfremdung macht, nicht verfügbar machen läßt. Zudem sind in ihrem Bedeutungsgehalt wissenschaftliche und moralische Imperative in unentwirrbarer Form zusammengefügt. Darum können sie der Wissenschaftler und der Ideologe beliebig handhaben. Der eine setzt sie im Namen der Objektivität historischer Rekonstruktionen ein, der andere vermoralisiert mit ihr die geschichtliche Entwicklung, indem er sie zur Vorgeschichte der wahren, das heißt der eigenen Bestimmung erklärt. Diese Legierung von wissenschaftlicher Objektivität und Moral empfand Nietzsche als unerträglich. Er wertete sie als Ausdruck kulturellen *Niedergangs*. Sein Projekt historischen Philosophierens ist aus der Abwehr solcher Legierung und aus der Distanz entstanden, in die er sich zur eigenen romantischen Vorstellung vom Philosophen als dem Arzt der Kultur setzte. Man muß erst einmal alle Vorstellungen verwerfen, die einen kontinuierlichen Gang historischer Entwicklung annehmen, sei er nun romantisch gefaßt oder nach dem Modell begriffener Geschichte entfaltet. Dann erst kann man den Blick für die *Autonomie* geschichtlicher Erfahrung gewinnen. Negativ kann sie in zwei Hinsichten bestimmt werden. Sie kann nicht aus der Projektion eigenen Mangels auf vergangene Lebensformen gewonnen werden. Der Historiker kann nicht als Arzt verstanden werden, der eine neue Kultur durch die Wiedererinnerung der alten vorbereitet. Sie kann aber auch nicht durch den Fetisch historischer Objektivität in den Blick gerückt werden, sei er nun mit Rücksicht auf die Wissenschaft erscheinenden Wissens oder nach Kriterien wissenschaftlicher Geschichtsforschung konzipiert. Auf Grund dieser Unmöglichkeit hat Nietzsche den alten Topos von der Historie als Lehrerin des Lebens umgedreht. Die oberste Maxime historischen Philosophierens lautet: die Historie ist die Dienerin des Lebens.[16]

III

Nach der dritten Art Geschichte zu schreiben kann die Eigenart historischer Erfahrung nur auf Grund des umgedrehten Verhältnisses, in dem sie zum faktischen Lebensvollzug steht, wirklich bestimmt werden. Es ist nicht hinreichend, sie als Abwehr erinnernder Ursprungserzählungen und als Destruktion empirischer Verfahrensweisen wissenschaftlicher Geschichtsforschung zu kennzeichnen. Das sind erst Konsequenzen folgender für die dritte Art Geschichte zu schreiben verbindlichen Annahme: Lebensverhältnisse bestehen aus einer Mannigfaltigkeit von Symbolsystemen, und die Eigenart historischer Erfahrung läßt sich nur durch deren kulturelle Aggregate hindurch erschließen. Kulturelle Symbolsysteme haben ihr Bestehen und ihre Konsistenz unabhängig von den Prozessen individueller Bewußtseinsbildung und der Entwicklung und Verwirklichung von Endzwecken im Handeln der menschlichen Gattung.

Es ist nicht der Sinn von Geschichtsschreibung, Vergangenheit und Gegenwart an Hand von Formeln zu verbinden, nach denen das Verbundene die Verkörperung einer kontinuierlich sich steigernden Bewußtseinskompetenz ist. Die Stummheit geschichtlicher Denkmäler und Dokumente muß dann als deren unbewußtes Wesen interpretiert werden. In Wahrheit sind es *Parodisten* historischer Erfahrung, die in solcher Weise verfahren.[17] In ihren Händen wird sie zur Erzählung des Innewerdens unbewußter Vorgeschichten. Erst im Rahmen historischen Philosophierens kann dieses Verfahren als Parodie benannt werden. In der erinnernden Geschichtsschreibung werden die sie kennzeichnenden Formeln einfach gebraucht und auf das Maß einer Fähigkeit zurechtgeschnitten, die eben darin besteht, zu sich selber zu finden. Das ist der parodistische Aspekt erinnernder Geschichtsschreibung: in ihr verschwindet die Vergangenheit in der Konzeption eines Bewußtseins, das man sich nur als durchschnittliches vorstellen kann.

Wie der Sinn historischer Erfahrung nicht in Findung und Erhaltung eines Durchschnittsbewußtseins bestehen darf, so ist er nicht einer Vorstellung gemäß zu machen, nach der sich Gesetze der Vernunft durch ein zeitliches Kontinuum hindurch zu ihrer Gegenwärtigkeit entwickeln. Was eine historische Situation gewesen ist, welche Bedeutung die sie umgebenden Symbolsysteme haben, läßt sich nicht von ihren entwickelten Gestalten aus begreifen. Vor allem kann man die Voraussetzung nicht akzeptieren, der verbindliche Wert solcher Symbolsysteme sei in ausdifferenzierter Form in die Gegenwart transformiert und in ihren Ausdrucksformen aufbewahrt; es sei undenkbar, daß er verschwunden und verloren sei. Durch solche Annahmen werden Vergangenheiten zwar theoriefähig, aber sie können als solche gar nicht festgehalten werden. Die Geschichte wird zum Feld der Exekution historischer *Universalisten*. Für sie gibt es nur eine Geschichte, die sich nicht erzeugen und machen läßt, von der man sich auch nicht trennen kann. Um sich überhaupt in ein Verhältnis zu ihr setzen zu können, muß sie eben die Realisation vernünftiger Endzwecke sein, nach denen die menschliche Gattung handelt. Diese muß der Historiker erkennen, er kann sie nicht umstoßen und sich von ihnen befreien. Hegel hat die erinnernde Geschichtsschreibung als Versuch gewertet, sich der Entwicklung und Verwirklichung solcher Endzwecke zu entziehen.

Nach der dritten Art Geschichte zu schreiben hat man sich der Geschichte nicht etwa dadurch versichert, daß man spekulative Annahmen über ihren Ereignischarakter und Verlauf empirisch zu substantiieren versucht. Das Pathos des Historikers ist erst wirklich freigesetzt, wenn er auf jegliche Vorstellung kontinuierlicher Entwicklung historischer Erfahrung verzichtet. Erst dann kann er den Widerspruch zwischen *Sein* und *Werden* wahrnehmen, der für die Mannigfaltigkeit kultureller Symbolsysteme kennzeichnend ist. Er kann den Blick für das Faktum gewinnen, daß es Glücksfälle solcher Smybolsysteme gibt – wenn sie ein durchgearbeitetes Verhältnis dieses Widerspruchs exemplifizieren. Solche Glücksfälle lassen sich nicht nach ihren immanenten Entwicklungsprinzipien rekonstruieren oder auf die Ausbildung eines durchschnittlichen Bewußtseins hin reduzieren. Sie lassen sich nicht in eine imaginäre Entwicklungslogik treiben. Die Weise, in der die Historie dem Leben dient, kann ihnen gegenüber nur darin bestehen, daß man sie *als* solche wahrzunehmen lernt. Das Pathos des Historikers ist zu allererst eines der Distanz.

Kulturelle Symbolsysteme sind Auslegungen und Interpretationen menschlichen Daseins. Ihre Funktion besteht zunächst und vor allem darin, das Dasein des Menschen mit einem Horizont von Fiktionen und Illusionsbildungen zu umgeben, durch den wirkliche Handlungen garantiert und der Spielraum möglicher erweitert ist.

Man kann sie also in doppelter Hinsicht bestimmen. In dem Satz, die Sequenzen kultureller Symbolik seien Auslegungen und Interpretationen menschlichen Daseins, sind beide Perspektiven zusammengenommen. Der Angelpunkt der einen Hinsicht, nach der Symbolsysteme das menschliche Dasein interpretieren, ist bloß *anthropomorphisch*. Mit diesem Terminus bezeichnet Nietzsche das Faktum, daß sich der Mensch mittels ihrer zur Regel der Ordnung der Dinge macht. Der Zweck solcher Interpretationen ist es, seine unbefriedigte Bedürfnissituation zu kompensieren. In der anthropomorphischen Perspektive, die der Mensch auf die Dinge projiziert, bestimmt er sich selbst als Wesen, das nicht nur durch faktische Bedürfnisse, sondern schon durch die Aussicht auf die Möglichkeit ihres Auftretens gezwungen ist, sein Dasein mit Blick auf seine Selbsterhaltung einzurichten und festzustellen. Nach der dritten Art Geschichte zu schreiben sind die Systeme moralischer und wissenschaftlicher Interpretation menschlichen Daseins nicht einfach über diese Form seiner Feststellung hinaus. Sie sind zunächst selbst Weisen der Interpretation und der in verschlungenen Transformationen erreichte Ausdruck der anthropomorphischen Perspektive, die jede kulturelle Symbolik entwirft. In dieser Annahme ist der ideologiekritische Kern historischen Philosophierens verankert. Moral und Wissenschaft sind Formen kollektiver Idealbildung. Es mag zwar sein, daß sie nicht hinreichend durch den Egoismus menschlicher Selbsterhaltung bestimmt werden können. Nimmt man das an, muß man jedoch den Punkt aufweisen, der sie vom Vollzug der Imperative der Selbsterhaltung scheidet. Mit dem Hinweis auf wechselnde Weisen ihrer Interpretation und den Gebrauch funktionaler Äquivalente in der Sequenz ihrer Auslegungen ist es nicht getan. Am Beispiel der Herkunft des Gewissens und der Ablösung von moralischen Imperativen, die als Strafe dem Körper dessen auferlegt werden, der gegen sie handelt, hat Nietzsche das gezeigt. Nach den Maximen der Erhaltung anthropomorphischer Projektionen kann es wirksamer werden, die Seele dessen zu bestrafen, der ihnen zuwiderhandelt; und nach den Gesichtspunkten solcher Wirksamkeit entstehen dann neue Ideale. Es kann sogar der Fall eintreten, daß sie, einmal etabliert, zum bloßen Vollzug gewordene Lebensverhältnisse wieder interessant und lebenswert machen. Dennoch sind sie ein System von Torturen, das nach Maßgabe anthropomorphischer Perspektiven imputiert wird. Moral und Wissenschaft sind solche Systeme, und die

Rede von historischer Objektivität und Wahrheit mit Bezug auf die Rekonstruktion solcher Interpretationen verschleiert nur ihre eigene Herkunft. Erst wenn kulturellen Symbolsystemen keine *«Kraft»* mehr innewohnt, das menschliche Dasein interpretierend zu bestimmen und ihm affirmativen oder negativen Wert zu geben, brechen sie auseinander und werden durch neue ersetzt. Das sind die Punkte der Verkehrung, des Umbruchs und der Entstehung neuer Projektionen, in denen das menschliche Dasein sich auslegt. Solche Knotenpunkte muß der Historiker festhalten, ohne sich auf Vorstellungen kontinuierlicher Entwicklung, geregelter Transformation und der Verwirklichung allgemeiner Zwecke einer einheitlichen Vernunft zu stützen. Daß sich Ursachen für die Macht kultureller Symboliken angeben lassen, ist nach der dritten Art Geschichte zu schreiben ein Fehlschluß.

Nietzsche hat Moralen und die aus ihnen hervorgegangenen asketischen Ideale der Wissenschaft eine *«Zeichensprache der Affekte»* [18] genannt. Es kennzeichnet das Verfahren der dritten Art Geschichte zu schreiben, den Weg ihrer Herkunft, ihrer Verbreitung und ihrer *«Umwertung»* aufzuklären. Man kann es ein genealogisches nennen: eine Abstammungslehre kultureller Symbolik: *«Die Philosophie, so wie ich sie allein noch gelten lasse, als die allgemeinste Form der Historie: als Versuch das heraklitische Werden zu beschreiben und in Zeichen abzukürzen (in eine Art von scheinbarem Sein gleichsam zu* übersetzen *und zu mumisieren).»* [19] Diese Mumisierung verstand Nietzsche als vorläufig formulierte Regulative historischer Forschung. Im Rahmen solcher Regulative kann man *Grundbegriffe* einer kulturellen Symbolik exponieren und als Schlüsselterme historischer Erfahrung verstehen. Nietzsche hat das selbst am Beispiel der Entwicklung und Auflösung von Moralen mit Begriffen wie Gut und Böse, Schuld und Gewissen demonstriert. Auch Gott, Freiheit und Wahrheit sind solche, den moralischen und wissenschaftlichen Diskurs organisierende und beherrschende Schlüsselterme. In einem Netz solcher Fiktionen zentrieren sich die Affekte des Menschen. Nimmt es eine ausschließlich negative, das menschliche Dasein nicht auslegende, sondern korrigierende Bedeutung an, dann forciert es die Grausamkeit der Verstellung, und der Mensch wird zu dem Tier, das sich an seinen Fiktionen wund stößt, an ihnen leidet und sich durch sie selbst zerstört. Von einer Reihe solcher Gedankenfiguren hat Freud einen eingeschränkten und oberflächlichen Gebrauch gemacht.

Die andere Hinsicht, die kulturelle Symbolsysteme kennzeichnet, kann nicht nach pragmatischen Gesichtspunkten ihrer Funktion bestimmt werden. Es ist zwar ein Faktum, daß Moral- und Wissenschaftssysteme Projektionen des Menschen sind, vermittels derer er sich in das Zentrum der Ordnung der Dinge setzt. Darum sind sie Transformationen ursprünglich anthropomorphischer Auslegungen des Universums. Jede kulturelle Symbolik ist aber zugleich als ein System von Kräften bestimmbar, dessen Bewegung darin besteht, den Menschen als das festgestellte Maß der Dinge flüssig zu machen und aufzuheben, ihn als Bezugspunkt solcher Symbolik zu überwinden. In dieser Perspektive ist er nicht als Mängelwesen charakterisierbar. In ihr muß er als ein Wesen des Überflusses und der Verschwendung gekennzeichnet werden; als eine Kraft, die sich nicht in kompensatorischen Formen zu erhalten versucht, sondern in kühnen Fiktionsbildungen, die um ihrer selbst willen geschehen, verschwendet. Nietzsche versucht, diese sich widerstreitenden Bestimmungen des Menschen in seiner Anthropologie zu vereinen.[20]

In der Abhandlung *«Über Wahrheit und Lüge im außermoralischen Sinn»* ist die Tätigkeit des Menschen, die nicht in pragmatischen Überlegungen und Gesichtspunkten ihrer Zweckmäßigkeit erfolgt, als Wille nach kühnen und neuen Fiktionen in den Gegensatz zum Trieb nach Wahrheit gesetzt. Nach welchen Kriterien Wahrheit auch immer festgelegt sein mag – ob nach intersubjektiven Regeln von Kommunikation und Verständigung, ob nach solchen der Korrespondenz von kategorialen Strukturen und Gegenständen der Erfahrung oder nach denen interner Kohärenz eines Zeichensystems – alle diese Formen von Wahrheit sind unter dem Druck der Imperative entstanden, die den Menschen zwingen, sich zu erhalten. Sie sind Resultate einer Entwicklungsgeschichte und haben ihre zeitgemäße Ausdrucksform im Wissenschaftssystem erhalten. Der produktive Trieb der Erfindung von Fiktionen und Sprachfügungen, in denen sich das menschliche Dasein um seiner selbst willen auslegt und interpretiert, steht zu ihnen im Verhältnis der *Inkommensurabilität*. Nietzsche hat von ihnen zunächst als *«Instuitionen»* gesprochen. In ihnen ‹ahmt› der Mensch die Verschwendung der Natur nach, deren Reichtum und Zerstörung auch nicht als zweckgerichtete Evolution verstanden werden kann. In kühnen Fiktionsbildungen befreit sich der menschliche Intellekt – Nietzsche gebraucht diesen Terminus, um nicht von

Bewußtsein reden zu müssen – von den Erfahrungsmustern, die er unter dem Druck seiner Bedürftigkeit entwickelt hat. Der Zweck so gearteter Befreiung ist nicht seine Erhaltung. In *«absoluten»* Metaphern und Fiktionen tritt er aus seinem Schatten heraus, den er auf die Dinge wirft.[21] Das ist einer der vielen Gedanken, durch den Nietzsche die Metapher des Übermenschen zu bestimmen versucht.[22] Wenn sich der Mensch, das in Konventionen fixierte, in alt gewordenen und zu Begriffen gefrorenen Metaphern festgestellte Tier, in radikalen Ausbrüchen ursprünglicher Produktivität gegen die Systeme seines Festgestelltseins wendet, dann sind die Bedingungen seiner Überwindung gegeben. Von ihnen her lassen sich insbesondere die Sprachen der Moral als Mittel verstehen, seinem Dasein durch Lügenbildung Wert und Konsistenz zu geben, es zu interpretieren. Jeder Versuch, neue kollektive Formen moralischer Ideale durchzusetzen, ist dann als eine Umwertung dieses Daseins zu verstehen und deren Entwicklung aufzuklären, ist die Aufgabe genealogischer Geschichtsschreibung. Es ist klar, daß sie nicht im Rahmen bloßer Ideologiekritik geschehen kann.

Nietzsche hat den Darwinismus als untaugliches Instrument betrachtet, Hypothesen über Entstehung und Entwicklung kultureller Symbolsysteme zu liefern. Es ist im Rahmen dieses Typs der Evolutionstheorie nicht möglich, die Zäsuren zu treffen, in denen sich die Kraft der Assimilation der Umwelt vermöge symbolischer Klassifikation – das ist die anthropomorphische Funktion von Interpretationsmustern – in ihr Gegenteil verkehrt. In solchen Zäsuren entwickeln sich Symbolsysteme zum Gefängnis des Menschen und zur bloßen Negativität. Sie forcieren kompensatorische Auslegungen des menschlichen Daseins und die Bildung kultureller Substitute. Da sie aber auch als solche symbolische Macht entfalten können, ist es unzureichend, sie als evolutionäre Sackgassen zu kennzeichnen. Es gibt historische Epochen, die sich nur in der Form solcher Ersatzbildungen auslegen können. Nietzsche hat den Historismus als eine kulturelle Ersatzbildung gewertet. Seine Stillosigkeit besteht darin, daß er das Durchschnittsbewußtsein zum Bezugspunkt der Theorie nimmt, den letzten Menschen, dessen Trägheit man dann in den entferntesten Kulturen wiederfinden muß. Der *«Bildungsphilister»* als Repräsentant des historischen Sinnes ist ein Beispiel für die Krankengeschichte der modernen Seele und ein Gegenbeispiel für die darwinistische Evolutionstheorie. Für Nietzsche ist er ein Exemplum kulturellen *Niedergangs.*

Es gibt dann noch den unbestreitbaren Zufall, daß man inmitten kulturellen Niedergangs auf Segmente von symbolischen Auslegungen menschlichen Daseins stoßen kann, die von unbegreiflicher und hinreißender Schönheit sind.
In solchen Zufällen wird ein Mangel der Evolutionstheorie sichtbar, der nach der dritten Art Geschichte zu schreiben vermieden werden muß. Sie kann kein wirkliches Interesse an Einzelgeschichten freisetzen. Wie nähme sich etwa in ihrem Rahmen eine Geschichte der Leidenschaften aus, die gerade zur Kennzeichnung des 19. Jahrhunderts vonnöten wäre. Und was anderes als allgemeine Bemerkungen zur evolutionären Ausdifferenzierung von Diskurssystemen ließe sie zur Entwicklung der Strafe zu, wenn diese in der Inkommensurabilität von psychologischem und juristischem Diskurs gesellschaftlich wirksam wird.[23] Der entscheidende Mangel des Darwinismus liegt nach der dritten Art Geschichte zu schreiben aber weniger in der Schwäche, solche Beispiele wirklich zu interpretieren, als in der Unfähigkeit, in vergangenen kulturellen Symbolsystemen *Möglichkeiten* der Auslegung menschlichen Daseins zu identifizieren – mögen sie für immer verloren sein oder sich in verschlungenen Transformationen bis zur Unkenntlichkeit maskiert haben. Das ist der dominierende Gesichtspunkt der dritten Art Geschichte zu schreiben. Ihm dienen auch die anthropologischen Unterscheidungen, nach denen das Wesen des Menschen bestimmt werden muß. Hat sich das menschliche Dasein in den Perspektiven seiner *Möglichkeit* symbolisiert, dann hat es die Kraft entwickelt, sich selbst zu rechtfertigen.
Symbolische Auslegungen, in denen das menschliche Dasein *als* solches gerechtfertigt ist, müssen nach der dritten Art Geschichte zu schreiben als *radikale Interpretationen* ausgezeichnet werden. Sie sind Paradigmen der Möglichkeit menschlichen Lebens, das nicht an sich selbst leidet und in seine Negation getrieben ist. Radikale Interpretationen sind die genannten Glücksfälle kultureller Symbolik. In ihnen ist eine Formel der Interpretation menschlichen Daseins gefunden, die ihm affirmativen Wert zuspricht und seine widerstreitenden Beziehungen vereinigt. Die Kraft, solche Formeln der Interpretation zu liefern, kann nach der dritten Art Geschichte zu schreiben nicht in die Perspektive wissenschaftlichen Diskurses gerückt werden. Will der Historiker radikale Interpretationen menschlichen Daseins identifizieren, muß er sich

neben die Formen wissenschaftlicher Rationalität stellen, um sie als Problem empfinden zu können. In der späten selbstkritischen Vorrede zur frühen Tragödienschrift verlangt Nietzsche vom Historiker die Optik des Künstlers, um die Konsistenz wissenschaftlicher Projektionen auf das menschliche Dasein systematisch fremd zu machen. Aber auch die Optik des Künstlers muß unter den Imperativ gestellt werden, die Möglichkeit menschlichen Lebens zu rechtfertigen und ihre Spielräume zu erweitern. Es ist die Potentialität menschlichen Lebens, welcher der historische Diskurs zu dienen hat. Seine *«Objektivität»* besteht im Festhalten und Bewahren solcher Potentialität, in der Zerstörung von Interpretationen, die sie verstellen und in der Suche nach Perspektiven, durch die sie freigesetzt wird.

Was unter einer radikalen Interpretation menschlichen Daseins zu verstehen ist, erläutert Nietzsche zunächst am Beispiel eines Lebenslaufes. Wollte man die Stadien seiner Enwicklung schreiben, dann könnte das nur in artifizieller Stilisierung geschehen. Ein Lebenslauf müßte immer gegen seine naturgemäße Entwicklung konzipiert werden, damit jene Momente in ihm hervortreten, die ihm Bedeutung und Wert geben. Seiner naturgemäßen Entwicklung folgend, ließe er sich nur als ein Prozeß kennzeichnen, dessen Ziel Auflösung und Stillstand ist. Das würde sicher die Erzählung einer kontinuierlichen Entwicklung ergeben, wenn auch nicht eine der Vervollkommnung des Lebendigen. Es gibt Momente in der naturgemäßen Entwicklung eines Lebenslaufes und der Evolution kultureller Symboliken, in denen das Würfelspiel des Zufalls aus kontinuierlichen Entwicklungsgängen herausführt und diese zerbricht. Und allein in jenen Momenten sind die Bedingungen zu einer *Lebensform* gegeben.[24] In ihnen ist die Perspektive auf Möglichkeiten des Lebens geöffnet, die ihm unabhängig von Zielvorstellungen Wert verleihen. Es sind Momente, in denen sich der Mensch vom faktischen Lebensvollzug losreißt und sich gegen seine Erhaltung wendet. Lebensformen sind institutionalisierte und stilisierte Weisen radikaler Interpretation des menschlichen Daseins. In ihnen sind sich stoßende Perspektiven seiner Auslegung zu einer Interpretationsformel dieses Daseins zusammengefügt, sie gehen *«unter* einem *Joche»*[25]. Es ist die Aufgabe des Historikers, Bedeutungszäsuren in der Vergangenheit zu identifizieren und die Perspektiven möglichen Lebens in ihnen wiederzuentdecken. Als Theoretiker muß er ein Würfelspiel von Interpretationen schaffen, er muß den Zufall inszenieren, nicht negieren. Die oberste Maxime solcher Inszenierung lautet: Es gibt keine Wahrheit, alles ist möglich und erlaubt.[26]

In seinen frühen Studien meinte Nietzsche, radikale Interpretationen menschlichen Daseins seien nur im Mythos und in der Kunst erreicht. Die seine historisch-philologischen Untersuchungen leitende Prämisse lautet: *«Wir* leben *nur durch die Illusionen der Kunst.»*[27] Darum hat Nietzsche den tragischen vom moralischen und wissenschaftlichen Diskurs abgegrenzt. Er liegt nicht etwa der unmittelbar anschauenden Erfahrung näher und ist ihr verständlicher als Moral und Wissenschaft. Das Kriterium der Abgrenzung ist allein folgendes: Nur im tragischen Diskurs ist das menschliche Dasein als solches gerechtfertigt. Darum exemplifiziert dieser Möglichkeiten des Lebens, ohne seine sich widerstreitenden Beziehungen moralischen Korrektionen zu unterwerfen. Dem tragischen Diskurs liegt es auch ganz ferne, es als wahres oder unwahres zu beurteilen. Das menschliche Leben als solches zu rechtfertigen und zu affirmieren, ist die entscheidende Bedingung radikaler Formen seiner Interpretation. Darum bewegen sie sich zu moralischen und wissenschaftlichen Diskurssystemen im Verhältnis der *Inkommensurabilität.*[28] Sie haben ihnen gegenüber eine grundlegend verschiedene Optik, vermittels derer sie das Dasein des Menschen auslegen.

Im tragischen Diskurs sind die sich widerstreitenden Bestimmungen des Menschen, des Wesens, das sich erhalten und stabilisieren und zugleich auflösen und verschwenden will, in ein *proportioniertes* Verhältnis von Ausdrucksformen gebracht. Ein solches Verhältnis von Ausdrucksformen manifestiert eben die Möglichkeit einer Lebensform, die nicht unter externe Imperative ihrer Steuerung gestellt ist. Und allein um sie zu kennzeichnen, verwendet Nietzsche den Terminus der Lebensform. Lebensformen sind institutionalisierte Weisen von Interpretationsformeln, die an die Wurzel menschlichen Daseins reichen. Von ihr aus machen diese Formeln Möglichkeiten des Lebens sichtbar, indem sie Übersetzungen ausdrucksloser Schichten der Erfahrung in ein durchgebildetes und kohärentes System sprachlicher Konventionen erreichen. Allein ein solches System darf nach Nietzsche *Stil* genannt werden. Das ist nur ein anderer Begriff für das Faktum, daß in einem proportionierten Verhältnis von Ausdrucksformen sich widerstreitende *Sphären* des Ausdrucks zu einer Interpretationsfor-

mel menschlichen Daseins zusammentreten. Sie gehen in ihr gleichsam unter einem Joch.
Nietzsche erläutert den Mechanismus der Übertragung ausdrucksloser Schichten der Erfahrung in ein sprachliches System von Konventionen am Verhältnis von Musik, Sprache und bildlicher Fiktion. Im tragischen Diskurs vereint sich der erschütternde Charakter unbestimmten Werdens, dessen Ausdruck die Musik ist, mit den entlastenden Oberflächenkonventionen festgestellten Seins, deren Ausdruck bildliche Fiktionen sind. Das Verhältnis von *Erschütterung* und *Entlastung* ist durch die Kontrapositionen des Dionysischen und Apollinischen nur benannt.[29] Sie sind Mittel, den symbolisch-stilistischen Charakter von Lebensformen zu bestimmen, die möglich sind, ohne moralistischen Korrektionen unterworfen zu sein. Mit den Begriffen Schopenhauers deutet Nietzsche zunächst das Symbolsystem tragischen Diskurses als Möglichkeit, den individuellen Willen zum Leben zu zerbrechen. In den *«Unzeitgemäßen Betrachtungen»*, auch in der Abhandlung über die Logik historischen Diskurses, ist der Einfluß Schopenhauers spürbar. Wenn man die Vergangenheit nicht bloß erinnert, sondern sie auf Grund einer Gegenkraft vergessen kann, dann beherrscht man die Kunst der Resignation und hat sich vom Willen befreit; man kann dann im Zustand der Leidenschaftslosigkeit leben und die Vergangenheit als eine Folge mißlungener Versuche interpretieren, diesen Zustand zu erreichen. Das sind Gedankenfiguren, die an die erste Art Geschichte zu schreiben anknüpfen. Und es ist kein Zufall, daß sie von Nietzsche selbst als romantisch empfunden wurden. Er hat in ihnen die Affirmation von Negativität beobachtet und diese als Symptom kultureller Krankheit gewertet, weil sie die Sprache des Ressentiments spricht.[30] Wenn Lebensverhältnisse nicht in affirmativen Interpretationsformeln gesteigert werden können, muß ihnen in solchen Symptomen Bedeutung und Wert verliehen werden. Im Grunde sind sie Verlängerungen jener Auslegung menschlichen Daseins, durch die die Negation in die Welt gekommen ist, und das ist im sokratischen Moralismus geschehen.
Die Weise, sich auf dem Wege der Resignation und des Ablassens vom individuellen Lebenswillen von der Vergangenheit zu befreien, hat Nietzsche für sein eigenes Projekt historischen Philosophierens zum Ausgangspunkt genommen. Nur muß man sich von ihr befreien *wollen*, erst dann können die Imperative des Lebens

als die affirmiert werden, denen die Historie zu dienen hat. Gemessen an der Entdeckung und Entwicklung radikaler Interpretationen menschlichen Daseins ist der historische daher immer ein *Diskurs der Kompensation*. Wenn in der Gegenwart keine radikalen Auslegungen gefunden und sichtbar gemacht werden können, tritt die historisierende Erinnerung in das Vakuum, das durch das Verschwinden des Willens gegeben ist, sich nicht nur in Lebensvollzügen, sondern in kulturellen Lebensformen zu bewegen. Das Interesse an Historie ist zunächst nichts anderes als eine Medizin gegen die Uninterpretiertheit der Gegenwart. Daß die Rückkehr zu vergangenen Lebensverhältnissen nicht nur als nostalgische Verstärkung eigener Resignation geschehen darf, macht den Sinn historischen Philosophierens aus, den Nietzsche gegen Schopenhauer und die historistische Form der Entlastung von der Geschichte gewendet hat. Der Rückgang in die Vergangenheit und die Kraft, diese zu vergessen, sind beide gleichermaßen notwendig. Und beide Weisen mit der Geschichte umzugehen, müssen im Willen verankert sein, ein Urteil über die Gegenwart zu sprechen.

Das verschwiegene Werturteil über die Gegenwart, das die *archivarische* Geschichtsforschung und deren Rekonstruktionen der Vergangenheit leitet, besteht in der Annahme, sich im Staub der Magazine und Archive zu bewegen, sei immer noch lebenswerter als überhaupt keine Interpretationsformeln des Lebens zu gewinnen. Die archivarische Erinnerung ist ein asketisches Narkotikum gegen die Unruhe gegenwärtigen Lebens. Als solche entlastet sie von der Gegenwart. Da es in ihr nichts gibt, dessen man sich in unmittelbarer Identifikation vergewissern kann, versucht der Archivar, wenigstens vergangene Lebensformen in hantierbarer Größe zu bewahren und von ihnen als dem Eigensten zu berichten und zu erzählen. Er spricht dann oft, auf die Krücken eines asketischen Ethos gestützt, in kaum erträglicher Penetranz vom kulturellen Erbe oder murmelt Grundsätze von historischer Treue und Objektivität. Eine andere Weise historischen Diskurses liegt vor, wenn durch seine Verfahren Denkmäler und Dokumente der Vergangenheit zu erdrückender Größe stilisiert werden. Durch sie wird die bloße Vergangenheit wenigstens zur gegenwärtigen Vergangenheit umgewertet; mit dem Ziel freilich, den Mangel der Gegenwart nur um so greller ins Licht zu rücken. Diese Stilisierung ist in stärkerem Maße durch den Willen bestimmt, unzeitgemäß zu sein und sich von der Gegenwart zu distanzieren. Nach Nietzsche dient diese Weise historischen Diskurses am deutlichsten dem Imperativ, Möglichkeiten des Lebens wiederzuentdecken. Aus den Stilisierungen *monumentalischer* Geschichtsschreibung kann der Schluß folgen: Eine radikale Interpretation menschlichen Daseins war einmal möglich, warum sollte sie nicht wieder möglich sein. Schließlich betreibt die *kritische* Geschichtsschreibung die Sektion von der Vergangenheit, indem sie diese nicht bewahrt und zur Monumentalität stilisiert, sondern verurteilt. In ihr wird die Erfahrung eigener Negativität auch in der Vergangenheit diagnostiziert. Die kritische Geschichtsschreibung wird von einem leidenden, der Befreiung bedürftigen Wesen geschrieben. Damit kollidiert die Perspektive, die sie auf die Vergangenheit projiziert, am stärksten mit jener, durch die vergangenes Leben in Formen monumentalischer Scheinbarkeit umgewertet wird. Es ist wiederum der Einfluß Schopenhauers, der in der Konzeption kritischer Geschichtsschreibung zu bemerken ist. Erst wenn sie in ein Verfahren umgedeutet ist, vermöge dessen der Kritiker mit dem Hammer durch die Geschichte geht, um sich vom kulturellen Erbe zu befreien, überträgt er die Suche nach eigener Leidenschaftslosigkeit nicht auf vergangene Lebensverhältnisse. Keine der drei Weisen historischen Diskurses kann als einziger Schlüssel den Zugang zur Vergangenheit öffnen. Das ist besonders bemerkenswert in bezug auf die kritische Geschichtsschreibung. Sie kann nicht mit dem Universalitätsanspruch wissenschaftlicher Ideologiekritik auftreten.

Aus der Verbindung monumentalischer und kritischer Geschichtsschreibung ist die *Kulturkritik* hervorgegangen. Nur in der dritten Art Geschichte zu schreiben hat sie eine systematische Stelle erhalten. Die Symbolsysteme, die von der monumentalischen Geschichtsschreibung zur Größe stilisiert werden, geben das Maß für die Kulturkritik ab. Mit Hinsicht auf sie muß von der Instanz, welche verurteilt, die Diagnose gefällt werden: «*Überall* Symptome eines Absterbens *der Bildung, einer völligen Ausrottung ... Alles dient der kommenden Barbarei, die Kunst sowohl wie die Wissenschaft.*»[31] Das sind Niedergangsdiagnosen, Skizzen der Krankengeschichte der Gegenwart und Versuche, den «*Entstehungsherd*» der Symptomatik der Moderne zu bestimmen. Diese kulturelle Krankengeschichte hat Nietzsche mit einem Arsenal medizinischer Metaphern beschrieben. Wird die Kulturkritik mit Ausschließlichkeit praktiziert, dann erfordert sie den Arzt, der nur im Durchbruch zu einer neuen Kultur die Heilung von der alten erblicken kann. Nietzsche hat diese Therapie am Ende seiner Schrift über das Verhältnis von Historie und Leben vorgeschlagen. Sie besteht im Populismus einer Jugendkultur und ist das Programm der Jugendbewegung geworden. Aus der genealogischen Weise der dritten Art Geschichte zu schreiben ist dieser Romantizismus verschwunden.

Die eindringlichsten Beispiele, die Nietzsche zur kulturkritischen Charakteristik der Gegenwart eingesetzt hat, sind nicht von der romantischen Perspektive auf die Unmittelbarkeit eines neuen Lebens abhängig zu machen. Unter ihnen haben die Bemerkungen zum Zustand sprachlicher Ausdrucksformen besondere Bedeutung. Ihr Niedergang wird von Nietzsche ganz ähnlich wie in Rousseaus Kritik an Aufklärung und Wissenschaft gekennzeichnet. Das System der Sprache ist *«alt und verwüstet»*, es hat sich zur bloßen Bildungssprache und zu einem System von Konventionen entwickelt. In dieser Verfassung wird es als Mittel der Verständigung gebraucht. Das pragmatische System von Konventionen, als welches sich die Sprache und deren Ausdrucksformen darbietet, hat sich aber ausschließlich unter dem Druck der Bedürfnissituation des Menschen entwickelt, dann erst ist es zu einem System geworden, dessen Herkunft, die Not des Menschen zu sagen, auf Grund eingespielter Gewohnheiten vergessen ist.[32] Ein solchermaßen stabilisiertes System von Konventionen läßt das *«Zeitmaß des leidenschaftlich sprechenden Menschen»*[33] leer. Dieses könnte auch nur durch die der Sprache immanente Melodie zum Ausdruck gebracht werden. Der Ton der Sprache ist es, der sie vom bloßen Mittel kulturellen Überlebens unterscheidet. Das hat auch Rousseau zum Angelpunkt seiner Kritik konventionell fixierter Sprachsysteme gemacht. Man muß diese nicht etwa in den Zustand ursprünglichen Klingens zurückzwingen, meint Nietzsche, sondern zu einem Verhältnis stilisieren, in dem sich der Ausdruck der *«Flugbahn der Leidenschaft»* und festgestellte kulturelle Konventionen vereinen. Das wäre eine *«Sprache des Pathos»*, die nicht mit den Mitteln eines aufgesetzten Ethos spricht, aber auch nicht im Pathos konventioneller Wahrheitskriterien erstickt. Was Ausdruckslosigkeit eigentlich heißt, erläutert Nietzsche an der Stummheit der Kreatur, an wiederkäuenden Kühen und jasagenden Eseln. Sie verharrt zu sich selbst in einem dumpfen und seelenlosen Verhältnis, nach außen hin ist sie bloß stumme Sichtbarkeit.[34] So kann ein kulturelles Symbolsystem aus dem Gemurmel von Konventionen bestehen, ohne die Situation des Menschen wirklich auszulegen und zu interpretieren. Demgegenüber verkörpert die Sprache des Pathos die proportionierte Vereinigung seiner *«Hör- und Schauwelt»* – so benennt Nietzsche die Extreme des im Pathos Vereinten. Man kann das Zeichensystem solcher Vereinigung eine radikale Interpretation menschlichen Daseins nennen.

Es ist klar, daß die Vorstellung einer Sprache des Pathos das Paradigma tragischen Diskurses zum Vorbild nimmt. Deshalb könnte man die These vertreten, Nietzsches Projekt historischen Philosophierens bestehe in der Übertragung ästhetischer Gedankenfiguren auf die Gegenstandsbereiche historisch-philologischer Forschung. Das trifft aber nicht zu. Die Grundsätze der dritten Art Geschichte zu schreiben haben die Deutungen kultureller Symbolsysteme erzwungen, seien sie ästhetischer, religiöser oder moralisch-wissenschaftlicher Herkunft. Und diese haben ihr Zentrum nicht einfach in der Annahme, die Historie müsse dem Leben nutzbar sein, sondern in dem Regulativ, sie *diene der Findung und Steigerung möglicher Interpretationen menschlichen Daseins.* Erst auf Grund dieser Annahme hat sich das Interesse der dritten Art Geschichte zu schreiben der Formulierung von Herkunftshypothesen über den moralischen und wissenschaftlichen Diskurs zugewandt. Im Gange dieser Verschiebung haben solche Begriffe wie Fortschritt und Niedergang ihre den historischen Diskurs orientierende Funktion verloren. Ihr Gebrauch blieb der darwinistischen Evolutionstheorie vorbehalten. Die dritte Art Geschichte zu schreiben ist der wirkliche Konkurrent dieser Entwicklungstheorie, und in dieser Opposition erweist sie sich als zeitgemäß.

Anmerkungen:

1 Friedrich Nietzsche: Menschliches, Allzumenschliches § 2. In: ders.: Gesammelte Werke (Musarionausgabe), Achter Band: Menschliches, Allzumenschliches I. München 1923, S. 19
2 Friedrich Wilhelm Joseph von Schelling: Die Weltalter. In den Urfassungen von 1811 und 1813. Hg. v. Manfred Schröter, München 1946, S. 111
3 Schelling: Die Weltalter (Anm. 2), S. 112
4 Schelling: Die Weltalter (Anm. 2), S. 120
5 Schelling: Die Weltalter (Anm. 2), S. 137 u. a.
6 Wilhelm Dilthey: Der Aufbau der geschichtlichen Welt in den Geisteswissenschaften. Gesammelte Schriften VII. Band, Stuttgart–Göttingen 1965, S. 261
7 Schelling: Die Weltalter (Anm. 2), S. 169
8 Georg Wilhelm Friedrich Hegel: Phänomenologie des Geistes. Hg. v. Johannes Hoffmeister. Hamburg 1952, 6. Aufl., S. 564
9 Georg Wilhelm Friedrich Hegel: Vorlesungen über die Philosophie der Weltgeschichte, Band I. Die Vernunft in der Geschichte. Hg. v. Johannes Hoffmeister, Hamburg 1955, 5. Aufl., S. 164
10 Hegel: Vorlesungen (Anm. 9), S. 164
11 Hegel: Phänomenologie des Geistes (Anm. 8), S. 564
12 Hegel: Vorlesungen (Anm. 9), S. 155
13 Schelling: Die Weltalter (Anm. 2), S. 115
14 Karl Marx/Friedrich Engels: Die deutsche Ideologie. In: Marx/Engels Werke Band 3. Berlin 1962, S. 18
15 Die Formel lautet: «Die Aufhebung der Selbstentfremdung macht denselben Weg wie die Selbstentfremdung.» Siehe: Karl Marx/Friedrich Engels Werke, Ergänzungsband. Schriften bis 1844, Berlin 1968, S. 533. Daß sie ohne Schwierigkeiten in der verkürzten Form gelesen werden kann, ja diese Lektüre sogar verlangt, wird in den ökonomisch-philosophischen Manuskripten besonders an jenen Stellen deutlich, an denen der Entwicklungsprozeß der Geschichte rekonstruiert und mit einer Kritik an Hegels Modell begriffener Geschichte verbunden wird. Daß die hier zitierte Formel keineswegs nur die ‹unwissenschaftliche› Theorie des jungen Marx exemplifiziert, ließe sich leicht zeigen. Aus der herkömmlichen Literatur über den Begriff der Entfremdung ist dazu allerdings nichts zu erfahren.
16 Darauf hat mich Reinhart Koselleck aufmerksam gemacht. Vgl.: Reinhart Koselleck: Historia Magistra Vitae. Über die Auflösung eines Topos im Horizont neuzeitlich bewegter Geschichte. Jetzt in ders.: Vergangene Zukunft. Zur Semantik geschichtlicher Zeiten. Frankfurt 1979, S. 38–66
17 Nietzsche kennzeichnet historische Parodisten als jene, die in unbe-

wußter Ironie den Grundsätzen historischer Universalisten nacheifern. Ein historischer Universalist sucht und findet überall in der Tier- und Menschenwelt sich selbst. Siehe: Friedrich Nietzsche: Unzeitgemäße Betrachtungen. Zweites Stück. Vom Nutzen und Nachtheil der Historie für das Leben. In ders.: Gesammelte Werke, Sechster Band, München 1922, S. 302ff

18 Friedrich Nietzsche. Jenseits von Gut und Böse. Vorspiel einer Philosophie der Zukunft. In ders.: Gesammelte Werke, Fünfzehnter Band, München 1925, S. 111

19 Friedrich Nietzsche. Umwertung aller Werte. Aus dem Nachlaß zusammengestellt und herausgegeben von Friedrich Würzbach. Mit einem Nachwort von Heinz Friedrich. München 1977, 2. Auflage, S. 245

20 Diesen Gedanken hat Blumenberg in einer Vorlesung zu Nietzsches Anthropologie ins Zentrum gesetzt. Eine Mitschrift dieser Vorlesung wurde mir freundlicherweise von Jörg Fisch zur Verfügung gestellt.

21 Hans Blumenberg hat von «absoluten Metaphern» gesprochen und mit dieser Prägung die These verbunden, nur über ihre Bedeutung sei einem Interpreten der Zugang zu Diskurssystemen und philosophischen Modellen wirklich möglich. In dieser These sind Vorstellungen aufgenommen, die Nietzsche in der Abhandlung «Über Wahrheit und Lüge im außermoralischen Sinn» artikuliert hat.

22 Die Aufhebung des Menschen als eines Wesens, das sich bloß selbst erhalten will, ist so lange nicht gelungen, als er nicht seinen Schatten abwerfen kann. Den Versuch, dies zu tun, stellt Nietzsche im vierten Buch von «Also sprach Zarathustra» dar. Man kann den letzten Teil von «Menschliches, Allzumenschliches», «Der Wanderer und sein Schatten», als Vorstudien und Materialsammlungen zu diesem Buch auffassen.

23 Einen Fall solcher Inkommensurabilität hat Foucault dokumentiert. Siehe Michel Foucault. Der Fall Rivière. Übersetzung aus dem Französischen. Frankfurt a. M. 1975

24 In besonders eindringlicher Weise gebraucht Nietzsche den Begriff der Lebensform in den Skizzen zu einer Schrift über «Wissenschaft und Weisheit im Kampfe». In ihnen spricht er auch von ‹Möglichkeiten des Lebens› und erläutert den Sinn dieser Rede am Beispiel eines Lebenslaufs. Siehe Friedrich Nietzsche. Wissenschaft und Weisheit im Kampfe. (Anm. 17) S. 115ff

25 Friedrich Nietzsche. Wissenschaft und Weisheit im Kampfe. (Anm. 17) S. 115

26 Das hat Nietzsche im «Zarathustra» und den späten Schriften zur Moral als Grundsatz formuliert.

27 Friedrich Nietzsche. Gesammelte Werke. (Anm. 17) S. 73

28 Nietzsche verwendet diesen Begriff in seiner Tragödienschrift selbst.

29 Man kann versuchen, die Gegensatzbegriffe des Dionysischen und Apollinischen durch die Kontrapositionen von Erschütterung und Entlastung zu ersetzen, um ihnen die Konnotationen zu nehmen, die sie auf Grund ihrer Entwicklung aus der Deutung des tragischen Diskurses haben. Das tue ich in einem noch unveröffentlichten Manuskript mit dem Titel: «Erschütterung oder Entlastung? Ein Versuch über das Verhältnis von Ausdrucks- und Lebensformen.»

30 Das ist für Nietzsche das entscheidende Kriterium für die Bestimmung des Romantischen geworden. Nach ihm hat er auch Schopenhauer kritisiert. Romantische Visionen der Zukunft erfolgen immer aus der *Schwäche* ihrer Zeit heraus. Vgl. Friedrich Nietzsche. Der Wanderer und sein Schatten. In ders.: Menschliches, Allzumenschliches. Zweiter Band. In: Gesammelte Werke. Neunter Band, München 1923, § 217

31 Friedrich Nietzsche. Gedanken zu der Betrachtung: Die Philosophie in Bedrängnis. In ders.: Gesammelte Werke. Siebter Band. München 1922, S. 12. Durch diese kulturkritische Diagnose sind alle frühen Betrachtungen Nietzsches bestimmt.

32 Siehe dazu den Aphorismus 354 «Vom ‹Genius der Gattung›» in: Friedrich Nietzsche. Die fröhliche Wissenschaft. In ders.: Gesammelte Werke. Zwölfter Band. München 1924, S. 277ff

33 Alle Bemerkungen, die Nietzsche zu einer «Sprache des Pathos» macht, sind in der Betrachtung zu Richard Wagner enthalten. Siehe Friedrich Nietzsche. Unzeitgemäße Betrachtungen. Viertes Stück. Richard Wagner in Bayreuth. In ders.: Gesammelte Werke (Anm. 31), S. 307ff

34 Das geschieht in den Gedanken zu einer Betrachtung: Lesen und Schreiben. In ihnen ist Nietzsches frühe Theorie des Ausdrucks in prägnanten Formulierungen dargelegt. Siehe Friedrich Nietzsche. Gesammelte Werke (Anm. 31), S. 399ff

Mazzino Montinari
Die neue kritische Gesamtausgabe von Nietzsches Werken

1. Unsere Ausgabe hat eine Vorgeschichte. Es war in der kleinen mittelalterlichen italienischen Stadt Lucca, als wir – eine kleine Gruppe von Gymnasiasten – zum ersten Male den Namen Nietzsche aus dem Mund unseres bewunderten Philosophielehrers Giorgio Colli hörten. Damals – 1943 – war er 26 Jahre alt und versuchte, uns durch die «Stoppelfelder» der Philologie zu führen, um uns ein Bild der klassischen griechischen Philosophie zu vermitteln. Von ihm lernten wir aber auch die Opposition gegen den Faschismus. Der Beste von uns wurde dann zum Freiheitskämpfer. Wir anderen wurden wegen einer antifaschistischen Demonstration aus der Schule ausgeschlossen. Unser Lehrer Colli mußte in die Schweiz fliehen. In der finsteren Zeit 1943–44 versammelten sich die «ausgeschlossenen» Schüler meistens in meiner Wohnung: da wurden neue Streiche zum Ärger der Faschisten vorbereitet, wurde mit eigenen Mitteln und mit Hilfe anderer antifaschistischer Lehrer auch ein wenig studiert, da wurde diskutiert und vorgelesen aus Plato, Kant und – *‹Also sprach Zarathustra›*. Warum ich dies erzähle? Um deutlich zu machen, daß die schlechte (weil ideologische) Gleichung Nietzsche = Faschismus für uns italienische antifaschistische Gymnasiasten damals nicht galt. Unser Verhältnis zu Nietzsche blieb im wesentlichen unbelastet, auch als der Krieg zu Ende war und Nietzsche in Deutschland der Entnazifizierung zum Opfer fiel.

Nach vielen Jahren, 1958, nach einer Zeit ziemlich weit auseinandergehender persönlicher Erlebnisse trafen wir, mein ehemaliger Philosophielehrer Giorgio Colli, welcher nun Geschichte der antiken Philosophie an der Universität Pisa lehrte, und ich in Florenz wieder zu einer gemeinsamen Arbeit zusammen. Mein Freund wollte eine neue, möglichst vollständige Übersetzung der Schriften Nietzsches ins Italienische (Werke und Nachlaß) für den Turiner Verlag Einaudi zustande bringen; dabei stießen wir auf die durch Richard Roos in Frankreich[1] und Karl Schlechta in Deutschland[2] 1956 wieder aufgelebte Diskussion über die Zuverlässigkeit der bisherigen Publikation von Nietzsches letzten Schriften, insbesondere also auf die Frage des sogenannten «philosophischen Hauptprosawerks» (so nannte es Elisabeth Förster-Nietzsche), des «Willens zur Macht».

2. Welche war die Lage in der Nietzsche-Edition vor Schlechtas vieldiskutiertem Versuch?

Nachdem Elisabeth Förster-Nietzsche Peter Gasts Ansatz zu einer Nietzsche-Gesamtausgabe (1892–93) sistiert hatte, begründete sie zunächst in Naumburg (1894), später (1897) in Weimar das sogenannte Nietzsche-Archiv: das große Archiv der Klassiker in der Klassiker-Stadt wird sie bei der Wahl der neuen Stätte inspiriert haben. Die sogenannte *Großoktavausgabe* der Werke Nietzsches ist das bedeutendste Ergebnis der gesamten editorischen Tätigkeit des Nietzsche-Archivs: sie erschien in Leipzig in den Jahren 1894 bis 1926 zunächst bei C. G. Naumann, dann bei Kröner. Sie ist folgendermaßen gegliedert:

Erste Abteilung, Bde. I–VIII: von Nietzsche selbst herausgegebene Werke, im achten Band jedoch auch: *‹Der Antichrist›*, *‹Dionysos-Dithyramben›*, Gedichte, Sprüche und Gedichtfragmente aus dem Nachlaß.

Zweite Abteilung, Bde. IX–XVI: Nachlaß. In Band XV *‹Ecce homo›* und die zwei ersten Bücher des sogenannten *«Willens zur Macht»*, im XVI. Band die Bücher III und IV des *«Willens zur Macht»* nebst philosophischem Kommentar von Otto Weiß. Die Bde. XV–XVI erschienen zum erstenmal 1911, sie sollten den früheren Bd. XV (1901) ersetzen, der eine kürzere Fassung des *‹Willens zur Macht›* enthielt. In gleicher Weise sollten die endgültigen Bände IX–XII an die Stelle der von Fritz Koegel 1896–97 besorgten früheren Bde. IX–XII treten.

Dritte Abteilung, Bde. XVII–XIX, *Philologica*: Nietzsches philologische Publikationen sowie die Basler Vorlesungen (in Auswahl) enthaltend.

Band XX: Register von Richard Oehler.[3]

Die Großoktavausgabe wurde zur Grundlage für *alle* späteren Ausgaben, die *Musarion-Ausgabe* eingeschlossen. Letztere unterscheidet sich von der Großoktavausgabe lediglich durch die Veröffentlichung von einer Anzahl damals (1922) noch nicht bekannter Jugendschriften aus den Jahren 1858–1868 im ersten Band, durch eine erneute Kollationierung der philologischen Schriften mit den Manuskripten und schließlich durch eine Publikation der noch nicht als solche bekannten «Vorrede», *‹Über das Pathos der Wahrheit›*[4]. Sonst übernimmt die Musarion-Ausgabe ihr gesamtes Material ungeprüft aus der Großoktavausgabe, allerdings in einer anderen, mehr chronologischen Anordnung. Was den eigentlichen philosophischen Nachlaß betrifft, so ist die Musarion-Ausgabe identisch mit der Großoktavausgabe und genauso unvollständig und unzuverlässig wie diese. Ihre Monumentalität steht im umgekehrten Verhältnis zu ihrer wissenschaftlichen Bedeutung.

3. Die Großoktavausgabe erschien also in Leipzig von 1894 an. Die Herausgeber lösten einander ab, indem sie der Reihe nach in die Ungnade der Frau Förster-Nietzsche fielen: aber das ist ein Kapitel für sich – wenn auch nicht das uninteressanteste in der langen Geschichte der Nietzsche-Ausgaben. Die erste Abteilung der Großoktavausgabe weist übrigens trotz des Wechsels der verantwortlichen Herausgeber im Laufe der Jahre keine schwerwiegenden Textveränderungen auf; lediglich Band VIII erschien in drei voneinander abweichenden Fassungen.[5] Anders steht es mit der zweiten Abteilung, d. h. mit der Veröffentlichung von Nietzsches philosophischem Nachlaß. Dieser erschien in seiner endgültigen Gestalt zwischen 1901 und 1911. Im einzelnen sah diese wichtigste editorische Leistung des Nietzsche-Archivs so aus:
Bde. IX–X (1903), herausgegeben von Ernst Holzer; diese Bände enthalten nachgelassene Schriften und Fragmente von 1869 bis 1876. Die Anordnung der Fragmente ist meistens chronologisch, eine Tabelle der Manuskripte nebst dem philologischen Nachbericht von Ernst Holzer (einem Schüler von Erwin Rohde) gibt Einsicht in die Chronologie der edierten Texte.
Bde. XI–XII (1901), herausgegeben von Ernst und August Horneffer; sie enthalten die nachgelassenen Fragmente aus der Zeit von *‹Menschliches, Allzumenschliches›* bis *‹Also sprach Zarathustra›*, also von 1875/76 bis 1886 (Nachträge zum *‹Zarathustra›*). Insofern die Manuskripte, aus denen die Fragmente publiziert sind, jeweils aus einer bestimmten, nicht allzu langen Zeit stammen, wird hier die Chronologie einigermaßen respektiert. Durch die rubrizierende, sich neutral gebende Anordnung unter Stichworten wie Philosophie im Allgemeinen, Metaphysik, Moral, Weib und Kind usw. usf. werden sie jedoch aus ihrem spezielleren, chronologischen und gedanklichen Zusammenhang herausgerissen. Infolgedessen kann man zum Beispiel die Entstehung der gleichzeitigen Werke Nietzsches nicht verfolgen.
Bd. XIII (1903), herausgegeben von Peter Gast und August Horneffer, enthält «Unveröffentlichtes aus der Umwerthungszeit», bildet somit eine Art Lager für den philosophischen Ausschuß

Nietzsches aus der sogenannten Umwertungszeit, von 1882/83 bis 1888, das heißt, er enthält Fragmente, welche nicht in den «Willen zur Macht» aufgenommen wurden, obwohl sie aus ebendenselben Manuskripten und Plänen stammen, die für den «Willen zur Macht» benutzt wurden. Die Fragmente sind wiederum nicht chronologisch geordnet (was bei einer Zeitspanne von sechs Jahren gravierend ist), sondern nach systematischen, rubrizierenden Stichworten.

Bd. XIV (1904), herausgegeben von Peter Gast und Elisabeth Förster-Nietzsche, ist gleichsam eine Erweiterung des Lagers für den philosophischen Ausschuß aus der Umwertungszeit. Die Entstehungsjahre der Fragmente reichen wiederum von 1882/83 bis 1888. Auch die Fragmente dieses Bandes sind aus denselben Manuskripten und Plänen herausgerissen, die zur Kompilation des «Willens zur Macht» gedient hatten, und nicht chronologisch, sondern nach systematischen, rubrizierenden Stichworten geordnet. Lediglich in der zweiten Hälfte des Bandes finden sich einige chronologisch zusammenhängende Fragmente, und zwar unter der Rubrik «Aus dem Vorreden-Material» (gemeint sind die Vorreden zu den Neuausgaben der Werke Nietzsches in den Jahren 1886 und 1887).

Sowohl Band XIII als auch Band XIV geben am Schluß ein Verzeichnis der Fundstellen der Fragmente in den Handschriften, mit Angabe der Manuskriptseite.

Bde. XV–XVI (1911), herausgegeben von Otto Weiss, enthalten – nebst *‹Ecce homo›* – den «Willen zur Macht» in der erweiterten und endgültigen Form, wie er von Peter Gast und Elisabeth Förster-Nietzsche in der Taschenausgabe zuerst publiziert worden war.[6] Otto Weiss fügte dem hinzu: 1) die Pläne, Dispositionen und Entwürfe von 1882 bis 1888. Die Vielfalt dieser Pläne (und es sind längst nicht alle!) ist die beste Widerlegung der Auswahl zugunsten *eines* Plans aus dem Jahr 1887, auf Grund dessen Peter Gast und Elisabeth Förster-Nietzsche ihre Kompilation zusammenstellten. 2) Anmerkungen zum Text, welche – wie Richard Roos bemerkte – einen gewissen Zynismus bei einem sonst philologisch ausgewiesenen Editor, wie Otto Weiss es war, verraten. Sie verzeichnen in der Tat eine Unzahl von Weglassungen, Interpolationen, willkürlichen Teilungen von zusammenhängenden Texten (jedoch nicht alle!). Die Anmerkungen widerlegen hier den Text. Das Verzeichnis der Fundstellen der sogenannten Aphorismen des «Willens zur Macht» in den Manuskripten und eine chronologische Tabelle der Handschriften am Schluß decken unwillkürlich das ganze Ausmaß der Kompilation auf. Dabei vergesse man nicht, daß die Fragmente der Bde. XIII und XIV aus ebendenselben Manuskripten stammen, aus denen die der Bde. XV und XVI entnommen wurden. Die Auswahl der Texte, der für die Nietzsche-Forschung auf Jahrzehnte hin folgenschwere Aufbau eines Nietzsche-Systems im «Willen zur Macht» kommt einzig und allein auf die Rechnung der beiden philosophischen (und philologischen) Nullitäten Heinrich Köselitz (alias Peter Gast) und Elisabeth Förster-Nietzsche.[7] Doch nicht genug damit. Der neue «Wille zur Macht» von 1906/11 sollte den alten Band XV, das heißt den ersten «Willen zur Macht» ersetzen. Herausgegeben von Peter Gast, Ernst und August Horneffer, erschien diese erste Fassung des «Willens zur Macht» im Jahre 1901. Sie enthielt nur 483 Aphorismen gegenüber den 1067 der endgültigen Ausgabe. In dieser jedoch waren 17 von den 483 der ersten Ausgabe verschwunden. Nur fünf wurden von Otto Weiss im Anhang seiner Ausgabe als «zweifelhafte» Texte wiedergegeben, obwohl sie echte Nietzsche-Texte sind. Der ersten Fassung gegenüber war die neue eine Verschlechterung auch darum, weil sie 25 zusammenhängende, oft sehr wichtige Texte auseinandergerissen und dadurch auf 55 vermehrt hatte: wie zum Beispiel das bedeutsame Fragment über den «europäischen Nihilismus» (von Nietzsche Lenzer Heide, 10. Juni 1887 datiert).[8] Dieses und andere Fragmente sind in der Ausgabe von 1901 besser zu lesen als in der kanonisch gewordenen von 1906/11. Es sei schließlich bemerkt, daß Elisabeth Förster-Nietzsche einige Nachlaßfragmente – auch aus Heften der sogenannten Umwertungszeit – nur in ihren biographischen Publikationen bekanntmachte.

4. Daß die nunmehr epochemachende Kompilation «Der Wille zur Macht» als Nietzsches «philosophisches» Hauptwerk wissenschaftlich unhaltbar war, wurde 1906/7 von Ernst und August Horneffer[9], sowie 50 Jahre später von Karl Schlechta nachgewiesen. Auf den merkwürdigen Widerstand der Nietzsche-Anhänger und -Forscher gegen die Sache, um die es eigentlich ging, habe ich an anderem Ort hingewiesen.[10] Hier möchte ich nur noch einmal betonen, daß diese Einsicht – daß nämlich Nietzsche kein Werk unter diesem Titel geschrieben hat *noch zuletzt schreiben wollte* –,

eine ausgemachte Tatsache war, als man zu einem neuen Beginn in der Nietzsche-Edition Anfang der dreißiger Jahre im Nietzsche-Archiv selbst schritt, ich meine: als die «Historisch-Kritische Gesamtausgabe» (hg. von Hans Joachim Mette und Karl Schlechta, München 1933ff) in Angriff genommen wurde. So ließ sich zum Beispiel Walter Otto, Mitglied des wissenschaftlichen Ausschusses der neuen Ausgabe, am 5. Dezember 1934 folgendermaßen vernehmen:

«Eine ungemein wichtige, aber ebenso schwierige Arbeit steht den Herausgebern des Nachlasses der letzten Jahre bevor. Denn was von ihnen gefordert wird, ist nichts Geringeres, als daß sie die Niederschriften aus dem Gedankenbereiche des ‹Willens zur Macht› zum ersten Male ohne eigenwillige Reaktion genau so vorlegen, wie sie sich in den außerordentlich schwer lesbaren und nun von neuem zu entziffernden Manuskriptheften finden.» [11]

Ähnlich hatte sich Hans Joachim Mette geäußert, der 1932 in seinem Vorbericht zur neuen historisch-kritischen Gesamtausgabe folgende Bilanz aus der editorischen Tätigkeit des Nietzsche-Archivs gezogen hatte:

«Das Ergebnis ist ... vom wissenschaftlichen Standpunkt aus betrachtet, nicht ganz befriedigend ... der ... Gedanke, die für Nietzsches Denken wesentliche Form der unverbundenen aphoristischen Niederschrift in den einzelnen Heften zu zerstören und die einzelnen Sätze des Nachlasses nach systematischen Gesichtspunkten zu ordnen, war nicht sehr glücklich, wenn auch zeitweilig gewiß berechtigt: der Beschluß der Stiftung Nietzsche-Archiv, diesem Nachlaß in der Kritischen Gesamtausgabe seine ursprüngliche Gestalt wiederzugeben, bedeutet da eine befreiende Tat ...» [12]

Damals lebte Elisabeth Förster-Nietzsche noch; sie ließ denn auch Mettes Äußerungen in der endgültigen Fassung des Vorberichts (1933) [13] bedeutend abschwächen, und zwar so, daß die vorsichtige Kritik an den früheren systematischen Anordnungen völlig verschwand und keine Rede mehr von einer «befreienden Tat» war, sondern lediglich von einem «möglichst ungekürzten Abdruck in der originalen Reihenfolge». Und trotzdem wurde ein Jahr später – und noch immer zu Elisabeth Förster-Nietzsches Lebzeiten – die Forderung von Walter Otto erhoben, jede eigenwillige Redaktion der «Niederschriften aus dem Gedankenbereiche des ‹Willens zur Macht› zum ersten Male» zu beseitigen! Der Kern der Frage war endlich und eindeutig geklärt.

5. Um so merkwürdiger schien uns obskuren Unbeteiligten damals – Anfang der sechziger Jahre – der ganze Streit um die Schlechta-Ausgabe. Uns wollte zum Beispiel nicht einleuchten, daß ein solcher feierlicher Begriff wie das «ungeschriebene Gesetz», nach dem man keine Nietzsche-Ausgabe veranstalten darf, wenn man nicht Nietzsche verehrt (so R. Pannwitz)[14], ein schwerwiegender Einwand, geschweige denn eine bessere Lösung gegenüber Schlechtas Versuch sei. Denn wir hatten eine ganz simple Frage vor uns: «Nach welchem Text soll unsere Übersetzung gemacht werden?» Andererseits konnten wir auch keinen rechten Gebrauch der Schlechta-Ausgabe zu unseren Zwecken machen. Wir hatten zwar in den ersten zwei Bänden eine meistens getreue Wiedergabe der Erstdrucke Nietzsches vor uns, im dritten Band aber – unter dem Titel «Aus dem Nachlaß der achtziger Jahre» – hatten wir, obwohl einigermaßen chronologisch geordnet, genau dasselbe Material, das 1906/11 durch die Veröffentlichung des zweiten (und kanonischen) «Willens zur Macht» bekannt wurde. In Florenz hätten wir gewiß einige unbegreifliche Versäumnisse Schlechtas beseitigen können, die – merkwürdig genug – keiner seiner Opponenten (Löwith, von den Steinen, Pannwitz usw.) ihm vorgeworfen hatte: wir hätten nämlich mit Hilfe des Apparats von Otto Weiss zum «Willen zur Macht» manche grobe Verstümmelung und Zerstückelung der Fragmente rückgängig machen können; außerdem hätten wir auch den ersten einbändigen «Willen zur Macht» (1901) zu Rate ziehen und dadurch jene wichtigen Fragmente bergen können, welche sonderbarerweise aus dem zweiten endgültigen, doch viel umfangreicheren «Willen zur Macht» von 1906/11 verschwunden waren; endlich hätten wir (im Einklang mit Schlechtas Forderung einer Wiederherstellung der Manuskripte) auf Grund der Manuskriptverzeichnisse in den Bänden XIII und XIV der Großoktavausgabe die für den «Willen zur Macht» benutzten Manuskripte (also die, welche in den Bänden XV und XVI auch verzeichnet waren) ergänzen können. Auf diese Weise hätten wir einen umfangreicheren, nach den Manuskripten einigermaßen chronologisch geordneten Nachlaß aus den achtziger Jahren herstellen können. Trotzdem tauchten neue Schwierigkeiten und Einwände auf: 1. für eine gute Hälfte des Nachlasses (aus der Zeit der ‹*Geburt der Tragödie*› bis ungefähr zu ‹*Also sprach Zarathustra*›: 1869–1885) hatten wir – in Florenz – keine andere Lösung, als die Texte so zu übersetzen, wie sie – systema-

tisch und nicht chronologisch und nach Manuskripten geordnet – in den Bänden IX–XII der Großoktavausgabe vorlagen, da wir dazu keine Seitenverzeichnisse der Manuskripte hatten; 2. die Bände IX–XII der Großoktavausgabe lagen in zwei verschiedenen Fassungen vor: die eine von Fritz Koegel aus den Jahren 1896/97 war durch die spätere von Peter Gast, August und Ernst Horneffer, Ernst Holzer aus den Jahren 1901/03 ersetzt worden, aber manches und wichtiges, was wir in der Koegelschen Fassung lesen konnten, fand sich nicht mehr in der späteren und umgekehrt; 3. uns mußten die Haare zu Berge stehen, wenn wir in der kleineren Nietzsche-Biographie der Förster-Nietzsche (1912–1914) zu entscheidenden, im Text zitierten Nietzsche-Stellen immer wieder solche Anmerkungen von Richard Oehler zu lesen bekamen: «anscheinend (!) nicht in den Werken gedruckt» oder «aus dem Manuskript zitiert, nicht im Nachlaß gedruckt» oder «anscheinend nicht im Nachlaß veröffentlicht»: waren das alles nicht auch Texte, die wir hätten übersetzen sollen? Tauchte nicht dieselbe Frage auch angesichts der früheren, sogenannten «großen Biographie» der Schwester auf[15], wo man ebenfalls viele Texte lesen konnte, die sonst nicht bekannt waren (allerdings ohne das «gelehrte» Zugeständnis der Anmerkungen)? Oder auch der Taschenausgabe gegenüber, die ja auch Texte bringt, welche nicht in der Großoktavausgabe enthalten sind? 4. für eine große Anzahl Fragmente, die in sogenannten Mappen lagen, war auch auf Grund der Verzeichnisse in den Bänden XIII– XVI der Großoktavausgabe keine chronologische Anordnung möglich; 5. wenn wir auch die Manuskriptseiten hatten, auf denen sich die Fragmente befinden, welches war die Reihenfolge, nach der wir die Fragmente auf derselben Seite hätten übersetzen sollen? 6. was schlummerte noch seinen mehr als 70jährigen Schlaf in den Manuskripten, das wir überhaupt – in Florenz – nie hätten kennenlernen können?

Einen zuverlässigen Text hatten wir nur für die Jugendschriften und die Philologica, die in der unvollständig gebliebenen historisch-kritischen Gesamtausgabe (Bde. I–V, 1933/40) vorliegen, also für die Schriften von 1854 bis zum Frühjahr–Sommer 1869 (der allerersten Basler Zeit); daraus aber hätten wir verständlicherweise nur einen kleinen Teil für eine italienische Übersetzung benützen können. Der eigentliche philosophische Nachlaß, von den Vorarbeiten zur ‹*Geburt der Tragödie*› bis zur letzten Turiner Zeit, war noch nicht wissenschaftlich erschlossen worden. Für zwanzig Jahre von Nietzsches geistigem Schaffen, vom Sommer 1869 bis zum 2. Januar 1889 also, lag er uns in höchst unbefriedigender und unvollständiger Gestalt vor.

Was tun? Wir entschieden uns dafür, die Lage der Nietzsche-Manuskripte an Ort und Stelle zu prüfen. In den ersten Tagen des April 1961 kam ich nach Weimar. Hier fand ich die Manuskripte Nietzsches im Goethe- und Schiller-Archiv sorgfältig aufbewahrt vor; hier konnte ich – dank dem freundschaftlichen Entgegenkommen Helmut Holtzhauers, des Generaldirektors der Nationalen Forschungs- und Gedenkstätten der klassischen deutschen Literatur,[16] denen das Goethe- und Schiller-Archiv untersteht, und Karl-Heinz Hahns, des Direktors des Archivs – in vierzehn Tagen eine erste Bestandsaufnahme vornehmen, deren Ergebnis lautete: wir brauchen einen vollkommen neuen Text von Nietzsches Nachlaß. Mein Freund Colli zog daraus die einzig richtige Konsequenz: da kein anderer auf die Idee gekommen ist, es zu machen, werden wir selber den ganzen Nachlaß herausgeben, vielmehr – weil das eine das andere auch bedingt – eine kritische Nietzsche-Gesamtausgabe vorbereiten. Somit hatte unser Plan den ursprünglichen Rahmen gesprengt. Unser Verleger Einaudi schien aber an einem so großen Unternehmen nicht mehr interessiert zu sein. Zum Glück gewannen wir kurz darauf einen alten Freund, der nun selber einen kleinen Verlag gegründet hatte, für unser kühnes Anliegen: Luciano Foà, Leiter von Adelphi Edizioni in Mailand. Wir mußten aber auch einen deutschen Verleger haben; der war jedoch damals nicht aufzutreiben: keiner der deutschen Verlage, denen wir unseren Vorschlag unterbreiteten, schien der etwas gewagten Sache zu trauen. Foà gelang es jedoch im entscheidenden Moment, den großen Pariser Verlag Gallimard für uns zu gewinnen. Im September 1962 war dadurch unsere Arbeit auch finanziell gesichert: wir konnten nunmehr mit Zuversicht auf einen deutschen Verleger warten. Die ersten italienischen Bände auf Grund einer neuen philologisch gesicherten deutschen Vorlage erschienen schon 1964. Im selben Jahr machten wir, Giorgio Colli und ich, bei einem internationalen Nietzsche-Gespräch in Paris die Bekanntschaft mit Karl Löwith. Dieser machte dann, im Februar 1965, Heinz Wenzel, Leiter der geisteswissenschaftlichen Abteilung im Verlag Walter de Gruyter, Berlin, auf unsere Arbeit in Weimar aufmerksam, als Wenzel, der in seinem Verlag eine Nietzsche-Ausgabe veranstalten wollte, ihn um Rat bat. Der *deutsche* Verlag Walter de

Gruyter kaufte kurz darauf die Rechte für die Veröffentlichung der neuen Kritischen Gesamtausgabe der Werke des *deutschen* Philosophen Friedrich Nietzsche in der Originalsprache dem *französischen* Verlag Gallimard und dem *italienischen* Adelphi ab. Die deutsche Ausgabe erscheint seit Herbst 1967. Sie wird 33 Bände in acht Abteilungen umfassen. Bis jetzt sind 19 Bände erschienen.[17] Das wichtigste Ergebnis dieser zwölf Jahre ist, daß Nietzsches philosophischer Nachlaß von 1869 bis 1889 (also von den Vorarbeiten zur ‹*Geburt der Tragödie*› bis zu Nietzsches geistigem Zusammenbruch) nunmehr vollständig vorliegt: ca. 5000 Seiten gegenüber 3500 in der bisher umfassendsten Ausgabe, der Großoktavausgabe. Freilich wird es noch eine Weile dauern, bis die Nietzsche-Forscher sich der Tatsache bewußt werden, daß sie Nietzsches Nachlaß aus den achtziger Jahren immer noch falsch zitieren, auch wenn sie ihn, vielleicht um sich auf dem laufenden zu zeigen, nach Schlechtas Ausgabe zitieren.

6. Die Vollendung der Nietzsche-Ausgabe wird noch manches Jahr meines Lebens in Anspruch nehmen. Ob mir eine solche Vollendung vergönnt sein wird, weiß ich nicht. Das eine weiß ich aber genau: ohne die Begegnung mit meinem unvergleichlichen Freund und Lehrer, dem am 6. Januar 1979 viel zu früh verstorbenen Giorgio Colli, hätte *ich* nie damit angefangen. Ohne Giorgio Colli gäbe es nicht *die* neue Nietzsche-Ausgabe, von der ich berichtet habe.

Florenz, 6. Januar 1980,

am ersten Jahrestag des Todes von Giorgio Colli
(16. Januar 1917–6. Januar 1979).

Anmerkungen:

1 Richard Roos: Les derniers écrits de Nietzsche et leur publication, in: Revue de philosophie, 146 (1956), 262–287
2 Friedrich Nietzsche. Werke in drei Bänden, hg. von Karl Schlechta, München 1956–58; vgl. insbesondere Schlechtas Anhang im dritten Band, 1383–1432 («Philologischer Nachbericht»)
3 Eine Übersicht über die vom Nietzsche-Archiv veranstalteten Gesamtausgaben gibt Richard Oehler in: Friedrich Nietzsche. Werke und Briefe, historisch-kritische Gesamtausgabe, Werke, 1. Band, S. XXVIII–XXIX, München 1933
4 Aus der Basler nachgelassenen Schrift: Fünf Vorreden zu fünf ungeschriebenen Büchern von 1872
5 1894, hg. von Fritz Koegel; 1899, hg. von Arthur Seidl; 1906, hg. vom Nietzsche-Archiv (Peter Gast)
6 Nietzsches Werke. Taschen-Ausgabe. Band IX. Der Wille zur Macht. 1884/88. Versuch einer Umwerthung aller Werthe. Band X. Der Wille zur Macht. 1884/88 (Fortsetzung). Götzen-Dämmerung 1888. Der Antichrist 1888. Dionysos-Dithyramben 1888. Leipzig, C. G. Naumann Verlag, 1906
7 Elisabeth Förster-Nietzsche schrieb in ihrem Nachbericht zu Bd. IX der Taschenbuchausgabe: «Die erste Ausgabe des Willens zur Macht erschien im Jahre 1901; die vorliegende neue Ausgabe ist vollständig neu bearbeitet und zusammengestellt: das erste und dritte Buch von Herrn Peter Gast, das zweite und vierte Buch von der Unterzeichneten.»
8 Vgl. hierüber Mazzino Montinari: Nietzsches Nachlaß von 1885 bis 1888, oder Textkritik und Wille zur Macht. Akten des V. Internationalen Germanisten-Kongresses Cambridge 1975, in: Jahrbuch für Internationale Germanistik, Reihe A, Band 2,1, S. 46–47
9 Vgl. August Horneffer: Nietzsche als Moralist und Schriftsteller. Jena 1906; Ernst Horneffer: Nietzsches letztes Schaffen. Jena 1907
10 Vgl. Mazzino Montinari: Nietzsche zwischen Alfred Bäumler und Georg Lukács. In: Basis 9 (1979), S. 194–195
11 In: Bericht über die neunte ordentliche Mitgliederversammlung der Gesellschaft der Freunde des Nietzsche-Archivs, Weimar 1935, S. 15
12 Vgl. H. J. Mette: Der handschriftliche Nachlaß Friedrich Nietzsches. Leipzig 1932, S. 81–82
13 Vgl. H. J. Mette: Sachlicher Vorbericht zur Gesamtausgabe der Werke Friedrich Nietzsches. In: Friedrich Nietzsche, Werke und Briefe (s. Anm. 3), Band 1, S. CXXI–CXXII
14 Vgl. R. Pannwitz, Nietzsche-Philologie? In: Merkur 11 (1957), 1073–1087

15 Elisabeth Förster-Nietzsche: Das Leben Friedrich Nietzsche's, in 2 Bänden (Band 2 in 2 Abteilungen). Leipzig 1895, 1897, 1904

16 Dieselbe Unterstützung wird unserem Unternehmen von Holtzhauers Nachfolger, Generaldirektor Prof. Dr. Walter Dietze, nach wie vor gewährt. Ihm sei an dieser Stelle ausdrücklich und freundschaftlich gedankt.

17 Friedrich Nietzsche, Werke, kritische Gesamtausgabe, hg. von Giorgio Colli und Mazzino Montinari. Berlin 1967ff. Erschienen sind folgende Bände: III/1–4 (‹*Geburt der Tragödie*›, ‹*Unzeitgemäße Betrachtungen I–III*›; Basler nachgelassene Schriften 1870–1873; Nachgelassene Fragmente 1869–1874). IV/1–3 (‹*Unzeitgemäße Betrachtungen IV*›; ‹*Menschliches, Allzumenschliches I–II*›; Nachgelassene Fragmente 1875–1879). V/1–2 (‹*Morgenröthe*›, ‹*Idyllen aus Messina*›, ‹*Die fröhliche Wissenschaft*›; Nachgelassene Fragmente 1880– 1882). VI/1–3 (‹*Also sprach Zarathustra*›; ‹*Jenseits von Gut und Böse*›, ‹*Zur Genealogie der Moral*›; ‹*Der Fall Wagner*›, ‹*Götzen-Dämmerung*›, ‹*Der Antichrist*›, ‹*Ecce homo*›, *Dionysos-Dithyramben*›, ‹*Nietzsche contra Wagner*›). VII/1–3 (Nachgelassene Fragmente 1882–1885). VIII/1–3 (Nachgelassene Fragmente 1885–1889). Von den Kommentarbänden ist 1969 IV/4 «Nachbericht zu Abteilung IV» erschienen; die übrigen Kommentarbände werden ab 1980 erscheinen; parallel dazu wird die Veröffentlichung der Jugendschriften, der Philologica und der Basler Vorlesungen in Angriff genommen (Abteilungen I und II). Seit 1975 erscheint Friedrich Nietzsche, *Briefwechsel*, kritische Gesamtausgabe, hg. von Giorgio Colli und Mazzino Montinari. Vorgesehen sind 22 Bände in 4 Abteilungen. Es werden die Briefe von, an und über Nietzsche veröffentlicht. Bis jetzt sind 10 Bände erschienen, welche die Briefe von und an Nietzsche von 1849 bis 1879 enthalten. Ergänzungsbände über «Nietzsches Bibliothek und Lektüre» sind in Vorbereitung.

Helmut Pfotenhauer

Mythos, Natur und historische Hermeneutik. Nietzsches Stellung zu Dilthey und einigen ‹lebensphilosophischen› Konzepten um die Jahrhundertwende

I

Nietzsches Vorrede zur *‹Genealogie der Moral›* beginnt mit einer kritischen Glosse zu einigen Vorstellungen und Begriffen, welche in der damaligen wissenschaftstheoretischen Diskussion eine große Rolle spielten. Er spricht von «Leben» und «Erlebnis» und bezieht sich unausgesprochen auf die in diesen Jahrzehnten nachdrücklich betriebenen Anstrengungen, die «Geisteswissenschaften» als Disziplin sui generis zu begründen. «Wir sind uns unbekannt», so beginnt Nietzsche mit einer schroffen Antithese zu Standards jener geisteswissenschaftlichen Selbstreflexion (*‹Zur Genealogie der Moral›*, Vorrede, 1; KGW VI 2, S. 259).[1] «Wir sind uns unbekannt, wir Erkennenden, wir selbst uns selbst [...]» «Was das Leben [...], die sogenannten ‹Erlebnisse› angeht, – wer von uns hat dafür auch nur Ernst genug? [...] Bei solchen Sachen waren wir, fürchte ich, nie recht ‹bei der Sache› [...] Vielmehr wie ein Göttlich-Zerstreuter und In-sich-Versenkter, dem die Glocke eben mit aller Macht ihre zwölf Schläge des Mittags in's Ohr gedröhnt hat, mit einem Male aufwacht und sich fragt ‹was hat es da eigentlich geschlagen?› so reiben auch wir uns mitunter *hinterdrein* die Ohren und fragen, ganz erstaunt, ganz betreten ‹was haben wir da eigentlich erlebt? mehr noch: wer *sind* wir eigentlich?› und zählen nach, hinterdrein, wie gesagt, alle die zitternden zwölf Glockenschläge unsres Erlebnisses, unsres Lebens, unsres *Seins* – ach! und verzählen uns dabei ... Wir bleiben uns eben nothwendig fremd, wir verstehn uns nicht, wir *müssen* uns verwechseln, für uns heisst der Satz in alle Ewigkeit ‹Jeder ist sich selbst der Fernste› [...]» (S. 259f) Wie sollte aber, wenn wir uns selbst so fern sind, die Erlebnisfähigkeit des einzelnen zum Schlüssel des Verständnisses des Fremden, des Vergangenen werden können? Wie sollte eine externe Realität im Nacherleben lebendig erstehen und Transparenz erlangen, wenn wir dabei außer uns sind? Nietzsche scheint den Überlegungen seiner Zeit zu den Möglichkeitsbedingungen einer historischen Hermeneutik den Boden entziehen zu wollen. Es wird sich zeigen, daß seine Stellungnahme weitaus komplexer ist. Sie reagiert präzise auch auf *immanente* Problemstellungen jener sich selbst zur Frage werdenden Geisteswissenschaften. Sie bleibt nicht stehen bei der pauschalen Negation ihrer Voraussetzungen.

Doch sei zunächst die polemische Stellungnahme weiter verfolgt, bis hin zu den Konsequenzen, die sich für Nietzsche ergeben. Nietzsche kommt auf diese Schlußfolgerungen zu sprechen in einem Abschnitt der ‹*Fröhlichen Wissenschaft*›, den man als direkte Replik auf Diltheys ‹*Einleitung in die Geisteswissenschaften*› angesehen hat.[2] «Auch die Vorsichtigsten [...] meinen», laut Nietzsche, «zum Mindesten sei das Bekannte *leichter erkennbar* als das Fremde; es sei zum Beispiel methodisch geboten, von der ‹inneren Welt› [...] auszugehen, weil sie die *uns bekanntere* Welt sei! Irrthum der Irrthümer! Das Bekannte ist das Gewohnte; und das Gewohnte ist am schwersten zu ‹erkennen›, das heisst als Problem zu sehen, das heisst als fremd, als fern, als ‹ausser uns› zu sehn ...» (‹*Die fröhliche Wissenschaft*›, Fünftes Buch: Wir Furchtlosen 355; KGW V 2, S. 276). Dem Irrtum begegnen nach Nietzsche die «natürlichen Wissenschaften». Sie machen keinen Unterschied zwischen den uns von vornherein fremden Gegenständen äußerer Natur und der «inneren Welt». Sie kennen keinen Bereich angeblicher Selbstvergewisserung, welcher zwar nicht die Natur, aber doch die geistige Welt direkt erschließbar mache. Nietzsches Stellungnahme im Methodenstreit zwischen den monistischen Ansprüchen der Naturwissenschaften und den Versuchen der Geisteswissenschaften, ihren genuinen Bereich demgegenüber auszugrenzen, scheint eindeutig. Bereits seit ‹*Menschliches, Allzumenschliches*› ergriff er ja Partei für eine *«Chemie der Begriffe und Empfindungen»* (‹*Menschliches, Allzumenschliches*›, Erstes Hauptstück. Von den ersten und letzten Dingen 1; KGW IV 2, S. 19). Er redete immer wieder einer «Physiologie» aller kulturellen Bereiche das Wort. «Die historische Philosophie» schien ihm «gar nicht mehr getrennt von der Naturwissenschaft zu denken» zu sein (a. a. O.). Und konnte demnach «Genealogie» im späteren Werk über die «moralischen Vorurteile» (‹*Zur Genealogie der Moral*›, Vorrede 2; KGW VI 2, S. 260) mit seiner einleitenden Stellungnahme gegen den «Erlebnis»-Begriff in einem anderen, denn kausal-analytischen Sinne verstanden werden? Mußte man nicht an den Versuch einer Ableitung menschlicher Willensentscheidungen aus zugrunde liegenden

Naturtatsachen denken? Bevor ich daran gehe, diesen Schein zu zerstreuen, wende ich mich etwas eingehender der genannten wissenschaftstheoretischen Diskussion jener Jahre zu. Nietzsche konnte sich ja in den zitierten Bemerkungen darauf beschränken, den damals bekannten Diskussionsstand[3] nur eben anklingen zu lassen.

Seit Droysens Kritik an Buckles ‹*History of Civilisation in England*› im Jahrgang 1863 von Sybels *Historischer Zeitschrift* nahmen die Bemühungen zu, die historischen Wissenschaften und ihren Gegenstand als einen eigenen Bereich geistiger Betätigung gegen den universalistischen Geltungsanspruch naturwissenschaftlicher Gesetzeshypothesen abzugrenzen. Buckles Werk konnte als repräsentativ gelten für den Versuch, Comtes positivistisches Programm auf die verschiedenen Bereiche geschichtlich-gesellschaftlichen Lebens anzuwenden. Die konstanten Beziehungen zwischen beobachtbaren Phänomenen sollten festgestellt werden, anstatt metaphysisch über eigentliche Ursachen zu spekulieren. Nicht nach den Bedingungen gesellschaftlichen Daseins, etwa nach Maßgabe zweckgerichteten Handelns einzelner Subjekte, wäre zu fragen. Analog zur wissenschaftlichen Erfassung von Naturvorgängen gelte es nur, die unabhängig vom Willen der einzelnen sich durchsetzenden, quasi natürlichen Gleichförmigkeiten der Abläufe zu konstatieren und erklärend in Beziehung zu setzen. Die kausale Bestimmtheit aller geschichtlichen Erscheinungen würde um des methodischen Ideals exakter, allzeit wiederholbarer, situationsunabhängiger Beobachtung und Analyse willen zur erkenntnisleitenden Voraussetzung historischer Forschung gemacht.

Anders begründete Darwin eine dennoch vergleichbare Homogenisierung der Erscheinungen im Medium von Gesetzeshypothesen. Parallel zur Lehre Comtes wurde sie als die zweite Wissenschaftskonzeption, die von Konstanten der Entwicklung und Abläufe ausgeht, für die Sozialwissenschaften und die Historiographie jener Jahrzehnte bestimmend. Darwins Gesetzeshypothese strukturiert die Entwicklung nach dem Auslesekriterium optimaler Anpassung an Umweltbedingungen. Dies wurde modifiziert, besonders von Spencer und Mill, auf den Bereich sozialen Lebens anzuwenden versucht. Ich komme darauf im Zusammenhang mit Nietzsches Stellungnahme zurück.

Man vergegenwärtige sich die Situation der damaligen «Geisteswissenschaften»[4]: nachdem die in den ersten Jahrzehnten des Jahr-

hunderts noch einflußreiche idealistische Philosophie an Wirkung eingebüßt hatte; nachdem die Betrachtung der Geschichte nach Maßgabe des autonomen, sich selbst verwirklichenden Geistes angesichts der antirevolutionären, restaurativen Entwicklung an Plausibilität verloren hatte, schien sich nun ein alternativer Theorietypus mit umfassendem Geltungsanspruch durchzusetzen. Zwischen den einflußreichen systematischen Konzeptionen schien die Bemühung um ein historisches Verständnis der Erscheinungen menschlichen Lebens und ihrer systematisch unableitbaren Verschiedenheit auf der Strecke zu bleiben. Symptomatisch auch sind die Ergebnisse einer dritten, im damaligen Deutschland einflußreichen wissenschaftstheoretisch und naturwissenschaftlich orientierten Richtung. Sie wird von Helmholtz und insbesondere von Friedrich Albert Lange in seiner ‹*Geschichte des Materialismus*› vertreten. Beide waren einerseits um eine Kritik des naturwissenschaftlichen Monismus bemüht. Lange etwa verwies demgegenüber auf die Welt des Geistes, die in der Kunst und in der Metaphysik ihren angestammten Platz habe. Andererseits jedoch verschwindet der Anspruch auf gültige Erkenntnis hinter dem subjektiven Bedürfnis des Individuums, die Welt nach seiner eigenen Norm als Harmonie in den Erscheinungen zu erdichten. Zwar sei auch den empirischen und materialistischen Versuchen, den Erscheinungen Gesetzmäßigkeiten zu unterlegen, eingedenk der Kantschen Erkenntniskritik, nur der Status heuristischer Erkenntnishypothesen zuzuerkennen.[5] Aber dennoch sei gegenüber diesen Konstanten, welche der allgemeinen Organisation unseres Verstandesvermögens entsprächen, der subjektive Zugriff auf den Zusammenhang der Dinge bloße Begriffsdichtung. Mußte der Bereich geistiger Tätigkeit des Subjekts also auch gemäß differenzierender wissenschaftstheoretischer Bemühungen dem Sektor wissenschaftsferner Willkür zugeordnet bleiben?
Worin war die Alternative zu einem solchen Irrationalismus-Verdacht oder zu den Naturalisierungsversuchen subjektiver Einstellungen zu erblicken? Sie konnte jedenfalls nicht gesehen werden im unvermittelten Rückgriff auf den philosophischen Nachweis der Dignität des Geistes in der idealistischen Philosophie. Dennoch aber erinnert Dilthey, der nachmals prominenteste Vertreter einer kritischen geisteswissenschaftlichen Methodologie, an ein Theorem, das auch bereits für die deutsche Philosophie motivierend war. Er bezieht sich auf Vicos Auseinandersetzung mit Des-

cartes.[6] In deren Verlauf wurde gegenüber der raum- und zeitunabhängigen Allgemeinheit theoretischer Erkenntnis die antike Bedeutung praktischer Philosophie rekonstruiert. Das Praktisch-Wahre ist demnach kein Allgemeines, das ohne raum-zeitliche Begrenzung gilt, da das Handeln von wechselnden Situationen abhängt, deren Anzahl unbegrenzt ist.[7] Und dennoch eben ist die Erkenntnis von Praxis als wahre Erkenntnis möglich, weil das, was vom menschlichen Geist erkannt werden soll, auch von ihm gemacht worden ist, er also auch im Prozeß des Verstehens wechselnder, raum-zeitlich veränderlicher historischer Erscheinungen bei sich selbst ist. Das Individuelle zweckgerichteten geschichtlichen Handelns ist mit dem Allgemeinen der Erkenntnis als Erscheinungsform des Geistes in der Geschichte verknüpft; verum et factum convertuntur.

Kant nimmt diesen Gedanken in modifizierter Form auf. Praktisches Handeln kann als vernunftgeleistete Tätigkeit gegenüber der Kontingenz bloßen faktischen Geschehens transparent gemacht werden. Voraussetzung ist, daß dieses praktische Handeln der Vernunft als einer normativen, wertsetzenden unterstellt ist. Aus der Autonomie einer am Freiheitsbegriff orientierten praktischen Vernunft ergibt sich freilich nicht selbstverständlich, wie eine Verständigung über die Handlungen der bedürftigen Menschen in einer konkreten historischen Situation möglich sein solle. Von daher stellt sich die Frage, ob nicht der Rigorismus einer reinen praktischen Vernunft in Resignation münden müsse angesichts einer real erlebten, von partikularen Interessen bestimmten geschichtlichen Welt. Kant versucht dem in Entwürfen zu einer Geschichtsphilosophie zu begegnen. Deren Aufgabe sei es, Geschichte so zu betrachten, *als ob* das Handeln in ihr fortschreitend vernünftigen Zwecken entspräche.[8] In dieser zurückhaltenden Bestimmung von Geschichtsphilosophie drückt sich Skepsis gegenüber den Möglichkeiten aus, Vernunft in der real sich ereignenden Geschichte zu verwirklichen. – Hegel will demgegenüber den Grundsatz praktischer Philosophie als verpflichtende Aussage über die tatsächliche Verlaufsrichtung der Historie verstanden wissen. Das Geschehen in der Geschichte wäre demnach als fortschreitende Selbstverwirklichung der Menschengattung im Zeichen geistiger Spontaneität zu deuten. Der moralische Rigorismus reiner praktischer Vernunft weicht dem rigorosen Vernunftbegriff einer, in den realen Erscheinungen sich bewährenden philosophischen Geschichte. Eben dieser Rigorismus aber einer moralisch oder historisch uneingeschränkt sich realisierenden Vernunft mußte in der Folgezeit Zweifel erwecken. Was leistete diese geschichtsphilosophische Konzeption angesichts der Positivitäten vorgegebener Lebensbedingungen? Wie sollte sie der Endlichkeitserfahrung der einzelnen gerecht werden? Diese Erfahrung allein im Modus der Aufhebung in der Idealität höherer Prinzipien zu denken, mußte angesichts der Nöte individueller Existenz unbefriedigend erscheinen. Und gerade auch die psychischen Dispositionen, die aus solchen begrenzten Erfahrungshorizonten erwachsen, sollten doch verständlich gemacht werden können. Früh schon ergaben sich aus solchen Überlegungen und Einwänden Ansätze zu einer «Philosophie des Lebens». Friedrich Schlegel etwa stellte die Schriften seiner letzten Lebensjahre unter dieses Motto.[9] Ihm war freilich daran gelegen, gegenüber der idealistischen Selbstreflexion des Geistes dem positiv Gegebenen auf andere Art eine höhere Würde zuzuerkennen.

Glaube und Religion gaben nach seiner Lesart das Recht, den Gang der Geschichte als übergreifenden Sinnzusammenhang zu erfassen. Auf diesem Weg konnten ihm die späteren methodologischen Bemühungen um die Verstehensmöglichkeiten endlicher geschichtlicher Erscheinungen nicht folgen.

Dilthey, wie gesagt, wollte, um diese Möglichkeiten zu begründen, an Vicos Grundsatz von der Verständlichkeit der historischen Phänomene festhalten. Er sollte zur Geltung gebracht werden gegen die positivistische Indifferenz einer wertfreien Feststellung regelmäßiger Abläufe. Das Geschehen war unter dem Gesichtspunkt der Zwecksetzungen interessierter, wertorientierter Subjekte zu deuten. Im Gegensatz zur äußeren Natur offenbarten sich demnach Sinnqualitäten, die vom nachvollziehenden Intellekt als innerer Bedeutungszusammenhang erlebt werden könnten. Freilich waren die dergestalt erhellten Phänomene zugleich als endliche und im historischen Prozeß wandelbare aufzufassen. Gegen die Autonomie der reinen Vernunft – sei es der praktischen Kants, sei es der absoluten des in der Geschichte sich selbst vergegenständlichenden Geistes bei Hegel – wäre in den Vernunftbegriff die Relativität historischer Erfahrung konstitutiv einzubringen. Dies steht hinter Diltheys Projekt, Kants kritische Philosophie durch eine «Kritik der historischen Vernunft» zu erweitern und zu überbieten.[10]

In seiner Vorrede zur ‹*Einleitung in die Geisteswissenschaften*›, auf die sich Nietzsche u. a. bezogen haben dürfte, betont Dilthey, daß er gegenüber ‹dem verdünnten Saft von Vernunft› bei Kant den «ganzen Menschen» «in der Mannigfaltigkeit seiner Kräfte» zu erfassen gedenke. Schlüssel hierfür sei die ‹innere Erfahrung›[11], die Interpret und Interpretandum verbinde. Der andere werde als ein mit Wille begabter Mensch in Analogie zu den eigenen Daseinsentwürfen vergegenwärtigt.[12] Die einzelnen, wiewohl in ihren Zwecken verschieden und von Verblendung, Scheitern und Sinnlosigkeit bedroht, sind so gesehen doch Exponenten einer allgemeinen «Menschennatur».[13] Dilthey spricht vom Reichtum ihrer verschiedenen Äußerungsmöglichkeiten. Er betont aber zugleich die Einheit in der quasi-künstlerischen Potenz der schöpferischen Gestaltungsversuche eigenen Lebens.
Wo aber bleibt dann die von Dilthey so emphatisch behauptete Differenz zur Reflexionsphilosophie? Wie sollen die Voraussetzungen seiner Hermeneutik von dem Gedanken abgehoben werden, daß sich der Menschengeist in allen anderen Hervorbringungen immer seiner selbst vergewissere? «Das Erscheinen und Wirken des unvergänglich Menschlichen in seiner vielseitigsten Bedeutung und unendlichen Herumbildung» nannte Hegel das Anschauungsfeld dieses absoluten Geistes.[14] Begegnet Dilthey dieser Figur absoluter Reflexion nur verbal, indem er dem menschlichen Geist im Kompositum Menschen-*Natur* eine vorgegebene Lebensbasis scheinbar zuordnet? Insinuiert er eine Alternative eher als daß er sie methodisch begründet? – Dilthey waren solche Fragen und Problematisierungen gegenwärtig. Er versucht ihnen in immer neuen Ansätzen gerecht zu werden. So stellt er früh bereits sinnesphysiologische Überlegungen in Anlehnung an Johannes Müller an. Er ist bemüht, auf diese Weise die natürlichen, in der Absolutheit des Geistes nicht verschwindenden Bedingungen unserer Erfahrung zu fassen. Ich werde darauf noch näher eingehen. In seiner späteren Strukturlehre über die psychische und intellektuelle Konstitution des Menschen[15] versucht er, die Tatsachen innerer Erfahrung einer vorgegebenen Konstitution der Subjekte zu integrieren. Und immer wieder auch betont er, daß die hermeneutische Reflexion ein Regulativ historischer Forschung im Interesse der Erweiterung von Selbstverständigungsmöglichkeiten sei.[16] Sie bedeute aber nicht, daß vorausgesetzt werden dürfe, alle drohende Selbstentfremdung sei tatsächlich immer schon aufgehoben. Der

Forschungsprozeß ist angesichts dieser Widerstände gegen eine Sinngebung als unabschließbare Aufgabe zu denken.
Dennoch ist es gerade dieser entscheidende Punkt, der keine endgültige Klärung erfuhr und die weiteren theoretischen Bemühungen um die historische Hermeneutik bestimmte. Von Heidegger bis Gadamer erhob sich der Vorwurf der historistisch-ästhetischen Anmaßung, sich genußvoll und allesverstehend des Menschlichen bemächtigen zu wollen. Der Beschränktheit lebensgeschichtlich vorgeprägter Perspektiven werde dabei methodisch nicht hinreichend Rechnung getragen. «Jeder ist sich selbst der Fernste» – Nietzsches Diktum könnte für diesen Einwand als eine zugespitzte Formulierung gelten. Und in der Tat war bis hin zu Heidegger die Selbstreflexion der hermeneutischen Wissenschaft immer wieder von der Beschäftigung mit Nietzsche begleitet. Dilthey selbst machte es sich in dieser Hinsicht einfach.[17] Zwar würdigt er Nietzsches Beitrag zu einer «modernen Lebensphilosophie»[18], welche, gegenüber der systematischen Filtrierung der Erfahrung, aus dem eigenen Erleben heraus zur Deutung des Lebens fortschreiten wolle. Aber zugleich wirft er ihm eigentümlicherweise eine «tumultuarische Bemühung» vor, die Wände, «die uns einschränken» willkürlich und nur auf sich selbst bezogen, einreißen zu wollen.[19] Dilthey führt ausgerechnet gegen Nietzsche die geschichtliche Bedingtheit des menschlichen Bewußtseins ins Feld. Er vermißt deren Berücksichtigung, weil er darunter letztlich die Homogenität und die verstehbare Kontinuität der Erscheinungen verstanden wissen will. Daran gemessen rezipiert er Nietzsches diskontinuierliche, experimentierende Bemühungen, das Befremdliche im Erkenntnisprozeß zu erfassen, zwangsläufig als unnötige Bizarrerie. Die Einschätzungsfähigkeit von Nietzsches Argumentationen aber, so soll in diesem Aufsatz gezeigt werden, ist höchst aufschlußreich für den Selbstreflexionsprozeß der Geisteswissenschaften. Sie gibt Hinweise auf dessen Leistungsfähigkeit und seine immanenten Schwierigkeiten. Und sie darf als ein Indiz für dessen Grenzen gelten, dort nämlich, wo an die Stelle von Auseinandersetzungen Abwehr und Immunisierungsstrategien treten.
Um dies zeigen zu können, ist eine zweite Aufgabe zu erfüllen, die diese Untersuchung sich stellt. Nietzsches «lebensphilosophische» Überlegungen, seine eingangs exemplarisch zitierten Äußerungen zur Physiologie insbesondere, standen lange unter Irrationalismus-Verdacht. Seit der Vereinnahmung durch Baeumler etwa oder

Klages, dem Thomas Mann eine «Rankünе gegen die Entwicklung des menschlichen Großhirns»[20] im Namen des «Lebens» vorwarf, war dieser Aspekt von Nietzsches Werk eine Art Pudendum der Nietzsche-Forschung. Die Funktionalisierung der Moral und des menschlichen Willens für das Leben und die Steigerung von Macht, sowie der immoralistische Gestus des heroischen einzelnen, der sich als die Spitze dieser Bewegung versteht, mußten als suspekt gelten. Sie schienen den naturalistischen Rückfall hinter das wissenschaftstheoretische Reflexionsniveau mit dem anderen Negativum, der bloßen Begriffsdichtung, auf unglückliche Weise zu vereinen. Der Bezug aber auf die gleichzeitigen Fragestellungen der historischen Hermeneutik – auf die Verwandtschaften im Problembewußtsein jenseits naiver Hypostasierung ebenso wie auf die Begründung der Differenzen – könnten eine produktivere Nietzsche-Lektüre veranlassen.

II

Nietzsche ist immer wieder darum bemüht, den Status seiner Argumentation präzise zu bezeichnen. Er versucht ihn zu bestimmen jenseits der herkömmlichen Trennung von Sachtheorie und ästhetischem Selbstbezug des sprechenden Subjekts. Wie ist dieses «jenseits» positiv zu bestimmen? Man muß Äußerungen Nietzsches, wie die über seinen ‹*Zarathustra*›, als Schlüsselstellen nehmen: niemand dürfe «als dessen Kenner gelten, den nicht jedes seiner Worte irgendwann einmal tief verwundet und irgendwann einmal tief entzückt» habe (‹*Zur Genealogie der Moral*›, Vorrede 8; KGW VI 2, S. 261). Auch die Überlegungen in der ‹*Genealogie der Moral*› sollen schmerzen oder hinreißen: die erhebende Vorstellung von der uns auszeichnenden Autonomie moralischer Einstellungen wird verletzend als «partie honteuse unsrer inneren Welt» abgehandelt (Erste Abhandlung: «Gut und Böse» «Gut und Schlecht»; KGW VI 2, S. 271). Die sittliche Verantwortlichkeit und Selbstbestimmung erscheint als Derivat der Gewohnheit, der Vergeßlichkeit, der egoistischen Selbstbehauptungs- und Machtansprüche oder der narzißtischen Eitelkeit. Das klingt zunächst nicht originell. Nietzsche scheint den decouvrierenden Gestus früherer Moralistik nachzuahmen, die gegen die angemaßte Erhabenheit menschlichen Handels und Denkens zu Felde zieht. Besonders aber scheint nicht einmal der geläufige Einwand Kants gegen Lokke berücksichtigt. Kant hatte an Locke dessen Physiologie menschlicher Vernunft kritisiert und deren genealogische Erklärung aus Konstanten der Menschennatur.[21] Nietzsche scheint entschlossen, Genealogie wieder ohne Rücksicht auf die philosophischen Fortschritte zu betreiben, welche in der Eingrenzung sinnvoller Erklärungsmöglichkeiten und in der Festlegung von Geltungsbereichen menschlicher Vernunft liegen. Tatsächlich aber hat Nietzsche anderes im Sinn. Betrachten wir eine parallele Stelle aus ‹*Menschliches, Allzumenschliches*› und aus den Entwürfen dazu. Einleitend stellt sich dort das Problem, wie etwas aus seinem Gegensatz entstehen könne: «zum Beispiel Vernünftiges aus Vernunftlosem, Empfindendes aus Todtem, Logik aus Unlogik, interesseloses Anschauen aus begehrlichem Wollen, Leben für Andere aus Egoismus, Wahrheit aus Irrthümern?» (‹*Menschliches, Allzumenschliches*›, Erstes Hauptstück. Von den ersten und letzten Dingen 1; KGW IV 2, S. 19). Und entsprechend stellt sich hinsichtlich unserer «inneren Welten» und «Erlebnisse» aus dem befremdlichen Blickwinkel der Genealogie in Nietzsches Verstand die Frage: sind nicht «die herrlichsten Farben aus niedrigen, ja verachteten Stoffen gewonnen»? «Die Menschheit liebt es, die Frage über Herkunft und Anfänge sich aus dem Sinn zu schlagen: muss man nicht fast entmenscht sein, um den entgegengesetzten Hang in sich zu verspüren? –» (S. 20) Anders formuliert: «Jetzt, wo es vielleicht zur Höhe der *erreichten* Vermenschlichung selbst gehört, daß der Mensch einen Widerstand fühlt gegen die Geschichte seiner Anfänge [!] daß er kein Auge haben will gegen alle *pudenda origo* [Hervorhebung von mir, H. P.] [...]» (Kritischer Apparat zu ‹*Menschliches, Allzumenschliches I 1*›; KGW IV 4, S. 165), müsse man da nicht unmenschlich sein, müsse man nicht unter Selbstentfremdung leiden, diese Frage nach der pudenda origo zu stellen? Vor allem aber heißt die Frage zunächst, *wie* Nietzsche gedenkt die «*Chemie* [Hervorhebung von mir, H. P.] der Begriffe und Empfindungen», wie die *Physiologie* der Psyche, der Erkenntnis und der Moral zu betreiben sei?

Die «*Genealogie der Moral*› kommt im Abschnitt über «‹Schuld›, ‹Schlechtes Gewissen› und Verwandtes» auf den entscheidenden Punkt. Die pudenda origo aller Vorstellung von Verpflichtungen und selbstauferlegten Verbindlichkeiten liegt im Verhältnis zu den eigenen Vorfahren verborgen (‹*Zur Genealogie der Moral*›, Zweite

Abhandlung: «Schuld», «Schlechtes Gewissen», Verwandtes 19f; KGW VI 2, S. 343ff). Ihnen schulden wir ja unsere Existenz – eine Schuld, die schwer, wenn überhaupt, abgetragen werden kann. Archaische Opferrituale sind Behelfsmaßnahmen. Das schlechte Gewissen, eigene Wege gehen zu wollen, potenziert sich im weiteren Verlauf der Geschichte und der in ihr sich entwickelnden Mobilität der Menschen. Der Gedanke an die Voraussetzung der eigenen Existenz, an das also, was uns schlechterdings unverfügbar bleibt, bleibt mit der Lockerung genealogischer Bindungen als psychisches Problem bestehen. Dieses aber wird zunehmend von den bestimmten Ahnen auf einen abstrakten jenseitigen Bereich verlagert. Die Gottesfurcht schließlich rührt nach Nietzsche von der durch keine geschichtliche Entwicklung überholbaren schmerzlichen Erinnerung an die uns äußerliche Bedingung unserer Existenz her. Autonomievorstellungen erscheinen als Anmaßung, und umgekehrt erfahren wir die Erinnerung an diesen Sachverhalt als narzißtische Kränkung oder empfindliche Störung unseres Selbstbewußtseins. Schon in den frühen Aufzeichnungen kreist Nietzsches Denken um dieses Problem der Selbstwerdung des Menschen und der psychischen und intellektuellen Energie, die von der skandalösen Erfahrung ausgehen, daß wir unser *Sein*, unsere Identität, dem Zufall des *Werdens* aus der geschlechtlichen Vereinigung anderer verdanken. Schon «dem großen Kant», so notiert er 1870/71, sei es «jederzeit erstaunlich erschienen», daß «die Propagation an die Duplicität der Geschlechter» geknüpft sei (Nachgelassene Fragmente, Ende 1870 – April 1871 7[123]; KGW III 3, S. 187). Als ein «Abgrund der Vernunft» könne es gelten, daß man sich vorstellen müsse, «wie aus zwei einander feindlichen Principien etwas Neues entstehen könne, in dem jene zwiespältigen [Momente] als Einheit erscheinen.» Nietzsches Genealogie setzt also genau an dem Punkt ein, wo die Logik mit ihrem Prinzip der Identität und des ausgeschlossenen Dritten unzuständig wird. Es geht nicht um Sachverhalte, die durch die objektivierende Identifikation erklärender Theorie bewältigt werden könnten. Vielmehr soll in Nietzsches Texten durch ihren Gegenstand ein wissenschaftlich unüberholbares Interesse wachgerufen werden, das Autor und Leser verbindet. Deshalb versteht hier nur, wer in diesem Zusammenhang irgendwann einmal tief verwundet und irgendwann einmal tief entzückt war. Die Affinität zum interessierten Verstehen in Diltheys Hermeneutik und der gemeinsame Ab-

stand zu aller positivistischen oder naturwissenschaftlichen Bemühung um affektfreie Auffassung ist unübersehbar. Nur bestreitet Nietzsche eben, daß wir auf Grund dieser Interessiertheit im Erleben auch bei uns selbst seien. Um dies zu erläutern, soll im folgenden die Matrix rekonstruiert werden, die Nietzsche erstellt, um zu zeigen, nach welchen alternativen Regeln die psychischen und intellektuellen Energien investiert werden, um jenen konstitutiven Sachverhalt zu bearbeiten. Es handelt sich dabei nach Nietzsche um strukturierende Komponenten des Seelenlebens, die im Gegensatz zu Dilthey durch die Kategorie des persönlichen Willens oder des Selbstbewußtseins nicht adäquat beschrieben werden können. Die moralische Überwindung subjektiver Bedürfnisse und Interessen im Namen eines höheren Ideals stellt ebenso eine Form der psychischen Ökonomie dar, wie die egoistische Verweigerung sozialer Verantwortlichkeit. Im ersten Fall wird dem narzißtischen Selbstwertgefühl im Namen einer übergeordneten Instanz begegnet. Die affektiven Energien sind nach innen gewandt. Sie werden verbraucht im Hemmungsaufwand, das heißt in der Erzeugung eines kontrollierenden und selbstbestrafenden Gewissens (‹*Zur Genealogie der Moral*›, a. a. O.). Man täusche sich dabei aber, so Nietzsche, nicht. Jene Selbstzügelung nämlich ist eine modifizierte Form von Grausamkeit (a. a. O., S. 348). Das Bedürfnis nach Grausamkeit wird zunächst freigesetzt angesichts der in Frage gestellten Selbstherrlichkeit. Sie richtet sich gegen die einschränkenden Tatsachen der Erfahrung im Verlauf der kulturellen Entwicklung. Sie trachtet danach, diese aus dem Wege zu räumen. Aber sie kann sich auch umgekehrt gegen dieses, von solchen schmerzlichen Kränkungen fortwährend bedrohte Idealbild des Ich richten. Die Ausbildung von Moral nun beschreitet nach Nietzsche diesen zweiten Weg der Affekt-Kanalisierung.
Daß für Nietzsche mit dieser Analyse eine Wertung verbunden ist, ist unverkennbar. Seine Sympathie gilt der alternativen Lösung: der nach außen statt nach innen gerichteten Grausamkeit. Im ‹Willen zur Macht› exponiert der dazu Fähige sein Selbstwertgefühl. Er versucht alles, was sich diesem entgegenstellt, als inferior zu erweisen. Der Gedanke an die eigene Herkunft und die unleugbare Bedingtheit seiner Existenz veranlaßt ihn zu mythologischen Spekulationen. Er führt seine Herkunft auf die Götter zurück. Die pudenda origo des Menschen wird zum göttlichen Schöpfungsakt verklärt. Die genealogische Verbindung legitimiert jeglichen

Machtanspruch. Diese Mythologie steht im Gegensatz zum christlichen Gedanken der Abkunft von Gott. Denn ihm zufolge wird die kreatürliche Qualität allen Menschen gleichermaßen zugesprochen. Sie verpflichtet auf Einordnung in die Gemeinde an Stelle der aristokratischen Überhöhung. Der Mythos aber will nicht durch den Blick auf ein jenseitiges, spirituelles Sein über die peinliche Kontingenz irdischer Existenz hinausweisen. Er will die leiblich-sinnliche Präsenz selbst vergöttlichen. Dionysos, oder die *«Vergöttlichung des Leibes»* (Nachgelassene Fragmente August–September 1885 41 [6]; KGW VII 3, S. 414) ist Nietzsches Name dafür.

Nietzsche huldigt mit solchen Spekulationen, aus denen sich auch die Figur des Übermenschen herleitet, nicht der geschichtsphilosophisch naiven Vorstellung, daß die Verlaufsrichtung kultureller Entwicklung umkehrbar sei. Er gibt sich nicht der Illusion hin, die Ausbildung von Moralität und die Stabilisierung zwischenmenschlicher Beziehungen durch ihre Legalisierung können zur Disposition gestellt werden. Die Rede von Dionysos und dem Übermenschen mündet in keine alternativen gesellschaftspolitischen Programme, die den Immoralismus einiger weniger rechtfertigen wollten. Der «vernünftige Mensch», der gelernt hat, sich einzuordnen und seine Affekte gegenüber anderen zu kontrollieren, schützt sich damit vor Willkür und handelt sich Kontinuitätsgarantien vergesellschafteten Lebens ein. Nietzsche betont ausdrücklich die ungleich höheren Lebenschancen dieser Affektökonomie. Der andere, der, wie es im Traktat «Ueber Wahrheit und Lüge im aussermoralischen Sinne» in bezug auf die Sprache heißt (KGW III 2, S. 382ff), sich zum Herrn macht und mit «schöpferischem Behagen» selbst noch die Regelungen gemeinsamer Rede mißachtet, der die «verbotenen Metaphern» und die «unerhörten Begriffsfügungen» liebt und die alten Begriffsschranken als unzumutbare Beengung zertrümmert und verhöhnt – dieser andere leidet auch heftiger, «*wenn* er leidet: ja er leidet auch öfter, weil er aus der Erfahrung nicht zu lernen versteht und immer wieder in dieselbe Grube fällt, in die er einmal gefallen» (S. 383f). Die psychischen Energien werden unvermittelter freigesetzt und nicht im kulturellen Lernprozeß mannigfach transformiert. Sie äußern sich heftig als manische Selbstüberhebung. Sie haben aber auch ihr notwendiges Pendant in der Depression angesichts der Unfähigkeit zu sozial erlernbarem Verhalten. Die Achtung und Liebe der anderen geht dadurch verloren.

Wenn Nietzsche also im Hinblick auf die Genealogie der Moral deutlich zugunsten immoralistischer Einstellungen wertet, so verfällt er nie in den Fehler, dies als brauchbare Geschichtsphilosophie zu präsentieren. Und der mythologisch angereicherte Entwurf seelischer Zustände, die den in der modernen geschichtlichen Entwicklung herrschenden entgegengesetzt wären, verfällt kaum je in die Feier regressiver Tendenzen. Die Darstellung der unabdingbaren *Ambivalenz* dieser psychischen Einstellung steht dem entgegen. Sie bewahrt den Gesichtspunkt möglicher psychologischer Varianten im Spannungsfeld von Narzißmus und den Bearbeitungsformen seiner Kränkung. Daß es dabei in keinem Fall um Selbstbestimmung und Spontaneität des Subjekts geht – idealistische Kategorien, denen Dilthey in modifizierter Form verpflichtet bleibt –, betont Nietzsche immer wieder. Auch jene dionysische Selbstvergöttlichung, die man am ehesten als Nietzsches eigentliche Adaption und Transformation solcher Vorstellungen auffassen könnte, gilt ihm nur als der Versuch, das Spiegelbild unseres abgöttisch geliebten Selbst in den Köpfen anderer zu verankern (cf. etwa Nachgelassene Fragmente, Herbst 1880 6 [70, 202]; KGW V 1, S. 542, 580). Sie ist also eine denkbar prekäre und an den realen Möglichkeiten sich stoßende Form kommunikativen Verhaltens. Und dennoch favorisiert Nietzsche sie. Die Gründe hierfür seien nochmals umrissen.

Nietzsche teilt mit Dilthey den Vorbehalt gegen die Anwendung affektneutraler Wissenschaftstypen auf den Bereich menschlicher Geschichte. Aber ihm scheint die Vorstellung einer selbstgewissen und kontrollierbaren inneren Welt, die die Basis einer universellen Verständigung darstellt, nicht geeignet, um den Extremen und Maßlosigkeiten Rechnung zu tragen, die seelisch zu verarbeiten sind. Die Vorstellung der Zufälligkeit und Endlichkeit eigenen Seins ist nach Nietzsche im Grunde unerhört und durch Selbstreflexion allenfalls ergänzbar, aber prinzipiell nicht überholbar. Die daran haftenden Affekte verschwinden daher auch nicht im Prozeß der Überwindung archaischer Lebensformen, sondern sind in der Art ihrer Kanalisierung nur schwerer erkennbar. Der Aufgabe ihrer Freilegung im Fortgang der modernen, von Nietzsche christlich genannten Spiritualisierung ist die *‹Genealogie der Moral›* gewidmet. Von Erlebnissen im Diltheyschen Sinne zu sprechen, würde verhindern, im modernen Selbstbewußtsein palimpsestartig die Spuren jenes Außer-sich-Seins zu entziffern.

Nietzsches genealogische Wissenschaft läßt keinen Zweifel daran, daß die Betroffenheit durch die Erfahrung, man sei sich selbst der Fernste, konstitutiv in sie eingeht. Die Grenzziehung zwischen wissenschaftlicher Sachtheorie und ästhetisch kontrolliertem Umgang mit den Gefühlen wird mißachtet. Es wuchern die Bilder. Mythologische Vorstellungen stehen gleichrangig neben genetischen Erklärungen im modernen Sinn; in diesen werden die furchterregenden und freudespendenden Götter verdrängt durch die kausale Erklärung diesseits übermenschlicher Kräfte. Vor allem aber und bei alldem handelt es sich um eine Heuristik, das Fremde in uns uns zugänglich zu machen. Daher rührt die aphoristische Form (*«Zur Genealogie der Moral›*, Vorrede 8; KGW VI 2, S. 267f).Daraus erklärt sich der ständige Wechsel der Perspektiven. Er stellt gleichsam den Versuch dar, sich selbst gegenüber den eingefahrenen Denkmustern beim Ausplaudern verborgener Wahrheiten zu überraschen. *«Fröhliche Wissenschaft»* nennt Nietzsche diese Betätigung (a. a. O., S. 267), in der nicht der hergebrachte gelehrte Ernst dominiert.

Die Heiterkeit kann freilich nicht über einen anderen, komplementären Sprachgestus hinwegtäuschen: den der ekstatischen, exaltierten Rede. An die Seite ironischer Dissoziation herkömmlicher Vorstellungsweisen tritt – unbewußt zwar, aber darum nicht weniger problematisch – das Pathos des Äußersten der dionysischen Selbststilisierung. Diese ist zwar nicht die Folge einer Entlastung von Reflexion, sondern die der differenziertesten Reaktion auf die verdrängten Gesichtspunkte im Gange wissenschaftlicher Aufklärung. Dennoch droht hier die Gefahr distanzloser, unkritischer Hypostasierung individueller Einstellungen. Nietzsche wurde sich dessen mitunter schmerzlich bewußt. Seine depressiven Phasen rühren von der Einsicht in das Defizit an Verständigungsmöglichkeiten, das daraus entsteht. Es ist dokumentiert in der manchmal leeren Rhetorik pathetischer Übermenschlichkeit.

Festgehalten sei jedoch die zumindest intendierte Leistungsfähigkeit von Nietzsches Argumentationsweise. Sie ist geknüpft an die spezifische Bedeutung von «Leben», an die «physiologische» Erörterung und an die damit in Verbindung stehende Mythologie. *‹Menschliches, Allzumenschliches›*, jene Schrift also, die mit der zitierten «Chemie» oder Physiologie der «Begriffe und Empfindungen» einsetzt, ist in der ersten Auflage dem Andenken Voltaires zur «Gedächtniss-Feier» seines hundersten Todestages gewidmet.

Er wird als einer der größten ‹Befreier des Geistes› gefeiert (1. Aufl., Chemnitz 1878; KGW IV 2, S. 1f). Die physiologisch-genealogischen Überlegungen wollen im Sinne Voltaires emphatisch dem Interesse an der Endlichkeitserfahrung des Menschen dienlich sein. Keine Metaphysik, keine Teleologie, aber auch kein modernerer homogenisierender Erklärungszusammenhang der Erscheinungen könnte dem gerecht werden. Eher als seinerseits eine lebensphilosophische Zusammenschau der Dinge zu repäsentieren, fühlt Nietzsche sich der Haltung Zadigs verpflichtet, des Helden aus Voltaires gleichnamiger, von Nietzsche so geschätzten Erzählung. Auf die Versicherung, daß jedes Unglück, jeder Todesfall, jeder dem einzelnen undurchsichtige Schicksalsschlag eine höhere Rechtfertigung erfahre, heißt es bei Voltaire «Mais, dit Zadig ...» (‹*L'Ermite*›) Die fortschreitende Aufklärung und Selbstgewißheit der Vernunft wird bei Nietzsche nicht etwa pauschal in Zweifel gezogen – ebensowenig übrigens wie ja bei Voltaire. Nur bescheinigt ihr Nietzsche Einbußen hinsichtlich der Fähigkeit, Endlichkeitserfahrungen sinnvoll zu organisieren, und zwar so, daß die psychischen Konflikte aktualisiert und ungedämpft ausgedrückt werden können. Der Prozeß der Aufklärung und damit der Spiritualisierung und der Abkehr von archaischen Gebräuchen ist deshalb ein zutiefst zweideutiger. Die affektiven Dichotomien sollten in Nietzsches modernisierender Darstellung antiker Rituale, besonders dem des Dionysoskultus, ins Gedächtnis gerufen werden. Die Selbstverherrlichung und die schmerzliche Erinnerung, man sei natürlichen Rhythmen unterworfen, waren gleichermaßen zu vergegenwärtigen. Dieselben Affektlagen kehren, trotz ihrer Verdrängung und trotz ihrer scheinbaren Aufhebung in höheren Formen der humanen Bildung, versteckt und oft fatal unkontrollierbar wieder. Die Überlegungen, die Adorno und Horkheimer später zu ihrer ‹*Dialektik der Aufklärung*› veranlaßten, haben hier eine ihrer Wurzeln.

Nietzsche führt diesen Gedankengang über die gefährliche Transformation seelischer Potentiale im Zuge der Aufklärung als Psychologie des Ressentiments aus. Herrscht nämlich, so Nietzsche, ein Mangel an Möglichkeiten, Affekte offen und direkt zu äußern, so stauen sich seelische Energien zum heimlichen, ohnmächtigen Haß und Neid. «Mauvaise foi» gegenüber allem Vornehmen und der Wunsch, es all denen heimzuzahlen, die nicht bereit sind, ihre seelischen Energien zu maskieren oder in Selbstverkleinerung zu

investieren, beherrschen den Menschen. «Seine Seele *schielt*; sein Geist liebt Schlupfwinkel, Schleichwege und Hinterthüren, alles Versteckte muthet ihn an als *seine* Welt, *seine* Sicherheit, *sein* Labsal; er versteht sich auf das Schweigen, das Nicht-Vergessen, das Warten, das vorläufige Sich-verkleinern, Sich-demüthigen.» (‹*Zur Genealogie der Moral*›, Erste Abhandlung: «Gut und Böse», «Gut und Schlecht» 10; KGW VI2, S. 286). «‹Irgend Jemand muss schuld daran sein, dass ich mich schlecht befinde›» (a. a. O., Dritte Abhandlung: was bedeuteten asketische Ideale? 15, S. 392), ist die gefährliche Schlußfolgerung. Eine Reaktion stand Nietzsche als besonders abstoßend vor Augen: die Projektion der angestauten Affekte als Haß gegen Minderheiten. Den Antisemitismus verabscheute er nicht nur an Richard Wagner und an seinem eigenen Schwager Bernhard Förster. «Den Psychologen voran in's Ohr gesagt, gesetzt dass sie Lust haben sollten, das Ressentiment selbst einmal aus der Nähe zu studieren: diese Pflanze blüht jetzt am schönsten unter [...] Antisemiten, übrigens so wie sie immer geblüht hat, im Verborgenen, dem Veilchen gleich, wenn schon mit andrem Duft» (a. a. O., Zweite Abhandlung: «Schuld», «Schlechtes Gewissen», Verwandtes 11, S. 325). Nietzsche ahnte, daß es beim Verbergen nicht bleiben werde. In der deutschen Politik nach 1870 sah er eine Äußerung engherziger «Rachsucht» der historisch Zurückgebliebenen im welthistorischen Ausmaß voraus. Noch seine letzten Notizen über «Die große Politik», in denen sich schon der geistige Zusammenbruch ankündigt, handeln von diesem Thema (Nachgelassene Fragmente, Dezember 1888 – Anfang Januar 1889, 25 [1 ff]; KGW VIII 3, S. 451 ff).
Der Versuch, auf solche Probleme im Prozeß der geschichtlichen Entwicklung angemessen zu reagieren, mündet bei Nietzsche, wie wir sahen, an entscheidenden Stellen in Mythologie. Der Abstand zu den im 19. Jahrhundert verbreiteten Beschwörungen der Urzustände ist dabei denkbar groß. Man denke an Nietzsches Basler Kollegen Bachofen und dessen Rekonstruktionsversuche archaischer Zustände. Diese werden bei Bachofen als vorgeschichtliche Hingabe an den Strom des Werdens und Vergehens ausgegeben. Die gynaikokratische Organisation des Lebens kenne keine historischen Formgebungen. Dem naturverbundenen Dasein ist keine Kontinuität institutionalisierter Formen entgegengestellt. Die dionysische Gynaikokratie habe dann erst in der weiteren Entwicklung der apollinisch-vaterrechtlichen Formgebung zu weichen ge-

habt. Dionysos, eine Zentralfigur der Mythenforschung im 19. Jahrhundert, wird hier also in den Zusammenhang eines spannungslosen, von Identitätskrisen, Selbstbehauptungsansprüchen und Machtgefällen freien Zustandes egalitärer Kreatürlichkeit gerückt. Der Irrationalismus späterer Jahrzehnte hat dies als Feier der kosmischen Tatsachen des Lebens und des Schicksals aufgefaßt, dem sich der einzelne zu unterwerfen habe. Es wird deutlich, wie weit Nietzsche davon entfernt ist. Dies gilt, obwohl Nietzsche im persönlichen Umgang mit Bachofen manche Anregung aufgegriffen haben dürfte. So wird das Begriffspaar «dionysisch, apollinisch» gemeinsam diskutiert worden sein oder Creuzers Buch über die *‹Symbolik und Mythologie der alten Völker›*.
Wie der Prozeß der Aufklärung vom archaischen Schrecken immer wieder eingeholt wird, so wird umgekehrt von Nietzsche der Mythos und die in ihm verarbeitete Urgeschichte der Subjektivität nie ohne Tendenzen der Aufklärung konzipiert.[22] Die Ambivalenz und die nicht stillstellbare historische Dynamik dieser Komplexe wird gegegenüber allen naturalistischen Verdinglichungen durchgehalten. In seiner Vorlesung über den «Gottesdienst der Griechen» beschreibt Nietzsche den Wandel im Umgang mit den Ahnen und den übermenschlichen Kräften, welche auf das Leben einwirken (Musarion-Ausgabe, Bd. V, S. 323 ff). Er zeichnet das treibende Motiv nach, sich von der Gewalt zu befreien, die die Projektion eigener Ängste und Minderwertigkeitsgefühle in scheinbar verursachende, übermächtige Naturwesen darstellt.[23] Zunächst drücken nach Nietzsche die magischen Praktiken und mythischen Bilder einen unentwickelten geistigen Zustand aus. Die eigenen Projektionen werden als vorgegebene Kausalitäten verkannt. Die bedrückende Last aber, die in der Schuld gegenüber den Ahnen beruht, soll verringert werden. Zu diesem Zweck werden zunehmend Techniken entwickelt, um die Toten mit Kulten und Opfergaben zu besänftigen. Überdies aber, und dies akzentuiert Nietzsche besonders, werden sie auch an Rituale gebunden, deren symbolische Ordnung die Nachkommen festlegen. Die Mythen erzählen schließlich von der tendenziellen Gleichrangigkeit der Generationen. Die vormals furchterregenden Götter werden den Lebenden in einem genealogischen Kontinuum zugeordnet. Neue Konflikte treten freilich auf, wenn die Opferrituale, an denen die Ahnen und Götter angeblich teilnehmen, nicht mehr als rituelle Verrichtung Gleichrangiger begangen werden. Neue Probleme entste-

hen, wenn nicht mehr jeder zum Geben und Nehmen verpflichtet ist. Die jüdische Religion beginnt mit den Brandopfern: nicht das gemeinsame kultische Ritual, sondern die Huldigung eines jenseitigen Gottes wird begangen. Die beschriebene Entwicklung, die zu Defiziten im offenen Umgang mit der pudenda origo eigenen Seins führt, ist in Gang gesetzt. Nietzsches späte Studien zu Wellhausens ‹*Prolegomena zur Geschichte Israels*› versuchen diesen bereits früher konzipierten Gedankengang kult- und mythengeschichtlich zu belegen.[24] Die spezifische Leistungsfähigkeit des Mythos droht nach Nietzsche von nun an der vordergründigen aufklärerischen Denunziation zum Opfer zu fallen. Daß diese Leistungsfähigkeit des Mythos dadurch gleichwohl nicht obsolet wird und daß sie im Interesse einer differenzierenden Betrachtung moderner intellektueller Möglichkeiten neu zu erörtern wäre, ist Nietzsches leitende Vorstellung. Ähnliche Überlegungen zur eigenständigen Bedeutung des Mythos gegenüber der Aufklärung setzen im übrigen bereits früher im 19. Jahrhundert ein. Sie begründen eine Richtung der Mythenauffassung, die sich von den Irrationalisierungstendenzen Bachofens entfernt. Erste Ansätze finden sich bei Schelling. Diltheys Stellung zu solchen Überlegungen wird noch zu diskutieren sein. Schellings Anstöße wirken fort ins 20. Jahrhundert, bis hin zu den Versuchen Cassirers, den Mythos als Denkform sui generis zu beschreiben.

III

Die vorstehenden Beobachtungen zum formalen Status und zur inhaltlichen Tendenz von Nietzsches Überlegungen lassen sich durch die Betrachtung seiner wissenschaftlichen Lektüre belegen und erweitern. Nietzsche studiert eingehend zeitgenössische Ansätze der Lebensphilosophie, der Soziologie und Physiologie. Zwei Argumentationstypen interessieren Nietzsche in diesem Zusammenhang besonders. Es ist dies die im Medium der Methodologie von Naturwissenschaften vorgetragene Kritik an physiologischer und biologischer Erkenntnis. Nietzsche merkt sich besonders jene Ausführungen an, in denen von der Verwandtschaft ihrer Begriffsbildung mit mythologischer Bildschöpfung die Rede ist. Zum anderen ist es ihm inhaltlich um Passagen zu tun, in denen vom Lebensprozeß als fortwährender Steigerung vitaler Kraft die

Rede ist und nicht als deren Versiegen oder als Anpassung und Einschränkung. Es geht Nietzsche insbesondere um Argumentationsmuster, die einen Ausgleich zur kränkenden Kontingenzerfahrung des einzelnen versprechen. Aus den Anstreichungen und Randbemerkungen in den heute noch vorhandenen Bänden von Nietzsches privater Bibliothek[25] läßt sich ersehen, daß Nietzsche in diesem Interesse die wissenschaftlichen Diskussionen seiner Zeit häufig sehr selektiv rezipiert hat.

Ich beginne mit den aufschlußreichen Randbemerkungen Nietzsches zu Jean-Marie Guyaus ‹*Esquisse d'une Morale sans Obligation ni Sanction*›. Es handelt sich dabei um eine zeitgenössische «Philosophie des Lebens», die Nietzsche als Folie für eigene Überlegungen benützt. Guyau betrachtet es in Anlehnung an Spencer als vitalistisches Prinzip, daß alles Leben danach strebe, die Vereinzelung der Existenz zu überwinden und in einer höheren Solidarität der Lebewesen, allen voran der der Menschen, aufzuheben.[26] Selbstlosigkeit und Anpassung seien die Eigenschaften, die den Zusammenschluß der einzelnen zur Gattung beförderten. Eine solche Homogenisierung werde durch die Erhöhung der Lebenschancen angereizt. Guyau ist mithin in zeittypischer Weise daran gelegen, die Moral in einer funktionalistischen Theorie der Durchsetzungsmöglichkeiten im Existenzkampf zu fundieren. Daß dabei soziale Konsensbildung und Sittlichkeit besonders hoch veranschlagt werden, darf man dem Einfluß von Spencer zuschreiben. Dessen Umformulierung der Darwinschen Selektionstheorie wirkt hier nach. Dilthey stritt gegen diese soziologisch-funktionalistische Ableitung der Moral. Er machte dagegen die Befähigung zur selbstbewußten, autonomen sittlichen Entscheidung geltend.[27] Nietzsche lehnt sie mit anderer Begründung ab. Er bezeichnet es als komischen Fehler Guyaus, beweisen zu wollen, daß die moralischen Instinkte ihren Sitz im Leben selbst haben. In Wirklichkeit aber beweise er ungewollt das Gegenteil, nämlich, daß die Grundinstinkte des Lebens unmoralisch seien. Sie zielten nicht auf Ausgleich, auf Altruismus, sondern auf unbändige Äußerung von Kraft. Sie seien gerichtet auf Macht gegenüber allen äußeren Beschränkungen. Und auf diese Anmerkung Nietzsches folgt der charakteristische Satz: «Ebensowenig ist *Zeugung* das Symptom eines altruistischen Grundcharakters: sie entsteht aus Spaltung und Kampf in einem unmäßig mit Beute überladenen Organismus, der nicht Macht genug hat, alles Eroberte einzuorganisieren.»[28] Zeugung also, die Voraussetzungen jeglichen Lebens, wird nicht als Verbindung mit dem anderen aus der Beschränktheit der eigenen Lebensfunktionen heraus gedacht, sondern als Weitergabe und Kontinuität uneingeschränkter Vitalität. Im Grunde wird damit der Versuch unternommen, alle Erinnerung an Partikularität und Endlichkeit durch die Errichtung eines alternativen Begründungszusammenhangs zu eliminieren. Und in der Tat pflichtet Nietzsche Guyau immer dort bei, wo dieser von der Motivation des Menschen spricht, sich selbst als unsterblich zu sehen. Nach Guyau nämlich erklärt sich die Moralität des Menschen letztlich aus dem Wunsch, sich durch die gemeinsame Konstitution der Gattung endlos am Leben zu erhalten.[29] Nietzsche läßt Guyaus Moralismus beiseite oder glossiert ihn ironisch, streicht sich aber immer wieder das Wort «Unsterblichkeit» an als Bezeichnung eines affektiv besonders hochwertigen Komplexes.

Guyaus Gewährsmann Spencer, dessen ‹*Thatsachen der Ethik*› Nietzsche ebenfalls eingehend studiert,[30] liefert ihm kein entsprechend interessantes psychologisches Material. Seinen soziologischen Optimismus, der im Altruismus der einzelnen die Gewähr erblickt für eine konfliktfreie und besonders glückserfüllte soziale Entwicklung, bezeichnet Nietzsche schlankweg als «Unsinn».[31] In der Glorifizierung der Integrationsleistung moderner Massengesellschaften erblickte er die Mentalität des ‹Hornviehs›[32], das sich nurmehr in der «Heerde»[33] wohl fühle. Nietzsches lebensphilosophische Gegenreaktion entspringt, wie sich hier und an anderen Stellen zeigt, spezifischen gesellschaftlichen Erfahrungen des 19. Jahrhunderts. Der kränkende Eindruck des einzelnen, daß er sich in der Masse verliere, daß er in den sich formierenden Klassen oder in den wuchernden Großstädten untergehe, ist der spezifisch historische Index seiner Entrüstung. Entsprechendes ließe sich auch an Nietzsches Stellung zu John Stuart Mill oder an der zu Buckle zeigen. Auffällig ist dabei immer die Verschränkung von psychologisch interessierter, im Fall Spencers allerdings bitter enttäuschter Rezeption sachlicher Aspekte und der unverblümten Idiosynkrasie, welche Nietzsche ganz bewußt zum Prinzip macht.

Das Interesse an biologischen Theorien zur Konstitution der Gattung und speziell zur Frage der Fortpflanzung veranlaßt Nietzsche, besonders in den achtziger Jahren, zu einer extensiven Rezeption der Darwin-Kritik. Nietzsche fand eine eingehende Diskussion der Darwinschen Theorie und der Einwände, die seit ihrer

Veröffentlichung ausgearbeitet wurden, im bereits erwähnten Buch Langes über die ‹*Geschichte des Materialismus*›. Bereits 1866 las er es erstmals, um es dann in den späteren erweiterten Auflagen zu rekapitulieren. Lange sah die Grenzen des Darwinschen Evolutionsgesetzes, wie es dann auch in Deutschland durch Haeckel popularisierend vermittelt wurde, darin, daß die Entwicklung allein durch die äußeren Bedingungen und die Optimierung der Anpassung an diese bestimmt gedacht werden.[34] Die natürliche Selektion erfolge also nicht nach endogenen Kräften der Organismen. Gerade neuere Theorien, wie die von Carl von Nägeli, könnten aber zeigen, daß den Lebewesen selbst eine Tendenz zur Vollendung und Steigerung ihrer Potenzen innewohne. Nicht oder nicht allein die Nützlichkeit für die Adaption an Umweltbedingungen, sondern morphologische Gesetze innerer Entwicklung und Kräftigung wären zu veranschlagen.[35] Nägelis Überlegungen wurden damals unterstützt durch verwandte Argumentationen mehrerer renommierter Wissenschaftler. Zu nennen sind Nietzsches Basler Kollege Ludwig Rütimeyer, ferner C. E. von Baer und der Anatom Wilhelm Roux. Nietzsche nimmt im damaligen naturwissenschaftlichen Streit für die genannten Autoren Partei. Aufschlußreich sind auch hier wieder Nietzsches Akzentsetzungen. Er sammelt Argumente für eine Theorie der Lebensprozesse als Abundanz vitaler Kräfte. Die Generationenfolge solle nicht nach Gesetzen der Fortzeugung von Anpassungszwängen und der Unterwerfung gedacht werden. Zeugung sei nicht die Produktion eingeschränkten Seins, sondern resultiere aus einem beständig sich vermehrenden Kraftüberschuß. Sie sei Ausdruck der zunehmend gesteigerten Fähigkeit, alles andere zu überwinden und sich einzuverleiben.[36]
Noch deutlicher wird diese Lektürestrategie Nietzsches bei der Durchsicht eines Buches von W. H. Rolph, das unter dem Titel ‹*Biologische Probleme. Zugleich als Versuch einer rationellen Ethik*› erschienen war. Es ist eines der Bücher, die, nach den Lesespuren zu urteilen, zu den von Nietzsche meistgeschätzten naturwissenschaftlichen Werken gezählt haben dürften. Rolph entwikkelt gegen Darwin und Spencer[37] eine Theorie der Pleonexie als treibendem Motiv physiologischer Prozesse. Nietzsche fand hier also die ihm von den Sophisten her vertraute und geschätzte πλεονεξία-Lehre der Natur wieder. Sie war auf dem Standard damaliger moderner Naturwissenschaften ausgeführt. Rolph näm-

lich spricht von der grenzenlosen Bereitschaft der Lebewesen, andere Organismen in sich aufzunehmen.[38] Der Kampf individuierten Lebens sei nicht einer um Selbsterhaltung um den Preis der Adaption an andere, sondern es gehe um Mehrerwerb, um Macht und Kraftsteigerung. Entsprechend erfolge, im genauen Gegensatz zu Darwin, die Selektion der Anlagen nach Maßgabe innerer Vervollkommnung und der Kumulations- und Speicherungsfähigkeit von aggressiven, egoistischen Anlagen. Demgemäß wäre auch die Frage der Fortpflanzung neu zu überdenken.[39] Der Lebensprozeß gelangt an den Punkt, wo die angehäuften Kraftmomente nicht mehr in demselben Organismus integrierbar sind und deshalb auf dem Wege der Abspaltung an neue Lebewesen abgegeben werden müssen. Zeugung wird demnach auch nicht primär als geschlechtliche Zeugung behandelt, bei der zwei Partner auf Grund ihrer physiologischen Grenzen auf den jeweils anderen angewiesen sind. Der Akzent liegt vielmehr auf der parthenogenetischen Abspaltung. «1=1+1» notiert sich Nietzsche mit mehreren Ausrufungszeichen an den Rand.[40] Ganz ähnlich, wie im Mythos die pudenda origo individuellen Seins durch den Nachweis göttlicher Herkunft überhöht wird, liefert eine solche Abundanztheorie[41] für Nietzsche im selben, psychologisch kritischen Punkt Material für die Vorstellung übermenschlicher Steigerung.

Die Grenze einer sachadäquaten Rezeption der naturwissenschaftlichen Theorien ist hier erreicht. Nietzsche wendet sich von der Verfolgung innerer wissenschaftlicher Diskussionsprozesse ab. Er gibt die distanzierte und objektivierende Haltung des Gelehrten im Bereich hochspezialisierter einzelwissenschaftlicher Forschung auf und bekundet ganz persönliche Betroffenheit. Er selektiert unübersehbar nach subjektivem Interesse. Man wird dies von der Bemühung um verbesserte fachwissenschaftliche Standards her als Dilettantismus bezeichnen müssen. Als Einwand gegen Nietzsches Verfahren reicht dies jedoch nicht hin. Denn er selbst läßt keinen Zweifel an der von ihm immer wieder begründeten Auffassung von der nur relativen Geltung der Trennung von neuzeitlicher Wissenschaft und der affektiven Induzierung des Weltbildes. Seine Leistung ist angemessen nur zu beurteilen als eine außerordentlich breit angelegte und vielfältig instrumentierte Heuristik. Sie zielt auf eine adäquate Sprache des dezentrierten, sich selbst fremd erscheinenden und in elementarer Weise psychisch betroffenen Subjekts.

Der Grenzpunkt des Übergangs von Wissenschaft in Mythologie wird auch in der zeitgenössischen Wissenschaftstheorie erörtert. Begreiflicherweise sucht und findet Nietzsche hier ebenfalls Material für seine eigenen Überlegungen. Dies gilt für Liebmann, der zusammen mit Lange zu den Vorläufern des Neukantianismus am Jahrhundertende zählt, und für sein Buch *‹Analysis der Wirklichkeit›*. Es handelt kritisch vom Problem der «Urzeugung» als dem zentralen Problem moderner Deszendenzlehre und Biologie.[42] Wie nämlich, so fragt Liebmann, können wir uns die Anfänge des Lebens und damit die es bewirkende und bestimmende Kraft überhaupt vorstellen? Sind Spekulationen wie die Platons über die innere Kraft des Lebens etwas anderes als Mythologie? Sind auch wir nicht zwangsläufig auf den Mythos angewiesen, angesichts der Paradoxie, unsere eigene Entstehung, unser Noch-nicht-Sein mit den Mitteln erklären zu müssen, die unseren Intellekt als eine logische Rede über das Sein konstituieren? Müssen wir uns nicht das Werden mit den Kategorien der Identität, der Beharrlichkeit und Substanz zurechtlegen? Versuchen wir also nicht im Grunde mit den Mitteln unseres Denkens das zu erfassen, was ihm per definitionem vorausgeht? Dann aber sprechen wir in der uns bedrängendsten Frage buchstäblich im *übertragenen* Sinne. Hegels Logik, welcher dieses Problem zugrunde liegt, wäre demnach *in dieser einen Hinsicht* als Kosmogonie nicht qualitativ unterschieden von der mythischen Bildschöpfung der *‹Edda›* oder dem zehnten Buch der Rigweda.[43]
Ähnliche Überlegungen zur Grenze der strikt naturwissenschaftlichen Erkenntnis gerade in elementarsten Lebensfragen finden sich in Gustav von Bunges Abhandlung *‹Vitalismus und Mechanismus›*.[44] Es sei hier nur als ein weiteres, von Nietzsche in diesem Zusammenhang besonders geschätztes Werk genannt. Die Beispiele mögen genügen, um Nietzsches Lektüre-Strategien und die dabei leitenden Gesichtspunkte zu verdeutlichen.

IV

Wenden wir uns nunmehr Diltheys Überlegungen zu den entsprechenden oder zu vergleichbaren Sachbereichen zu. Insbesondere interessieren Stellungnahmen zum Bereich des Mythos, der physiologischen Psychologie und der Ästhetik. Es werden sich dabei die mit Nietzsche gemeinsamen wissenschaftskritischen Ausgangspunkte zeigen. Ebenso aber dürfte die Stelle des Umschlags in grundlegende Divergenzen deutlich werden.

Der erste Abschnitt von Diltheys *‹Einleitung in die Geisteswissenschaften›* handelt vom ‹Mythischen Vorstellen und der Entstehung der Wissenschaft in Europa›.[45] Dilthey geht von dem geschichtsunabhängigen Bedürfnis des Menschen aus, «im Gegensatz zu seinem armen Leben Bilder von etwas Reinerem und Vollkommenerem» zu besitzen.[46] Die Leistung von Mythos und Religion sei es, «‹das schlechthinnige Abhängigkeitsgefühl›» und die notwendige und unüberholbare Erfahrung, «‹uns nur als endliches Sein›» setzen zu müssen[47], zum Gegenstand spezifischer Vorstellungsformen zu machen. In späteren Zeiten löse sich die mythische Einheit des Lebens auf. Die Naturabläufe werden als Gesetzmäßigkeit eigener Qualität intellektuell erfaßt. Sie lösen sich von den vormaligen Affekten, welche in die Auffassung der Erscheinungen investiert worden waren. Die aus den eigenen Ängsten und Hoffnungen entspringenden Projektionen übermenschlicher, verursachender Kräfte werden zur distanzierten Beobachtung von Kausalbeziehungen neutralisiert. Das Maß an Abhängigkeit von der als überlegen erfahrenen Natur ist damit reduziert. Der Schrecken angesichts der eigenen kreatürlichen Bedürftigkeit und des Todes findet seinen Ausgleich in inneren, spirituellen Fähigkeiten, welche der Glaube an einen übernatürlichen Gott in uns befestigt. Das affektive Problem also, das der Mythos und die spätere monotheistische Religion in Europa gemeinsam bearbeiten, bleibt bei aller intellektuellen Entwicklung präsent. Nur die Art dieser Bearbeitungsformen ist nach Dilthey steigerungsfähig im Sinne christlicher Spiritualisierung.

Man findet in dieser Überlegung die Gemeinsamkeit und die Differenz zu Nietzsche beisammen. Beiden geht es um die Relativierung fortschreitender Reflexionsleistungen angesichts wiederkehrender psychischer Konflikte. Beiden ist daran gelegen, die davon ausgehende innere Dynamik seelischer und intellektueller Prozesse zu erhellen. Zur Diskussion steht die Verschränkung von Endlichkeitserfahrung und der Bemühung um Daseinssteigerung. Damit wird der Versuch unternommen, gegenüber der Reflexionsphilosophie um 1800 den ungeläuterten Seiten des Lebens gerecht zu werden. Zugleich aber wollen beide, Dilthey und Nietzsche, jeglicher Hypostasierung natürlicher Lebensbedingungen als letz-

tem Grund des Daseins begegnen. Methodisch ist angesichts jener Ambivalenz von Abhängigkeitserfahrung und den Überbietungsversuchen aller Einschränkungen auch ausgeschlossen, das Seelenleben als unabdingbar determinierten Ablauf zu beschreiben. Dilthey und Nietzsche geht es um eine spezifische Leistung, die auf das Beunruhigende und auf die Herausforderung im Leben jedes einzelnen zu antworten hat. Deshalb auch waren für beide gleichermaßen die von Fechner und in anderer Form von Lotze angebotenen harmonisch-erbaulichen Denkmodelle unerheblich. Nach Dilthey werden in diesen, damals sehr einflußreichen Versuchen, nur «die Bedürfnisse des Gemütes durch Entwicklung eines möglichen Weltzusammenhangs»[48] spekulativ und zugleich vordergründig befriedigt. Die seelische Gestimmtheit des einzelnen korrespondiert nämlich bei Fechner etwa auf Grund eines «psychophysischen» Parallelismus mit der tatsächlichen Welteinrichtung. Die objektiv erfahrbare Wirklichkeit wird im Anklang an neukantianische Spekulationen als Ausfluß einer ursprünglichen Einheit von Seele und Leib vorgestellt[49] und mit Versatzstücken moderner naturwissenschaftlicher Disziplinen erklärt. Psychische Problemkonstellationen werden durch solches Ganzheitsdenken ersichtlich zugedeckt statt pointiert hervorgehoben.
Trotz dieses gemeinsamen Insistierens auf dem Kernpunkt einer nachidealistischen und zugleich anti-naturalistischen Psychologie sind die Ergebnisse Diltheys und Nietzsches denkbar verschieden. Dilthey faßt die religiöse Spiritualisierung und die nachmythische Verwissenschaftlichung der Welt im Grunde doch als linearen Fortschritt ins Auge. Der Verlust an psychischen Ausdrucksmöglichkeiten – und damit nach Nietzsche aber auch an intellektueller Sensibilität für das Fremde im Prozeß der Aufklärung – ist Dilthey kein vorrangiges Problem. Dies bleibt nicht ohne Konsequenzen für die methodischen Prämissen einer historischen Hermeneutik in seinem Sinne. Seine Schwierigkeit, historische Erkenntnis anders zu begründen denn als absolute Selbstvergegenwärtigung fortschreitender Vernunft, beruhen auf eben dieser Vorentscheidung angesichts möglicher Problemstellungen. Diese Präjudizierung zeigt sich an ganz verschiedenen Ansatzpunkten seiner psychologischen Analysen immer wieder.
In einem Brief an Wilhelm Scherer vom Mai 1870 schreibt Dilthey rückblickend auf die Jahre seiner Basler Professur: «Dort in Basel begann ich mit Anthropologie und Psychologie und erhielt da-

durch einen ganz neuen Anstoß. Johannes Müller und Helmholtz faßten mich völlig; ich hörte ein Jahr durch die physiologischen Vorlesungen meines Freundes His [...]»[50] Besonders Johannes Müllers frühe Schrift *‹Über die phantastischen Gesichtserscheinungen›* beeindruckte Dilthey und veranlaßte ihn zu einer popularisierenden Paraphrase. Er veröffentlicht diese 1866 unter einem Pseudonym als «Phantastische *Gesichtserscheinungen* von Goethe, Tieck und Otto Ludwig»[51]. Müller und im Anschluß daran Dilthey ist es darum zu tun, von den untersten Vorgängen des Seelenlebens angefangen bis hin zum Eigenleben der Phantasie[52] einen kontinuierlichen Zusammenhang darzutun. Müller steht noch unter dem Einfluß von Goethes Idee der Metamorphosenlehre, nämlich eine Einheit der verschiedenen Stufen des Lebens im Werden zu erweisen. Die komplexesten geistigen Leistungen sollten so als Fortentwicklung natürlicher Anlagen erkennbar werden. Oder umgekehrt formuliert: die dem einzelnen Individuum vorgegebenen Eigenschaften wurden im Medium der darin angelegten Möglichkeiten höchster schöpferischer und autonomer Tätigkeit interpretiert. Noch in einem späteren Brief an Yorck von Wartenburg[53] gesteht Dilthey, daß er gehofft habe, über die sinnesphysiologische Analyse elementarer Formen der Wahrnehmungstätigkeit den Schlüssel zur genetischen Erklärung der höchsten dichterischen Leistungen gewinnen zu können. – Man wird diese Idee mit Recht als eine frühe, gleichsam vorkritische Spekulation verstehen. Sie bleibt halb den Nachwirkungen goethezeitlichen Ganzheitsdenkens in der Physiologie verhaftet, halb den positivistischen Bestrebungen, Bewußtseinsphänomene naturwissenschaftlich objektivierbar als kontinuierlichen Zusammenhang zu betrachten. Dennoch kündigt sich hier ein durchgängiges Motiv Diltheyscher Konzeptionen an. Die Geschichte nämlich soll in all ihren Erscheinungen im Lichte des Seelenlebens spontaner, jede Fremdheit verzehrender Subjektivität erhellt werden.

In der späteren *‹Philosophie des Lebens›* wird die Bedeutung der «Realität der Außenwelt»[54] für unsere psychische und intellektuelle Konstitution neu erörtert. Gegen die Einseitigkeiten der auf die bloße äußere Wahrnehmung bezogenen Sinnesphysiologie wird nunmehr die Mannigfaltigkeit innerer Vorgänge geltend gemacht. Ein Ensemble von Trieben, wie die nach Nahrung und sexueller Betätigung, wird «auf den höheren Stufen des Lebens» transformiert. Schließlich erlangen die «inneren Strebungen» und ‹Wil-

lensreaktionen› ein ‹Eigenleben›. Sie werden zum Material der sich ausprägenden Selbstgewißheit. Über diese willentlich beherrschten Lebensprozesse nun ergibt sich Dilthey zufolge auch die «Verwandtschaft und Solidarität»[55] der Menschen untereinander. Verantwortliche Subjekte kommunizieren in einer einander verstehbaren und auf allgemeine Geltung der Motive hin überprüfbaren Weise. Der eingangs dargestellte Rekurs der Hermeneutik auf die Tradition praktischer Philosophie wird abermals deutlich.
Der kategoriale Rahmen für eine Psychologie, die die gemeinsamen Grundlagen des Verstehensprozesses verdeutlichen soll, ist damit abgesteckt. In den «Ideen über eine beschreibende und zergliedernde Psychologie», die ebenfalls in die *‹Philosophie des Lebens›* aufgenommen wurden, ist zwar von strukturellen Bestimmungen des Seelenlebens die Rede. Diese seien der ‹inneren Erfahrung› und dem ‹hellen Bewußtsein› nicht unmittelbar transparent.[56] Man müsse sie durch eine «Beschreibung» psychischer Vorgänge zu erfassen suchen, um sie schließlich durch die «Zergliederung» der geschichtlichen Bedingungen und der ‹erworbenen Zusammenhänge›[57], in denen sie sich entfalten, zu verdeutlichen. Im Gegensatz zu kausalanalytischen Gesetzeshypothesen können so die transzendentalen Bedingungen geklärt werden, unter denen transsubjektive Zusammenhänge als geschichtliches und das heißt praktisch verantwortliches Handeln begreifbar sind. Denn in erworbene Zusammenhänge eingebettet zu sein bedeutet für eine Analyse, der es um Geschichte in einem emphatisch humanisierten Sinne geht, nicht Determination, sondern vorbewußte Teilnahme an einem kontinuierlich sinngerichteten Geschehen. Dilthey erkennt dieser Prämisse keine metaphysische oder aber im idealistischen Sinne geschichtsphilosophische Qualität zu. Er versucht die notwendigen kategorialen Bedingungen geschichtlichen Verstehens zu erläutern. Sie sind vorausgesetzt, wenn anders Diskontinuität und Traditionsbruch nicht als Tatsachen resignativ hingenommen werden sollen. Das aber würde nach Dilthey den Verzicht auf die methodische Möglichkeit bedeuten, zumindest tendenziell unser historisches Leben als transparenten Zusammenhang wahrzunehmen. Genau diese methodische Prämisse im Hinblick auf eine transzendentale Kritik historischer Vernunft aber ist es, die ihm Nietzsches Überlegungen als unmethodisch und willkürlich-tumultuarisch erscheinen lassen müssen. Daß es Nietzsche dabei jedoch um die Erörterung des Fremden in unserem schein-

baren Selbstverständnis geht, und daß dies als Problem durch die methodische Homogenisierung geschichtlicher Erfahrung nicht zu beseitigen ist, dürfte Dilthey erst in den letzten Jahren seiner wissenschaftlichen Arbeit geahnt haben. Ich komme darauf im nächsten Abschnitt dieser Untersuchung zurück. Vorrangig bleibt für Dilthey freilich die methodologisch gefestigte Abdichtung gegenüber solchen Erwägungen. Dies gilt, obwohl doch andererseits die menschliche Endlichkeitserfahrung und die daran geknüpften Affekte konstitutiv gegen das idealistische Konstrukt absoluter Selbstgewißheit ins Feld geführt werden sollten.

Die Abhandlung über *‹Die Einbildungskraft des Dichters›* liefert nicht nur «Bausteine für eine Poetik»,[58] sondern erörtert bezeichnenderweise am Gegenstandsbereich des *Ästhetischen* die grundlegenden Auffassungen dieser lebensphilosophischen Hermeneutik. Es ist von der «Natur des Menschen» die Rede, und sie wird näher bestimmt als ‹freie Menschennatur›. Die «Selbigkeit unseres menschlichen Wesens [,] verknüpft mit seiner Variabilität, seinem geschichtlichen Wesen», hat, insofern es sich eben um die Manifestationen jener *Freiheit* der menschlichen Natur handelt, in der schöpferischen Tätigkeit der Kunst ihr vornehmstes Betätigungsfeld. «Vielleicht hat die Poetik», die sich dies speziell zum Gegenstand macht, «in Rücksicht auf das Studium dieser Grundtatsache der Geisteswissenschaften, der Geschichtlichkeit der freien Menschennatur, einen großen Vorzug vor den Theorien der Religion oder Sittlichkeit usw. voraus. Auf keinem anderen Gebiet, außer dem der Wissenschaft, haben sich so vollständig die Erzeugnisse der Vorgänge erhalten; sie liegen in der schönen Literatur aufeinandergeschichtet da. Die wirkenden Kräfte scheinen noch lebendig in dem Erzeugnis zu pulsieren. Die Vorgänge vollziehen sich heute, wie zu jeder früheren Zeit; der Dichter lebt vor unseren Augen, Zeugnisse über sein Schaffen liegen vor. So kann das dichterische Bilden, seine psychologische Struktur und seine geschichtliche Variabilität besonders gut studiert werden. Die Hoffnung entsteht, daß durch die Poetik das Wirken der psychologischen Vorgänge in den geschichtlichen Produkten besonders genau aufgeklärt werden könne. An der Literaturgeschichte entfaltete sich bei uns die philosophische Geschichtsbetrachtung. Die Poetik hat vielleicht eine ähnliche Bedeutung für das systematische Studium der geschichtlichen Lebensäußerungen.»[59]

Der «dichterischen Einbildungskraft» wird von Dilthey in bezeichnender Weise der Traum und der Wahnsinn gegenübergestellt. Manches findet sich wieder, was ex negativo zur Charakterisierung Nietzsches diente. In der Einbildungskraft des Dichters sei der ‹Zusammenhang unserer Vorstellungen› hergestellt. «Die in unseren Gefühlen gegebenen Wertvorstellungen und die in unserem Willen entstehenden Zwecke» regulierten die «ausnahmsweise Energie des Gefühls, der Affekte, der sinnlichen Organisation». «*Das Genie ist keine pathologische* Erscheinung, sondern der *gesunde, der vollkommene* Mensch.»[60] Anderes gilt, wenn sich dieser «Zusammenhang des Seelenlebens» lockert: «der regulierende Apparat» fällt gleichsam weg, «welcher die Eindrücke, Vorstellungen und Gefühle in der Anpassung an die Wirklichkeit erhält; und nun entfalten und verknüpfen sich die Bilder in spielender Willkür».[61] «Unbestimmt», «unreguliert», «sonderbar» sind einige von Diltheys Kennzeichnungen dieses herabgesetzten Zusammenhanges des Seelenlebens. Die Therapie klingt einfach und ist nicht ohne eine Spur von Bonhomie: «Der Hypochondrische muß unter Menschen.»[62] Dilthey wird sich später fragen müssen, wie er mit einer solch einseitigen ästhetischen Theorie als Grundlage seiner Hermeneutik, poetischen Phänomenen wie der Dichtung Hölderlins, gerecht werden will. Es spricht für die Kraft der kritischen Selbsttranszendierung seiner Hermeneutik, daß er, angesichts solcher vorfindlichen historischen Phänomene zur Revision zumindest ansatzweise bereit ist.

Nietzsches Äußerungen zur Physiologie der Kunst lesen sich wie eine genaue Kontraposition: «[...] Die Kunst [...] 1. der *Rausch*: das erhöhte Machtgefühl; die innere Nöthigung, aus den Dingen einen Reflex der eigenen Fülle und Vollkommenheit zu machen – / 2. die *extreme Schärfe* gewisser Sinne: so daß sie eine ganz andere Zeichensprache verstehen – und schaffen ... – dieselbe, die mit manchen Nervenkrankheiten verbunden erscheint – die extreme Beweglichkeit, aus der eine extreme Mittheilsamkeit wird; das Redenwollen alles dessen, was Zeichen zu geben weiß ... ein Bedürfniß, sich gleichsam loszuwerden durch Zeichen und Gebärden; Fähigkeit von sich durch hundert Sprachmittel zu reden ... ein *explosiver* Zustand [...] – Unfähigkeit, die Reaktion zu *verhindern*; der Hemmungsapparat gleichsam *ausgehängt* [...] eine gewisse *Willens*-Aushängung [...]» (Nachgelassene Fragmente, Frühjahr 1888 14 [170]; KGW VIII 3, S. 148f)

Die Kommunikation wird als eine rauschhafte Extremerfahrung

vorgestellt. Der Überschuß an sprachlichen Mitteilungsmöglichkeiten hat nichts zu tun mit Einfühlung, sondern ist die manische, fast psychopathologisch gesteigerte Disposition, sich in allem wiederzufinden und es zum Zeichen eigener Fülle zu machen. «Alle Kunst wirkt *tonisch*», heißt es an anderer Stelle; sie «mehrt die Kraft, entzündet die Lust (d. h. das Gefühl der Kraft), regt alle die feineren Erinnerungen des Rausches an [...]» (Nachgelassene Fragmente, Frühjahr 1888 14 [119]; a. a. O., S. 88)
Gesteigerte Erlebnisfähigkeit, Genie, Geschmack, welcher dieses auszeichnet, sind seit der zweiten Hälfte des 18. Jahrhunderts bis hin zu Dilthey Kategorien, die die höchste Steigerungsfähigkeit humaner Bildung bezeichnen. Für Nietzsche verlieren die Begriffe ihre Konnotation der Verbindlichkeit, der gemeinsamen, alle Individuen zusammenschließenden Geltung. Geschmack etwa bedeutet für ihn die Berechtigung zu idiosynkratischer Reaktion. (Nachgelassene Fragmente, Frühjahr – Herbst 1881 11 [156]; KGW V 2, S. 398f) Sie bleibt quasi-aristokratisch jeder Rechtfertigungsnotwendigkeit entzogen. «Das Urteil des Geschmacks und Ekels [...] aussprechen und tyrannisch durchsetzen» (*‹Die fröhliche Wissenschaft›*, Erstes Buch 39; KGW V 2, S. 81) ist die Maxime dieser, an vorbürgerlichen Modellen orientierten Ästhetik. Daß sie sich aber aus fundierten Überlegungen zu Selbsterfahrungsproblemen herleitet, die in dieser modernen bürgerlichen Gesellschaft entstehen und durch ihre Entwicklung unbewältigt bleiben, sollte deutlich geworden sein. Manische Übersteigerungen und die in Kauf genommenen komplementären Depressionen erscheinen Nietzsche als adäquatere affektive Einstellung dazu. Er zieht sie der Verabsolutierung jener Sublimierungsbemühungen vor.
Im Zusammenhang von Nietzsches Bruch mit der kunsttheoretischen Tradition steht seine Rezeption physiologischer Psychologie und Ästhetik. Einschlägige Werke erfreuten sich zu jener Zeit großer Beachtung. Besonders eingehend studiert Nietzsche Léon Dumonts Untersuchung über *‹Vergnügen und Schmerz›* und Harald Höffdings *‹Psychologie in Umrissen auf der Grundlage der Erfahrung›*. An Dumonts Abhandlung zum Beispiel interessiert Nietzsche die biologische Ableitung des Häßlichen, dem ja auch die Aufmerksamkeit der nachhegelschen Ästhetik galt. Dumont definiert Häßlichkeit als das Nachlassen vitaler Organisationskraft. Das Schöne sei Resultat von Kraftsteigerung, die durch Schmerz und Unlust zu ihrer Entfaltung angereizt werde.[63] Die zugrunde

gelegten Neuformulierungen der darwinistischen Entwicklungshypothesen freilich nimmt Nietzsche kommentarlos zur Kenntnis. Das Schöne, so Dumont, sei das Ziel des Weltprozesses, und der Mensch seine höchste Verwirklichung. Denn in ihm versammle sich am meisten Kraft und deshalb seien ihm auch die größten Überlebenschancen im Rahmen natürlicher Zuchtwahl gegeben. Was Nietzsche, wie aus seinem Handexemplar ersichtlich, primär interessiert, sind wiederum Materialien zu einer Psychologie ästhetischer und moralischer Phänomene. Er greift sie auf, insofern sie tauglich erscheinen, Argumente gegen die humanistisch-idealistische Tradition zu liefern. So etwa wenn von angeblicher Züchtigkeit und der durch sie hervorgerufenen Gesichtsröte die Rede ist. Dumont erklärt den Vorgang nicht aus einer sittlichen Einstellung, sondern als Schönheit einer ganz auf uns selbst und unser Gesicht gerichteten Aufmerksamkeit.[64] Sie sei Ansammlung und Ausdruck gestauter innerer Energien und rühre nicht von Schamgefühl her. Solche Erklärungen mögen uns heute willkürlich erscheinen. Und auch Nietzsche dürfte diese Ausführungen zumeist nicht als Elemente einer konsistenten physiologischen Theorie ernst genommen haben. Er goutiert eher an Einzelheiten die Bestätigung eigener Spekulationen. So unterstreicht er sich mehrfach einen von Dumont wiedergegebenen Scherz, der zusammenhängt mit der für ihn wichtigen mythologischen Vorstellung von der Selbsterzeugung des Menschen unabhängig von der geschlechtlichen Vereinigung der Eltern. Eine gewisse Mme du Deffant nämlich habe über einen berühmten Mechaniker, welchen sie sehr linkisch fand, gesagt: «Ich möchte wetten, dass er sich selbst gemacht hat.»[65] Man müßte wohl an Nietzsches Freude partizipieren können, in anderen Schriften eigene Gedanken wiederzuerkennen, um diesen Witz besonders bemerkenswert zu finden. Aufschlußreich für ein Nietzsche-Verständnis ist die Stelle aber dennoch. – Ähnliche Rezeptionsstrategien ließen sich am genannten Buch Höffdings aufzeigen. Nietzsche markiert sich z. B. eine Stelle, an der die herkömmliche Vorstellung dessen, was Sympathie sei, umgekehrt wird. Nach Höffdings Theorie bedeutet sie ein gesteigertes Ich-Gefühl angesichts der Selbstspiegelung im anderen.[66]
Wichtiger als solche partielle Zustimmung erscheint jedoch der mit Dilthey gemeinsame Vorbehalt gegen kausal-analytische und evolutionstheoretische Ableitungen psychischer Konstellationen. Beiden geht es ja trotz der dargelegten Differenzen um jene Endlich-

keitserfahrungen und deren Überbietungsversuche, nicht aber um eine naturalistische Determination des Seelenlebens. Die zahllosen anderen Physiologien der Kunst, die am Jahrhundertende veröffentlicht werden, zeigen daher nur auf den ersten, oberflächlichen Blick eine enge Verwandtschaft mit Nietzsches gleichnamigen Überlegungen.

V

1905 erschien, wie erwähnt, erstmals jenes Buch, welches Dilthey berühmt machte: ‹*Das Erlebnis und die Dichtung*›. Es enthält literaturgeschichtliche Abhandlungen aus verschiedenen Zeiten, von denen uns zwei besonders zu interessieren haben: die über Novalis und die über Friedrich Hölderlin.[67] Besonders in der letzteren finden sich aufschlußreiche Ansätze zu einer Differenzierung der geschilderten geisteswissenschaftlichen Einstellung.

Betrachten wir, um Diltheys Interpretationstendenzen deutlicher hervortreten zu lassen, zunächst kontrastiv eine Stelle bei Nietzsche. Nietzsche nämlich belegt einen seiner zentralen Gedanken zur seelischen Ökonomie des Christentums durch einen interessanten Hinweis auf Novalis. Im ersten Buch von ‹*Menschliches, Allzumenschliches*› führt er aus, wie christliche Askese und Selbstkasteiung Umkehrungen einer ausgeprägten Disposition zur Selbstüberhöhung seien. Der christliche Heilige «geisselt seine Selbstvergötterung mit Selbstverachtung und Grausamkeit, er freut sich an dem wilden Aufruhre seiner Begierden, an dem scharfen Schmerz der Sünde, ja an der Vorstellung des Verlorenseins, er versteht es, seinem Affect, zum Beispiel dem der äussersten Herrschsucht, einen Fallstrick zu legen, so dass er in den der äussersten Erniedrigung übergeht und seine aufgehetzte Seele durch diesen Contrast aus allen Fugen gerissen wird; und zuletzt: wenn es ihn gar nach Visionen, Gesprächen mit Todten oder göttlichen Wesen gelüstet, so ist es im Grunde eine seltene Art von Wollust, welche er begehrt [...]» (‹*Menschliches, Allzumenschliches*›, Erstes Hauptstück, Von den ersten und letzten Dingen 142; KGW IV 2, S. 138) Die hochfliegenden narzißtischen Energien werden aggressiv nach innen gewendet. Die religiösen Einstellungen, die man gewohnt ist als Entsagung und Läuterung von Affekten aufzufassen, sind deren höchst ambivalente, transformierte, aber nicht minder heftige Abfuhr. Nur eben zwingt die Berufung auf eine jenseitige Instanz und die selbst gewählte Unterwerfung dazu, den Umgang mit den extremen Gefühlslagen der Scham und der Selbstvergöttlichung zu entstellen und auf eine andere Ausdrucksebene zu verlagern. Eine Zone des Tabus und des Geheimnisses entsteht, die nur noch vereinzelt erhellt wird: «Novalis, eine der Autoritäten in Fragen der Heiligkeit durch Erfahrung und Instinct, spricht das ganze Geheimniss einmal mit naiver Freude aus: ‹Es ist wunderbar genug, dass nicht längst die Association von Wollust, Religion und Grausamkeit die Menschen aufmerksam auf ihre innige Verwandtschaft und gemeinschaftliche Tendenz gemacht hat›.» (a. a. O.)

Auffällig ist die pointierte Einseitigkeit dieser Analyse: die Sublimierungsleistungen und die Entwicklung seelischer und intellektueller Selbstdistanzierung sind kaum berücksichtigt. Zugespitzt werden nur die Kosten solcher Entwicklung aufgerechnet, und der Zivilisationsprozeß erscheint als defizitäres Unternehmen. Novalis wird bei Nietzsche nicht im Rahmen einer gediegenen, ausgewogenen Interpretation zitiert, sondern als Beleg oder als Ausgangspunkt einer erregten, parteiisch-interessierten Überlegung.

Dennoch oder gerade deshalb dürfte Nietzsche Entscheidendes auch an Hardenbergs Schriften getroffen haben. Denn auch diesem ist daran gelegen, Extreme hervorzuheben und gleichsam handstreichartig, ohne Rücksicht auf systematisch abgesicherte Verbindungen in Beziehung zu setzen. Die gemeinsam mit Nietzsche geübte aphoristische Form ist dafür das stilistische Indiz. Sie leitet sich ja in der Neuzeit her aus der Vorstellung einer diskontinuierlichen Stellung des Menschen zwischen Tier und Gott. Pascal hat diese Zwischenstellung zum Gegenstand seiner Reflexionen gemacht. Der Aphorismus als stilistischer Ausdruck dieser Reflexion will die Paradoxie ungeglättet vor Augen führen, die darin bestehe, daß der Mensch als spirituelles Wesen ebenso Engel sei wie, mit der Erbsünde belastet, Tier. Das Fremde im Eigenen soll in der provokativ zugespitzten Form seinen erregenden Ausdruck finden. – In unserem Zusammenhang ist überdies interessant, daß Hardenbergs Aphorismen zum Teil den Versuch darstellen, die im Formalismus grenzenloser Reflexion ihm zu sehr erstarrende Philosophie Fichtes zu konkretisieren. So verknüpft er die dem Standard humanistischer Bildung nach sublimsten Bereiche mit dem

Befremdlichsten. Die Seligkeit daseinsabgewandter Liebe etwa tritt in den ‹*Hymnen*› in Verbindung mit manifesten Regressionen und wollüstigen Inzestwünschen.[68] Nietzsches Hinweis ist mithin richtungweisend. Es gelingt ihm, gegen das juste milieu des literarischen Geschmacks seiner Zeit[69], verschüttete Extravaganzen ans Licht zu holen. Freilich sei die Kehrseite und damit das in Kauf genommene Risiko jener Einseitigkeit im psychologischen und literarhistorischen Urteil nicht übergangen. Sie tritt in anderen Fällen zuweilen kraß hervor. Kaum jemand dürfte etwa den berühmten Invektiven gegen andere Autoren der deutschen Literaturgeschichte im zweiten Band von ‹*Menschliches, Allzumenschliches*› (Der Wanderer und sein Schatten 90ff; KGW IV 3, S. 231ff) anders als mit einer gewissen Ratlosigkeit begegnen können.
Ganz anders verhält es sich mit der bereits 1865 erstmals erschienenen und später in den genannten Sammelband übernommenen Novalis-Studie von Dilthey. Dilthey mußte sich zwar ebenfalls gegen die zeitgenössische Literaturgeschichtsschreibung und deren epigonal-klassizistischen Geschmack zur Wehr setzen.[70] Die Interpretationstendenz weicht gleichwohl denkbar weit von der Nietzsches ab.
Die Erschütterungen anläßlich des frühen Todes von Sophie betrachtet Dilthey als Anlaß für Novalis, die irdische Liebe in erhaben-religiöse Stimmungen zu transformieren. Indem das Gemüt, so Dilthey, «sich durch seinen Schmerz wie in eine absolute Einsamkeit versetzt fühlt, hinausstarrend in eine grenzenlose Öde, sieht es sich nunmehr ganz allein sich selbst gegenüber und in den wesentlichen Bestimmtheiten seines Daseins: die ewigen Bezüge seiner Existenz treten aus diesem Dunkel.»[71] Zwar fänden sich bei Novalis mitunter «krankhafte wissenschaftliche Phantasien» und ‹trübere Träumereien›.[72] Diese äußern sich insbesondere in manchen seiner Reflexionen über das Christentum. Dann nämlich «ruft er sich – jenen eigenen phantastischen Hang pflegend, der mit seinem Geschick und seiner Krankheit, aber nicht mit seinen Ideen zusammenhing – selber zu: ich muß ordentlichen Aberglauben zu Jesu haben. Der Aberglaube ist überhaupt notwendiger zur Religion als man gewöhnlich glaubt. Nur durch jenen realistischen Trieb, demgemäß er auch den Zusammenhang zwischen Religion und Wollust mehrmals hervorhebt, hängen solche Gedanken mit seinen übrigen zusammen.»[73] An anderen Stellen streife er jedoch in seinem «Suchen» eher «an den wichtigen Gedanken, daß Lust

und Unlust doch nur eine sehr rohe und unangemessene Bezeichnung für das Eigentümliche in der Welt unserer Gefühle» seien.[74] Substantieller sei die «Tiefe und Fülle des Herzens», die ihm das Christentum erschloß[75] und in ihm das Gefühl von «Heimat» erstehen ließ. Deshalb auch gebe die Lektüre seiner Schriften Aufschluß über den lebendigen inneren Zusammenhang des Gemütslebens, an dessen Erforschung angesichts der Grenzen naturwissenschaftlicher Erkenntnis der historischen Wissenschaft gelegen sein müsse.[76]

Die Vereinnahmung Hardenbergs als Zeuge für die Ergiebigkeit solcher wissenschaftlicher Absichten hat aber auch hier ihren Preis. Er erscheint im vorliegenden Fall höher als der, den Nietzsche zu entrichten hat. Es ist das Dilemma einer uns heute allzu idyllisch eingefärbt erscheinenden Folge trauter Bilder. Vorgestellt wird uns ein gänzlich bei sich seiendes, human vorbildliches geistiges Dasein: «Novalis zeigt uns alle Dinge in einem ihm eigenen Lichte. Indem wir nur seinen Namen uns zurückrufen, so umfängt uns die Welt, wie sie ihm erschien, wie ein abendstilles Tal einen Wanderer, der mit den letzten Strahlen der Sonne vom Gebirge hinabsteigt: stille, warme Luft ringsum: in weißem, matten Glanze steht an dem noch bläulichen Himmel der Mond: traulich umschließen uns die Berge, aber sie engen uns nicht ein: kein Gedanke kommt uns, daß jenseits ihre Pfade nach unruhigen Städten und Ländern laufen. Alles vereinigt sich zu diesem Eindruck, seine Denkart, sein Schicksal, die Verhältnisse, in denen er lebte. Er war so fern von dem Lärm des Tages. Die Not des Lebens berührte ihn nicht.»[77]

Vier Jahrzehnte später erschien Diltheys Hölderlin-Aufsatz.[78] Auch hier verfolgt er zunächst die Absicht, Hölderlins ästhetische Konzeption als Exempel humaner Bildung zu deuten. Empedokles etwa entferne sich durch übermenschliche Vitalität und Selbstvergöttlichung von den Belangen des Volkslebens, nehme aber diese Entfremdung als persönliche Schuld auf sich und unterziehe sich im Freitod der Sühne im Namen einer höheren Sittlichkeit. Dilthey aber differenziert zugleich seine Interpretation in aufschlußreicher Weise. Er bemüht sich um Verständnis für des Empedokles «Sehnsucht nach der ewigen Natur».[79] Gemeint ist das Bedürfnis einer Auseinandersetzung auch mit den depersonalisierenden und asozialen Komponenten kreatürlichen Daseins. «Diesen Empedokles durchwaltet der tragische Zug, den Winckelmann und

Goethe am griechischen Wesen nicht gewahrt haben: Hölderlin verstand ihn. In dieser Welt beständig entstehender und vergehender Stadtstaaten gibt es keinen Gedanken an ein Fortschreiten des menschlichen Geschlechts: alles ist Wechsel.»[80] Wenn im Interesse daran die humane Allianz mit der gesellschaftlichen Umwelt gestört wird, so mag das als Wahn gelten. Dem ausdrücklich mit Nietzsche verglichenen[81] aristokratischen Gestus der Zivilisationsskepsis wird jedoch nicht mehr die erwähnte Therapie für Hypochonder anempfohlen. Vielmehr heißt es: «Unser Interesse [...] haftet an den gewaltigen Gedichten, die eben an den Grenzen der höchsten von ihm erreichten Freiheit der lyrischen Bewegung und des Wahnsinns in ihm entstanden [...]» Und als wollte er frühere Aussagen über die Einbildungskraft des Dichters korrigieren oder modifizieren, fährt Dilthey fort: «Wenn der erworbene Zusammenhang des Seelenlebens [...] zu versagen beginnt, dann erhält die Gestaltung der einzelnen Bilder eine eigene Unabhängigkeit und Energie. Ideen möglicher Wirkungen treten aus dem Rahmen der fest gefügten Bedingungen einheitlicher Kunstform heraus. Unreguliert gehen Gefühl und Phantasie ihre exzentrische Bahn. Wer gedächte hierbei nicht an [...] Nietzsche!»[82] Die der Hermeneutik aufgegebenen Erscheinungen geschichtlichen Lebens und der Kunst ließen sich eben nicht ohne Gewalt einengen auf Gesichtspunkte einer angeblich geordneten und unentfremdeten Welt.

Nietzsche sah in der Tat bereits von früh an eine enge Verwandtschaft zu Hölderlin. Sein Deutschlehrer in Pforta – wahrscheinlich der damals meinungsbildende Literarhistoriker Koberstein – verwehrte ihm dies anläßlich eines Aufsatzes mit den Worten: «Ich möchte dem Verfasser doch den freundlichen Rat erteilen, sich an einen gesünderen, klareren, deutscheren Dichter zu halten.» Nietzsche hielt sich jedoch nicht daran.

Auch wandte sich Nietzsche in seiner Tätigkeit als Literarhistoriker immer wieder den Gesichtspunkten des Unversöhnten und affektiv Anstößigen zu. Er behandelt in den altphilologischen Kollegs seiner Basler Zeit das künstlich übertriebene Pathos griechischer Schauspieler. (Musarion-Ausgabe, Bd. V, ‹*Geschichte der griechischen Literatur*›, Erster bis dritter Theil, S. 111f) Er bespricht die kultischen Techniken der Ekstase (Dritter Theil; S. 221), der rituellen Äußerungen von Aggressionen und die dafür geschaffenen literarischen Gattungen. (S. 222f) Den Wandel der

Gattungen begründet er in agonalen Überbietungsversuchen ihrer Vertreter. (S. 226ff, S. 245ff) Die Stellung der Schriftsteller zum Tode ist eines der Themen seiner Erörterungen. (278ff) Sein Interesse gilt des weiteren den Grabkulten (der Gottesdienst der Griechen, a. a. O., S. 412f) und den Todesarten. Das Gute und Schöne, selbst das Klassische, werden gegen den Strich gelesen. Als Bereiche der Reflexion und der Läuterung autonomer Subjekte sind sie in seinen kunstkritischen Schriften nicht präsent. – Über solche vor allem experimentierenden und teils provokanten Veranstaltungen hinaus bleibt als greifbares und fortwirkendes Ergebnis etwa die Rehabilitierung des seit dem 18. Jahrhundert in Mißkredit geratenen Barock. Nietzsche hält das «Aufregende in der Geschichte der Kunst», wie er das Barock nennt (‹*Menschliches, Allzumenschliches*›, Zweiter Band 1, Vermischte Meinungen und Sprüche 131; KGW IV 3, S. 69) trotz unverkennbarer Vorbehalte einer psychologischen Analyse für wert. Ihm erscheint es nicht als Willkür und Verwirrung, sondern als Überreichtum an Affekten. Auf Grund solcher Vehemenz und nicht aus Inferiorität könne nur schwer die Integration der einzelnen Elemente in organische Kompositionen gelingen. (a. a. O., S. 73ff) Die Wirkung eines solchen Interesses für die in jener Zeit unansehnliche Kunstübung reicht von Wölfflin bis zu neuerer Erforschung der im 19. Jahrhundert verpönten Barockrhetorik.

Ich muß es mit diesen Hinweisen auf die literarhistorischen Konsequenzen und Leistungen alternativer «lebensphilosophischer» Konzepte bewenden lassen. Man hätte im kunsttheoretischen Bereich noch über den, zumindest für Nietzsche, zum punctum saliens gewordenen Bereich der Einschätzung Wagners zu sprechen. Dilthey kritisiert an diesem die Glorifizierung des Wahns, schätzt aber das ‹Erhebende› und ‹innerlich Erlösende›[84] seiner Musikdramen. Nietzsches Ästhetik, die sich ja wesentlich an der Auseinandersetzung mit Wagner kristallisiert, kommt zum genau gegenteiligen Werturteil. Wagners Neigung, nach dem christlichen Modell der Erbsünde jede vitale Äußerung als erlösungsbedürftig zu zelebrieren, enerviert ihn. Grenzenlos aber ist seine Bewunderung für das «Mikroskopische der Seele» (‹*Die fröhliche Wissenschaft*›, Zweites Buch 87; KGW V 2, S. 121) in Wagners Kunst. Gemeint sind ihre psychischen Ambivalenzen, etwa von sozialem Mitleid und dem Schrecken vor anarchischem Inzestwunsch. Der ‹*Parsifal*› wird so zu einem der zentralen Gegen-

stände von Nietzsches Ästhetik. Die nähere Betrachtung und Beurteilung jedoch dieser fundamentalen kunsttheoretischen Divergenzen bedürfte einer eingehenderen Erörterung ihres Gegenstandes, der Wagnerschen Musikdramen selbst.
Meine Aufgabe an dieser Stelle war es, die versteckten Gemeinsamkeiten und offenen Abweichungen dieser beiden exponiertesten Erkenntniskonzepte geschichtlichen und geistigen Lebens abzuwägen. Die Aufgabe wäre erfüllt, wenn deutlich geworden wäre, daß die rekonstruierte Kollision beider Diskurse neue Gesichtspunkte eröffnet – sowohl für die bisherigen Schattenseiten der Nietzsche-Forschung als auch für die unabgeschlossene Selbstreflexion der historischen Hermeneutik.

Anmerkungen:

1 Zitiert werden Nietzsches Werke hier, soweit möglich, nach der neuen kritischen Gesamtausgabe der Werke (= KGW), die seit 1967 von Giorgio Colli und Mazzino Montinari veranstaltet wird (F. N., Werke. Kritische Gesamtausgabe, Berlin/New York 1967ff). Wo diese Edition noch nicht vollständig ist, wurde die «Musarion-Ausgabe» (F. N., Gesammelte Werke, hg. von Richard Oehler, Max Oehler und Friedrich Christian Würzbach, München 1920ff) herangezogen.

2 J. Kamerbeek, Dilthey versus Nietzsche, Studia philosophica, Jahrbuch der schweizerischen Philosphischen Gesellschaft 10 (1950), S. 57ff

3 Diltheys Schriften freilich fanden Ende des 19. Jahrhunderts zunächst nur in Fachkreisen Beachtung. Dies änderte sich erst nach der Jahrhundertwende seit der Veröffentlichung der Sammlung literaturgeschichtlicher Aufsätze unter dem berühmt gewordenen Titel «Das Erlebnis und die Dichtung» (1905). Dennoch dürfte Nietzsche über das Anliegen in den früheren Arbeiten Diltheys, insbes. seiner 1883 erschienenen «Einleitung in die Geisteswissenschaften», informiert gewesen sein: Nietzsches Verehrer, der Literar- und Philosophiehistoriker Heinrich von Stein, zugleich Schüler und protégé Diltheys in Berlin, dürfte ihn bei seinem Besuch in den Sommertagen 1884 in Sils unterrichtet haben.

4 Der Begriff setzte sich durch seit Schiels fragwürdiger Übersetzung von John Stuart Mills «System of Logic» (1843) und dem darin verwendeten Ausdruck «Moral Science»: System der deductiven und inductiven Logik, dt. v. J. Schiel, 2 Theile, Braunschweig 1863f. Das Wort war jedoch in unterschiedlichen Bedeutungen schon seit dem 18. Jahrhundert gebräuchlich.

5 Nach Friedrich Albert Lange, Geschichte des Materialismus und Kritik seiner Bedeutung in der Gegenwart, 2. Aufl., Iserlohn und Leipzig 1873, Bd. I, S. 12f., Bd. II, S. 278ff. (In Nietzsches nachgelassener Bibliothek findet sich ein Exemplar des zweiten Tausends dieser überarbeiteten Ausgabe aus dem Jahr 1887)

6 Vgl. u. a. W. D.: Gesammelte Schriften, Bd. VII, Der Aufbau der geschichtlichen Welt in den Geisteswissenschaften. Leipzig/Berlin 1927, S. 278

7 Manfred Riedel: Einleitung zu M. R., Verstehen oder Erklären? Zur Theorie und Geschichte der hermeneutischen Wissenschaften, Stuttgart 1978, S. 16

8 Cf. Kants Rezension von Herders «Ideen zur Philosophie der Geschichte der Menschheit» in, Immanuel Kant, Werke, hg. von Wilhelm Weischedel, Bd. XII, Schriften zur Anthropolgie, Geschichtsphilosophie, Politik und Pädagogik, Frankfurt a. M. 1964, S. 779ff

und die «Idee zur einen allgemeinen Geschichte in weltbürgerlicher Absicht», a. a. O., Bd. XI, S. 31ff

9 Friedrich Schlegel: Philosophie des Lebens (Vorlesung aus dem Jahr 1827), in, F. S. Kritische Neuausgabe, 1. Abteilung, Bd. X, hg. v. Ernst Behler, S. 1ff, 537ff

10 Wilhelm Dilthey: Gesammelte Schriften, Bd. I. Einleitung in die Geisteswissenschaften, Leipzig/Berlin 1922, S. 116

11 a. a. O., S. XVIf

12 a. a. O., S. 33f

13 A. a. O., S. XVIII, und passim

14 Georg Wilhelm Friedrich Hegel: Werke in 20 Bänden, hg. v. Eva Moldenhauer und Karl Markus Michel, Bd. XIV, Vorlesungen über die Ästhetik II, Frankfurt a. M. 1970, S. 239

15 W. D.: Gesammelte Schriften, Bd. VII, Der Aufbau der geschichtlichen Welt in den Geisteswissenschaften, a. a. O., S. 3ff, 24ff

16 Wichtig hierzu: Manfred Riedel: Hermeneutik und Erkenntniskritik, in, M. R., Verstehen oder Erklären? a. a. O., S. 82ff

17 was sicherlich auch auf die damals zwangsläufig begrenzte Textkenntnis zurückzuführen ist.

18 W. D.: Gesammelte Schriften, Bd. V, Die geistige Welt. Einleitung in die Philosophie des Lebens. Erste Hälfte, Leipzig/Berlin 1924, S. 370f

19 W. D.: Gesammelte Schriften, Bd. VIII, Weltanschauungslehre. Abhandlungen zur Philosophie der Philosophie, 2. Aufl., Stuttgart/Göttingen 1960, S. 38

20 Brief an Kerényi, Februar 1934, in, Thomas Mann, Gesammelte Werke in dreizehn Bänden, Bd. XI, Reden und Aufsätze 3. 2. Aufl., Frankfurt a. M. 1960, S. 631

21 Immanuel Kant, Werke, a. a. O., Bd. III, Kritik der reinen Vernunft. Vorrede zur ersten Auflage, S. 12f

22 Auch dies ist ein Grundgedanke der späteren «Dialektik der Aufklärung» von Horkheimer/Adorno (Amsterdam 1955, S. 13ff)

23 Vgl. auch «Menschliches, Allzumenschliches», Bd. I 3, Das religiöse Leben 111 (KGW IV 2, S. 112ff). Nietzsche macht als eine seiner Quellen auf die Abhandlung von John Lubbock «Die Entstehung der Zivilisation und der Urzustand des Menschengeschlechts, erläutert durch das innere und äußere Leben der Wilden» aufmerksam. Dt. von A. Passow: Vorwort von Rudolf Virchow, Jena 1875

24 J. Wellhausen: Prolegomena zur Geschichte Israels, Bd. I, 2. Aufl., Berlin 1883; dort zur Geschichte des Opfers: S. 15ff; zum Übergang zum Brandopfer cf. S. 74 ff. Nietzsches Notizen dazu finden sich in KGW VIII 2, November 1887 – März 1888 XI [377], S. 411ff

25 Für die Erlaubnis zur Benützung des Bestandes, der heute in der «Zentralbibliothek der deutschen Klassik» in Weimar lagert, danke

ich an dieser Stelle deren Leiter, Herrn Hans Henning, sowie dem Leiter des «Goethe- und Schiller-Archivs» in Weimar, Herrn Karl-Heinz Hahn.

26 Jean Marie Guyau: Esquisse d'une Morale sans Obligation ni Sanction, Paris 1885. In der deutschen Übersetzung sind Nietzsches Randbemerkungen mit abgedruckt: J. M. G., Sittlichkeit ohne «Pflicht», dt. v. Elisabeth Schwarz, Leipzig 1909. Zur angegebenen Stelle vgl. das Vorwort der deutschen Ausgabe von Alfred Fouillée, a. a. O., S. 12f

27 Dilthey zu Spencer und Mill in der «Einleitung in die Geisteswissenschaften», a. a. O., Zusätze zum ersten Buch, S. 422f

28 Randbemerkung Nietzsches zu Guyaus «Esquisse d'une Morale», a. a. O., S. 279

29 S. 33 der deutschen Ausgabe; Nietzsches Anmerkung dazu S. 280f

30 Herbert Spencer: Die Thatsachen der Ethik, autorisierte deutsche Ausgabe, dt. v. Vetter, Stuttgart 1879

31 Nietzsches Randbemerkung zu S. 263 der oben zitierten Ausgabe

32 Randbemerkung zu S. 56

33 Vermerk auf S. 58

34 Vgl. die 2. Aufl. im Reclam-Nachdruck, hg. v. O. A. Ellisen, Leipzig 1906, S. 330ff

35 Carl von Nägeli, Mechanisch-physiologische Theorie der Abstammungslehre, München/ Leipzig 1884. Ein Exemplar dieser Ausgabe wurde von Nietzsche mit vielen Anmerkungen und Anstreichungen versehen

36 Vgl. die Hervorhebungen zu Nägelis Ausführungen S. 296f, 438 und passim in Nietzsches Handexemplar

37 Leipzig 1882, S. 28ff

38 Rolph, a. a. O., S. 95ff und passim

39 S. 120ff

40 Zu S. 124

41 Es seien hier nur zwei Belege dafür gegeben, wie diese Überlegungen auch in Nietzsches veröffentlichte Schriften Eingang fanden: Die fröhliche Wissenschaft, Fünftes Buch 349, KGW V 2, S. 267f und Götzen-Dämmerung, Streifzüge eines Unzeitgemässen 14, KGW VI 3, S. 114f

42 Vgl. die 4. Aufl. von Liebmanns Buch, Analysis der Wirklichkeit. Eine Erörterung der Grundprobleme der Philosophie. Straßburg 1911, S. 341ff

43 a. a. O., S. 370ff

44 Gustav von Bunge: Vitalismus und Mechanismus. Vortrag, Leipzig 1886

45 Dilthey, a. a. O., S. 123ff

46 a. a. O., S 139

47 Schleiermacher, von Dilthey a. a. O., Anm. 1, als Beleg zitiert
48 W. Dilthey, Gesammelte Schriften, Bd. VIII, a. a. O., darin: Zur Weltanschauungslehre, S. 218
49 Gustav Theodor Fechner: Elemente der Psychophysik. 2 Theile, Leipzig 1860. Cf. u. a. 2. Theil, S. 543ff
50 In: Der junge Dilthey. Ein Lebensbild in Briefen und Tagebüchern 1852–1870, hg. von Clara Misch, Leipzig/Berlin 1933, S. 283f
51 Wiedergegeben in: Frithjof Rodi: Morphologie und Hermeneutik. Zur Methode von Diltheys Ästhetik, Stuttgart 1969, S. 131ff
52 Vgl. u. a. den Briefwechsel zwischen Wilhelm Dilthey und dem Grafen Paul Yorck von Wartenburg, Halle a. d. S. 1923, S. 58
53 a. a. O., S. 64
54 W. D., Gesammelte Schriften, Bd. V, darin: Beiträge zur Lösung der Frage vom Ursprung unseres Glaubens an die Realität der Außenwelt und seinem Recht. S. 93ff
55 S. 135
56 S. 178
57 S. 179f
58 In: W. D., Gesammelte Schriften, Bd. VI, Die geistige Welt, Einleitung in die Philosophie des Lebens, Zweite Hälfte. Abhandlungen zur Poetik, Ethik und Pädagogik, a. a. O., S. 103ff
59 S. 108f
60 Dichterische Einbildungskraft und Wahnsinn, a. a. O., S. 94
61 S. 94f; vgl. neben der zitierten Arbeit auch die andere über «Die Einbildungskraft des Dichters», a. a. O., bes. S. 165ff
62 a. a. O., S. 173
63 Léon Dumont: Vergnügen und Schmerz. Zur Lehre von den Gefühlen, Leipzig 1876, S. 144ff, 209ff
64 S. 293f
65 S. 198. An anderer Stelle freilich erscheinen ihm auch grundlegende Argumentationstendenzen der Beachtung wert. So, wenn Dumont zu zeigen versucht, daß allein das Verlangen zufriedenstellend ist, dessen Befriedigung aber Unlust erzeuge (S. 42). Nietzsche findet darin die Bestätigung seiner dynamischen, auf ständige Überwindung äußerer Widerstände abzielenden Theorie vom Willen zur Macht.
66 Höffding: Psychologie in Umrissen, dt. von F. Bendixen, Leipzig 1887, S. 327
67 Hier zitiert nach der 14. Aufl.: W. Dilthey, Das Erlebnis und die Dichtung. Lessing. Goethe. Novalis. Hölderlin. Göttingen 1965, S. 187ff und 242ff
68 Vgl. die «Hymnen an die Nacht», bes. die erste und vierte Hymne, in: Novalis, Schriften, hg. v. Paul Kluckhohn, Richard Samuel, Heinz Ritter, Gerhard Schulz, 3. Aufl., Bd. I, Das dichterische Werk, Stuttgart 1977, S. 132f und S. 138f

69 Repräsentativ dafür ist die Ansicht über Novalis in der damals einflußreichen Schrift Rudolf Hayms: Die romantische Schule. Ein Beitrag zur Geschichte des deutschen Geistes, Berlin 1870, wo diesem Verworrenheit, Verschwommenheit und Widersprüche angekreidet werden, z. B. S. 352f

70 Vgl. die Auseinandersetzung mit Haym, Dilthey, Das Erlebnis und die Dichtung, a. a. O., S. 323f

71 A. a. O., S. 195

72 S. 200

73 S. 218

74 S. 215

75 S. 218

76 S. 220

77 S. 187

78 S. 242ff. Eine frühe, freilich stark abweichende Fassung war 1867 in Westermanns Monatsheften erschienen (vgl. den Nachbericht, S. 326)

79 S. 301

80 S. 300

81 S. 281

82 S. 315f

83 Zitiert nach Curt Paul Janz, Friedrich Nietzsche, Biographie, Bd. I, München 1978, S. 80.

84 Dilthey, Die Einbildungskraft des Dichters, a. a. O., S. 138 und 239

Jan Knopf
Kritik der Erkenntniskritik

Zur Klarstellung einiger Irrtümer: Nietzsche in der bundesdeutschen Germanistik

Nietzsche hat vor allem in zweierlei Hinsicht auf die bundesdeutsche Germanistik gewirkt: er wurde im Zusammenhang mit seinen Nihilismus-Prognosen als «der schärfste Diagnostiker der Moderne» (Walther Killy) bestätigt (wobei «Moderne» die Zeit und ihre Zustände von spätestens 1900 bis ? bezeichnet), und er ist in jüngsten Publikationen zum kritischen Theorie-Lieferanten avanciert, indem seine Sprachkritik als Erkenntniskritik zur Erklärung und Absicherung der «prinzipiellen Subjektivierung jeder – auch der modernen naturwissenschaftlichen – Erkenntnis» (Silvio Vietta, Hans-Georg Kemper) dient. Nietzsches Wirkung als «Diagnostiker der Moderne» kann zeigen, daß die jetzige Nietzsche-Welle, die über uns hereinschwappt, gar keine so modische Renaissance des sehenden Dichter-Philosophen ist: sie hat vielmehr Kontinuität – wie vieles andere mehr der liebgewonnenen bürgerlichen Traditionen, die uns immer wieder als der Erkenntnis letzter Stand angeboten werden, und Nietzsches Wirkung als Sprachkritiker zeigt sich auf diesem Hintergrund als die aktuelle Konsequenz aus dieser Kontinuität, eine Konsequenz, die vorgetragen wird von jüngeren Wissenschaftlern, die durch die «Studentenrevolte» hindurchgegangen sind (wie sie meinen, auch durch Marx), und die sich im Selbstverständnis kritisch-emanzipativ wähnen. – Wenn hier von Nietzsche in der *Germanistik* die Rede ist, so dient diese lediglich als Indikator für allgemeinere gesellschaftliche Symptome – und *nicht* im Glauben, diese Wissenschaft sei noch immer der Nabel kritischen Bewußtseins: im Gegenteil, die jüngste «kritische» Erkenntnistheorie dürfte ihr als bürgerliche Wissenschaft endgültig den Garaus bereiten helfen, indem sie das Erbe antritt, das ihr die ältere bereitgestellt hat. Es hat Tradition, daß sich die neuen Moden in der Germanistik auf besondere und meist vereinfachte Weise handgreiflich niederschlagen – und auf so apodiktische Weise vorgetragen zu werden pflegen, daß der eingeschüchterte Leser schon durch die Sprache in die Knie des Glaubens gezwungen wird.

‹Das Nichts gegenüber›
(die Nihilismusprognosen)

Nietzsche als «Prognostiker der Moderne», und das heißt: als denkender Antizipator des gegenwärtigen nihilistischen Zustands (in dem wir offenbar immer noch sind: ein Widerruf mangelnder Aktualität ist nicht zu Gehör gekommen), diese Vorstellung stammt von Nietzsche selbst, der – mit der Prognose des allgemeinen Nihilismus – meinte, die Geschichte der nächsten Jahrhunderte bereits vorweggenommen zu haben. (vgl. Hermann Wein, Nietzsche-Studien 1, S. 369) Sie ist eifrig bestätigt worden: z. B. durch Martin Heidegger, der sie als eine der Hauptthesen seines zweibändigen, ausnahmsweise einigermaßen lesbaren Werks über Nietzsche (Pfullingen 1961) angeboten hat. Nietzsche verbinde, so sagt er, das Ende der Metaphysik mit dem Ende der abendländischen Geschichte, sehe also gerade in der Moderne die mit dem Stichwort «Nihilismus» zu kennzeichnende *Endzeit* des Abendlandes, wobei bürgerliche Globalität dafür sorgt, daß niemand ausgeschlossen bleibt: die bürgerliche als menschliche Geschichte. Da Heidegger der Nachkriegsgermanistik schon einige Thesen geliefert hatte, war es keine Überraschung, daß sich auch diese Einschätzung Nietzsches in der Germanistik niederschlug. Walther Killy verkündete sie 1967 – zurückblickend meint man einem Irrtum aufzusitzen – in seiner Rektoratsrede *und* im Kontext von Gedichten des jungen Brecht. Diese Gedichte, so die beklatschte Behauptung, erfüllten den «Zustand des Zeitalters, den Friedrich Nietzsche als der schärfste Diagnostiker der Moderne gemeint hat, wenn er davon sprach, es entstehe ‹die letzte Form des Nihilismus, welche den *Unglauben an eine metaphysische Welt* in sich schließt, – welche sich den Glauben an eine *wahre* Welt verbietet ...›» (Killy, Der junge Brecht, in: W. K.: Wandlungen des lyrischen Bildes. 5., erw. Aufl. Göttingen 1967) Die Brecht-Forschung hat sich beeilt – und sie ist bis heute beim «anarchischen Nihilismus» stehengeblieben (vgl. Carl Pietzcker: Die Lyrik des jungen Brecht. Vom anarchischen Nihilismus zum Marxismus. Frankfurt a. M. 1974) –, Killys behauptete Ahnherrenschaft Nietzsches wissenschaftlich (wie es so schön heißt:) abzusichern. Brechts, so liest man 1971, «individuelle Entwicklung zum Nihilismus [verläuft] deutlich in den von Nietzsche vorausgesehenen, allgemeinen Bahnen des Europäischen Nihilismus. Seine frühe Lyrik bestätigt gerade durch

ihren persönlichen Erfahrungscharakter und ihre theoretische Unabsichtlichkeit die von Nietzsche diagnostizierten Symptome dieser kulturellen Krisenerscheinung, die für den jungen Brecht durch die Erfahrung des Ersten Weltkriegs noch verschärft wird. Es scheint deshalb angebracht, Nietzsches fragmentarische Beobachtungen zum Phänomen des Nihilismus als Orientierungsmarken in die Analyse der frühen Lyrik Brechts einzubeziehen». (Peter Paul Schwarz: Brechts frühe Lyrik 1914–1922. Nihilismus als Werkzusammenhang der frühen Lyrik Brechts. Bonn 1971, S. 11) – Es ist deutscher Geist am Werke, ständig bemüht, Ungeister in Realität umzusetzen. Was – von heute aus gesehen – diese Bemühungen so erschreckend macht, ist ihre Parallelität zur gleichzeitigen und sehr nachhaltigen Nietzschekritik eines Georg Lukács, dessen Auszug aus ‹*Die Zerstörung der Vernunft. Irrationalismus zwischen den Revolutionen*› (zuerst 1954) unter dem Titel ‹*Von Nietzsche zu Hitler oder der Irrationalismus und die deutsche Politik*› (Frankfurt a. M. 1966) in ebender Weise, nur mit negativem Vorzeichen versehen, Nietzsche zum geistesgeschichtlichen Ahnherrn des Faschismus stilisiert hat, wobei die Realität so unfreundlich gewesen ist, sich an die geistigen Visionen ihres Propheten zu halten. Lukács' Kritik hat damals gewirkt – ohne daß diese Parallelität bemerkt worden wäre, und heute scheint sie einzustehen für die Ungerechtigkeit, die Nietzsche widerfahren ist – um ihn auf neue Weise zu rehabilitieren?
Der Brecht-Forschung ist es bis heute nicht gelungen, eine konkrete (vom vagen Nihilismus befreite) Deutung des unverwüstlichen Gedichts ‹*Der Nachgeborene*› zu liefern:

Ich gestehe es: ich
Habe keine Hoffnung.
Die Blinden reden von einem Ausweg. Ich
Sehe.

Wenn die Irrtümer verbraucht sind
Sitzt als letzter Gesellschafter
Uns das Nichts gegenüber.

Es scheint immer noch so, daß das Stichwort «Nichts» beim deutschen Bürger jenes dumpfe Hinrauschen auslöst, das ihn zugleich als südlichtiges Pendant in die Sehnsüchte: Bläue, Mittelmeer, Antike treibt, Nietzsches Paar «Dionysisch-Apollinisch»; aber in diesem Fall ist Nietzsche gegenüber seinen modernen Rezeptoren zur Ehre anzurechnen, daß das «Nichts» und der Nihilismus bei ihm gar nicht so vorkommen, wie es die Deuter unterstellen: als das schlechte, abstrakte (dennoch «allgemeine») Nichts, von dem schon Hegel höhnisch mutmaßte, es wäre so leer wie «das» (reine) Sein der traditionellen metyphysischen Philosophie. Hier gilt noch das Wort Adornos, der durchaus nicht immer recht gehabt hat: «Mit einer Ironie, für welche die Ohren mittlerweile zu stumpf geworden sind, benutzte er [Nietzsche] ihn [den Nihilismus-Begriff] zur Denunziation des Gegenteils dessen, was das Wort in der Verschwörerpraxis meinte, des Christentums als der institutionalisierten Verneinung des Willens zum Leben. Die Philosophie hat auf das Wort nicht mehr verzichten mögen. Konformistisch hat sie es, in der Gegenrichtung zu Nietzsche, umfunktioniert zum Inbegriff eines als nichtig verklagten oder sich selbst verklagenden Zustands.» (Negative Dialektik. Frankfurt a. M. 1966, S. 370) Eben diese Verschwörerpraxis sucht den jungen Brecht heim, wenn – dies Gedicht als Exempel – das «Nichts» absolut genommen wird: als die zur Friedhofsruhe gezwungene geschichtliche Entwicklung, nach der es nach dem Bürgertum nichts mehr geben darf. Nietzsches Nihilismus dagegen versteht sich als doppeldeutig *und* als Durch- und Übergangsstadium (gar nicht als prognostiziertes absolutes «Ende»). Doppeldeutig ist der Nihilismus als «aktiver» – als «Zeichen der *gesteigerten Macht des Geistes*» – und als «passiver» – «als *Niedergang* und *Rückgang der Macht des Geistes*» (Wille zur Macht, Sämtliche Werke, Band 9, S. 20), oder auch als Nihilismus der Schwäche und der Stärke. Die Doppeldeutigkeit hat nach Nietzsche ihren Grund darin, daß der Nihilismus einmal die «Konsequenz» der europäischen Geistesgeschichte ist, also ein notwendig eintretender historischer Zustand, vom Christentum mit seiner Wahrhaftigkeitsforderung selbst herbeigeführt, indem diese sich gegen ihre Urheber wendet, zum anderen aber auch aktiv – destruktiv, «zersetzend» – gefördert wird, im Sinn der (umwertenden) Tat: «Der Ver-Nichtsung durch das Urteil sekundiert die Ver-Nichtsung durch die Hand.» (ebd., S. 22) Es gibt also sozusagen «Überlebende» des Nihilismus: die «freien Geister», wie sie Nietzsche formelhaft erfaßt (die befreiten Geister), die Aktiven, die Täter, die Nicht-Schwachen (etc.), wohingegen die Schwachen, Dekadenten, die Umgewerteten als die zur Tat und zum Willen zur Macht Unfähigen (mit Recht, so Nietzsche) untergehen. – Aus dem Aspekt des «Überlebens» resultiert – und dies ist Nietzsches weitere, gegen die Verschwörerpraxis einzubringende Kennzeichnung – die Überwindung des Nihilismus im «neuen Weg zum ‹Ja›»: «Eine [...] *Experimental-Philosophie*, wie ich sie lebe, nimmt versuchsweise selbst die Möglichkeiten des grundsätzlichen Nihilismus vorweg; ohne daß damit gesagt wäre, daß sie bei einer Negation, beim Nein, bei einem Willen zum Nein stehenbliebe. Sie will vielmehr bis zum Umgekehrten hindurch – bis zu einem *dionysischen Jasagen zur Welt*, wie sie ist, ohne Abzug, Ausnahme und Auswahl – , sie will den ewigen Kreislauf: – dieselben Dinge, dieselbe Logik und Unlogik der Verknotung». (Wille zur Macht, Sämtliche Werke, Band 9, S. 679) Wenn Nietzsches Worte inzwischen auch fernher und gar nicht sehr deutlich klingen mögen: die liebgewonnenen Deutungen der Germanistik sichern sie *nicht* ab, auch wenn sie ständig weitergereicht werden.

Exkurs: ‹Ich sehe›
(der ‹*Nachgeborene*› Brechts)

Brechts Gedicht ist dagegen konkreter Deutung durchaus zugänglich. Die beiden Strophen unterscheiden deutlich einmal das «lyrische» Ich, das sich in bestimmter Weise abgrenzt gegen die anderen, die Blinden, und zum anderen das allgemeine (uneingeschränkte) «Uns», dem dann das «Nichts» gegenübersitzt (und das Ich einschließt). Verbunden sind beide Strophen durch die Hoffnung (der Blinden) und durch die verbrauchten Irrtümer der vielen. Die herausgehobene Stellung des Ich – «Der Nachgeborene» – entspricht der inhaltlichen Sonderstellung: es ist als einziger sehend, es macht sich im Gegensatz zu den Blinden keine (illusionären) Hoffnungen. Wenn die Blinden von einem «Ausweg» reden (den es nicht gibt), so ist die Deutung der Hoffnung als Utopie (so Schwarz) von vornherein ausgeschlossen: sie ist lediglich der Strohhalm innerhalb eines desolaten Zustands. Diesen aber sehen die Blinden nicht (und sie wollen ihn nicht sehen – Vorstellung des Augenschließens!). Die sehende Einsicht der ersten Strophe beschreibt keine zukünftige (utopische) Hoffnung, sondern die desillusionierte Erfahrung vergangener und gegenwärtiger (gesell-

schaftlicher) Zustände (und das ist etwas ganz anderes als die Versicherung: «Ich dachte, ich dachte, es käme nichts mehr ...», mit der Hanno Buddenbrock die Familienchronik abschließt). – Das «Nichts» der zweiten Strophe beginnt so allmählich konkretere Umrisse anzunehmen, die den Blick auf die beiden Bestimmungen lenken, die es hat: es ist das *Resultat* der verbrauchten Irrtümer, und es ist Gesellschafter, ein Terminus, der zusammen mit der saloppen und gar nicht so ernsten Formulierung: es sitze gegenüber! wiederum doppeldeutig ist: der bürgerliche Comment kennt die Gesellschaften, die man gibt und auf denen man sich sehen läßt (mit allen gebotenen Zwängen, Konventionen etc.), und die bürgerliche Ökonomie kennt die Gesellschaften, an denen man sich – mit Kapital versteht sich – beteiligen kann (AG, GmbH etc.).
Das bedeutet: die Einsicht des «Ich» in der ersten Strophe löst sich – nach dem Verbrauch der Irrtümer – als «kollektive» Erfahrung («Uns») ein, eine gesellschaftliche Entwicklung andeutend, in der die Einsicht des Ich durch die anderen nachgeholt werden *muß*, weil sie den realen Prozessen entspricht. Die Erfahrung des «Nichts» aber – und dies ist der Widerspruch und zugleich der allen Bierernst auflösende Witz – vollzieht sich innerhalb der alten, gewohnten Konventionen, als gegenübersitzender Gesellschafter, selbst im Untergang noch die alten Formen und den alten ökonomischen Anspruch wahrend. Wenn auch das Ich in den «nihilistischen» (die bürgerliche Gesellschaft betreffenden) Prozeß einbezogen ist, so hat es als der «Nachgeborene» doch den Abstand, den die nihilistischen Interpreten leugnen: es macht sich – das Gedicht ist immerhin schon um 1920 geschrieben – bereits lustig über das, dessen Ausdruck es zu sein scheint. Die Vergangenheit wird heiter verabschiedet – weil es Zukunft gibt.

‹Ich gestehe es›
(die Nihilismen Kants)

Alle Nihilismus-Diskussion – *noch* steht sie nicht wieder im Vordergrund – wird daran zu messen sein, inwieweit sie bereit ist, den abstrakten Begriff, mit dem sich alles beweisen läßt, zu verabschieden und ihn statt dessen zu konkretisieren, und das heißt: ihn an die Entwicklung der *bürgerlichen* Gesellschaften zu binden. Nur ein abstrakter Nihilismus-Begriff läßt die Prophetien zu, denen nachträglich alles Geschichtliche zugeschlagen werden kann: als ihr angeblicher Nachweis. Nur so wurde es möglich (siehe Lukács), auch den Faschismus als Nihilismus zu kennzeichnen (eine Parole, die nur zu gern aufgenommen worden ist), wo jener sich doch gerade durch die übelsten Positivitäten ausgezeichnet hat, wenn man schon geistesgeschichtlich argumentieren wollte.

Nützlich scheint es auch, daran zu erinnern, daß der Nihilismus-Begriff weder von den Russen des 19. Jahrhunderts noch von Jean Paul, aber auch nicht von Friedrich Jacobi – der immer noch zitierten Briefstelle an Fichte von 1799 – stammt, sondern nach dem jetzigen Stand von einem Herrn D. Jenisch, der 1796 über Kants Schriften, allen voran die ‹*Kritik der reinen Vernunft*›, zusammenfassend geurteilt hat und fand, daß sich mit Kants Bestimmung der Anschauungsformen, die als transzendentale (von aller Erfahrung unabhängige, ihr aber notwendig vorausgesetzte) «subjektive» Hindernisse die gänzliche «Irrealität» menschlicher Erkenntnis erwiesen hätten (Trennung der Ding-an-sich-Welt von der Welt der Erscheinungen, letztere allein dem menschlichen Erkenntnisvermögen zugänglich), daß sich damit eben der Nihilismus eingestellt habe, dessen Konjunktur Nietzsche dann so ungeheuer anzuheizen vermochte. Jenisch schreibt:

«Ich gestehe aufrichtig, daß der bloße Gedanke der *gänzlichen*, der absoluten Irrealität menschlicher Erkenntnis in Rücksicht der Dinge an sich und der transzendental-idealistischen [= heute «subjektivistischen»] Schöpfung aller Naturgesetze (ich verstehe hier auch bloß die obersten und allgemeinsten derselben), so unabstreitbar ich auch die Möglichkeit einer solchen Ansicht anerkenne, für meine Einbildungskraft und Vernunft etwas Ungeheures, Schauerliches, für die an sich schon bedenkliche und ängstliche Lage des Menschen auf Erden, in Rücksicht der erhabensten Angelegenheiten seines Geistes und Herzens (denn von irdischer Lebensweisheit und irdischem Lebensgenuß kann hier keineswegs die Rede sein), etwas höchst Niederschlagendes und alle höhere Kraft-Anstrengung Lähmendes hat.» (Zit. nach Otto Pöggeler, Hegel und die Anfänge der Nihilismus-Diskussion, in: Der Nihilismus als Phänomen der Geistesgeschichte. Hg. Dieter Arendt. Darmstadt 1974, S. 337)

Jenischs Schluß ist, die «kritische Philosophie» (damals nannte man die Kantsche so!) als «den *offenbarsten Atheismus* und *Nihilismus* (das letztere [– so merkt Jenisch an –] ist das eigentlichste

Wort für die Sache)» zu qualifizieren. Wenn Jenisch sicher auch zum «schwachen» Nihilismus gehört, *seine Symptome* sind bereits deutlich genug, und sie verweisen darauf, *welche* (vom Umfang auch: große) Tradition das Thema bis zu Nietzsche bereits hat, ohne daß dies zur Kenntnis genommen worden wäre. Auch wenn Nietzsche Kant immer wieder zum heftigen Angriffspunkt wählt, eben weil dieser noch an der Welt des Ding-an-sich festgehalten habe: Nietzsche schafft beide Welten ab, die «wahre» Welt und die «scheinbare» (der Erscheinungen), so ist doch die Konsequenz, die er zieht, ohne Kants Nihilismus gar nicht möglich. Die Kritik der «reinen Vernunft» mußte erst die beiden Welten, die vorher als «eine» zusammengedacht waren (wonach die «Wesen», Dinge an sich, in der Welt «erscheinen», und die Beobachtung der Erscheinung auch die Erkenntnis des Wesens ermögliche), trennen und die Erkenntnismöglichkeit des Menschen auf die Erscheinungswelt beschränken, ehe es möglich wurde, konsequent auch auf die Unterscheidung beider Welten zu verzichten und die sogenannte «wahre» Welt als die eigentliche Welt des Scheins abzuschaffen und die übriggebliebene Welt der Erscheinung als die einzige – menschliche, allzumenschliche – Welt (garantiert durch das Subjekt) zu qualifizieren. – Das Thema «Kant – Nietzsche» ist momentan kein Thema: aber die Rückkehr zu Kant, wie sie neben der zu Nietzsche in der Germanistik *auch* zu beobachten ist, nicht zuletzt durch den starken Einfluß von Jürgen Habermas' ‹*Erkenntnis und Interesse*› (vielfältig und einfältig variiert), gibt Hinweise auf eine mögliche Abhängigkeit: beim Wiederlesen Nietzsches erhärtet sich der Verdacht, daß dessen Philosophie – was die Erkenntniskritik anbelangt – im wesentlichen das radikalisierte (und subjektivierte) Erbe Kants ist – die Nietzsche-Renaissance auch eine Kant-Renaissance?

‹Als letzter Gesellschafter›
(die Sprache und ihre Relativismen)

Die aktuelle Nietzsche-Rezeption in der Germanistik macht aus dem unsystematischen Dichter-Denker *den* Theoretiker der Moderne, eine Tatsache, die den prognostizierten Nihilismus als winzige Nebensächlichkeit erscheinen läßt: denn alles, was Nietzsche sicher zu versprechen schien, war, daß sein unsystematisches, sich widersprechendes, gänzlich subjektives Philosophieren, das sich weigerte, «Philosophie» zu werden (vgl. die Verachtung Hegels), sich nicht in das Prokrustesbett theoretischer «Grundlegung» zwingen ließe. Aber sowohl die Brecht-Forschung (z. B. Karl-Heinz Ludwig: Bertolt Brecht. Philosophische Grundlagen und Implikationen seiner Dramaturgie. Bonn 1975) hat es geschafft – wie auch die Expressionismus-Forschung, womit ich denn bei der zweiten Wirkung Nietzsches wäre, seiner Wirkung als Sprach- und Erkenntniskritiker, die ich mit dem Buch *‹Expressionismus›* von Silvio Vietta und Hans-Georg Kemper (München 1975) erläutern will.

Zunächst jedoch einige Vorbemerkungen. Es war zu erwarten, daß Nietzsches Sprachtheorie – nenne ich sie mal so – entdeckt werden würde; die Entdeckung wurde vorbereitet durch die Konjunktur des sog. «Sprachrelativismus», den die Übersetzung von Benjamin Lee Whorfs Beiträgen zur «Metalinguistik und Sprachphilosophie» (Sprache, Denken, Wirklichkeit. Hg. u. übers. von Peter Krausser, Reinbek bei Hamburg 1963) wenn nicht ausgelöst, so doch endgültig durchgesetzt hat, wobei die Germanistik sich wieder einmal als die dankbarste Abnehmerin erwies (endlich konnte man die «Sprachwelten» des Stefan George, die Weltinnenräume des R. Maria Rilke, die Zeichen-Unmittelbarkeit der konkreten Poeten etc. «sprachwissenschaftlich» begründen). Whorf formulierte ein sog. «linguistisches Relativitätsprinzip», wonach «kein Individuum Freiheit hat, die Natur mit völliger Unparteilichkeit zu beschreiben, sondern eben, während es sich am freiesten glaubt, auf bestimmte Interpretationsweisen beschränkt ist [...] Wir gelangen daher zu einem neuen Relativitätsprinzip, das besagt, daß nicht alle Beobachter durch die gleichen physikalischen Sachverhalte zu einem gleichen Weltbild geführt werden, es sei denn, ihre linguistischen Hintergründe sind ähnlich oder können in irgendeiner Weise auf einen gemeinsamen Nenner gebracht werden.» (Whorf, S. 12) Die empirische Begründung liefert dabei – den Fußstapfen des Wilhelm von Humboldt folgend – die Untersuchung von Indianersprachen, denen sowohl die Raum-, Zeit-Begriffe als auch die Ursache-Wirkung-Vorstellungen (Kausalität) fehlen, und zwar im entschiedenen Gegensatz zu den «europäischen Standardsprachen» (wie sie Whorf zusammenfaßt). Der Schluß: unser kausales Denken, die Einteilung der «Phänomene» nach Raum und Zeit ist für die Indianer nicht möglich, weil ihre

Sprache ihr Denken anders organisiert, umgekehrt: die moderne Physik (etc.) basiert nicht auf der «Objektivität» der Natur, sondern auf unserem sprachlichen «Weltbild», sie ist sprachbedingt, nicht Wirklichkeitswiedergabe.
Ohne empirische Begründung: Friedrich Nietzsche hat dies alles schon gesehen; sein einfaches Beispiel, das sich in ebender Weise bei Whorf finden könnte:
«Wenn ich sage ‹der Blitz leutet›, so habe ich das Leuchten einmal als Tätigkeit und das andere Mal als Subjekt gesetzt: also zum Geschehen ein Sein supponiert, welches mit dem Geschehen nicht eins ist, vielmehr *bleibt, ist*, und nicht *‹wird›. – Das Geschehen als Wirken anzusetzen*: und *die Wirkung als Sein*: das ist der *doppelte* Irrtum, oder Interpretation, deren wir uns schuldig machen.» (Wille zur Macht, Sämtliche Werke, Band 9, S. 365)
Nietzsches Sprachkritik wirft der Sprache vor, die realen Vorgänge auf unzulässige Weise zu verfälschen: die Sprache führt von der Wirklichkeit weg, nicht zu ihr hin. Der Vorgang des Leuchtens wird einmal «substantiviert» («der Blitz») und zum anderen als Wirkung der verursachenden Substanz erfaßt (*«er»*, der Blitz, leuchtet), folglich ist die Fälschung des «Geschehens» durch die Sprache doppelt: sie beseitigt das Geschehen, den Vorgang des Leuchtens, indem sie ein statisches «Sein» (den Blitz) setzt und das Leuchten als Tätigkeit dieses «Seins» ausgibt: die Sprache stellt fest, was «in Wirklichkeit» im «Werden» ist, sie erfindet Substanzen, wo keine gegeben sind, sie suggeriert kausale Abhängigkeiten, wo keine bestehen. Der Schluß scheint einleuchtend: «so geht es uns allen mit der Sprache. Wir glauben etwas von den Dingen selbst zu wissen, wenn wir von Bäumen, Farben, Schnee und Blumen reden, und besitzen doch nichts als Metaphern der Dinge, die den ursprünglichen Wesenheiten ganz und gar nicht entsprechen.» Der Satz entstammt der frühen programmatischen Schrift *‹Über Wahrheit und Lüge im außermoralischen Sinne›* (1873; Werke in drei Bänden, Band III, S. 309–322; hier S. 312f) Sie enthält auch Nietzsches Formulierung des «linguistischen Relativitätsprinzips»:
«Wie die Römer und Etrusker sich den Himmel durch starre mathematische Linien zerschnitten und in einen solchermaßen abgegrenzten Raum, als in ein templum, einen Gott bannten, so hat jedes Volk über sich einen solchen mathematisch zerteilten Begriffshimmel und versteht nun unter der Forderung der Wahrheit,

daß jeder Begriffsgott nur in *seiner* Sphäre gesucht werde.» (S. 315)

Obwohl die Nietzsche-Forschung noch bis 1973 behauptet hat, «Nietzsche reflektiert in seinen Werken verhältnismäßig wenig über das eigentliche Wesen der Sprache, aber außerordentlich viel über Fragen des Sprachstils» (Stefan Sonderegger, Nietzsche-Studien 2, S. 28), stellt sich von heute aus Nietzsches «Philosophie» durchaus auch als *Sprachphilosophie* dar: über das ganze Werk hinweg, in ‹*Menschliches, Allzumenschliches*› ebenso wie in der ‹*Fröhlichen Wissenschaft*› oder der ‹*Götzendämmerung*›, den nachgelassenen Aufzeichnungen zum ‹*Willen zur Macht*› wie in ‹*Jenseits von Gut und Böse*›, ist immer wieder, wenn erkenntnistheoretische Fragen angesprochen sind, von der Rolle, der verfälschenden Rolle der Sprache die Rede, und im Gegensatz zur Zwei-Phasen-Theorie (früher und später Nietzsche) unterscheiden sich die sprachkritischen Äußerungen kaum voneinander (sie werden höchstens radikaler); z. B.: «Die Bedeutung der Sprache für die Entwicklung der Kultur liegt darin, daß in ihr der Mensch eine eigene Welt neben die andere stellte, einen Ort, welchen er für so fest hielt, um von ihm aus die übrige Welt aus den Angeln zu heben und sich zum Herren derselben zu machen.» (Menschliches, Allzumenschliches I, Werke in drei Bänden, Band I, S. 453; vgl. dazu die Fabel von den «klugen Tieren» in «Über Wahrheit und Lüge», Band III, S. 309, von der es eine frühere Fassung, 1872, gibt: Musarion-Ausgabe 4, S. 145 f) Oder: «Was den Aberglauben der Logiker betrifft [...]: das Subjekt ‹ich› ist die Bedingung des Prädikats ‹denke› [gemünzt gegen Descartes]. *Es* denkt: aber daß dies ‹es› gerade jenes alte berühmte «Ich» sei, ist, milde geredet, nur eine Annahme, eine Behauptung, vor allem keine ‹unmittelbare Gewißheit› [...] Man schließt hier nach der grammatischen Gewohnheit ‹Denken ist eine Tätigkeit, zu jeder Tätigkeit gehört einer, der tätig ist, folglich –›» (Jenseits von Gut und Böse, Werke in drei Bänden, Band II, S. 580f) Dieselbe Argumentation findet sich im ‹*Willen zur Macht*›: «‹Es wird gedacht: folglich gibt es Denkendes›: darauf läuft die Argumentation des Cartesius hinaus. Aber das heißt unsern Glauben an den *Substanz*begriff schon als ‹wahr a priori› ansetzen: – daß, wenn gedacht wird, es etwas geben muß, ‹das denkt›, ist einfach eine Formulierung unserer grammatischen Gewöhnung, welche zu einem Tun einen Täter setzt.» (Sämtliche Werke, Band 9, S. 338) Etc.

Nietzsches Sprachkritik nun kehrt in der jüngsten Germanistik als kritische Erkenntnistheorie wieder, und zwar als «Grundlage» der Interpretation moderner Literatur (hier der des Expressionismus):

«Es geht Nietzsche nicht mehr nur um die Vermittlung objektiver und in diesem Sinne wahrer Erkenntnis mit subjektiven Erkenntnisformen, um die Relativierung des Begriffs Objektivität also, sondern vielmehr um den Nachweis, daß die subjektiven Erkenntnisformen, allen zu Grunde die Sprache, der Welt der Dinge so fremd sind, daß sie deren Wesen und Wahrheit nie begreifen können. Das Subjekt, der Mensch, ist eingeschlossen in seinem Sprach- und Begriffsgefängnis, ohne die Welt der Dinge je adäquat erfassen und begreifen zu können. Die Reflexion auf die subjektive Vermitteltheit von Wahrheit löst, in radikalisierter Form, den Wahrheitsbegriff selbst auf.» (Vietta, Kemper, S. 148)

Zwar wird die Aporie der Nietzscheschen Sprachkritik vermerkt, wonach diese ja ständig von einer «eigentlichen» Welt spricht, von der sie doch so nachhaltig behauptet, es könne von ihr gar nicht gesprochen werden, weil die Welt, von der der Mensch, das Subjekt, spricht, eben nicht die Welt ist, von der er so gern sprechen möchte, aber die Aporie erscheint nur, um desto entschiedener zu den wahren Grundlagen der Erkenntnis zu kommen: «Eine ‹von uns› unabhängige Wirklichkeit läßt sich streng genommen nicht einmal denken, weil die Kategorie der Wirklichkeit durch unsere Erfahrungs- und Denkformen bedingt und die Erkenntnis von Wirklichkeit durch das Beobachterschema des Subjekts vermittelt ist» (S. 212), und also : «Eine ausgezeichnete Wirklichkeit, auf die sich die Literatur bei ihrer Darstellung stützten könnte, gibt es danach nicht mehr.» (S. 264) Es stellt schon – wer wollte es leugnen – eine beachtliche Geistesanstrengung dar, mit der die deutsche Germanistik die Bemühungen fortsetzt, die Wirklichkeit zu beseitigen, indem sie ihr die Denkbarkeit abspricht: die Wirklichkeit des Geistes, sie ist und bleibt die einzige, die dem Vorstellungsvermögen standzuhalten in der Lage scheint. Es versteht sich heute, daß auch die modernen Naturwissenschaften herhalten müssen, die «prinzipielle Subjektivierung» (warum nicht Vergeistigung?) über allen Zweifel erhaben sein zu lassen: die Unschärferelation Werner Heisenbergs, nach der die beobachteten Vorgänge (in der Mikrophysik) durch den Beobachter beeinflußt werden, sie also nicht «eigentlich», sondern nur durch den konstituierenden Eingriff des

Beobachtenden «unscharf» zu sehen sind, dient als letzter, nicht mehr zu schlagender Beweis, zumal sich Heisenberg selbst zu den philosophischen Schlüssen aus den physikalischen Sachverhalten herabgelassen hat: «Auch in der Naturwissenschaft ist also der Gegenstand der Forschung nicht mehr die Natur an sich, sondern die der menschlichen Fragestellung ausgesetzte Natur, und insofern begegnet der Mensch hier wieder sich selbst.» (Das Naturbild der heutigen Physik. Reinbek bei Hamburg 1955, S. 18)
Es versteht sich, daß auch Karl Marx in den Subjektivismus der Moderne heimgeholt wird (Jürgen Habermas hat da ganze Arbeit geleistet), indem man – nun schon zum Überdruß – den ersten Teil der ersten These über Feuerbach zitiert: «Der Hauptmangel alles bisherigen Materialismus (den Feuerbachschen mit eingerechnet) ist, daß der Gegenstand, die Wirklichkeit, Sinnlichkeit nur unter der Form des *Objekts oder der Anschauung* gefaßt wird; nicht aber als *sinnlich menschliche Tätigkeit, Praxis*, nicht subjektiv» – na, also! (MEW 3, S. 5; vgl. Vietta, Kemper, S. 212 oder auch: Ivan Stoll: Marx, Nietzsche und die Kopernikanische Revolution Kants. In: Karl Marx und Friedrich Nietzsche. Hg.: Reinhold Grimm, Jost Hermand. Königstein/Ts. 1978)

‹Ich habe keine Hoffnung›
(zur ‹immanenten› Kritik)

Ehe ich zur Erinnerung an einige Wirklichkeiten komme, ist die so überzeugte Sprach- als Erkenntniskritik auf ihre eigene Argumentation hin, ihre «Logik», zu befragen. Da ist zunächst die «Entfremdung» – man kennt ja, wie gesagt, «seinen» Marx –, deren wahrer Grund endlich gefunden worden ist: «Die Kategorie der ‹Theorie› erhält in der Neuzeit [= Moderne ??] den Charakter, eine vom Subjekt gesetzte Hypothese für eine ‹an sich› unbekannte Wirklichkeit zu sein. Der Begriff ‹Entfremdung› steckt also in der modernen Theoriebildung der Wissenschaften selbst. Daß diese Wissenschaften sich in der modernen Technologie und den technologisch organisierten Arbeitsprozessen verobjektivieren, bringt die in ihnen angelegte Entfremdung von Subjekt und Objekt nur an den Tag. Die Kritik daran aber sollte nicht von den sekundären Erscheinungen ausgehen.» (Vietta, Kemper, S. 150) Die Theorie, so die Argumentation, wird zur Kategorie, die wiederum – Begründung s. o. – Wirklichkeit ist (weil es sonst keine gibt) und diese Wirklichkeit ist gekennzeichnet durch die «Entfremdung» von Subjekt und Objekt (aber das gibt es ja eigentlich gar nicht) die sich in der (materiellen?? – das gibt es auch nicht) Entfremdung, also der, die die Arbeitenden (wenn sie sich nicht auch in den deutschen Geist verflüchtigt haben) vielleicht am eigenen Leib spüren (ohne die Grundlagen der Sprache), ver-objektiviert: wirklich – oder nur als nichtdenkbar? Wirklich scheint mir an diesen grundsätzlichen Formulierungen – auch dann, wenn man sie an ihrer eigenen Logik mißt, lediglich ihr Unsinn zu sein. Glauben sollen wir – theoretisch «abgesichert» –, daß die materielle Entfremdung bereits in der Theorie ein für allemal beschlossen liegt, daß sie nur sekundäre Erscheinung ist (primär ist die Theorie) und Kritik ihr nichts nützt: die Theorie hat schon entschieden, daß es ohne Entfremdung nicht geht. Auch wenn sie sich, die Theorie, als kritische Dialektik drapiert, sie ist nichts anderes als jener altbekannte vulgäre Idealismus, nach dem die materielle Wirklichkeit die «Beközperung» als subjektiver Entwürfe darstellt, wobei uns die «Beközperung» als Verobjektivierung, das Ergebnis als Objektivität, verkauft wird. «Der Philosoph Le-geh lehrte: Bevor es den Kopf gab, gab es den Gedanken. Der Gedanke brauchte, um hervorgebracht zu werden, nur noch den Kopf. Der Kopf fügte sich dieser Notwendigkeit und entstand» (Brecht, Tui-Roman). Der moderne Tuismus hat wieder einmal ein Mittel gefunden, die Kritik kritisch zu paralysieren.

Aber auch die Sprachkritik findet sich mit sich selbst im Widerspruch, und zwar auch dann noch, wenn sie sich den Widerspruch als «Aporie» – wieder einmal was Endgültiges – bewußt macht. Die Sprachkritik kritisiert zwar vehement die Möglichkeiten der Sprache, Wirklichkeit zu begreifen, ihre eigenen Voraussetzungen aber nimmt sie nicht einmal wahr. Die von Nietzsche immer wieder herangezogene frühe Schrift *‹Über Wahrheit und Lüge›* zeigt das deutlich. (Vgl. Vietta, Kemper, S. 150) Nietzsche erklärt dort die Sprache als eine Sammlung verblaßter Metaphern (den Ausdruck habe ich von Jean Paul geborgt), wobei die Menschen im Laufe der Zeit vergessen haben, daß sie lediglich über ein «bewegliches Heer von Metaphern, Metonymien, Anthropomorphismen, kurz eine Summe von menschlichen Relationen» verfügten: «die Wahrheiten sind Illusionen, von denen man vergessen hat, daß sie welche sind, Metaphern, die abgenutzt und sinnlich kraftlos geworden sind, Münzen, die ihr Bild verloren haben und nun als Metall, nicht mehr als Münzen in Betracht kommen». (dies Bild stammt von Leibniz) (Über Wahrheit und Lüge, Werke in drei Bänden, Band III, S. 314) Vorausgesetzt nämlich ist: 1. daß der «ursprünglichen» Anschauung der Dinge (der «Welt») gegenüber ihrer sprachlichen Aneignung «Wahrheit» zukomme: «Das Übersehen des Individuellen [sic! so wird das Subjekt als Grund der Welt bewiesen] und Wirklichen gibt uns den Begriff, wie es uns auch die Form gibt, wohingegen die Natur keine Formen und Begriffe, also auch keine Gattungen kennt, sondern nur ein für uns unzugängliches und undefinierbares X» (ebd.): «wirklich» ist das – nur der Anschauung zugängliche – einzelne, Vereinzelte, Einmalige, Individuelle; Sprache dagegen verallgemeinert, kategorisiert, identifiziert etc. etc. (sie macht «gemein», auch so läßt sich der Subjektivismus begründen!); 2. geht die Sprachkritik nach wie vor davon aus, daß Sprache (illusionäre) Wirklichkeitsabbildung sei, sie setzt die Zeichentheorie (sprachliches Zeichen = abgebildete Wirklichkeit) voraus, um dann zu sagen, es sei falsch, sie vorauszusetzen. In höchst vager, kaum geschichtlich zu nennender Ableitung wird die «Wahrheit» mit einer ursprünglichen Bildlichkeit identifiziert, so daß jede «Versprachlichung» (als Verallgemeinerung, Begriffsbildung) einen Abfall vom ursprünglichen Bildcharakter der noch intakten Zeichentheorie darstellt: der Metapher wird mehr Wahrheit zugemutet – als moderner Begriffsbildung. Während bei Nietzsche die Sprachkritik noch im Rahmen einer bürgerlichen Selbstbestätigung – die übrigens durchaus ihre imperialistischen Aspekte hat: die Sprach-Welt unter der Macht des sich «an den Tag stellenden» Subjekts – historisch durchaus verständlich ist (und auch, wenn auch – wie ich meine – verspätete, emanzipative Aspekte hat), so muß man doch entschieden danach fragen, was die modernen Nachredner mit ihr wirklich erreichen wollen – oder haben sie sich einfach nichts dabei gedacht?

‹Wenn die Irrtümer verbraucht sind›
(die wirkliche Kopernikanische Revolution)

Ein Beispiel zur Kritik der sprachkritischen Metapherntheorie von «außen»: wenn die Menschen des vorkopernikanischen Zeitalters sagten, daß die Sonne am Himmel aufgehe, dann war dies durchaus nicht metaphorisch gemeint; die Bezeichnung «Sonnenaufgang» entsprach ganz der ptolemäischen Vorstellung, daß sich die Sonne um die Erde bewege und also «auf»- und «untergehe» (wobei das «Gehen» wiederum auf ältere «reale» Vorstellungen, Götter z. B., verweisen mag: auch es «ursprünglich» *keine* Metapher). «Sonnenaufgang» also ist, so gesehen, nicht Metapher, sondern «Bild» der (damaligen) Wirklichkeit, wenn man die – stillschweigend vorausgesetzte – Zeichentheorie anwendet. Metaphorisch wird der Ausdruck erst mit Kopernikus, besser: mit den Nachweisen des Galilei. Nach der kopernikanischen «Wende» erweist sich die ursprüngliche Anschauung (der Nietzsche traut) als Augenschein, als Täuschung, der eben keine Wirklichkeit entspricht, und die sprachliche Bezeichnung würde danach zu einem (unwahren) Bild einer ganz anderen Wirklichkeit. Die Unmittelbarkeit der Anschauung – die Sprachkritik und Zeichentheorie gleichermaßen voraussetzen – erweisen sich als der Schein, den wir Nachgeborene nun als ursprüngliche Wahrheit akzeptieren sollen. – Und noch ein weiterer Hinweis: obwohl wir doch wissen, daß der Ausdruck «Sonnenaufgang» «unwahr» ist, haben ihn die Sprachen bewahrt, und sie sind offenbar in der Lage, einen sinnvollen Gebrauch davon zu machen (das heißt: der – ehemals als «wahr» erachtete – Ausdruck macht uns, dadurch daß wir ihn benutzen, offenbar doch nicht zu Ptolemäern – oder?). Solche Sachverhalte könnten den Verdacht gegen die Überbewertung der Worte in den Sprachen anregen, die vielleicht viel unwichtiger sind, als dies sprachkritisch suggeriert wird, zumal alle Sprachen nur über ein sehr begrenztes Arsenal davon verfügen, aber offenbar davon einen großen Gebrauch machen können, einen unübersehbaren. – Und auch der Verdacht verstärkt sich, daß eine Reflexion auf die Sprache über eine ursprüngliche Wahrheit – wie sie z. B. bis zum Exzeß in Heideggers etymologisierendem Philosophieren getrieben worden ist – nichts zu ermitteln vermag, daß Sinn und Unsinn der Begriffe nicht über die Sprache, sondern über die (jeweilige historische) Wirklichkeit vermittelt sind.

Um an das Beispiel vom «Sonnenaufgang» anzuknüpfen: wenn Galilei mit dem Fernrohr die kopernikanische «Wende» bewiesen hat, so bedeutet das nicht lediglich eine bloße Umpolung der sog. Kategorien – und das Fernrohr bloß die Verlängerung unserer Sinne: wir sähen besser. Der Sachverhalt liegt – und dies hat erst in letzter Zeit Hans Blumenberg bewußt gemacht (Die Legitimität der Neuzeit. Frankfurt a. M. 1966) – viel radikaler vor, einmal ganz abgesehen von den (anti-)metaphysischen Implikaten der «Wende»: 1. ist die Kategorie der Anschauung sowie der Unmittelbarkeit grundsätzlich erschüttert (was Galilei nicht, wohl aber die Florentiner Gelehrten gemerkt haben, indem sie sich weigerten, durch das Fernrohr zu sehen, das ihnen die Unhaltbarkeit der Anschauung beweisen sollte: Galilei mutete ihnen zu, ihren Augen nicht zu trauen – was sie sehen, ist Augenschein –, gleichzeitig aber durchs Fernrohr zu sehen und mit ihm den Augen nun doch zu trauen), 2. war von nun an alle Erkenntnis an das Subjekt, besser: seine Leistung, gebunden; denn Wahrheit war jetzt nichts (von Gott) Gegebenes mehr (auf dieser Vorstellung basieren noch die Widerspiegelungsphilosophien der letzten Zeit), sondern etwas, was sich die Menschen aneignen mußten, und zwar mit Hilfe von Mitteln. Oder anders gesagt: der Wahrheitsbegriff erhält den der Vermittlung aufgeprägt, er ist vermittelt über die Arbeit des Subjekts – und nur durch Mittel möglich. Auch dieser Sachverhalt ließe sich sofort idealistisch deuten, indem eben schon bei Galilei zum Vorschein kommt, was mit Kant erst bewußt geworden ist: Wahrheit ist subjektiv, also keine, beweisbar ist nur das Subjekt. – Aber eben dies ist – mit Nietzsches Lieblingsqualifizierung zu reden – der unredliche Schluß: die kopernikanische Wende – und an sie schließt Nietzsche sehr bewußt und selbstbewußt an – hat die Menschen endgültig aus der Mitte der Welt vertrieben. Das Weltall ist der Erde mit dem Menschen als dem ausgezeichneten Mittelpunkt, um den sich buchstäblich alles dreht, nicht mehr zugeordnet: «Seit Kopernikus rollt der Mensch aus dem Zentrum ins x.» (Wille zur Macht, Sämtliche Werke, Band 9, S. 8) Aber Nietzsche zog nur vermeintlich die redliche Konsequenz, daß die Menschengeschichte sich als eine folgenlose Episode innerhalb des Weltalls erwiesen hat, das er sich vorher einfach – als für ihn geschaffen – okkupiert hatte: «In irgendeinem abgelegenen Winkel des in zahllosen Sonnensystemen flimmernd ausgegossenen Weltalls gab es einmal ein Gestirn, auf dem kluge Tiere das Erkennen erfanden. Es war die hochmütigste und verlogenste Minute der ‹Weltgeschichte›: aber doch nur eine Minute. Nach wenigen Atemzügen der Natur erstarrte das Gestirn, und die klugen Tiere mußten sterben.» (Über Wahrheit und Lüge. Werke in drei Bänden, Band III, 309). Die redliche kopernikanische Konsequenz hätte lauten müssen: der alte Überblick, die alten Grenzen der Welt, ihre Abge-

schlossenheit, ihre Ganzheit sind ein für allemal verloren, der Mensch übersieht die Wirklichkeit nicht mehr, er sieht beschränkt, eingeschränkt auf sie, dies aber nicht auf Grund eines subjektiven transzendentalen Hindernisses, sondern auf Grund objektiver Sachverhalte, die sich die Menschen im Laufe ihrer Geschichte (hart) erarbeitet haben (eine Arbeit, die wir offensichtlich für sehr gering erachten). Realität «an sich», Natur «an sich», Ding «an sich» – sie sind in dem Moment ad acta gelegt, an dem klar wurde, daß sich der Lauf der Welt nicht um den Menschen dreht. Wenn Nietzsche also mit der «wahren» Welt auch die «scheinbare» abschaffen wollte, so bedeutet das historisch gesehen doch nur, auf die alte *metaphysische* Trennung einer als ganz gedachten «Über-Welt» des Wesens und einer an sie gebundenen Welt der Erscheinungen zu verzichten und an ihre Stelle die offene und geschichtliche Realität zu setzen, deren Erkenntnis sich die Menschen im Laufe ihrer Geschichte erarbeiten – und zwar in den objektiven, nicht den subjektiven Grenzen, wobei die Sprache offensichtlich weiter ihre Dienste leistet (auch mit alten Bildern, auch mit schon von den Arabern gefundenen Zahlen etc.).
Aber wie schon das französische Sonnenkönigtum nicht auf den Platz in der Mitte verzichten wollte (und schnell die heliozentrische Vorstellung okkupierte – aber leider stand auch die Sonne nicht lange im Mittelpunkt), so hat Nietzsche mit seiner Sprach- und Erkenntniskritik doch immer wieder das «Ding an sich» beschworen, weil er es brauchte, um zu beweisen, daß zwar die «Welt» sich nicht um die Menschen kümmert, dafür aber alles, was der Mensch erkennt, *seine* Welt, *seine* Schöpfung ist; auf diese Weise hat er wiederum – elegant – die «Weltgeschichte» an den Rand, ja aus dem Denken komplimentiert und die subjektive Macht, den Willen zur Macht (und zum Leben) als die neue Mitte erobert. In der Lehre von der «ewigen Wiederkehr des Gleichen» kulminiert der neue Subjektivismus der Mitte: er sorgt auch noch dafür, daß von den Schöpfungen des Subjekts ja nichts verlorengeht. – Wer war hochmütiger: die klugen Tiere, die wenigstens noch was von der Welt wissen wollten – oder die Subjektivisten, die alles von sich abhängig machen (und das, was leider nicht von ihnen abhängig zu machen ist, als nicht-denkbar deklarieren).
Fazit: Nachdem die Menschen objektiv aus der Mitte vertrieben waren, haben sie sich subjektiv wieder in sie hineingemogelt: das Bürgertum ist nicht bereit, auf die Mitte zu verzichten, bis heute

nicht, wo die alten Illusionen *auch* politisch weiterwirken. Der *wirkliche* Grund aber ist: mit der Behauptung der Mitte lassen sich die angestammten (und zusammengerafften) Rechte und Bastionen billig verteidigen; denn jeder Angriff auf die Mitte läßt sich so als ein Angriff auf die Menschheit an sich (Freiheit an sich ...), als inhuman diffamieren: der Vorgang ist *wieder* in vollem Gang.

‹Die Blinden reden von einem Ausweg›
(zur objektiven Rolle des Subjektivismus)

Die heutige gesellschaftliche Rolle – abgesehen von der subjektiven Selbstbestätigung der Anhänger – des durch Sprach- und Erkenntniskritik behaupteten Subjektivismus scheint mir, auch da, wo sie kritisch emanzipativ, aufklärerisch auftritt, politisch reaktionär zu sein. Das organisierte Sprachunvermögen, das nicht wenige betrifft und das ja organisiertes Verhindern von Bewußtsein (der Realität) bedeutet, wird theoretisch abgesichert: jeder behält recht, die subjektiven und die subjektsgebundenen Interessen (wie transzendental sie auch immer bestimmt sein mögen) erhalten objektive Qualität, die Wirklichkeit braucht nicht erkannt zu werden, weil sie ohnehin nicht zu erkennen ist, wie auch die Ergebnisse der Naturwissenschaften nur subjektive Vorbehalte sind. Kein Gedanke daran aber wird von den Subjektivisten verschwendet, warum die öffentlichen Sprachregelungen zunehmen, warum so viele alles so «echt» und «voll» finden, warum wir statt von Atom-Müll-Beseitigung (u. a.) von «Entsorgung» sprechen müssen (es klingt so nahe an «Versorgung» an, an gemeinsame Interessen, an notwendiges Lebensmittel), warum die Neutronenbombe offiziell abgeschafft worden ist (es blieb uns nur eine kleine ungefährliche, materialschonende Waffe übrig), warum heute jede Werbefirma über eine reiche Palette von Sprachspielen verfügt, die noch vor gar nicht langer Zeit einem Karl Kraus zur Ehre angerechnet worden wären (die Doppeldeutigkeiten der Sprache werden benutzt, die Einlösung von Realitäten zu suggerieren, deren Enttäuschung, die nicht bewußt werden soll, das angepriesene Produkt schon mitproduziert hat), kurz: warum so viele Anstrengungen unternommen werden, mit Sprache die gesellschaftlichen Realitäten (und um sie geht es in erster Linie, und sie meinte auch Marx: als menschengeschaffene, aber auch durch Menschen zu verändernde) «zurecht»-zurücken bzw. ganz zu beseitigen, alles Anstrengungen, die doch eine – wie immer konkret zu bestimmende – Relation zwischen Sprache und (gesellschaftlicher) Realität voraussetzen, eine Relation, die die Sprachkritiker aber hartnäckig leugnen. Da scheinen markante Aussprüche wie die von den roten Ratten, die in ihre Löcher zu jagen seien, daß die Universitäten «akademischen Schrott» produzieren, oder die Tatsache, daß in unseren modernen Kampfstätten (Spieler-)Material ausgestellt wird, über dessen Einsatz Verein und Trainer verfügen, schon fast eine Beruhigung zu sein: sie verbergen wenigstens nichts. Aber wo die Sprache versagt, hat bereits eine Wirklichkeit versagt. Es hat sich nur noch nicht herumgesprochen.

Anmerkung:

Die Schriften Nietzsches wurden zitiert nach: Friedrich Nietzsche. Werke in drei Bänden. Hg. v. Karl Schlechta. München 1954; da diese Ausgabe jedoch nicht mehr den (umstrittenen) Nachlaß-Komplex «Wille zur Macht» enthält, mußten die daraus entnommenen Belege nach der zwölfbändigen Ausgabe, Stuttgart 1964 (und da der 9. Band), zitiert werden.

Bio-bibliographische Angaben

Karl Heinz Bohrer, geboren 1932 in Köln. Studierte Literaturwissenschaft, Geschichte und Philosophie in Göttingen und Heidelberg. Promovierte über frühromantische Geschichtsprophetie. Von 1968 bis 1973 Literaturkritiker und Leiter des Literaturblatts der «Frankfurter Allgemeine Zeitung». Seit 1974 Kulturkorrespondent in London. Veröffentlichte u. a. «Die gefährdete Phantasie oder Surrealismus und Terror» (1970); «Der Lauf des Freitag. Die lädierte Utopie und die Dichter» (1973); «Die Ästhetik des Schreckens (1978). Ferner Aufsätze und Essays zur Ästhetik. – Habilitierte sich 1978 in Bielefeld.

Norbert W. Bolz, geboren 1953; Promotion, arbeitet an der FU Berlin. Publikationen u. a.: «Geschichtsphilosophie des Ästhetischen», Hildesheim 1979, Essays über die Frühromantik und Richard Wagner.

Bazon Brock, Zur Bio-Bibliographie vgl. Bazon Brock, «Ästhetik als Vermittlung. Arbeitsbiographie eines Generalisten», hg. von Karla Fohrbeck, 1200 Seiten mit vielen Registern, Köln 1977.

Hugo Dittberner, geboren 1944 in Gieboldehausen bei Duderstadt; Promotion über Heinrich Mann; lebt seit 1973 als freier Schriftsteller in Echte (Niedersachsen) und veröffentlichte zuletzt bei Rowohlt den Band Erzählungen «Draußen im Dorf» (1978; dnb 105) und den Roman «Jacobs Sieg» (1979). Im Herbst 1980 erscheint der Gedichtband «Ruhe hinter Gardinen» bei Rowohlt.

Lugwig Harig, geboren 1927 in Sulzbach im Saarland. Volksschule, Lehrerseminar, 1949/50 Assistant d'Allemand am Collège Moderne in Lyon. 1950–1970 Volksschullehrer. Seit 1955 Veröffentlichung eigener Texte, u. a. «Haiku Hiroshima» (1961), «Zustand und Veränderungen» (1963), «Reise nach Bordeaux» (1965), «Sprechstunden für die deutsch-französische Verständigung» (1971), «Allseitige Beschreibung der Welt» (1974), «Die saarländische Freude» (1977), «Rousseau» (1978), «Heimweh» (1979); außerdem Hörspiele und Übersetzungen aus dem Französischen.

Friedrich Kittler, geboren 1943. Promotion. Assistent am Deutschen Seminar der Universität Freiburg/Br. Veröffentlichungen u. a.: «Der Traum und die Rede. Eine Analyse der Kommunikationssituation C. F.

Meyers», Bern-München 1977. Gerhard Kaiser/F. A. Kittler «Dichtung als Sozialisationsspiel. Studien zu Goethe und Gottfried Keller», Göttingen 1978. Aufsätze zur Psychoanalyse und zur Diskursanalyse literarischer Texte.

Jan Knopf, geboren 1944 in Arnstadt/Thüringen, arbeitet als Privatdozent für Literaturwissenschaft an der Universität Karlsruhe; er schrieb Bücher über Kalendergeschichten (»Geschichten zur Geschichte»), Brecht, Dürrenmatt und den frühbürgerlichen Roman; 1980 erscheint: «Brecht – Handbuch Theater. Ästhetik der Widersprüche».

Heinrich Kutzner, geboren 1941, lebt in Berlin. 1975 erschien das Buch «Erfahrung und Begriff des Spieles», 1978 «Nietzsche. Zur Endgeschichte der europäischen Sinnlichkeit».

ClaudioLange, geboren 1944 in Chile, besuchte deutschsprachige Schulen in Santiago, beendete 1972 das Studium in Deutschland, ging 1973 nach Chile zurück, arbeitete in der Gewerkschaft, unter Indianern und Bauern, floh nach Santiago, wurde gesucht und konnte im November 1973 aus Chile ausreisen. Öffentlich las er zum erstenmal Gedichte 1978 auf der BILT-Veranstaltung in West-Berlin. Im Frühjahr 1980 erschien sein erster Lyrik-Band bei Rowohlt. («Rückkehr ins Exil», dnb 133.)

Bernhard Lypp, geboren 1940, Studium der Philosophie, Literaturwissenschaft und Soziologie, Assistenzprofessor an der FU Berlin. Arbeitsschwerpunkte in Geschichtsphilosophie und Ästhetik. Veröffentlichungen u. a.: «Ästhetischer Absolutismus und politische Vernunft. Zum Widerstreit von Reflexion und Sittlichkeit im Deutschen Idealismus», Frankfurt a. M. 1972. Seminar: Dialektik in der Philosophie Hegels. Frankfurt a. M. 1978.

Mazzino Montinari, geboren 1928 in Lucca; ordentlicher Professor für deutsche Sprache und Literatur an der Universität Florenz; Herausgeber der Kritischen Gesamtausgabe der Werke (1967ff) und Briefwechsel (1975ff) von Friedrich Nietzsche, Walter de Gruyter, Berlin; Mitherausgeber der «Nietzsche-Studien», Jahrbuch für die internationale Nietzsche-Forschung (De Gruyter, Berlin 1972ff).

Helmut Pfotenhauer, geboren 1946, wiss. Assistent für Germanistik in Erlangen. Veröffentlichungen: Ästhetische Erfahrung und gesellschaftliches System (zum Spätwerk Walter Benjamins) (1975); Aufsätze zur Literaturtheorie und -geschichte.

Gerhard Rupp, geboren 1947, Wissenschaftl. Assistent am Germanistischen Institut der Ruhr-Universität Bochum. Arbeiten z. Zt. an einer größeren Publikation mit dem Titel «Rezeptionshandlungen im Literaturunterricht. Fallstudien aus dem Schulalltag».

Jens Schreiber, geboren 1956 in Leverkusen, studiert seit 1974/75 Philosophie, Geschichte und Literaturwissenschaft an der Universität Düsseldorf.

Hermann Schweppenhäuser, geboren 1928 in Frankfurt/M., Studium der Philosophie, Soziologie, dt. Philologie, Promotion und Habilitation in Philosophie an der Universität Frankfurt. Mitarbeiter am Institut für Sozialforschung (1950–54) und Assistent am Philosophischen Seminar (1956–60) der Universität Frankfurt. Lehrstuhl für Philosophie an der Hochschule Lüneburg (seit 1960) und Honorarprofessur an der Universität Frankfurt (seit 1971). Buchveröffentlichungen: Aspekte der Sprache (zus. m. R. E. Koehne) 1950/51 – Studien über die Heideggersche Sprachtheorie, 1958 – Verbotene Frucht (Aphorismen), 1966 – Kierkegaards Angriff auf die Spekulation, 1967 – Tractanda. Beiträge zur kritischen Theorie der Kultur und Gesellschaft, 1972 – Negative Dialektik und die Idee der Versöhnung (zus. m. T. Koch u. K. Kodalle), 1973.

das neue buch rowohlt

Herausgegeben
von Jürgen Manthey

Literaturmagazin

«Das Literaturmagazin spiegelt wohl am einsichtigsten den Stand der gegenwärtigen Diskussion auf dem Felde von Literatur und Ästhetik wider.»
Mannheimer Morgen

1 Für eine neue Literatur – gegen den spätbürgerlichen Literaturbetrieb
Herausgegeben von Hans Christoph Buch
dnb 38

2 Von Goethe lernen?
Fragen der Klassikrezeption
Herausgegeben von Hans Christoph Buch
dnb 49

3 «Die Phantasie an die Macht»
Literatur als Utopie
Herausgegeben von Nicolas Born
dnb 57

4 Die Literatur nach dem Tod der Literatur
Bilanz der Politisierung
Herausgegeben von Hans Christoph Buch
dnb 66

5 Das Vergehen von Hören und Sehen
Aspekte der Kulturvernichtung
Herausgegeben von Hermann Peter Piwitt und Peter Rühmkorf
dnb 72

6 Die Literatur und die Wissenschaften
Herausgegeben von Nicolas Born und Heinz Schlaffer
dnb 77

7 Nachkriegsliteratur
Spurensicherung des Krieges. Gab es eine Re-education der Sprache? Antifaschismus nach dem Faschismus. Das Pathos des Nullpunkts. Erste Gespräche über Bäume. Poesie nach Auschwitz.
Herausgegeben von Nicolas Born und Jürgen Manthey
dnb 87

8 Die Sprache des Großen Bruders
Gibt es ein ost-westliches Kartell der Unterdrückung?
Herausgegeben von Nicolas Born und Jürgen Manthey
dnb 91

9 Der neue Irrationalismus
Redaktion: Nicolas Born, Jürgen Manthey, Delf Schmidt
dnb 100

10 Vorbilder
Redaktion: Nicolas Born, Jürgen Manthey, Delf Schmidt
dnb 119

11 Schreiben oder Literatur
Redaktion: Nicolas Born, Jürgen Manthey, Delf Schmidt
dnb 129

12 Nietzsche
Redaktion: Nicolas Born, Jürgen Manthey, Delf Schmidt
dnb 135